O FUTURO DO BRASIL

O GEN | Grupo Editorial Nacional – maior plataforma editorial brasileira no segmento científico, técnico e profissional – publica conteúdos nas áreas de ciências sociais aplicadas, exatas, humanas, jurídicas e da saúde, além de prover serviços direcionados à educação continuada e à preparação para concursos.

As editoras que integram o GEN, das mais respeitadas no mercado editorial, construíram catálogos inigualáveis, com obras decisivas para a formação acadêmica e o aperfeiçoamento de várias gerações de profissionais e estudantes, tendo se tornado sinônimo de qualidade e seriedade.

A missão do GEN e dos núcleos de conteúdo que o compõem é prover a melhor informação científica e distribuí-la de maneira flexível e conveniente, a preços justos, gerando benefícios e servindo a autores, docentes, livreiros, funcionários, colaboradores e acionistas.

Nosso comportamento ético incondicional e nossa responsabilidade social e ambiental são reforçados pela natureza educacional de nossa atividade e dão sustentabilidade ao crescimento contínuo e à rentabilidade do grupo.

O FUTURO DO BRASIL

FABIO GIAMBIAGI
(Organizador)

Colaboradores

Adriana Fontes
Ana Luiza Fischer Teixeira de Souza Mendonça
Ana Maria Barufi
Angelo Mont'alverne Duarte
Bruno Silva Dalcolmo
Cíntia Leal Marinho de Araújo
Diogo Abry Guillén
Diogo Mac Cord de Faria
Éber Gonçalves
Fabiano Mezadre Pompermayer
Fábio Brener Roitman
Gabriel Godofredo Fiuza de Bragança
Gabriel Nemer Tenoury
Gilberto Borça Jr.
Guilherme Tinoco
Gustavo Morelli

Ivan T. M. Oliveira
Joana Monteiro
José Ronaldo de Castro Souza Júnior
Leandro Ortiz do Nascimento
Livia Gouvea
Maína Celidonio
Paula Pedro
Pedro Fernando Nery
Pedro Jucá Maciel
Rafael Cavalcanti Araújo
Ricardo de Menezes Barboza
Ricardo Teixeira Leite Mourão
Rodrigo Orair
Rudi Rocha
Teresa Cozetti Pontual Pereira
Vitor Azevedo Pereira Pontual

gen | atlas

- O organizador deste livro e a editora empenharam seus melhores esforços para assegurar que as informações e os procedimentos apresentados no texto estejam em acordo com os padrões aceitos à época da publicação, *e todos os dados foram atualizados pelo organizador até a data da entrega dos originais à editora.* Entretanto, tendo em conta a evolução das ciências, as atualizações legislativas, as mudanças regulamentares governamentais e o constante fluxo de novas informações sobre os temas que constam do livro, recomendamos enfaticamente que os leitores consultem sempre outras fontes fidedignas, de modo a se certificarem de que as informações contidas no texto estão corretas e de que não houve alterações nas recomendações ou na legislação regulamentadora.

- Data do fechamento do livro: 06/11/2020

- O organizador e a editora se empenharam para citar adequadamente e dar o devido crédito a todos os detentores de direitos autorais de qualquer material utilizado neste livro, dispondo-se a possíveis acertos posteriores caso, inadvertida e involuntariamente, a identificação de algum deles tenha sido omitida.

- **Atendimento ao cliente: (11) 5080-0751 | faleconosco@grupogen.com.br**

- Direitos exclusivos para a língua portuguesa
  Copyright © 2021 by
  Editora Atlas Ltda.
  Uma editora integrante do GEN | Grupo Editorial Nacional
  Travessa do Ouvidor, 11
  Rio de Janeiro – RJ – 20040-040
  www.grupogen.com.br

- Reservados todos os direitos. É proibida a duplicação ou reprodução deste volume, no todo ou em parte, em quaisquer formas ou por quaisquer meios (eletrônico, mecânico, gravação, fotocópia, distribuição pela Internet ou outros), sem permissão, por escrito, da Editora Atlas Ltda.

- Capa: Rejane Megale

- Editoração eletrônica: Padovan Serviços Gráficos e Editoriais

- Ficha catalográfica

CIP-BRASIL. CATALOGAÇÃO NA PUBLICAÇÃO
SINDICATO NACIONAL DOS EDITORES DE LIVROS, RJ

F996

O futuro do Brasil / Adriana Fontes ... [et al.] ; organização Fabio Giambiagi. - 1. ed. - São Paulo : Atlas, 2021.

Inclui índice
"Prefácio de Samuel Pessoa"
ISBN 978-85-97-02586-6

1. Economia - Brasil. 2. Desenvolvimento econômico - Brasil. I. Fontes, Adriana. II. Giambiagi, Fabio.

20-67240   CDD: 338.981
                         CDU: 330.34(81)

Meri Gleice Rodrigues de Souza - Bibliotecária - CRB-7/6439

"Se o ser humano examinar com cuidado seus pensamentos, vai se surpreender ao descobrir quanto ele vive no futuro. Seu bem-estar está sempre adiante"

Ralph W. Emerson

Sobre o organizador

FABIO GIAMBIAGI. Economista, com graduação e mestrado na UFRJ. Ex-professor da UFRJ e da PUC/RJ. Funcionário concursado do BNDES desde 1984. Ex-membro do *staff* do Banco Interamericano de Desenvolvimento (BID) em Washington; ex-assessor do Ministério do Planejamento; ex-coordenador do Grupo de Acompanhamento Conjuntural do IPEA; ex-chefe do Departamento de Risco de Mercado do BNDES e ex-superintendente de Planejamento do BNDES. Atualmente, trabalha na Área de Planejamento do BNDES. Autor ou organizador de mais de 30 livros sobre Economia Brasileira. Colunista regular dos jornais *O Estado de S. Paulo* e *O Globo*.

Sobre os colaboradores

ADRIANA FONTES. Doutora em Economia pela UFRJ e consultora sênior da Macroplan Prospectiva, Estratégia & Gestão. Tem mestrado em Engenharia de Produção pela COPPE/UFRJ e graduação em Economia pela UFRJ. Foi pesquisadora do Instituto de Estudos do Trabalho e Sociedade (IETS). Atua há mais de 15 anos em projetos de planejamento estratégico, cenários, diagnósticos socioeconômicos, monitoramento e avaliação de políticas públicas. Coordena, na Macroplan, a série de estudos sobre os Desafios da Gestão (Estadual e Municipal).

ANA LUIZA FISCHER TEIXEIRA DE SOUZA MENDONÇA. Juíza do Trabalho do TRT da 3ª Região, desde 2009. Participou, convocada pelo Congresso Nacional, da Comissão de Redação da Lei nº 13.467, de 2017 (Reforma Trabalhista). Integrou Grupo de Trabalho da Presidência da República, no âmbito da Casa Civil, com vistas a implantar e divulgar a nova Lei, no Brasil e junto à OIT. Foi juíza auxiliar da Vice-presidência do TST (2017/2018), onde atuou em matérias constitucionais em processos a serem remetidos ao STF. Pós-graduada em Direito de Empresa (PUC-Minas) e em Direito Material e Processual do Trabalho. Mestranda em Ciências Jurídicas na Universidade Autónoma de Lisboa. Atua em colaborações técnicas eventuais, em matéria trabalhista, no âmbito do Ministério da Economia (Secretaria Especial de Previdência e Trabalho) e também no Congresso Nacional.

ANA MARIA BARUFI. Economista, com graduação, mestrado e doutorado pela USP, com doutorado-sanduíche no Geoda Center da Arizona State University e na Vrije Universiteit Amsterdam. Professora Visitante do Curso de Economia da Escola Paulista de Política, Economia e Negócios da UNIFESP e Gerente de Pesquisa e Inovação do Departamento de Pesquisa e Inovação do banco Bradesco. Atuou como economista do Departamento de Pesquisas e Estudos Econômicos do Bradesco e é pesquisadora do Núcleo de Economia Regional e Urbana da USP (NEREUS).

ANGELO MONT'ALVERNE DUARTE. Engenheiro eletrônico pelo Instituto Tecnológico de Aeronáutica (ITA) e Doutor em Economia pela Escola de Pós-Graduação em Economia da Fundação Getulio Vargas (EPGE/FGV). Analista do Banco Central do Brasil desde 1998, onde foi Assessor Econômico da Presidência do Banco Central, e atualmente é Chefe do Departamento de Competição e de Estrutura do Mercado Financeiro. Trabalhou na Secretaria de Política Econômica e na Secretaria de Acompanhamento Econômico do Ministério da Fazenda. Foi economista-visitante do Bank for International Settlements (BIS) entre 2013 e 2016.

BRUNO SILVA DALCOLMO. Graduado em Relações Internacionais pela Universidade de Brasília (UnB), com mestrado em Economia Política Internacional pela London School of Economics (LSE). É Gestor de Políticas Públicas do Ministério da Economia. Foi Superintendente de Relações Internacionais da Agência Nacional de Aviação Civil (ANAC), tendo negociado 90 acordos internacionais sobre serviços aéreos, e Assessor Especial e Sub-Chefe Adjunto na Casa Civil da Presidência da República, posição em que contribuiu na proposição, tramitação e implementação da reforma trabalhista de 2017. Atualmente, é Secretário de Trabalho do Ministério da Economia.

CÍNTIA LEAL MARINHO DE ARAÚJO. Coordenadora-Geral de Saneamento na Subsecretaria de Regulação e Mercado da Secretaria de Desenvolvimento da Infraestrutura (SDI), do Ministério da Economia. É servidora de carreira da Agência Nacional de Águas, no cargo de Analista Administrativo – Ciências Econômicas, com experiência em regulação tarifária de projetos de infraestrutura hídrica. Possui mestrado em Economia pela Universidade Católica de Brasília. Graduada em Ciências Econômicas pela Universidade Federal Fluminense (UFF) em 2005, atualmente faz pós-graduação em Defesa da Concorrência e Direito Econômico pela FGV. Participou do 32º Programa de Regulação de Infraestrutura realizado pela Universidade da Flórida, onde é Membro Fundadora da Academy of Regulatory Professionals do Public Utility Research Center (PURC). É associada do Infra 2038, iniciativa que busca colocar o Brasil entre as 20 primeiras colocações do *ranking* de competitividade do Fórum Econômico Mundial até 2038.

DIOGO ABRY GUILLÉN. Possui títulos de graduação e mestrado em Economia na PUC-Rio e de PhD na Princeton University. Publicou diversos artigos em conceituadas revistas especializadas no Brasil e no exterior, focando em temas de economia internacional e política monetária. Foi *visiting researcher* do Banco Central da Bélgica e do Federal Reserve de Minneapolis e é atualmente professor da PUC-Rio e do INSPER. Trabalhou três anos na Gávea Investimentos cobrindo mercados emergentes e, atualmente, é Chefe da área internacional do Itaú Asset, em São Paulo.

DIOGO MAC CORD DE FARIA. Engenheiro Mecânico, Mestre em Administração Pública pela Universidade Harvard, Mestre em Desenvolvimento de Tecnologia pelo LACTEC e Doutor em Sistemas de Potência (regulação do mercado de energia) pela USP. É certificado CP3P-F pela APMG International. Tem mais de dez anos de experiência na área, tendo atuado ao lado de governos, agências reguladoras e investidores na estruturação de projetos e no aperfeiçoamento dos cenários regulatórios de concessões de infraestrutura. Foi coordenador do MBA do Setor Elétrico da FGV Management e professor de Regulação Econômica e Tarifas. Foi cofundador e coordenador-geral do projeto Infra 2038, iniciativa que busca colocar o Brasil entre as 20 primeiras colocações do *ranking* de infraestrutura do Fórum Econômico Mundial até 2038. Foi diretor (*pro bono*) das divisões de Saneamento Básico e Logística da FIESP e membro de diferentes comitês na ABDIB. Antes de assumir a Secretaria de Desenvolvimento da Infraestrutura (SDI), onde trabalha atualmente, era sócio-líder de governo e regulação da infraestrutura da KPMG no Brasil.

ÉBER GONÇALVES. Economista com mestrado em Economia pelo Centro de Desenvolvimento e Planejamento Regional (CEDEPLAR) da Universidade Federal de Minas Gerais (UFMG). Trabalha com análise de dados sociais e econômicos desde 2003. Atuou como pesquisador e consultor em instituições como CEDEPLAR/UFMG, PUC-Minas, Fundação João Pinheiro e Banco Mundial. Foi Empreendedor Público no governo de Minas Gerais entre 2007 e 2010, período em que atuou em atividades de monitoramento e avaliação de políticas públicas. Participou da concepção e do desenvolvimento do DataViva, plataforma de visualização de dados e análise da complexidade econômica. É consultor sênior na Macroplan, onde atua como gerente de projetos e é responsável pela estruturação da Macroplan Analytics.

FABIANO MEZADRE POMPERMAYER. Engenheiro Mecânico formado pela UFES em 1994, com mestrado (1997) e doutorado (2002) em Engenharia de Produção pela PUC-Rio. Foi pesquisador do Projeto Matriz Insumo Produto 1994 do governo do Rio de Janeiro (1997), analista de regulação da Agência Nacional do Petróleo (1998/2001), engenheiro de planejamento ferroviário na Vale (2003/2008) e consultor em operações e logística na McKinsey & Company (2008/2009). É pesquisador do IPEA desde 2009, atuando em temas de regulação econômica e concorrência, análise socioeconômica *ex-ante* de políticas públicas, desenho de concessões e PPPs e modelagem econômica para projeção de demanda por infraestrutura de transportes e energia. Foi Diretor de Estudos e Políticas Setoriais de Inovação e Infraestrutura do IPEA em 2018 e, desde 2019, é Subsecretário de Planejamento da Infraestrutura Nacional na Secretaria de Desenvolvimento da Infraestrutura (SDI), no Ministério da Economia.

FÁBIO BRENER ROITMAN. Economista, com graduação pela Universidade Federal do Rio de Janeiro (UFRJ) e mestrado pela Puc-Rio. Foi técnico de planejamento e pesquisa do Instituto de Pesquisa Econômica Aplicada (IPEA) e professor do quadro complementar do Departamento de Economia da Puc-Rio. Desde 2010, trabalha no BNDES, atuando, na maior parte desse período, com a agenda de avaliação de impacto.

GABRIEL GODOFREDO FIUZA DE BRAGANÇA. Subsecretário de Regulação e Mercado da Secretaria de Desenvolvimento da Infraestrutura (SDI) do Ministério da Economia. Foi coordenador/pesquisador do IPEA e professor de instituições renomadas como IBMEC, FGV/RJ e PUC-Rio, trabalhando nas áreas de regulação econômica e economia da infraestrutura desde 2004. É PhD em Economia pela Victoria University of Wellington (VUW), da Nova Zelândia, Mestre em Economia pela EPGE/FGV e Mestre em Métodos Matemáticos em Finanças pelo IMPA. Foi premiado no Brasil e na Austrália por artigos acadêmicos, possui publicações em periódicos de ponta (*Energy Economics*, *Energy Policy* e *Revista Brasileira de Finanças*) e participou na redação de vários livros, entre eles *Marcos Regulatórios no Brasil*, *Regulação e Concorrência no Brasil*, *Ajustes Fiscais: Experiência de Países Selecionados* e *Forest Valuation under Carbon Price*. Foi também pesquisador associado do Instituto de Regulação e Defesa da Concorrência da Nova Zelândia (ISCR), com o qual manteve vínculos de 2008 até 2015.

GABRIEL NEMER TENOURY. Bacharel em Economia pelo INSPER e mestrando da EPGE/FGV (Rio de Janeiro). É, junto com o economista Carlos Góes, autor do *Guia Para Não Economistas da Reforma da Previdência*, publicado pelo Instituto Mercado Popular.

GILBERTO BORÇA JR. Possuiu graduação e mestrado pelo Instituto de Economia da UFRJ (IE-UFRJ) e MBA em Finanças pelo Instituto COPPEAD de Administração. É Gerente no Departamento de Pesquisa Econômica (DEPEC) do BNDES há mais de dez anos, com experiência nos temas da conjuntura macroeconômica brasileira.

GUILHERME TINOCO. Economista formado pela UFMG (2007) e Mestre em Teoria Econômica pela FEA/USP (2011). Foi um dos ganhadores do Prêmio SEAE de 2006 e do Prêmio Tesouro Nacional em 2011. É economista do BNDES, onde atuou por diversos anos no Departamento de Pesquisa Econômica (DEPEC), e atualmente está cedido para o governo do Estado de São Paulo, onde trabalha como assessor especial do Secretário da Fazenda e Planejamento. É especialista em finanças públicas, publicou artigos acadêmicos na *Revista do BNDES* e em outras revistas e é autor de artigos jornalísticos publicados em veículos como *Valor Econômico* e *O Globo*.

GUSTAVO MORELLI. Economista, sócio-diretor da Macroplan Prospectiva, Estratégia & Gestão. Especialista em Gestão de Projetos (FGV/SP) e Consultoria Empresarial (FIA/USP). Fez cursos de extensão em Gestão Estratégica (INSEAD) e em Inovação em Negócios (Wharton/Universidade da Pensilvânia). Atua há mais de 15 anos na direção de projetos de consultoria, com ênfase em planejamento estratégico, melhoria dos modelos de gestão e aprimoramento do desenho e da execução das políticas públicas.

IVAN T. M. OLIVEIRA. Diretor de Estudos Internacionais do Instituto de Pesquisa Econômica Aplicada (IPEA), do qual é servidor de carreira desde 2009. Foi Assessor Especial e Chefe do Núcleo Econômico da Secretaria Executiva da Câmara de Comércio Exterior (CAMEX) entre 2016 e 2017. Foi também pesquisador visitante na Conferência das Nações Unidas para o Comércio e o Desenvolvimento (UNCTAD) em 2010. É Doutor e Mestre em Administração pela Universidade Federal da Bahia (UFBA), Mestre em Estudos Contemporâneos da América Latina pela Universidad Complutense de Madrid (UCM) e Graduado em Economia pela UFBA. É também autor do livro *A Política Comercial Externa Brasileira: Uma Análise de seus Determinantes*, publicado em 2013 pela Editora Saraiva (São Paulo), entre outros livros e artigos sobre temas econômicos internacionais, especialmente comércio internacional e política comercial.

JOANA MONTEIRO. Coordenadora do Centro de Pesquisa do Ministério Público do Rio de Janeiro e professora da FGV/EBAPE. Entre 2015 e 2018, foi Diretora-Presidente do Instituto de Segurança Pública (ISP), órgão do governo do Estado do Rio de Janeiro responsável por divulgação e análise de estatísticas de criminalidade e violência. No Ministério Público e no ISP, liderou iniciativas para aumentar o uso de evidências na condução de ações na área de Justiça Criminal, tendo implementado projetos para facilitar o uso de dados pelas polícias e aumentar a transparência de dados para a sociedade. É Doutora e Mestre em Economia pela PUC-Rio e Bacharel em Economia pela UFRJ. Entre 2009 e 2012, foi pesquisadora visitante no Centro de Desenvolvimento Internacional da Universidade Harvard. Realiza estudos na área de desenvolvimento econômico, especialmente sobre avaliações de políticas de segurança pública e educação.

JOSÉ RONALDO DE CASTRO SOUZA JÚNIOR. Economista, com graduação na UFV e mestrado e doutorado na UFMG. Pesquisador do Instituto de Pesquisa Econômica Aplicada (IPEA) desde 2004, onde é Diretor de Macroeconomia desde 2017. Atua também como professor de Macroeconomia do IBMEC desde 2013. Anteriormente, trabalhou como economista da FIEMG e da Petrobras e como professor da PUC-MG e da FGV-RJ. Autor de artigos e de capítulos de livros, com destaque para as áreas de macroeconomia e crescimento econômico de longo prazo.

LEANDRO ORTIZ DO NASCIMENTO. Administrador, com graduação pelo Centro Universitário Monte Serrat (UNIMONTE) e MBA pela IAG (Escola de Negócios da PUC-Rio). Desde 2009, trabalha no BNDES, onde atuou nas áreas de Recursos Humanos e Operações Sociais, antes de ingressar na gerência de *Data Science*, onde participou do desenvolvimento de sistemas de recomendação e modelos de qualificação de potenciais clientes, entre outros projetos. Atualmente, é o gerente responsável pelo Centro de Excelência em *Data Science* do BNDES, trabalhando como multiplicador em treinamentos internos sobre o tema.

LIVIA GOUVEA. Especialista em Mercado de Trabalho do Banco Interamericano de Desenvolvimento (BID). Doutora em Economia pela Pontifícia Universidade Católica do Rio de Janeiro (PUC-Rio), com pesquisa focada em Mercado de Trabalho e Organização Industrial. Anteriormente, foi consultora do Banco Mundial na área de competitividade e inovação e trabalhou como analista macroeconômica no Opportunity Asset Management.

MAÍNA CELIDONIO. Doutora em Economia pela PUC-Rio, com ênfase em economia urbana e mobilidade. Atualmente, é coordenadora de projetos do Centro Brasileiro de Relações Internacionais e colaboradora do Instituto de Estudos de Política Econômica. Foi consultora da Fundação Itaú Social, do BID, da Fundação Lemman, do IETS, do SEBRAE, do Climate Policy Initiative Brazil, da FIRJAN, da Câmara Metropolitana do Rio de Janeiro e da prefeitura da cidade do Rio de Janeiro. É professora da graduação de Economia na PUC-Rio e possui bacharelado e mestrado em Economia pela mesma instituição. Foi diretora de Desenvolvimento Econômico do Instituto Pereira Passos (IPP) e analista em Avaliação de Impacto para Gerência de Projetos do Itaú Unibanco.

PAULA PEDRO. Bacharel em Ciências Econômicas pela PUC-Rio e Mestre em Administração Pública e em Desenvolvimento Internacional (MPA/ID) pela Universidade Harvard. Tem experiência em avaliações de impacto e em desenho de políticas públicas em setores como proteção social, primeira infância e meio ambiente. Começou sua carreira como assistente de pesquisa para o Economista Chefe para a América Latina e o Caribe do Banco Mundial em Washington. Após o mestrado, foi Gerente de Programas do The E2e Project, iniciativa das universidades de Berkeley, MIT e Chicago com foco em avaliações de impacto de programas de eficiência energética. Serviu também como Diretora do Departamento de Avaliação da Secretaria de Avaliação e Gestão da Informação (SAGI) do Ministério do Desenvolvimento Social (MDS) e Gerente de Estratégia da Fundação Maria Cecilia Souto Vidigal, em São Paulo. Atualmente, é Diretora Executiva do Escritório para a América Latina e o Caribe do Abdul Latif Jameel Poverty Action Lab (J-PAL LAC).

PEDRO FERNANDO NERY. Coautor do livro *Reforma da Previdência: por que o Brasil não pode esperar?*, com Paulo Tafner (Elsevier, 2019). É Consultor Legislativo do Senado Federal para Economia do Trabalho, Renda e Previdência e Bacharel, Mestre e Doutor em Economia pela Universidade de Brasília (UnB). É também professor no Instituto Brasiliense de Direito Público (IDP) e foi agraciado com o *Edgardo Buscaglia Award on Empirical Research in Law and Economics*, conferido pela Associação Latino-Americana e Ibérica de Direito e Economia. É colunista do jornal *Gazeta do Povo* e editor do *site* Brasil, Economia e Governo. Escreveu sobre reforma da Previdência em veículos como *Folha de S. Paulo, O Estado de S. Paulo* e *Valor Econômico*.

PEDRO JUCÁ MACIEL. Doutor em Economia pela Universidade de Brasília, com pós-doutorado na Stanford University. Pertence à carreira de Auditor de Finanças do Tesouro Nacional desde 2003. Já atuou profissionalmente na Secretaria do Tesouro Nacional, na Assessoria Econômica do Ministério da Fazenda e no Senado Federal. Atualmente, é Subsecretário de Planejamento Estratégico da Política Fiscal do Tesouro Nacional. Já recebeu prêmios de monografia do Tesouro Nacional e da Secretaria de Orçamento Federal. Realiza pesquisas nas diversas áreas de finanças públicas e divulga estudos no *blog* de finanças públicas http://pedrojucamaciel.com/.

RAFAEL CAVALCANTI ARAÚJO. Graduado em Economia pela Universidade Federal de Pernambuco, com Administração pela Universidade de Pernambuco e curso de *Business Economics* pela Middlesex Univesity (Londres). Mestre em Economia pela Universidade de Brasília. É Auditor Federal de Finanças e Controle da Secretaria do Tesouro Nacional, tendo assumido os seguintes cargos na Administração Pública: Coordenador de Política Fiscal, Coordenador-Geral de Política Fiscal e Chefe de Gabinete na Secretaria de Política Econômica (2012/2018), Subsecretário de Governança Fiscal e Regulação de Loteria na Secretaria de Acompanhamento Fiscal, Energia e Loteria (2018/2019) e Coordenador-Geral de Estudos Econômico-Fiscais na Secretária do Tesouro Nacional (desde 2019). Tem experiência em finanças corporativas (com ênfase em renda fixa e câmbio), política fiscal, estatísticas fiscais, regras fiscais e monitoramento e avaliação de políticas públicas.

RICARDO DE MENEZES BARBOZA. Economista formado pela UFRJ, Mestre em Macroeconomia e Finanças pela PUC-Rio e Mestre em Economia pela UFRJ. Atualmente, trabalha como Gerente do Departamento de Pesquisa Econômica (DEPEC) do BNDES. É Professor Colaborador de Macroeconomia da COPPEAD e Pesquisador do Grupo de Conjuntura Econômica da UFRJ. Tem artigos publicados em periódicos nacionais e internacionais e contribui frequentemente para jornais de grande circulação do país, principalmente para o *Valor Econômico*.

RICARDO TEIXEIRA LEITE MOURÃO. Engenheiro Eletricista e Mestre em Engenharia Elétrica pela Universidade Federal de Minas Gerais (UFMG) e Bacharel em Direito pelo Centro Universitário de Brasília (Uniceub). Analista do Banco Central do Brasil desde 2002, onde foi chefe da Divisão de Sistemas de Pagamentos e consultor do Departamento de Operações Bancárias e de Sistema de Pagamentos. Atualmente, é consultor do Diretor de Organização do Sistema Financeiro e de Resolução (DIORF).

RODRIGO ORAIR. Economista formado em 2002 pela Universidade Federal de Minas Gerais (UFMG) e Mestre (2006) em Teoria Econômica pela Universidade Estadual de Campinas (Unicamp). É pesquisador do Instituto de Pesquisa Econômica Aplicada (IPEA) e pesquisador associado ao International Policy Centre for Inclusive Growth (IPC-IG). Atualmente, está cedido exercendo o cargo de Diretor da Instituição Fiscal Independente (IFI) do Senado Federal. É especialista em Macroeconomia e Política Fiscal, tendo publicado diversos estudos em tópicos relacionados às finanças públicas, nos níveis central e subnacional, assim como sobre as relações entre finanças públicas, distribuição de renda e desenvolvimento. Foi agraciado com vários prêmios acadêmicos, como o primeiro lugar por quatro vezes no Prêmio Tesouro Nacional e o primeiro lugar por duas vezes no Prêmio SOF de Monografias.

RUDI ROCHA. Possui graduação e mestrado em Economia pela UFRJ e doutorado em Economia pela PUC-Rio. É atualmente professor da Escola de Administração de Empresas da Fundação Getulio Vargas (FGV EAESP), membro do CEPESP/FGV e professor adjunto licenciado do IE-UFRJ. É também um *Newton Advanced Fellow* da Academia Britânica, pesquisador associado do ESRC Research Centre on Micro-Social Change (MiSoC/Universidade de Essex) e Presidente do Conselho Científico do Instituto Escolhas. Foi Vice-presidente da Sociedade Brasileira de Econometria (2014/2015) e coordenador brasileiro da LACEA/IADB/World Bank/UNDP Research Network on Inequality and Poverty (NIP, 2004-2008). Foi também vencedor do prêmio Haralambos Simeonidis 2011. Sua produção acadêmica tem aparecido em periódicos nacionais e internacionais de destaque, como *Economic Journal, American Economic Journal (Applied), Review of Economics and Statistics* e *Journal of Development Economics*, entre outros. Suas principais linhas de pesquisa incluem econometria aplicada e avaliação de políticas públicas; economia da saúde e demografia econômica; desenvolvimento econômico; e economia do meio ambiente.

TERESA COZETTI PONTUAL PEREIRA. Gerente Executiva do Centro de Excelência em Inovação em Políticas Educacionais (CEIPE-FGV). Anteriormente, foi Diretora de Currículos e Educação Integral na Secretaria de Educação Básica do MEC; Subsecretária de Educação na Secretaria Municipal da Educação do Município de Salvador; Gerente de Projetos na Secretaria Municipal de Educação do Rio de Janeiro; e Subsecretária de Gestão da Rede de Ensino na Secretaria de Estado de Educação do Rio de Janeiro. É Mestre em Política Educacional Internacional pela Universidade Harvard; Especialista em Gestão de Negócios pelo COPPEAD/UFRJ; e Bacharel em Ciência Política pela faculdade de Swarthmore, na Pensilvânia (EUA).

VITOR AZEVEDO PEREIRA PONTUAL. Doutor em Economia pela PUC-Rio, com doutorado sanduíche na Universidade Stanford. Possui mestrado em Economia pela PUC-Rio e pela Universidade de Maryland e graduação em Economia pela PUC-Rio. Sua pesquisa é voltada para a economia da educação, o desenvolvimento na primeira infância, o desenvolvimento econômico e a avaliação de políticas públicas. Foi Diretor do Departamento de Avaliação da Secretaria de Avaliação e Gestão da Informação do Ministério do Desenvolvimento Social (DA/SAGI-MDS) e consultor do Climate Policy Iniciative (CPI) e do Banco Mundial.

Apresentação

O primeiro livro que publiquei na qualidade de organizador foi *Distribuição de renda no Brasil*, que editei na companhia de José Márcio Camargo em 1990. Depois disso, seguiram-se diversos outros.

Nesses 30 anos lidando com os assuntos relacionados com os desafios da economia brasileira, tive o privilégio de trabalhar nesses projetos com alguns de nossos melhores quadros da intelectualidade, na esfera da economia. Entre eles, encontravam-se muitos nomes que tiveram papel de destaque na vida do país, seja como participantes ativos do debate econômico, seja, alternativa ou adicionalmente, na qualidade de *policy makers*.

No caso desses nomes mais conhecidos, em alguns casos tratava-se de personalidades que, ao serem convidadas para escrever algum capítulo, já tinham tido participação importante na vida nacional. Em outros, o convite se deu num estágio inicial de suas carreiras, tendo eles depois galgado posições relevantes no país. Ter tido a oportunidade de interagir com autores de capítulos da qualidade de um Affonso Pastore, Alexandre Schwarstman, Eduardo Guardia, Fernando Henrique Cardoso, Gustavo Franco, Ilan Goldfajn, Joaquim Levy, José Alexandre Scheinkman, Mailson da Nóbrega, Mansueto Almeida, Marcos Lisboa, Mário Mesquita, Octavio de Barros ou Ricardo Paes de Barros, apenas para citar alguns deles, envaideceria qualquer editor.

A passagem do tempo – esse inimigo – provê o ser humano de uma perspectiva mutante com a evolução dos anos. Na medida em que estes se sucedem, o indivíduo toma consciência dessa trajetória. Inevitavelmente, dado o período transcorrido desde aquela primeira iniciativa – uma vida! –, alguns dos autores com os quais tive a satisfação de lidar já não estão mais aqui. Se, por um lado, cabe prestar uma singela homenagem e registrar a manifestação de reconhecimento para aqueles que se foram, o acompanhamento do debate permite identificar o surgimento de novos valores que vão renovando e arejando a vida brasileira.

Não só os nomes começam a mudar pela ação do tempo, mas as próprias formas em que o debate de ideias ocorre vão se adaptando às novas configurações da vida moderna. Nos meus primeiros livros, o debate se processava, *grosso modo*, da mesma forma que se dava três ou quatro décadas antes, na forma de publicação de artigos em jornais, *papers* ou livros. Posteriormente, enquanto o formato físico destes foi substituído em alguns casos pela sua versão digital, surgiram outras expressões da manifestação do pensamento, como os *blogs* e as mídias sociais, nas suas diversas modalidades.

Este livro é uma tentativa de contribuir para esse movimento saudável de renovação. Como se diz popularmente, "a fila anda"! Se cabe saudar que muitos daqueles nomes antes citados continuam sendo atores importantes do debate, contribuindo com suas visões, enriquecidas em muitos casos pela passagem na administração pública, há outros que começam a despontar. O objetivo deste livro é dar espaço para essa nova "Jovem Guarda".

O denominador comum que unifica a característica dos autores dos capítulos que compõem este livro, além da qualidade técnica de todos eles, é a juventude. Embora não pertençam a essa categoria no sentido demográfico da palavra e, no caso da grande maioria, já tenham alguns anos de trajetória profissional, cada um com as suas peculiaridades, trata-se de um conjunto de profissionais que tem ainda pelo menos duas ou três décadas pela frente no palco nacional, com amplas possibilidades de contribuir tanto para a circulação das ideias como talvez, no caso de um universo menor entre eles, para a gestão pública nas décadas de 2020, 2030 e, eventualmente, de 2040. É importante, portanto, conhecer mais as propostas e sugestões do que eles têm a aportar para a discussão.

O livro está dividido em quatro partes, reproduzindo as questões já abordadas em outros livros que ajudei a organizar e adicionando outras, agora com a atualização das questões e dos desafios. Na primeira, com um capítulo, à guisa de introdução, aborda-se o tema de qual é a taxa de crescimento à qual a economia brasileira pode realisticamente aspirar nos próximos dez anos.

A segunda parte trata da agenda estritamente macroeconômica e inclui sete capítulos. Inicialmente, aborda-se a temática fiscal. Na sequência, discute-se qual é a agenda de mudanças previdenciárias remanescentes nas quais ainda cabe pensar. Depois, mostra-se que o ajuste dos Estados deverá se estender durante boa parte da década. Posteriormente, trata-se da agenda tributária. Uma reflexão específica cabe para a questão dos rumos da política monetária e do papel do nosso Banco Central uma vez que o país alcance um regime de inflação baixa e – espera-se – estável. Há também um capítulo que aborda a importância de continuar atualizando a legislação trabalhista. Finalmente, o último capítulo desse bloco revisita a abertura da economia e a inserção internacional do Brasil.

A terceira parte do livro envolve os assuntos que vão além do âmbito da macroeconomia e inclui oito capítulos. Ela se inicia com uma discussão muito importante acerca da produtividade das empresas. No segundo capítulo dessa parte, discute-se o que podemos aprender das políticas de desenvolvimento implantadas por meio dos bancos públicos e que futuro pode caber a estes no país. No terceiro, desenvolve-se a reflexão acerca do futuro *pipeline* de projetos na área de infraestrutura. Os quatro capítulos seguintes tratam do quarteto educação, saúde, segurança e saneamento, temas cujo endereçamento adequado é rigorosamente crucial para o avanço do país rumo a um estágio mais avançado de desenvolvimento. O último capítulo desta parte é uma abordagem ampla das propostas de política social, tendo um horizonte de longo prazo.

Já a quarta parte do livro, com quatro capítulos, trata do que poderíamos denominar de "questões novas", ou seja, assuntos que não estavam presentes no debate até alguns anos atrás. O primeiro capítulo desse conjunto trata do tema das "novas moedas", seus desdobramentos e aonde isso pode nos levar. Posteriormente, há um capítulo sobre as transformações introduzidas pela utilização massiva do chamado *Big Data* nos mais diversos campos da economia. Outro capítulo aborda como essa nova forma de abordagem da utilização de dados altera o modo em que as políticas sociais podem ser concebidas. Finalmente, analisam-se os desafios relacionados com a *gig economy* e as repercussões da "plataformização" dos negócios em diferentes aspectos da economia, em níveis micro e macroeconômico.

Espero que esse novo olhar sobre nosso futuro, com a visão dos mais jovens, possa ser útil para o leitor. Cabe aqui um esclarecimento importante. Ao ser feita a demanda pelos capítulos aos autores e durante boa parte da elaboração dos mesmos, o Brasil e o mundo ainda não tinham sido afetados pelo drama da pandemia da covid-19. É evidente que esta trouxe um desafio maiúsculo de curto prazo e que afetará o futuro numa série de campos da vida humana. A não ser, porém, em alguns capítulos ainda não entregues quando ela começou e nos quais houve condições, aqui e ali, de incorporar alguma menção, por essa questão cronológica citada, o tema, de modo geral, não é objeto do presente livro. De qualquer forma, o leitor perceberá rapidamente que tudo o que é aqui tratado conserva a sua atualidade, desde a reflexão da capacidade de crescimento do capítulo inicial até o futuro do trabalho como o conhecemos até agora, discutido no último; ou desde a necessidade de melhorar a situação fiscal dos Estados até os desafios do saneamento, apenas para citar alguns dos temas dos capítulos. E, como nos lembra Ralph Emerson na epígrafe do livro, o que nos convoca aqui é – e continuará sendo – a aspiração ao futuro. A um bom futuro.

Por fim, cabe registrar dois agradecimentos. O primeiro, ao meu amigo Octávio de Barros. Uma conversa com ele, em setembro de 2019, foi decisiva para definir o conteúdo final do livro e o perfil que ele acabou assumindo. Fica aqui o registro do reconhecimento pela sua contribuição chave. O segundo agradecimento é a Matheus Outeiro dos Santos, que com dedicação e eficiência colaborou na formatação final dos diversos gráficos e tabelas que compõem este livro.

Fabio Giambiagi (organizador)
Rio de Janeiro, abril de 2020

Prefácio

UMA COLETÂNEA EM TEMPOS DE EXPECTATIVAS DEPRIMIDAS

Fabio Giambiagi volta à carga. Incansável, ele vem se dedicando há quase três décadas a refletir sobre a economia brasileira. Muitos dos livros que editou, como é o caso do presente, são coletâneas de textos de diversos temas e autores – o feito é que, inevitavelmente, a cada novo momento da nossa história, eles estabelecem a agenda necessária para colocar a economia brasileira nos trilhos.

O volume que o leitor tem em mãos é a última atualização desse projeto permanente de Fabio. É leitura obrigatória para aqueles que gostam de pensar sobre os problemas brasileiros a partir de diagnósticos claros, baseados na melhor evidência e teoria disponível, capazes de propor desenhos de políticas públicas que encaminhem soluções.

Tenho cá em minha biblioteca o volume *Reforma no Brasil: balanço e agenda*, de 2004, organizado por Fabio, José Guilherme Reis e o saudoso André Urani, que nos faz tanta falta, além de prefaciado pelo ex-presidente Fernando Henrique Cardoso.

Confrontando o volume de 2004 com este que o leitor tem em mãos agora, uma diferença marcante que se nota é a necessidade que havia, então, de tratar do tema do baixo crescimento. Tanto o prefácio de FHC quanto o texto introdutório dos organizadores, bem como o texto inicial daquele livro, de Armando Castelar Pinheiro, tratavam do tema. O baixo crescimento tinha que ser explicado e justificado. Ou seja, o baixo crescimento não era visto como a normalidade de nossa economia.

No volume de agora não há esta questão. O baixo crescimento é um dado. As expectativas estão deprimidas. O primeiro capítulo, a cargo de José Ronaldo de Castro Souza Júnior, documenta nosso baixíssimo potencial de crescimento. Entre 2004 e hoje, consumimos nossos últimos anos de bônus demográfico, que se iniciou em meados dos anos 1970 e terminou em 2018. Hoje, segundo os números de José Ronaldo e mesmo sob o cenário otimista que supõe a aprovação de diversas reformas, devemos crescer na próxima década, na melhor das hipóteses, 2,6% ao ano, ou 30% na década (ambas em termos *per capita*). Provavelmente, o desempenho será pior.

Para mim, a tônica do volume é esta: não há grandes esperanças. Dependemos de nós mesmos – e queimamos diversas oportunidades. Estamos por nossa conta e por conta de nossa capacidade de negociar reformas que elevem a taxa de crescimento da produtividade.

Uma mudança importante em relação ao volume de 2004 é o espaço que a conexão com o resto do mundo ocupa em um e noutro volume. Naquele de 16 anos atrás, quatro capítulos se dedicavam a temas de política econômica externa. No atual volume há um único capítulo, o oitavo, de Ivan T. M. Oliveira, sobre a abertura da economia. De maneira muito direta e precisa, Ivan estabelece a agenda: revisão da política tarifária, revisão da política não tarifária e atualização da gestão de instituições e processos no comércio exterior. Não deixa de ser um amadurecimento. Abertura é um elemento imprescindível para o crescimento, mas as bases do crescimento serão construídas domesticamente.

Em contraste com o dado negativo das expectativas deprimidas, transparece no presente volume um amadurecimento com relação à estabilidade macroeconômica – o que deve ser celebrado. Em 2004, dois foram os capítulos dedicados à política monetária e um ao regime cambial. No atual, não há capítulo para a política cambial e há um capítulo que se dedica a aprimoramentos do regime de metas de inflação, o sexto, a cargo de Diogo Abry Guillén. A forma técnica e expedita como o tema é tratado sinaliza a existência na sociedade de maior consenso quanto à estabilidade de preços.

Não é pouco e representa uma base sólida para possíveis novas conquistas. Se a desorganização monetária não é um equilíbrio politicamente aceitável, a sociedade negociará sob bases mais realistas. Reduz-se significativamente o espaço para o populismo. A inflação – tomada como possível solução para o conflito distributivo de uma sociedade – só não é pior do que a guerra civil.

O consenso monetário lança as bases para nossa maior dificuldade: o ajuste fiscal. O tema fiscal não é simplesmente uma questão técnica. Depende de complexa economia política e, como tenho afirmado mais de uma vez, é no orçamento público que, modernamente, o conflito distributivo tem sido tratado. Do chão de fábrica e das manifestações operárias – muitas vezes contidas a patadas de cavalos, como era comum na segunda metade do século 19 e na primeira do século 20 –, ele se encaminhou, nas sociedades modernas, para o orçamento público. Melhor assim: cidadãos eleitos debatem e decidem como os impostos serão cobrados e como a receita será alocada.

No volume de 2004, havia dois capítulos dedicados ao tema. O primeiro tinha o sugestivo título de "As razões do ajuste fiscal". Isto é, era necessário explicar para as pessoas os motivos do ajuste. No volume atual, temos o segundo capítulo, de Pedro Jucá Maciel e Rafael Cavalcanti Araújo, sobre as regras fiscais e o quarto capítulo, sobre as finanças estaduais. No segundo capítulo, discute-se qual é o melhor arcabouço institucional para condução das metas e objetivos da política fiscal. É claro que, entre outras, é função de uma regra fiscal aumentar a transparência da política fiscal e auxiliar o Congresso e a sociedade na gestão do conflito distributivo.

No quarto capítulo surge um tema em que nada avançamos. Aparentemente, andamos em círculo. Guilherme Tinoco é o autor de "Estados: rumo a um ajuste de uma década". Ali, ele documenta o papel que o governo central teve na desorganização das finanças estaduais, ao permitir aumento de dívida para custeio: "O crédito aos Estados não era incentivado apenas por meio de concessão de garantia pela União: ela própria criou diferentes programas de financiamento a investimentos operados pelos bancos públicos federais, com o objetivo de possibilitar amplo acesso ao crédito para todos os entes federativos". A arrumação da casa tornou-se desde então um empreendimento complexo: passa por estabelecer um conceito único de gasto com pessoal; por uma reforma administrativa que controle a elevação automática do gasto com pessoal; e pela regulamentação do direito de greve dos servidores, a fim de reequilibrar a relação trabalhista, hoje desproporcionalmente favorável aos servidores, em detrimento do Estado.

Um dos itens mais complexos do conflito distributivo é o que ocorre entre o presente e o futuro. Entre os adultos e idosos, de um lado; e entre os que ainda não nasceram ou que nasceram há pouco tempo – as crianças –, de outro. O tema pendente da reforma da previdência ocupa um capítulo em ambos os volumes. Gabriel Nemer Tenoury e Pedro Nery, no terceiro capítulo do presente livro, fazem um sumário das conquistas com a reforma da previdência aprovada em 2019. Há inúmeras questões em aberto, detalhadamente tratadas por Tenoury e Nery. Tudo indica que, em algum momento da década de 2020, retornaremos ao tema.

Como no volume de 2004, há no atual um capítulo dedicado à reforma tributária. Trata-se do quinto capítulo, a cargo de Rodrigo O. Orair. Há ali uma defesa convincente do Projeto de Emenda Constitucional nº 45 (PEC 45), preparado pelo Centro de Cidadania Fiscal (C.CiF.) e de autoria do deputado do MDB de SP, Baleia Rossi, que cria um IVA nacional harmonizado e compartilhado pela União, Estados e Municípios. Orair elabora rapidamente sobre a reforma dos impostos de renda com vistas à maior progressividade, tema sobre o qual tem artigos importantes, escritos em colaboração com Sergio Gobetti. Mas, de fato, a agenda de redução do custo de conformidade e da litigiosidade, da melhor alocação do investimento e da atividade produtiva, é prioritária para elevar o potencial de crescimento. Para esses temas, a PEC 45 parece ser a melhor solução que temos à mão.

O sétimo capítulo, de Ana Luiza Fischer Teixeira de Souza Mendonça e Bruno Silva Dalcolmo, "Legislação trabalhista: o que falta mudar?", apresenta as mudanças recentes promovidas pela reforma realizada no governo Temer, além de apresentar qual deve ser a agenda futura, nesse tema. Assim como na previdência, esse foi um setor em que avançamos. Ainda bem, pois as alterações tecnológicas têm ocorrido em velocidade ainda maior. O sétimo capítulo é complementado pelo 20º e último do livro, escrito por Ana Maria Barufi, que aborda "O futuro do trabalho no modelo de plataforma".

Há três capítulos no livro dedicados aos diferentes aspectos microeconômicos da agenda de produtividade. O 9º, de Livia Gouvea e Fábio Brener Roitman, apresenta e aplica para o Brasil a literatura recente de má alocação do investimento em nível da firma (ou da planta produtiva) e elabora a agenda para elevar a produtividade das empresas. No 10º capítulo, Ricardo de Menezes Barboza e Gilberto Borça Jr. apresentam "O futuro das políticas de desenvolvimento: o que aprendemos?". Quais são as lições que podemos tirar das ações dos bancos de desenvolvimentos mundo afora e qual deve ser seu papel no estímulo da competição e à inovação? Completa o bloco dedicado à eficiência microeconômica o 11º capítulo, a cargo de Fabiano Mezadre Pompermayer, Diogo Mac Cord de Faria e Gabriel Godofredo Fiuza de Bragança, "A agenda da infraestrutura: planejamento e regulação". Muito além do problema crônico do baixo orçamento direcionado ao setor, questão de natureza fiscal, o capítulo expõe ótimo diagnóstico e sugestões para melhorar o ambiente regulatório, com o objetivo de tentar deslanchar o investimento em infraestrutura.

O grande tema ausente da obra foi a defesa da concorrência. A impressão que se tem é a de que, nesses tempos em que a gestão da política tem sido ruim, em que temos tido, por azar do destino, por erros dos políticos e da sociedade, presidentes com pouco apetite pela política, a área de defesa da concorrência ficou muito a serviço dos interesses políticos. O espaço para aprimoramento e avanços nesta área tem sido cada vez menor. O tema, importantíssimo para a agenda de eficiência microeconômica e, portanto, para o crescimento, demandará outro momento para que avance. Penso que a omissão do tema nessa coletânea se deva a esse fato. O tema, por enquanto, não está na pauta dos gestores públicos, dos políticos e da sociedade. Não era assim em 2004. Oxalá em futuro próximo ele retorne à agenda.

Se há consenso sobre os serviços públicos a serem oferecidos pelo Estado – educação, saúde e segurança –, restam muitas questões a serem resolvidas sobre a eficácia desses gastos, abordadas em três capítulos centrais do livro. Senti falta de uma abordagem comum aos três setores. É muito interessante ler os capítulos em conjunto. Depreende-se da leitura do 13º capítulo, "A saúde na década de 2020: navegar é preciso", de Rudi Rocha, que, comparativamente, o Estado brasileiro é muito mais efetivo para ofertar serviços de saúde do que os de educação e segurança. Este tema não é diretamente abordado, mas possivelmente a cooperação mais produtiva entre o setor público e o setor privado, no campo da saúde, explique o seu desempenho relativamente melhor.

O 12º capítulo, "Os desafios da educação", a cargo de Teresa Cozetti Pontual Pereira e de Vitor Azevedo Pereira Pontual, apresentam os principais indicadores e, a partir de casos bem-sucedidos – a experiência exitosa do Ceará é um guia essencial –, elabora as políticas possíveis. Acompanhamento de resultados com avaliações externas, metas, e algum mecanismo financeiro que premie os prefeitos por bons resultados, parecem ser elementos comuns aos casos bem-sucedidos. Fica claro que, sem repensar toda a carreira do magistério, será difícil avançarmos muito mais. Como estimular os melhores alunos do ENEM a seguir a carreira do magistério?

O 14º capítulo, "Segurança pública: uma agenda baseada em evidências", de Joana C. M. Monteiro, elabora quatro linhas de ação para melhorar a eficiência da segurança pública: governança e gestão por resultados; treinamento e avaliação do trabalho policial; eficácia da justiça; e prevenção com melhora da informação. Diferentemente do capítulo sobre educação, no capítulo de segurança não se empregam as experiências bem-sucedidas como um guia para o desenho das políticas. Por exemplo, os dados que constam na Tabela 14.1 do capítulo documentam que os homicídios no Estado de São Paulo, em 2018, foram menores do que em 1980; que o Estado apresentou a menor taxa de homicídios entre todos os demais; além de registrar a maior queda (de 77%) da taxa de homicídio, com relação ao pico dos anos 1990, de que se tem notícia. Será que nada podemos aprender com a experiência de São Paulo?

Segue um capítulo que faz a transição entre infraestrutura e a área social. O 15º capítulo cuida de nosso atraso no saneamento básico. "Saneamento: a agenda do século 20 para o país do século 21", de Gabriel Godofredo Fiuza de Bragança, Diogo Mac Cord de Faria e Cíntia Leal Marinho de Araújo, apresenta nossos índices indigentes de cobertura. Segue o diagnóstico: vácuo legal, baixo investimento e o gosto dos políticos por empresas públicas. Como no capítulo da reforma tributária, há esperança com legislação em tramitação (neste caso, em estágio avançado) no Congresso: "Espera-se que uma regulação mais uniforme, juntamente com a retirada de barreiras à entrada ao ente privado, proporcione condições mais adequadas, estáveis e maior segurança política para que seja possível alcançar a universalização do saneamento básico no país".

O capítulo seguinte, o 16º, "Política social: pensando em 2030", de Maína Celidonio e Paula Pedro, a partir da experiência consolidada e bem-sucedida do programa Bolsa Família, estabelece qual é a agenda incremental que, sem comprometer o orçamento público, melhore a efetividade dos programas. Há espaço para gastar melhor os recursos públicos. Esse capítulo é complementado pelo penúltimo capítulo, 19º, de Gustavo Morelli e Adriana Fontes, que trata da inteligência de dados para a formulação e a gestão de políticas sociais no século 21.

A última parte do volume aborda temas muito atuais que, evidentemente, nem se consideravam no já longínquo 2004, quando o volume anterior foi publicado. Além dos dois últimos, que já tive oportunidade de mencionar, há o 17º capítulo, "O futuro dos meios de pagamento", a cargo de Ricardo Teixeira Leite Mourão e Angelo Mont'alverne Duarte, com toda a discussão dos novos mecanismos de pagamento, que fazem o cartão de crédito parecer algo dos tempos dos Flintstones, e o 18º, sobre "O fenômeno do *Big Data*", de Éber Gonçalves e Leandro Ortiz do Nascimento.

A sociedade brasileira vive seu inferno astral desde 2013. Nos últimos anos, perdemos a imagem brejeira que sustentava uma visão relativamente positiva que tínhamos de nós mesmos e que o mundo nutria por nós. Nosso futebol perdeu o brilho, metáfora da perda do nosso encanto. Envelhecemos sem termos ficado ricos. Estamos aqui por nossa conta e risco. O volume expressa este amadurecimento, muito duramente obtido.

Talvez estejamos melhor do que imaginamos. O Brasil de hoje, após todo o desempenho econômico ruim (o social foi um pouco melhor) no período posterior à redemocratização, lembra um pouco o país do final do Império. As pautas que devem andar e têm grande consenso na sociedade, por ação de alguns grupos de pressão com forte poder de veto, não andam. Naquela época, a abolição não andava, a reforma agrária não andava, a educação não andava; agora, levamos 20 anos para aprovar uma reforma da previdência cuja necessidade estava clara há mais de duas décadas. Há toda uma agenda de reforma que já se desenhava no volume de 2004. E várias ainda estão na agenda, como este volume demonstra.

As nações têm o seu caminho. O progresso econômico não é inevitável. Nosso vizinho ao sul – a Argentina – é o melhor exemplo. Um bom começo é rejeitar a inflação como solução possível do conflito distributivo. Outro bom começo é deixar de enxergar no exterior a fonte de nossa pobreza ou possível tábua de salvação. Devemos olhar para dentro e ver o que podemos fazer com o que temos. Um bom começo é ler este volume e pensar tema por tema. Sem mágica. Com o pé no chão e com a certeza de que o futuro de uma nação é feito exclusivamente por ela. Sempre é possível recomeçar.

Samuel Pessoa
São Paulo, junho de 2020

Sumário

Parte I: Introdução   **1**

1. Potencial de Crescimento da Economia Brasileira no Período 2021-2030
   (*José Ronaldo de Castro Souza Júnior*)   3

Parte II: A agenda macro, mais uma vez   **13**

2. Regras Fiscais no Brasil: Proposta de Harmonização do Arcabouço Fiscal de Médio Prazo
   (*Pedro Jucá Maciel e Rafael Cavalcanti Araújo*)   15
3. Reencontro Marcado: um Balanço da Reforma Previdenciária do Governo Bolsonaro
   (*Gabriel Nemer Tenoury e Pedro Fernando Nery*)   29
4. Estados: Rumo a um Ajuste de uma Década (*Guilherme Tinoco*)   41
5. O Futuro da Tributação e a Reforma Tributária (*Rodrigo Orair*)   55
6. O Futuro da Política Monetária no Brasil (*Diogo Abry Guillén*)   69
7. Legislação Trabalhista: o que Falta Mudar? (*Ana Luiza Fischer Teixeira de Souza Mendonça e Bruno Silva Dalcolmo*)   81
8. Abertura Econômica e Racionalização de Instrumentos de Política Comercial no Brasil
   (*Ivan T. M. Oliveira*)   93

Parte III: Para além da agenda macro   **103**

9. Produtividade das Firmas: uma Discussão Chave (*Livia Gouvea e Fábio Brener Roitman*)   105
10. O Futuro das Políticas de Desenvolvimento: o que Aprendemos? (*Ricardo de Menezes Barboza e Gilberto Borça Jr.*)   119
11. Agenda da Infraestrutura: Planejamento e Regulação (*Fabiano Mezadre Pompermayer, Diogo Mac Cord de Faria e Gabriel Godofredo Fiuza de Bragança*)   135
12. Desafios da Educação (*Teresa Cozetti Pontual Pereira e Vitor Azevedo Pereira Pontual*)   155
13. A Saúde na Década de 2020: Navegar é Preciso (*Rudi Rocha*)   171
14. Segurança Pública: uma Agenda Baseada em Evidências (*Joana C. M. Monteiro*)   185
15. Saneamento: Agenda do Século 20 para o País do Século 21 (*Gabriel Godofredo Fiuza de Bragança, Cíntia Leal Marinho de Araujo e Diogo Mac Cord de Faria*)   201
16. Política Social: Pensando em 2030 (*Maína Celidonio e Paula Pedro*)   217

Parte IV: Desafios novos — **231**

17. O Futuro dos Meios de Pagamento (*Ricardo Teixeira Leite Mourão* e *Angelo Mont'alverne Duarte*) — 233
18. O Fenômeno do *Big Data* (*Éber Gonçalves* e *Leandro Ortiz do Nascimento*) — 247
19. Inteligência de Dados para a Formulação e a Gestão de Políticas Sociais no Século 21 (*Gustavo Morelli* e *Adriana Fontes*) — 259
20. O Futuro do Trabalho no Modelo de Plataforma (*Ana Maria Barufi*) — 269

Índice Alfabético — **281**

LISTA DE GRÁFICOS

Gráfico 1.1	Escolaridade da população brasileira – 1970 a 2010	5
Gráfico 1.2	PIB, capital físico, capital humano e produtividade	6
Gráfico 3.1	Aposentadorias do RGPS por clientela e classe do benefício (em milhões de aposentadorias, posição em dez./2019)	31
Gráfico 3.2	Distribuição dos benefícios previdenciários e assistenciais – 2019 (como % do total, por faixa de valor)	32
Gráfico 3.3	Pessoas recebendo um salário mínimo – 2017 (em milhões de pessoas, considerando o mínimo de R$ 937 em 2017)	32
Gráfico 3.4	Diferença nas idades de aposentadoria entre homens e mulheres (em anos)	33
Gráfico 3.5	Aposentadorias por tempo de contribuição (TC) e idade – 2010/2018 (2010 = 100)	34
Gráfico 3.6	Idade de aposentadoria para pessoas que começaram a trabalhar aos 20 anos	36
Gráfico 3.7	Idade futura de aposentadoria para pessoas que começaram a trabalhar aos 20 anos	36
Gráfico 4.1	Resultado primário dos governos estaduais (% do PIB)	42
Gráfico 4.2	Gasto com pessoal dos Estados brasileiros (% da RCL)	45
Gráfico 8.1	Participação do comércio de mercadorias e de serviços no PIB de países selecionados (2018, em %)	95
Gráfico 8.2	Renda *per capita* e tarifas nominais médias (média 2015-2018)	96
Gráfico 9.1	Comparação internacional da produtividade total dos fatores	106
Gráfico 9.2	Comparação internacional de práticas de gestão – números-índices, com Estados Unidos = 1	108
Gráfico 9.3	Comparação internacional de capital humano (números-índices) com Estados Unidos = 1	109
Gráfico 9.4	Comparação internacional de gastos em P&D financiados pelas empresas, em percentual do PIB	109
Gráfico 9.5	Comparação internacional de tarifas de importação – em percentual	110
Gráfico 9.6	Comparação internacional de infraestrutura de transportes	111
Gráfico 9.7	Comparação internacional de ambientes regulatórios	112
Gráfico 10.1	Razão entre as rendas *per capita* do Brasil e dos EUA	120
Gráfico 10.2	Investimento público no Brasil, 1947-2018 (em % do PIB)	123

Gráfico 10.3	*Spread* bancário por país – 2017	127
Gráfico 11.1	Estoque de infraestrutura no Brasil, histórico e metas do Ministério da Economia, em % do PIB	137
Gráfico 11.2	Investimento em infraestrutura no Brasil, histórico e metas do Ministério da Economia, em % do PIB	137
Gráfico 13.1	Gastos como proporção do PIB em perspectiva comparada: % total (figura superior), % público (figura intermediária) e % privado (figura inferior)	178
Gráfico 14.1	Taxa de mortes violentas intencionais no Brasil por 100 mil habitantes (1980-2019)	189
Gráfico 14.2	Evolução da taxa de mortes violentas intencionais por 100 mil habitantes por região geográfica (1980-2019)	190
Gráfico 15.1	Atendimento de água × coleta de esgoto (% da população)	203
Gráfico 15.2	Índice de perdas na distribuição dos prestadores de serviços participantes do SNIS (em %), segundo ano, macrorregião geográfica e Brasil	205
Gráfico 16.1	Porcentagem de pobres e extremamente pobres no Brasil (%)	218
Gráfico 16.2	Brasil: Índice de Desenvolvimento Humano (IDH) e componentes	219
Gráfico 16.3	Brasil: Índice de Desenvolvimento Humano por Município (IDH-M)	219
Gráfico 17.1	Número de cartões e terminais nos pontos de venda	237
Gráfico 18.1	Universo digital – volume de novos dados criados anualmente	248
Gráfico 18.2	*Performance* por tipo de máquina - CPUs (média anual)	249
Gráfico 18.3	Valor da economia de dados – 2018	252
Gráfico 18.4	Projeção da receita mundial de *hardware*, *software* e serviços relacionados ao *Big Data* (em US$ bilhões) – 2016-2027	253
Gráfico 20.1	Evolução dos ocupados por categorias selecionadas de emprego no trabalho principal, em milhões (4º trimestre de cada ano)	274

LISTA DE TABELAS

Tabela 1.1	Cenários macroeconômicos para o período 2021-2030 (ano base = 2020) – parte I	10
Tabela 1.2	Cenários macroeconômicos para o período 2021-2030 (ano base = 2020) – parte II	10
Tabela 3.1	Previdência Social brasileira e seus três níveis	30
Tabela 3.2	Expectativa de vida aos 65 anos – 2010/2060 (em anos, por região)	35
Tabela 4.1	Receita dos Estados em 2018 – R$ bilhões	46
Tabela 6.1	Metas de inflação em países selecionados	73
Tabela 6.2	Processo decisório em países que adotam metas para a inflação	75
Tabela 6.3	Composição dos Bancos Centrais	78
Tabela 8.1	Indicador de assistência efetiva: total, segundo ramos de atividade (2010-2016) – em R$ bilhões a preços constantes de 2016 e em % do PIB	96
Tabela 8.2	Países com os quais o Brasil possui acordos comerciais	98
Tabela 11.1	Estimativa de estoque existente e necessário por setor de infraestrutura, em % do PIB	138
Tabela 11.2	Mapeamento dos investimentos conforme o nível de estruturação dos projetos frente às metas, em % do PIB	140

Tabela 13.1	Indicadores de saúde, infraestrutura e financiamento: panorama geral antes *vs.* depois da Constituição de 1988	176
Tabela 14.1	Taxas de mortes violentas intencionais por 100 mil habitantes, por Estado da Federação	190
Tabela 15.1	Níveis de atendimento com água e esgoto dos Municípios cujos prestadores de serviços são participantes do SNIS em 2008 e 2018, segundo macrorregião geográfica e Brasil	204
Tabela 15.2	Evolução da taxa de investimento anual (fluxo) em infraestrutura, em % do PIB	207
Tabela 17.1	Pagamentos interbancários no Brasil (milhões de transações)	236
Tabela 19.1	Taxa de homicídios por Município no Piauí (2017)	262
Tabela 20.1	Setores com maiores variações absolutas de ocupados entre 2017 e 2019 para categorias de emprego selecionadas, em milhares (4º trimestre de cada ano)	275

LISTA DE QUADROS

Quadro 11.1	Abordagem analítica do *Five Case Model* (5CM)	143
Quadro 15.1	Benefícios dos investimentos em saneamento de 2004 a 2016	212
Quadro 20.1	Conceitos relacionados ao modelo de plataforma	272

LISTA DE FIGURAS

Figura 1.1	Fontes do crescimento potencial	7
Figura 13.1	Principais atores e regras de um sistema de saúde	172
Figura 13.2	Leitos de UTI no SUS por 100 mil usuários	182
Figura 19.1	Diagrama de indicadores que impactam o IDH	261
Figura 19.2	Estado de São Paulo, Programa Parcerias Municipais: desafios e seu potencial de impacto	265
Figura 20.1	Arcabouço com os principais elementos de uma plataforma de trabalho	272

Parte I

INTRODUÇÃO

Cap. 1 Potencial de Crescimento da Economia Brasileira no Período 2021-2030

INTRODUCTION

Potencial de Crescimento da Economia Brasileira no Período 2021-2030

1

José Ronaldo de Castro Souza Júnior

INTRODUÇÃO

No momento em que o Brasil ainda buscava superar os problemas causados pela recessão anterior, a pandemia da Covid-19 atingiu a economia mundial em velocidade e intensidade jamais vistas na história recente. No início de 2020, a economia brasileira ensaiava uma aceleração moderada do crescimento, porém ainda estava com elevado grau de ociosidade, tanto em relação ao capital instalado (prédios, instalações físicas, máquinas, equipamentos e outros ativos fixos) como em relação à mão de obra (desemprego acima de 11%). A pergunta que se faz neste capítulo é: depois de superada essa fase aguda de disseminação do vírus, qual o potencial de crescimento da economia brasileira na média anual de dez anos do período de 2021 a 2030, após a forte queda esperada para 2020? Quais fatores contribuirão positivamente e quais serão os ventos contrários?

A longa e profunda recessão iniciada no segundo trimestre de 2014, combinada com a lenta recuperação no período subsequente, deixou marcas profundas no Brasil. A emergência do problema fiscal fez o país sair de sua rota tendencial de (baixo) crescimento para uma perda de 7,3% do PIB *per capita* na comparação entre 2013 e 2019. Mesmo considerando a lenta recuperação iniciada em 2017, o período de seis anos de 2014 a 2019 teve redução média anual de cerca de 1,3% de PIB *per capita*. Por isso, ao contrário do que se verificou na recessão anterior, a crise atual chegou num momento em que o desemprego estava elevado e que o ajuste fiscal estrutural não havia sido concluído – ainda havia reformas fiscais importantes a serem feitas.

Nos próximos anos, haverá forte pressão para a manutenção dos gastos públicos em níveis mais elevados de modo a impulsionar a retomada da economia e para atenuar os problemas sociais causados pela recessão. Isso significa que a consolidação do processo de ajuste fiscal estrutural – iniciada com a regra do teto dos gastos e a reforma da previdência – será ainda mais desafiadora. O crescimento da dívida pública causado pela alta do déficit fiscal de 2020, mesmo que essa alta do déficit seja temporária, piora a percepção de risco dos investidores. Como a restrição fiscal é inescapável, será preciso um esforço ainda maior do governo no futuro em mostrar seu comprometimento com o equilíbrio macroeconômico (fiscal e monetário) para atrair os investimentos privados.

Os elevados níveis de ociosidade da economia em 2020 devem reduzir temporariamente as preocupações com o crescimento potencial – da capacidade de oferta. Ainda assim, a precária infraestrutura e a defasagem tecnológica tornam essenciais os investimentos em determinados setores. Em meados dos anos 2020, com a economia já recuperada, o baixo crescimento da capacidade produtiva geral pode voltar a ser uma restrição ativa. O fator negativo mais notório é o fim do bônus demográfico, que exclui a possibilidade de aumento de renda *per capita* via crescimento relativo de mão de obra (população em idade ativa para trabalhar, de 15 a 64 anos, crescendo mais que a população total). Por outro lado, a força de trabalho que chega ao mercado agora e a que chegará nos próximos anos têm escolaridade mais elevada que a média atual. Como, na média, um trabalhador mais escolarizado tem produtividade maior (devido à acumulação de capital humano), essa melhora qualitativa deve compensar parte da perda quantitativa. Tal compensação pode ser maior no longo prazo, caso o país consiga melhorar a eficiência dos gastos em educação.

Outra questão que também pode contribuir para a aceleração sustentável do crescimento é a ênfase nos incentivos aos investimentos em infraestrutura, que está hoje muito aquém das necessidades da nossa economia.[1] Investimentos bem alocados nessa área poderiam gerar externalidades positivas para todos os setores, ou seja, ganhos não somente para os investidores em infraestrutura, como também para os beneficiários desses investimentos.

Ainda assim, a influência da dinâmica populacional na tendência de crescimento potencial deve ser declinante nas próximas décadas, fato que pode ser atenuado com o aumento da taxa de investimento, principalmente em infraestrutura. No longo prazo, porém, essa tendência só pode ser contraposta com uma aceleração consistente do crescimento da produtividade geral da economia (do capital e do trabalho, conhecida como produtividade total dos fatores – PTF).

Em síntese, se o país pretender aspirar a ter taxas mais elevadas de crescimento de forma sustentável, além de melhorar a alocação de recursos em educação e em infraestrutura, terá urgentemente de acelerar o crescimento da produtividade.[2] Para isso, há uma série de mudanças importantes, incluindo maior abertura comercial e melhora da regulação econômica, descritas neste capítulo, que teriam de ser fortes o suficiente para romper a tendência de baixa produtividade observada a partir da década de 1980.

É importante mencionar também que os cenários de crescimento potencial propostos neste capítulo pressupõem que o desequilíbrio fiscal voltará a ser corrigido nos próximos anos, gerando uma trajetória saudável para a dívida pública. Estudos anteriores destacaram a importância dessa questão para as projeções de crescimento econômico e mostram que o resultado de uma trajetória explosiva da dívida pública poderia ser, até mesmo, uma nova recessão.[3] A boa condução da política fiscal é, portanto, condição necessária para a consolidação da retomada da economia brasileira.

Outro risco que não será avaliado neste texto é o cenário externo, o qual supõe-se que permaneça neutro na média do período. No entanto, obviamente, uma crise econômica no exterior poderia ter impactos importantes sobre o crescimento esperado para esta década. Por outro lado, choques internacionais que favorecessem nossa economia poderiam melhorar o cenário.

Depois desta introdução, o presente capítulo divide-se da forma descrita a seguir. Na próxima seção, analisam-se as tendências recentes do crescimento das últimas décadas no Brasil. Na sequência, elaboram-se os principais pressupostos dos cenários para 2021-2030, bem como os números dos cenários propostos e os principais riscos associados aos mesmos. Por último, há uma seção com as considerações finais do capítulo.

TENDÊNCIAS RECENTES

Nas últimas décadas, o crescimento da economia brasileira dependeu basicamente de dois fatores: a acumulação de capital fixo e de capital humano. A produtividade da nossa economia, dependendo de como for estimada, ficou estagnada de 1980 a 2019, ainda que apresentando oscilações importantes no período.[4]

A acumulação de capital humano se deu por meio do elevado crescimento populacional e dos significativos avanços em termos de anos de escolaridade. O Gráfico 1.1 mostra a evolução da participação dos grupos populacionais por anos de estudo na População Ocupada (PO) e na População em Idade Ativa (PIA). Por outro lado, a forte redução da fecundidade fez com que a taxa de

---

[1] Ver, a propósito do tema, o Capítulo 11 deste livro – A agenda da infraestrutura: planejamento e regulação –, a cargo de Fabiano Pompermayer, Diogo Mac Cord e Gabriel Fiuza.

[2] Sobre este ponto, ver o Capítulo 9 – Produtividade das firmas: uma discussão chave, de Livia Gouvea e Fábio Roitman.

[3] Ver, por exemplo, Cavalcanti e Souza-Júnior (2018b).

[4] Cálculos feitos com base em Guimarães, Bonifácio e Souza-Júnior (2020).

crescimento da força de trabalho se desacelerasse muito rápido (relativamente aos padrões internacionais). A queda do crescimento da população em idade ativa deve continuar nos próximos anos e décadas, de acordo com as projeções do IBGE. A melhoria dos investimentos em educação, por sua vez, poderia se contrapor a esse movimento, compensando parte dessa desaceleração com o aumento da produtividade dos trabalhadores. Para isso, porém, será preciso focar mais nos indicadores de qualidade, pois esse parece ser o maior desafio para transformar o aumento de anos de escolaridade em aumento mais efetivo de produtividade.

(Participação do grupo populacional por anos de estudo na PO e na PIA, em %)

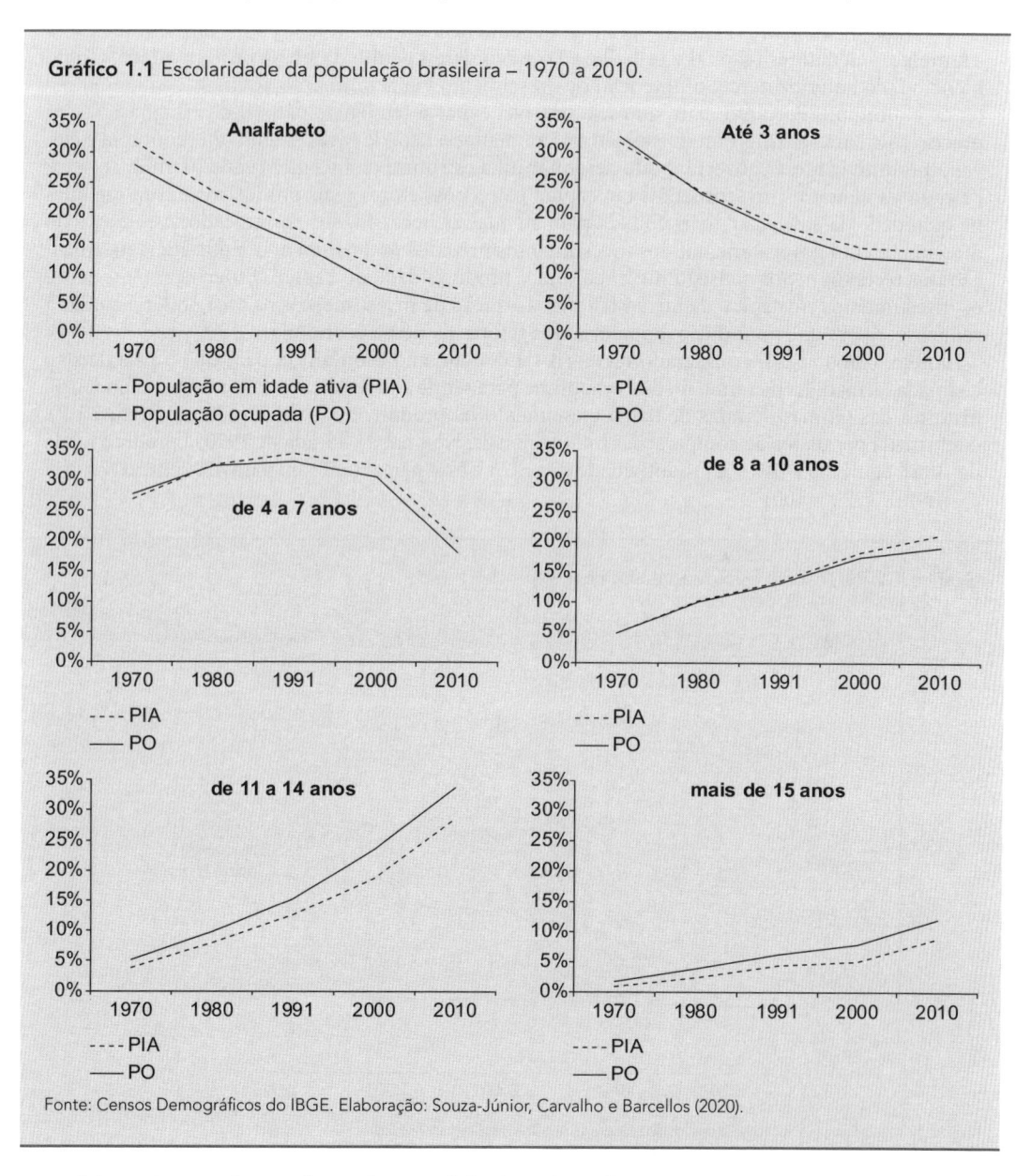

Gráfico 1.1 Escolaridade da população brasileira – 1970 a 2010.

Fonte: Censos Demográficos do IBGE. Elaboração: Souza-Júnior, Carvalho e Barcellos (2020).

O investimento (acumulação de capital fixo) também foi um dos principais componentes da dinâmica do nosso potencial produtivo. O problema é que o Brasil é um país de poupança baixa (na comparação com os demais emergentes). Para piorar, a fase da transição demográfica que vamos viver nos próximos anos e décadas, quando a razão de dependência deve aumentar significativamente, contribuiria, *ceteris paribus*, para a redução da taxa de poupança, pois teremos um crescimento muito maior da população idosa inativa relativamente ao da população economicamente ativa. Esse fator pode ser parcialmente compensado por duas questões: (1) o aumento da escolaridade, que tende a elevar a taxa de participação no mercado de trabalho (como será visto neste capítulo); e (2) a reforma da previdência, que tende a elevar a idade de aposentadoria (o que ajuda a manter as pessoas mais tempo trabalhando) e a reduzir a taxa de reposição (que pode estimular os jovens a poupar mais para o período em que estiverem aposentados).

O Gráfico 1.2 mostra o elevado grau de dependência do crescimento brasileiro em relação à acumulação de fatores (capital e trabalho) e o fraco desempenho da nossa produtividade. Como mencionado anteriormente, o potencial de crescimento via acumulação advindo da demografia tende a diminuir. Portanto, para que seja possível evitar a tendência natural de estagnação, será preciso agir para se atingirem dois objetivos: aumentar a taxa de investimento da economia e elevar a produtividade. O governo pode desenhar uma estrutura de incentivos que permita ao setor privado aumentar os investimentos em capital físico nos setores mais produtivos e com melhora na qualidade da educação, mais voltada para atender às necessidades do mercado. A redução do direcionamento governamental dos investimentos privados pode aumentar a eficiência na alocação dos recursos e, por conseguinte, melhorar a produtividade do capital. Especificamente sobre os investimentos em capital de infraestrutura, a atração de investimentos na área poderia ajudar a reduzir gargalos que prejudicam a maioria dos setores da nossa economia.

Porém, como já está consagrado na teoria de crescimento econômico, para que o país deixe a chamada "armadilha da renda média" e caminhe para ser de alta renda, ele deve romper a tendência histórica das últimas décadas de baixo crescimento da produtividade (mostrada no Gráfico 1.2), confirmada por dados de comparações internacionais. No final da década de 1970, a produtividade do Brasil equivalia a 74% da produtividade dos EUA e esse percentual caiu para 47% em 2017.[5]
(Índice 1970 = 100)

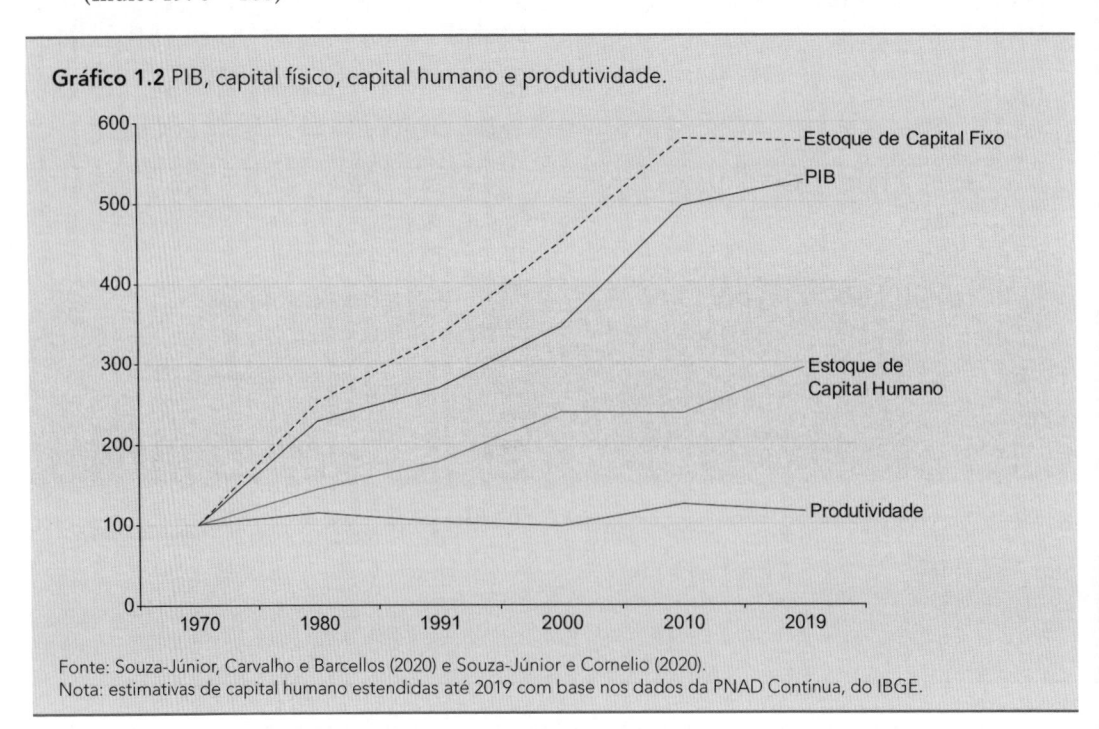

Gráfico 1.2 PIB, capital físico, capital humano e produtividade.

Fonte: Souza-Júnior, Carvalho e Barcellos (2020) e Souza-Júnior e Cornelio (2020).
Nota: estimativas de capital humano estendidas até 2019 com base nos dados da PNAD Contínua, do IBGE.

---

[5] De acordo com os dados da Penn World Table, versão 9.1 (FEENSTRA; INKLAAR; TIMMER, 2015).

Os dados mostrados e as perspectivas para a dinâmica demográfica indicam que não será trivial obter taxas de crescimento elevadas nesta década, uma vez ocupada a capacidade ociosa existente atualmente. Os números discutidos na próxima seção mostram, quantitativamente, a dimensão desse desafio.

CENÁRIOS PARA O PERÍODO 2021-2030

Os pressupostos dos cenários macroeconômicos foram baseados em trabalhos anteriores em coautoria do autor,[6] que foram atualizados por meio de uma nova base de dados de estoque de capital,[7] e em cenários demográficos, educacionais e de participação na força de trabalho do Brasil de um estudo recente,[8] ambos do Ipea.

O arcabouço teórico utilizado aqui pode ser sintetizado de forma simplificada na Figura 1.1. Para que haja crescimento do PIB de forma consistente, sem pressão inflacionária, é preciso que a atividade econômica cresça, em média, de acordo com o aumento da capacidade produtiva, uma vez esgotada a eventual capacidade ociosa inicial. O que explica, por sua vez, a elevação da capacidade produtiva é o aumento dos estoques de capital físico e humano disponíveis e o nível de produtividade desses fatores de produção. Considera-se que os investimentos em infraestrutura tenham retorno maior do que seu próprio retorno financeiro, pois gerariam externalidades positivas, que beneficiariam o restante da economia.

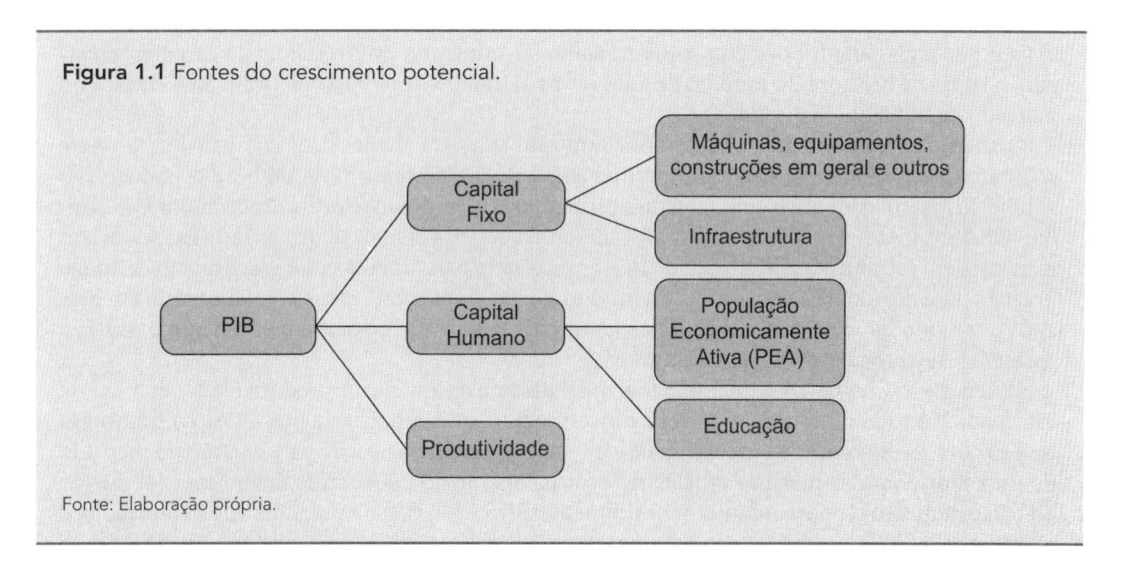

Figura 1.1 Fontes do crescimento potencial.

```
                    ┌─ Capital Fixo ─┬─ Máquinas, equipamentos, construções em geral e outros
                    │                └─ Infraestrutura
        PIB ────────┼─ Capital Humano ┬─ População Economicamente Ativa (PEA)
                    │                 └─ Educação
                    └─ Produtividade
```

Fonte: Elaboração própria.

Trabalha-se, neste texto, com três cenários: básico, com poucas reformas estruturais pró-investimento; de alto crescimento, com a aprovação de profundas reformas estruturais nos primeiros anos da década de 2020 e um cenário mais otimista para o aumento da escolaridade e do capital humano; e de baixo crescimento, com estagnação da produtividade e baixa taxa de investimento. Nos três cenários, supõe-se a volta do processo de ajuste fiscal após o período de gastos extraordinários com medidas de mitigação dos efeitos da pandemia da Covid-19. A retomada do ajuste fiscal estrutural seria viabilizada por novas reformas, em complementação à reforma previdenciária, que contribuiriam para a contenção do crescimento dos gastos públicos e permitiriam a manutenção do endividamento público numa trajetória sustentável. Sem isso, um possível quarto

---

[6] Cavalcanti e Souza-Júnior (2018a; 2018b).

[7] Estoque de capital estimado por Souza-Júnior e Cornelio (2019).

[8] Guimarães, Bonifácio e Souza-Júnior (2020).

cenário – aqui não contemplado – de nova crise fiscal com impactos recessivos seria possível. Nesse caso, teríamos mais uma década perdida, com graves consequências para a qualidade de vida da população.

As diferenças entre os três cenários analisados neste capítulo dizem respeito às hipóteses sobre a evolução das reformas e outras medidas que viabilizariam, no cenário de alto crescimento, melhoras significativas dos investimentos e da produtividade.

No cenário de alto crescimento, mais otimista, reformas econômicas mais ousadas, feitas de forma célere ainda nos primeiros anos desta década, gerariam ganhos mais expressivos de produtividade e estimulariam mais fortemente os investimentos, especialmente em infraestrutura. Melhorias no aparato regulatório (inclusive o arcabouço legal), realização de concessões e a criação de uma carteira de projetos bem elaborados podem ter impactos diretos na atração de investimentos e indiretos sobre a produtividade – devido a melhor alocação de recursos e redução de gargalos logísticos. De forma mais geral, melhoras do ambiente de negócios, racionalização do sistema tributário, abertura comercial (com simplificação e redução de tarifas e barreiras não tarifárias) e aperfeiçoamento dos mecanismos de suporte a investimentos em pesquisa e desenvolvimento, embora difíceis de viabilizar em prazo muito curto, podem surtir efeitos de médio prazo. Ainda assim, é possível prever que um ambiente positivo de melhorias céleres e intensas poderia ter impactos imediatos significativos sobre a produtividade. Nesse cenário de alto crescimento, também se utilizam projeções mais otimistas para o aumento da escolaridade e, por consequência, da taxa de participação no mercado de trabalho – pessoas mais escolarizadas tendem a participar mais e por mais tempo do mercado de trabalho. O otimismo está relacionado às perspectivas para o ritmo de melhora do número de anos de escolaridade da população jovem, que entrará no mercado de trabalho no período.

O cenário básico seria mais conservador, tanto em relação à escolaridade como no que se refere ao avanço de reformas microeconômicas e da abertura da economia. Nele, embora se mantenha o equilíbrio macroeconômico com reformas fiscais e manutenção do tripé macroeconômico – câmbio flutuante, metas de inflação e metas fiscais –, o avanço das demais reformas seria modesto. Isso resultaria em retomada cíclica, seguida de convergência para uma taxa de crescimento de longo prazo menor, devido ao baixo estímulo à produtividade. Em síntese, esse seria um cenário em que, após o período de retomada cíclica de ocupação da capacidade ociosa, o crescimento passaria a apresentar uma tendência de desaceleração.

O cenário de baixo crescimento seria mais pessimista quanto à produtividade, que ficaria estagnada em todo o período, e à taxa de investimento, que atingiria apenas 17% do PIB no fim do período. As dinâmicas da escolaridade e, por conseguinte, da taxa de participação no mercado de trabalho seriam as mesmas do cenário básico. Apesar do baixo crescimento inercial devido ao baixo aumento da população economicamente ativa e à ausência de estímulos à elevação dos investimentos e da produtividade, não haveria nova crise recessiva, porque as reformas fiscais seriam suficientes para evitar uma dinâmica explosiva do endividamento público.

Quantitativamente, adotam-se hipóteses distintas sobre as variáveis que afetam a capacidade produtiva do país, de forma a refletir os cenários delineados anteriormente. São elas:

- **Taxa de desemprego**: supõe-se que a taxa de desemprego volte para a média do período entre o início da série (2012) da Pesquisa Nacional por Amostra de Domicílios (PNAD) Contínua, do IBGE, e 2014, que precedeu a forte alta do desemprego causada pela recessão anterior. A diferença entre os cenários é a velocidade em que se reduziria o desemprego, porém isso não afeta a média de crescimento total do período, pois todos convergem para a mesma taxa de desemprego (7%). É bom lembrar que esta hipótese não tem efeito sobre a taxa de crescimento no fim do período, apenas um pequeno efeito sobre a média.[9]

---

[9] Se a taxa de convergência fosse 2 pontos percentuais menor (5%), a taxa média de crescimento potencial do período seria muito pouco afetada e aumentaria apenas 0,1 p.p. ao ano.

- **Crescimento populacional**: embora o aumento estimado pelo IBGE em 2018 seja o mesmo nos três cenários, a probabilidade de participação de cada indivíduo no mercado de trabalho é afetada pelas diferenças de escolaridade. Em linhas gerais, pessoas em determinado ano, com a mesma idade e sexo, têm maior probabilidade de participar do mercado de trabalho quanto maior for a escolaridade.[10]
- **Avanço da escolaridade**: no cenário mais transformador, a escolaridade seguiria avançando numa velocidade tal que atingiria, em 2060, a distribuição educacional dos Estados Unidos por idade e sexo vigente em 2015.[11] Nos cenários básico e de baixo crescimento, supõe-se que a escolaridade seguiria melhorando num ritmo mais lento, o que levaria o Brasil a atingir apenas em 2100 a distribuição educacional dos Estados Unidos por idade e sexo vigente em 2015.
- **Taxa de investimento**: no cenário básico, subiria para 18% do PIB no fim do período, sendo 2,0 p.p. de investimento em infraestrutura. No cenário otimista, a taxa de investimento atingiria 21% em 2030, sendo que 5,0 p.p. iriam para a infraestrutura. Já no cenário de baixo crescimento essa taxa atingiria apenas 17% do PIB no fim do período, sendo 1,7 p.p. em infraestrutura.
- **Produtividade**: tendo permanecido estagnada no período 1980-2019, teria um crescimento no cenário básico que, num primeiro período, refletiria também a retomada cíclica – devolvendo parte das perdas do período recessivo – mas convergiria para um crescimento de 0,3% ao ano a partir da segunda metade da década. O cenário transformador apresentaria crescimento de 1% a.a. nos primeiros anos e convergiria para 0,6% a.a. na segunda metade desta década. Já o cenário de baixo crescimento teria estagnação da produtividade em todo o período.

PREVISÕES DE POTENCIAL DE CRESCIMENTO CONDICIONAIS AOS CENÁRIOS

As Tabelas 1.1 e 1.2 resumem os principais resultados das projeções para a economia brasileira nos três cenários. As taxas projetadas para o PIB referem-se ao potencial de crescimento, somando a ocupação da capacidade ociosa do capital e do trabalho e suas taxas de crescimento, devido ao acúmulo desses fatores e da produtividade. Não se tem aqui preocupação com o conceito de curto prazo de produto potencial, relacionado com a taxa de desemprego que não acelera a inflação – comumente usado pelos bancos centrais para definir a política monetária.

Destacam-se os seguintes pontos:

- Como a taxa de crescimento populacional é muito baixa, o crescimento do PIB necessário para aumentar o PIB *per capita* é menor em relação ao que era anteriormente. Na década de 1970, por exemplo, a taxa de crescimento da população total do país era em torno de 3% a.a.
- O fim do bônus demográfico é atenuado no cenário transformador devido à melhora mais expressiva da escolaridade e, por conseguinte, da taxa de participação.
- A ocupação da capacidade ociosa é verificada em termos do estoque de capital e da utilização do capital humano da PEA. A convergência do nível de utilização da capacidade instalada (NUCI) e da taxa de desemprego para níveis "friccionais" ajudaria no início do período, mas se esgotaria na sequência. É possível ver isso comparando as taxas médias de crescimento e a taxa de fim de período.
- O cenário mais otimista mostra que, com amplas reformas estruturais, é possível que o país tenha uma significativa melhora do PIB *per capita* nos próximos dez anos, com crescimento acumulado de quase 30%.
- Num cenário mais inercial, sem estímulos à produtividade, a economia brasileira teria mais um período de crescimento medíocre.

---

[10] Utilizam-se aqui as estimativas feitas por Guimarães, Bonifácio e Souza-Júnior (2020).

[11] Utilizam-se aqui as estimativas feitas por Guimarães, Bonifácio e Souza-Júnior (2020).

Tabela 1.1 Cenários macroeconômicos para o período 2021-2030 (ano base = 2020) – parte I.

(Taxa de crescimento: média anual, em %)

	PIB	Produtividade	Capital físico		
			Taxa de investimento (% do PIB)	Taxa de investimento em infraestrutura (% do PIB)	Estoque de capital (ajustado pelo NUCI)
Cenário de baixo crescimento					
Média do período	1,4	0,0	16,3	1,6	0,7
Fim do período (2030)	0,9	0,0	17,0	1,7	0,8
Acumulado no período	15,0	0,0	-	-	7,6
Cenário básico					
Média do período	2,1	0,4	17,2	1,9	1,2
Fim do período (2030)	1,5	0,3	18,0	2,0	1,3
Acumulado no período	22,9	4,1	-	-	12,9
Cenário de alto crescimento					
Média do período	3,3	0,8	19,0	3,1	2,2
Fim do período (2030)	3,2	0,6	21,0	5,0	2,8
Acumulado no período	37,8	8,0	-	-	24,1

Fonte: elaboração própria.

Tabela 1.2 Cenários macroeconômicos para o período 2021-2030 (ano base = 2020) – parte II.

(Taxa de crescimento: média anual, em %)

	PIB per capita	Capital humano			
		População	PEA	Capital humano por trabalhador	Capital humano da população ocupada
Cenário de baixo crescimento					
Média do período	0,8	0,6	0,6	0,5	1,9
Fim do período (2030)	0,4	0,5	0,4	0,4	0,8
Acumulado no período	8,3	6,2	6,2	5,1	20,7

Continua >>

Continuação >>

Cenário básico					
Média do período	1,5	0,6	0,6	0,5	1,9
Fim do período (2030)	1,0	0,5	0,4	0,4	0,8
Acumulado no período	15,7	6,2	6,2	5,1	20,7
Cenário de alto crescimento					
Média do período	2,6	0,6	0,7	0,7	2,0
Fim do período (2030)	2,7	0,5	0,5	0,6	1,1
Acumulado no período	29,8	6,2	6,9	7,1	22,4

Fonte: elaboração própria.

CONCLUSÕES

A crise desencadeada pela pandemia do novo coronavírus não reduz a importância de se projetar o crescimento de longo prazo. Ao contrário, torna o exercício de análise prospectiva ainda mais relevante. O Brasil, claramente, tem potencial para conseguir uma melhora significativa nos próximos dez anos. Porém, sem reformas fiscais que tragam o país de volta para o caminho do equilíbrio macroeconômico de longo prazo, nem o cenário mais pessimista deste capítulo seria possível.

A pressão para aumentos de gastos públicos deve se manter nos próximos anos, devido aos impactos da crise sobre a economia e sobre a sociedade. Contudo, o elevado desequilíbrio fiscal gerado em 2020 só poderá ser superado com a contenção posterior das despesas e/ou a elevação da carga tributária. Como parece haver pouco espaço para aumento ou criação de impostos, especialmente num período em que se pretende retomar o crescimento da economia, serão necessárias novas reformas que viabilizem a manutenção da regra do teto dos gastos.

Nos três cenários apresentados, está claro que o Brasil enfrentará uma tendência de desaceleração do potencial de crescimento, devido à rápida transição demográfica, que acabou com o chamado "bônus demográfico". Por isso, seria um erro grave projetar a taxa de crescimento de longo prazo com base em médias históricas.

Apesar dessa tendência de desaceleração, o país tem grande potencial de melhora de sua renda *per capita*. O crescimento *per capita* nos próximos anos será muito próximo do crescimento do PIB, algo bem diferente de quando a população crescia cerca de 3%, até a década de 1970.

Caso se consiga celeridade numa ampla agenda de reformas microeconômicas e regulatórias e de abertura comercial e haja uma perspectiva mais otimista em relação à melhora de escolaridade, é possível que a renda *per capita* cresça quase 30% nesse período de apenas dez anos até 2030. É claro que a combinação simultânea de tantos fatores positivos com a neutralidade do cenário externo não é o mais provável, porém é importante explicitar o que seria possível caso o país fosse tão bem-sucedido na realização de reformas pró-investimento que permitissem forte aumento de produtividade.

REFERÊNCIAS

ARAÚJO, B. C.; BACELETTE, R. (org.). *Desafios da nação*: artigos de apoio. Brasília: Instituto de Pesquisa Econômica Aplicada (Ipea), 2018b. v. 1.

CAVALCANTI, M. A. F. H.; SOUZA-JÚNIOR, J. R. C. Cenários macroeconômicos para o período 2020-2031. *Carta de Conjuntura do Ipea*, n. 41, 2018a.

CAVALCANTI, M. A. F. H.; SOUZA-JÚNIOR, J. R. C. Como retomar o crescimento acelerado da renda per capita brasileira? Uma visão agregada. *In*: DE-NEGRI, J. A.; FEENSTRA, R. C.; INKLAAR, R.; TIMMER, M. The next generation of the Penn World Table. *American Economic Review*, v. 105, n. 10, p. 3150-3182, 2015.

GUIMARÃES, R.; BONIFÁCIO, G.; SOUZA-JÚNIOR, J. R. C. *Cenários demográficos, educacionais e de participação na força de trabalho do Brasil até 2100 e seus impactos sobre o potencial de crescimento*. Rio de Janeiro: Instituto de Pesquisa Econômica Aplicada, 2020.

SOUZA-JÚNIOR, J. R. C.; CARVALHO, S. S.; BARCELLOS, T. M. *Estimativa de capital humano para a economia brasileira de 1970 a 2010*. Rio de Janeiro: Instituto de Pesquisa Econômica Aplicada, 2020.

SOUZA-JÚNIOR, J. R. C.; CORNELIO, F. M. *Estoque de capital fixo no Brasil: séries desagregadas anuais, trimestrais e mensais*. Rio de Janeiro: Instituto de Pesquisa Econômica Aplicada, 2020.

Parte II

A AGENDA MACRO, MAIS UMA VEZ

Cap. 2   Regras Fiscais no Brasil: Proposta de Harmonização do Arcabouço Fiscal de Médio Prazo

Cap. 3   Reencontro Marcado: um Balanço da Reforma Previdenciária do Governo Bolsonaro

Cap. 4   Estados: Rumo a um Ajuste de uma Década

Cap. 5   O Futuro da Tributação e a Reforma Tributária

Cap. 6   O Futuro da Política Monetária no Brasil

Cap. 7   Legislação Trabalhista: o que Falta Mudar?

Cap. 8   Abertura Econômica e Racionalização de Instrumentos de Política Comercial no Brasil

Regras Fiscais no Brasil: Proposta de Harmonização do Arcabouço Fiscal de Médio Prazo

2

Pedro Jucá Maciel e Rafael Cavalcanti Araújo

INTRODUÇÃO

Regras fiscais são definidas como mecanismos que impõem restrições sobre a política fiscal através de limites numéricos sobre os principais agregados fiscais ou de procedimentos sobre o processo orçamentário e financeiro. Pela experiência internacional, verifica-se que a adoção de regras fiscais é largamente utilizada entre os países e que elas são um importante instrumento para o controle da tendência deficitária registrada dos governos. Adicionalmente, observa-se que a maioria dos países tem adotado um número crescente de regras para cumprir diversos objetivos específicos, porém atuando de forma complementar entre si.

Existe uma vasta literatura que identifica os incentivos que os governos têm para adoção de políticas não responsáveis, quando não estão sujeitos às regras fiscais. Os modelos de economia política elencam três principais motivos para explicar esse fato: ciclos políticos, manipulação estratégica e *common pool problem*.[1,2]

Em relação aos ciclos políticos, assume-se que os agentes possuem visão de curto prazo,[3] combinada com o fato de os políticos não sofrerem todas as consequências fiscais dos seus atos durante o período do seu mandato.[4] Dessa forma, os políticos aumentam os gastos públicos ou cortam impostos para aumentar a probabilidade de serem reeleitos. Os modelos assumem que os eleitores sofrem de "ilusão fiscal", ao não entenderem a natureza intertemporal da política fiscal. Ou seja, superestimam os benefícios dos gastos no presente e menosprezam o custo futuro do aumento de tributação necessário para controle do endividamento.

O segundo motivo, denominado manipulação estratégica, afirma que, na presença de polarização política e alternância de poder, os governantes podem usar decisões fiscais para influenciar e restringir as ações de governos que os sucederem. Como consequência, o nível de endividamento depende da probabilidade de o governo incumbente ser reeleito. Se o governo tem certeza de que permanecerá no cargo, ele se comportará de maneira fiscalmente responsável. Contudo, se a probabilidade de reeleição for baixa, o governo assumirá um endividamento excessivo.[5]

Já o *common pool problem* ocorre quando o benefício privado de uma unidade de gasto público supera o custo social de financiar esse gasto. Tal problema é amplificado na presença de interesses concentrados. Quando grupos de interesses específicos (minorias organizadas) se beneficiam de forma concentrada de políticas que são custeadas por impostos financiados por toda a sociedade,

---

[1] Tradução livre: problema relacionado ao uso de recursos públicos.

[2] Fatás *et al.* (2019) também incluem modelos de transferências intergeracionais como uma das fontes de acúmulo de *déficit* e endividamento excessivo.

[3] Rogoff (1990).

[4] Debrun e Kumar (2007).

[5] Alesina e Tabellini (1990).

há um grande incentivo para fazer *lobby* em favor dessa política. A maioria desorganizada, por não perceber diretamente o custo dessa política, acaba por ter poucos incentivos para agir contra. O *common pool problem* também pode explicar a razão pela qual ajustes fiscais baseados em cortes de despesas são difíceis de implementar.[6]

Recomenda-se que o desenho e a operacionalização das regras fiscais devem estar integrados no contexto dos arcabouços de gestão fiscal de médio prazo. Esses arcabouços constituem instrumentos para definir os objetivos e restrições da política fiscal no médio prazo, bem como orientar a atuação do setor público. A experiência internacional revela que a adoção desses arcabouços se tornou uma tendência consolidada entre diversos países, notadamente entre os países que dispõem de estruturas de gestão do setor público mais avançadas.

A operacionalização da política fiscal com orientação restrita ao curto prazo, a exemplo do orçamento anual, se mostra insuficiente e inadequada para atuação do setor público.[7] A maior parte das políticas públicas deve ser desenhada, implementada e avaliada no horizonte temporal de médio prazo para o atendimento das demandas sociais. A adoção de arcabouços de orientação plurianual das finanças públicas tem se mostrado um importante instrumento para aprimoramento da capacidade governamental.[8]

O arcabouço fiscal legal do país está muito defasado em relação às melhores práticas internacionais. Dentre os problemas listados, podemos citar: (1) baixo grau de articulação entre as regras; (2) ausência de um objetivo claro para a política fiscal; (3) complexidade da operacionalização das regras atuais; (4) foco excessivo no curto prazo, concentrando os esforços de atuação para resolver problemas conjunturais em detrimento de soluções estruturais; (5) ausência de instrumentos de planejamento para os gestores públicos, especialmente nos ministérios setoriais; (6) mecanismos de implementação das regras focados nas sanções aos gestores públicos, sem indicar mecanismos de correção para os desvios em relação à meta; e (7) inexistência ou pouca efetividade de cláusulas de escape para eventos não esperados.[9]

Este capítulo tem o objetivo de apresentar as tendências internacionais relativas às regras fiscais e arcabouços fiscais de médio prazo, fazer um diagnóstico do arcabouço brasileiro e apresentar propostas. Dessa forma, a partir desta introdução, a segunda seção apresenta uma síntese da literatura internacional mais moderna sobre a aplicação de regras fiscais. Na terceira seção, discute-se o que são os arcabouços fiscais de médio prazo, os tipos existentes e as recomendações sobre como operacionalizá-los. A quarta avalia o sistema de gestão fiscal brasileiro, as regras fiscais existentes e seus problemas. Na quinta seção, é desenvolvida uma proposta para modernização e integração das regras fiscais para a União em um novo arcabouço de gestão fiscal de médio prazo. Por fim, na última seção, são resumidas as principais conclusões e recomendações do texto.

REVISITANDO A LITERATURA E A PRÁTICA INTERNACIONAL SOBRE REGRAS FISCAIS

O uso de regras fiscais tem se espalhado pelo mundo ao longo do tempo. Em 1990, apenas cinco países adotavam regras fiscais. Ao final de 2015, o número de países com regras fiscais chegou a 92, dos quais mais de 60% eram países emergentes ou de baixa renda. Além disso, há um número cada vez maior de países que adotam pelo menos duas regras fiscais.[10]

---

[6] Fatás *et al.* (2019).

[7] Banco Mundial (2013).

[8] OCDE (2019).

[9] A Lei de Responsabilidade Fiscal (LRF) dispensa o cumprimento da meta de primário em caso de calamidade pública. No caso de baixo crescimento, flexibiliza os prazos de enquadramento para limites de endividamento e de gasto com pessoal, mas estes não representam restrições atuais para a União.

[10] FMI (2017).

Além de oferecer um contraponto à tendência deficitária, as regras fiscais procuram fortalecer incentivos para a execução da política fiscal de forma responsável e sustentável.[11] As regras fiscais podem servir também a outros objetivos: estabilizar a economia, conter o crescimento do tamanho do Estado, dar suporte à igualdade intergeracional, tornar a execução da política fiscal transparente e previsível e manter o custo de financiamento baixo. Além disso, países têm adotado regras para reafirmar aos mercados o compromisso com a sustentabilidade, bem como para guiar expectativas sobre a condução da política fiscal no médio prazo.[12]

Por outro lado, a implementação das regras também pode trazer algumas preocupações para a política fiscal, pois garantir o cumprimento de metas pode implicar em comportamento pró-cíclico, especialmente em momentos de dificuldade econômica, distorcer a composição do gasto, reduzir a transparência ao operar despesas fora do orçamento público e fazer uso de "contabilidade criativa" e de receitas não recorrentes.[13]

Em relação às evidências empíricas, a literatura não é conclusiva quanto aos benefícios das regras fiscais. Por um lado, alguns estudos indicam que países dotados de regras fiscais tendem a ter desempenho fiscal superior[14] e acesso a fontes de financiamento menos custosas.[15] Por outro lado, alguns estudos afirmam que, se a endogeneidade for adequadamente controlada, as regras fiscais isoladamente não apresentarão impacto estatisticamente significante sobre o resultado fiscal.[16] Porém, ao se considerarem nesta análise os diferentes tipos de desenho, verifica-se que regras fiscais bem desenhadas exercem impacto estatisticamente significante sobre o resultado fiscal.

As regras fiscais diferenciam-se em quatro principais tipos, a depender da variável fiscal que se propõem a restringir: regras de dívida, regras de resultado fiscal, regras de despesa e regras de receita. As regras de dívida estabelecem um nível para a dívida pública, geralmente expressa como percentual do Produto Interno Bruto (PIB). As regras de resultado fiscal (*budget balance*) representam uma medida da diferença entre receitas e despesas do governo, são expressas em valor nominal ou em percentual do PIB e podem ser especificadas de várias formas, dentre as quais destacam-se: resultado nominal, resultado primário, resultado ciclicamente ajustado ou estrutural.[17] As regras de despesa estabelecem limites para as despesas totais, primárias ou correntes, expressas em termos absolutos ou em taxas de crescimento. Já as regras de receita impõem restrições (inferiores ou superiores) expressas em porcentagem do PIB, tendo como objetivo aumentar a arrecadação ou prevenir a elevação da carga tributária.

Além dos tipos, destacam-se entre as principais características das regras fiscais: mecanismos de *enforcement*, base legal e cláusulas de escape. Os mecanismos de *enforcement* são considerados críticos para o sucesso do arcabouço de regras fiscais,[18] pois estabelecem os procedimentos em caso de descumprimento da regra. Podem ser de dois tipos: sanções formais (aplicáveis para as instituições ou para os gestores públicos) e mecanismos de correção (que estipulam quais ações devem ser adotadas se a regra for descumprida ou até mesmo se houver risco em descumprimento). Por sua vez, os mecanismos diferenciam-se em duas dimensões: ativação (sobre quais circunstâncias o mecanismo de correção começa a atuar) e ação de correção (quais medidas devem ser tomadas pelos gestores).[19]

---

[11] OCDE (2019).

[12] OCDE (2019), Schaechter *et al.* (2012), Cevik (2019).

[13] FMI (2009).

[14] Debrun e Kumar (2007), FMI (2009), Schaechter *et al.* (2012).

[15] Caselli *et al.* (2018).

[16] Heinemann, Moessinger e Yeter (2018) e Caselli *et al.* (2018).

[17] Definido por SPE (2018) como aquele consistente com o PIB tendencial, com preços dos ativos ao nível do equilíbrio de longo prazo. Além das propriedades da variável ciclicamente ajustada, o resultado estrutural também é livre dos efeitos de eventos não recorrentes.

[18] Cevik (2019).

[19] Caselli *et al.* (2018).

Quanto à base legal, as regras fiscais podem encontrar suporte nas mais variadas formas: compromisso político, tratado internacional (em caso de regras supranacionais), lei e Constituição. Quanto mais forte (elevado) o nível do ato normativo em que a regra se encontra, mais difícil é a chance de esta ser revertida. Já as cláusulas de escape permitem descumprimento temporário da regra em face de um evento raro (forte recessão, desastre natural etc.). Para que funcionem de forma efetiva, é preciso que as cláusulas estejam muito bem especificadas, de modo a não permitir interpretações amplas para seu acionamento.[20]

A denominada "primeira geração" de regras fiscais apresentou como característica principal o estabelecimento de limites fixos e em bases anuais.[21] Apesar de apresentarem como propriedades a simplicidade e a facilidade de monitoramento, essas regras, de forma geral, falharam em: (1) não distinguir diferentes momentos dos ciclos econômicos, (2) não ter cláusulas de escape bem delineadas e (3) não ter mecanismos de *enforcement* efetivos.[22] A falta de flexibilidade fez com que vários países suspendessem, extinguissem ou alterassem a aplicação das suas regras fiscais durante a crise financeira mundial de 2008-2009.

As regras que vieram em seguida, denominadas "segunda geração", ainda não possuem uma definição padronizada na literatura. Contudo, quando comparadas com as características da primeira geração, podem ser consideradas mais flexíveis (com cláusulas de escape em caso de eventos raros), mais operacionalizáveis (ao estabelecerem metas em agregados fiscais sob maior controle dos gestores, como, por exemplo, as despesas) e apoiadas por mecanismos aprimorados de *enforcement* (mecanismos de correção) e monitoramento (conselhos fiscais independentes).[23] Na comparação entre as duas gerações, enquanto as regras fiscais da primeira geração se caracterizavam de forma geral por rigidez e simplicidade, as da segunda se notabilizaram por flexibilidade e complexidade.

As escolhas de regras fiscais são geralmente baseadas em critérios *ad hoc*, em vez de teóricos. Adicionalmente, apesar de a lista de critérios para seleção não encontrar consenso na literatura, é geralmente baseada nas propriedades originalmente propostas por Kopits e Symansky:[24] definição clara do indicador, transparência, adequação aos objetivos, consistência com outras políticas macroeconômicas, simplicidade, flexibilidade, efetividade na implementação (*enforceability*) e apoio em políticas eficientes. Por sua vez, outros autores[25] focam nos critérios de simplicidade, flexibilidade e *enforceability*. Já o FMI, como veremos, utiliza seis critérios para seleção. Dois visam corrigir as tendências deficitária e pró-cíclica da política fiscal: sustentabilidade e estabilização econômica. Os outros quatro critérios permitem que a correção dos vieses aconteça de forma eficiente: simplicidade, direcionamento operacional, resiliência, facilidade de monitoramento e *enforcement*.

Todos os critérios de seleção não podem ser alcançados simultaneamente pelo uso de um único tipo de regra. Além disso, alguns critérios podem ser conflitantes entre si. Desse modo, o processo de escolha das regras deve inicialmente levar em consideração quais critérios são mais importantes para cada caso. Por exemplo, países com dívida elevada podem preferir regras que foquem mais na sustentabilidade. Já países que tenham como maior desafio a dificuldade de poupar em tempos de prosperidade podem priorizar a estabilização econômica.[26]

---

[20] Schaechter *et al.* (2012).

[21] Cabe registrar que algum grau de flexibilidade foi incorporado em regras de primeira geração em alguns países, que adotaram o resultado ciclicamente ajustado. No nível supranacional, em 2005, a Europa, além de considerar o resultado estrutural, também introduziu objetivos de médio prazo para cada país membro.

[22] OCDE (2019).

[23] Caselli *et al.* (2018).

[24] Kopits e Symansky (1998).

[25] Caselli *et al.* (2018).

[26] FMI (2018a).

Para se alcançarem múltiplos objetivos e minimizarem-se os possíveis *trade-offs* entre os critérios, uma possibilidade adotada por muitos países é a combinação de regras múltiplas.[27] Recomenda-se para um bom desenho um arcabouço de regras com base em dois pilares: (1) estabelecimento de uma âncora relacionada ao objetivo final da política fiscal, sendo a dívida a variável fiscal normalmente utilizada; e (2) adoção de uma ou mais regras operacionais que possuam conexão direta com a âncora fiscal, tendo como principais candidatas as regras de resultado fiscal e as de despesa.

Além de selecionar as regras adequadas à realidade e preferências de um governo, também se torna imprescindível determinar os limites específicos (metas, pisos ou tetos) para as variáveis fiscais restringidas pelas regras, processo conhecido como "calibração". A sua metodologia é baseada em quatro princípios:[28] (1) abrangência e consistência – o arcabouço fiscal deve ser avaliado como um todo e as regras devem ser calibradas de maneira consistente; (2) sequenciamento – a trajetória para a âncora deve ser estabelecida primeiramente e, a partir daí, calibram-se os limites das regras operacionais; (3) prudência – ao se estabelecerem os limites, deve-se levar em consideração os riscos fiscais e prever economias adicionais para acomodar choques; e (4) atualização regular – a calibração deve ser atualizada periodicamente, mas não de forma muito frequente.

Com base em um arcabouço que considera a dívida sobre o PIB como âncora fiscal e regras de resultado fiscal e de despesa como operacionais, o FMI proporciona um guia para calibração. Sugere-se estabelecer um valor máximo de referência para a razão entre dívida e PIB, de modo a garantir que, mesmo com a presença de choques macroeconômicos adversos, a dívida seja mantida sob controle. Em seguida, a derivação do resultado fiscal (primário, nominal, estrutural ou não) pode ser feita de maneira flexível, a depender da trajetória desejada para a dívida. Por fim, a partir do resultado fiscal esperado e da receita projetada, estima-se o limite para a despesa, calculado em valores absolutos ou em taxa de crescimento.[29]

Cabe ressaltar, de modo final, a afirmação na literatura de que a efetiva implementação das regras fiscais deve ser suportada por práticas complementares, as quais destacam-se: (1) leis de responsabilidade fiscal – que estabelecem procedimentos e padrões mínimos de transparência; (2) instituições fiscais independentes – que contribuem para fortalecer o monitoramento do cumprimento das regras; e (3) arcabouços de gestão fiscal de médio prazo – que procuram converter a intenção da regra fiscal na realidade da execução orçamentária, a ser detalhada na próxima seção.

ARCABOUÇOS DE GESTÃO FISCAL DE MÉDIO PRAZO

Os arcabouços de gestão fiscal de médio prazo[30] objetivam aprimorar a capacidade de planejamento governamental, considerando as restrições fiscais postas. Do ponto de vista macrofiscal, a implantação desses arcabouços cria condições para os órgãos centrais de governo fixarem limites setoriais para despesas no médio prazo, o que auxilia no processo de definição de prioridades e implementação do plano de governo. Do ponto de vista microeconômico, os gestores públicos dos diversos órgãos executores, ao terem sinalização plurianual dos recursos disponíveis, ganham capacidade de dimensionamento de suas estruturas organizacionais, o que torna o processo de contratação e compras mais econômico e eficiente, bem como permite melhor focalização de seus esforços nas atividades finalísticas e na qualidade do serviço ao cidadão.

---

[27] Schaechter *et al.* (2012).

[28] FMI (2018b).

[29] Cevik (2019) aplica metodologia similar de calibração. Os resultados obtidos mostram que a combinação da regra de resultado fiscal e de despesa pode conjuntamente ancorar a sustentabilidade da dívida e permitir a formulação de uma política fiscal anticíclica.

[30] Na literatura internacional, utiliza-se o termo *Medium-Term Expenditure Framework* (MTEF) como forma genérica para os arcabouços de gestão fiscal de médio prazo, que podem ser classificados como *Medium-Term Fiscal Framework* (MTFF), *Medium-Term Budget Framework* (MTBF) e *Medium-Term Performance Framework* (MTPF).

Os arcabouços de médio prazo trazem vários benefícios para a gestão do setor público: (1) reforçam a sustentabilidade fiscal, uma vez que os limites de despesas são dados pelas regras fiscais; (2) ajudam a relacionar as despesas públicas com as prioridades nacionais; (3) ampliam a capacidade de planejamento dos gestores públicos, com a definição dos recursos disponíveis no médio prazo; (4) permitem desenhos de mecanismos para incentivarem os ministérios a economizarem recursos; (5) fortalecem os instrumentos democráticos, pela melhor comunicação da forma de materialização dos planos de governo; (6) melhoram a organização do dimensionamento e das áreas de atuação do setor público; (7) explicitam os *trade-offs* de médio prazo na assunção de obrigações permanentes pelo governo de plantão; (8) permitem maior *accountability* das atividades do setor público; e (9) elevam o prazo disponível para os gestores públicos tomarem decisões de política de modo a conciliar as exigências impostas pelas regras fiscais.

A Organização para a Cooperação e Desenvolvimento Econômico (OCDE) realizou estudo sobre a experiência de implementação dos arcabouços de médio prazo[31] de países e elencou os fatores mais importantes para o sucesso de implementação: (1) estabelecimento de estimativas conservadores sobre receitas e despesas (é melhor ter surpresas positivas); (2) criação de incentivos para os diversos órgãos de governo economizarem orçamento; (3) estabelecimento do seu escopo para toda a administração pública; (4) estruturação de forma simples para facilitar a comunicação e o apoio de todos os agentes envolvidos; (5) utilização como restrição fiscal para o desenho de políticas setoriais; e (6) obrigação de avaliação a cada ano e que os desvios em relação ao planejado sejam avaliados e divulgados de forma transparente.

Em termos operacionais, a construção dos arcabouços de gestão fiscal de médio prazo envolve três estágios evolutivos. O primeiro deles é o arcabouço fiscal de médio prazo (AFMP), um processo *top-down*, em que os limites dos agregados macrofiscais são estimados e fixados.[32] Nesse momento, as regras fiscais tornam-se imprescindíveis para a fixação de limites às variáveis fiscais como dívida, receitas e montante das despesas, para dado cenário econômico.

Em relação às boas práticas para a construção do AFMP,[33] é recomendado que: (1) o governo explicite os objetivos da política econômica e fiscal de médio prazo; (2) projeções de dívida e de resultado utilizem modelos de sustentabilidade da dívida e apliquem os limites das regras fiscais; (3) a previsão de receita seja realizada pelo órgão competente com metodologia transparente; (4) estimativas do cenário macroeconômico sejam transparentes e detalhadas quanto às hipóteses e fórmulas de cálculo, bem como, de preferência, sejam escrutinadas por instituição fiscal independente; e (5) seja considerada avaliação de riscos nas projeções fiscais.

O segundo estágio se refere ao arcabouço orçamentário de médio prazo (AOMP). Nesse estágio, há o detalhamento em nível setorial do agregado das despesas fixado pelo estágio anterior (AFMP). Esse processo segue um procedimento interativo entre órgãos centrais e setoriais, uma vez que, após o espaço fiscal plurianual para a despesa total ser fixado e as prioridades de governo elencadas (*top-down*), cada órgão setorial irá realizar a proposição das suas necessidades e alocações orçamentárias plurianuais (*bottom-up*).

É recomendável para a implementação do AOMP que, sequencialmente: (1) o governo divulgue relatório estabelecendo os limites setoriais das despesas públicas e as prioridades de governo em termos de suas políticas; (2) o órgão central encaminhe para os setoriais um ofício circular estabelecendo os limites e sublimites setoriais, seja em termos de agências ou de programas; (3) as requisições dos órgãos setoriais sejam fundamentadas em objetivos estratégicos, no custo das políticas públicas atuais e novas, nas potenciais economias, além de outros fatores relevantes; e (4) haja consolidação e submissão do APMP para avaliação pelo parlamento.

---

[31] OCDE (2014).

[32] Alguns artigos utilizam o termo *"envelope"* macrofiscal para escrever esse plano.

[33] Banco Mundial (2013).

Uma vez institucionalizados e consolidados o AFMP e o AOMP, alguns países avançados, como a Inglaterra e a Dinamarca, conseguiram desenvolver o arcabouço de *performance* de médio prazo (APMP), que seria o terceiro estágio evolutivo dos arcabouços de gestão fiscal. Nesse estágio, a alocação orçamentária está inserida na discussão de metas e resultados no nível setorial de governo. Dessa forma, muda-se o foco do processo orçamentário de uma avaliação sobre recursos alocados para uma avaliação de produtos/serviços prestados (entradas para saídas*)*, com ênfase em mensuração e avaliação de *performance*. O objetivo não é apenas promover resultados, mas também criar mecanismos de incentivos para que os órgãos setoriais sejam mais eficientes, ou seja, vincular recursos orçamentários ao desempenho obtido.

Pela prática internacional, recomenda-se que a implementação do APMP observe as seguintes diretrizes: (1) haja planos setoriais e amadurecimento das discussões sobre os programas, produtos/serviços prestados, resultados e *performance*; (2) haja monitoramento de produtos, resultados e *performance* no nível de agência de governo (órgão) para possível vinculação com sua dotação orçamentária; (3) ocorra a publicação de relatórios de gestão no nível de agência sobre os resultados alcançados e as metas pactuadas; e (4) haja um processo de avaliação da qualidade do gasto público de forma periódica por parte dos órgãos centrais para avaliação global do governo.

Em todos esses arcabouços de médio prazo, uma decisão importante a ser tomada em seu desenho se refere à base temporal do plano. Há duas possibilidades: bases fixas ou bases rolantes. No primeiro caso, o governo fixa seu plano de médio prazo no horizonte temporal fixo de três ou quatro anos e, ao final desse período, é realizado um novo plano. O método de bases rolantes se baseia nas reestimativas do horizonte temporal de médio prazo ao final de cada exercício financeiro, como em uma janela móvel. A maioria dos países da OCDE opta pela segunda opção.[34]

Em relação à realidade brasileira, observa-se que o país ainda precisa fortalecer seu marco institucional para a harmonização das regras fiscais e aplicação dos arcabouços de gestão fiscal de médio prazo. Atualmente, o exercício do AFMP, ou seja, da fixação do "envelope macrofiscal", com a fixação das metas fiscais, é realizado no Anexo de Metas Fiscais da Lei de Diretrizes Orçamentárias em bases rolantes de três anos, porém esse processo não gera repercussões orçamentárias no horizonte plurianual. A gestão fiscal se concentra no cumprimento das metas anuais e se torna refém das volatilidades de curto prazo.

Entendemos que a evolução do arcabouço fiscal brasileiro deva caminhar para a construção de um AOMP, ou seja, a partir do envelope macrofiscal, o país deveria estabelecer limites setoriais plurianuais para a despesa pública, de preferência em bases rolantes. Em relação ao APMP, por se tratar de um arcabouço mais complexo, recomenda-se sua instituição no Brasil apenas após um período em que o AOMP esteja em vigor e que sua implementação tenha se mostrado positiva e efetiva.

DIAGNÓSTICO DAS PRINCIPAIS REGRAS FISCAIS BRASILEIRAS

No Brasil, as regras fiscais foram estabelecidas em diferentes momentos e estão regulamentadas em normativos com hierarquias distintas.[35] As três principais regras para a União são: regra de resultado primário, regra de ouro e regra do teto de crescimento das despesas.

A regra de resultado primário é calculada pela diferença entre as receitas e despesas não financeiras. Ao se adicionar a conta de juros líquidos no resultado primário, chega-se ao resultado nominal. A maioria dos países do mundo adota o resultado nominal como referência, pois há relação direta com o endividamento público. No Brasil, optou-se por estabelecer as metas de resultado primário para segregar a gestão da política fiscal da monetária. Até 2008, a definição da meta de

---

[34] OCDE (2019) realizou pesquisa com 34 países: apenas 3 países não adotam arcabouços de médio prazo e, dos 31 que adotam, 6 utilizam bases fixas e 25, bases rolantes.

[35] A meta de resultado primário regulamenta pela Lei de Responsabilidade Fiscal (LRF), de 2000. A regra do teto foi incluída no corpo transitório da Constituição Federal em 2016, enquanto a regra de ouro está no texto permanente da Constituição desde 1988.

resultado primário era consistente com a necessidade de estabilidade ou declínio da dívida líquida do setor público. Todavia, a partir da crise financeira de 2008-2009, sua fixação passou a não possuir, necessariamente, vínculo com a sustentabilidade da dívida pública.

A regra de ouro estabelece que as receitas de operações de crédito não podem ser superiores às despesas de capital, ou seja, parte-se do princípio de que nenhum governo pode elevar seu endividamento ao ponto de financiar despesas de custeio da máquina pública, pois estas não tendem a gerar crescimento potencial futuro. No caso brasileiro, a regra de ouro nunca havia se tornado uma restrição à política fiscal até o ano de 2018, quando o governo teve que requerer uma autorização legislativa para seu desrespeito no exercício financeiro de 2019.[36] A regra se mostrou pouco efetiva, pois não contribuiu para controlar o endividamento, bem como não manteve um nível elevado de investimento público. Adicionalmente, essa regra é de complexa apuração, não traz mecanismos de correção e, em termos práticos, tem apenas dificultado o processo orçamentário e sido utilizada como instrumento de negociação política entre o Legislativo e o Executivo.

A regra do teto dos gastos restringe o crescimento da despesa primária da União à variação da inflação.[37] Foi concebida em 2016 no Brasil a partir do diagnóstico da necessidade de recompor o resultado primário, do contínuo processo de crescimento das despesas desde o começo da década de 1990 e de limites políticos à expansão da receita pública. O teto, ao sinalizar a redução gradual das despesas (pelo menos até 2026), passou de fato a atuar como âncora da política fiscal brasileira. Além disso, como a restrição ao crescimento das despesas deve constar na elaboração orçamentária,[38] explicitou que os recursos são limitados, de maneira que a expansão de uma despesa deve ser compensada pela redução de outra.

Todavia, apesar das vantagens elencadas, a demora na aprovação da reforma da previdência, bem como a ausência de outras medidas de contenção do crescimento das despesas obrigatórias, tem provocado contínua compressão das despesas discricionárias, especialmente os investimentos públicos.[39] A manutenção da regra do teto depende de medidas de controle do crescimento das despesas obrigatórias, para evitar uma compressão das discricionárias que possa comprometer a capacidade operacional dos órgãos federais. É importante ressaltar que qualquer proposta de flexibilização do teto para expansão das despesas deve demonstrar como será realizada a compensação pelo aumento de arrecadação, uma vez que o país ainda se encontra no processo de consolidação, com dívida em trajetória crítica e patamar elevado.

PROPOSTA SOBRE REGRAS FISCAIS E ARCABOUÇOS FISCAIS DE MÉDIO PRAZO

Esta seção propõe o aprimoramento do arcabouço de gestão fiscal e das regras fiscais no Brasil, utilizando como referências as lições das experiências internacionais, bem como levando em consideração a cultura já consolidada das regras fiscais em vigor no Brasil. Em relação ao atual arcabouço fiscal brasileiro, há um claro diagnóstico de que o país está muito atrasado em relação às melhores práticas internacionais de gestão das finanças públicas.

Atualmente, o país ainda passa por um processo de consolidação fiscal e de estabilização da dívida pública, seguindo como orientação de médio prazo da política fiscal os limites impostos

---

[36] Em 2018, o governo precisou realizar resgate antecipado de empréstimos do BNDES e desvinculação de fontes orçamentárias, para evitar o descumprimento da regra.

[37] Na aplicação da regra do teto, considerou-se a variação do IPCA acumulada em 12 meses até junho do ano precedente como indicador da inflação.

[38] Acabou o incentivo que havia no passado, quando o Congresso elevava ficticiamente a projeção de receitas para poder expandir as despesas e cumprir a meta de resultado primário.

[39] Giambiagi e Horta (2019) propõem modificação da regra do teto a partir de 2023, com criação de subteto para despesas de custeio, possibilitando maior espaço para investimentos.

de crescimento da despesa dados pela regra do teto. No entanto, essa regra é temporária[40] e o país precisa harmonizar seu arcabouço de regras em um arcabouço permanente de médio prazo. Esse arcabouço traria capacidade de planejamento aos gestores e orientaria a consecução dos objetivos da sociedade com responsabilidade fiscal. Servidores do Tesouro Nacional publicaram texto de discussão com proposta integrada das regras fiscais para a União,[41] utilizando como referência os princípios recomendados pela segunda geração de regras fiscais.[42]

Este capítulo utilizou esse texto de discussão como base da proposta. No entanto, realizou algumas alterações, fruto de diversas interações por parte dos autores deste capítulo com especialistas de finanças públicas e gestores públicos. Sugere-se que o arcabouço de regras fiscais seja construído a partir da adoção da Dívida Bruta do Governo Geral (DBGG), apurada no conceito do Banco Central,[43] como âncora de referência da política fiscal.[44] O objetivo da política fiscal passa a ser o alcance desse indicador para um nível desejado no médio prazo. São estabelecidas duas regras operacionais para gestão da política fiscal: a regra de resultado primário[45] e a regra do teto dos gastos. O Anexo de Metas Fiscais da Lei de Diretrizes Orçamentárias (LDO) fixaria a meta de resultado primário para o ano t e indicaria para $t + 1$, $t + 2$ e $t + 3$. Da mesma forma, a LDO traria o limite máximo das despesas primárias para o ano t, bem como sua indicação agregada para $t + 1$, $t + 2$ e $t + 3$.

A calibragem da meta de resultado primário se daria em função da trajetória desejada para a DBGG e, a partir desse resultado, o governo estabeleceria o limite de despesa, dado o nível de receitas estimado. Esse é um sistema de bases rolantes, ou seja, em todos os anos são fixadas as metas de resultado e despesas do ano posterior e faz-se a indicação para os três anos seguintes. A LDO seria o instrumento para o estabelecimento do envelope fiscal do AFMP. Em seguida, utilizando-se o limite global das despesas de médio prazo indicado na LDO, o arcabouço realizaria a construção do AOMP, com a desagregação setorial do gasto, inclusive podendo conter outras subcategorias (como a classificação por função), em novo anexo na Lei Orçamentária Anual (LOA). É importante a desagregação vir apenas na LOA, para que o órgão central de orçamento e os órgãos setoriais possam ter tempo[46] de interação para realização do detalhamento setorial de médio prazo da despesa pública. Neste arcabouço, não está prevista inicialmente a adoção do APMP (conforme argumentado em seção anterior).

Sugere-se que o nível de referência para a dívida bruta de longo prazo não seja superior a 50% ou a 60% do PIB,[47] uma vez que é importante o país dispor de espaço fiscal para se endividar nos

---

[40] Sua vigência irá até 2036. No entanto, a partir de 2026 o governo poderá encaminhar novo indexador de crescimento para as despesas públicas. Abre-se a possibilidade, na prática, de afrouxamento excessivo a depender do nível de responsabilidade fiscal do futuro governo.

[41] Brochado *et al.* (2019) e Maciel (2020).

[42] Fundo Monetário Internacional (2018a).

[43] Difere do conceito adotado pelo FMI, ao desconsiderar os títulos do Tesouro Nacional na carteira da autoridade monetária e ao incluir as operações compromissadas. Na prática, a DBGG apurada pelo FMI supera a do Banco Central na magnitude dos títulos públicos de posse da autoridade monetária não utilizados como lastro nas operações compromissadas.

[44] Em princípio, a escolha da dívida líquida como âncora fiscal poderia ser uma opção, dado que também leva em consideração os ativos financeiros do governo. Contudo, a literatura não recomenda seu uso por dificuldade de determinar a liquidez dos ativos, pelo fato de ser menos transparente que a dívida bruta e de ser mais difícil de comunicar para o público.

[45] Apesar de possuir menor relação com a sustentabilidade da dívida que o resultado nominal, o uso do resultado primário tem como vantagem não exigir fortes ajustes na condução da política fiscal de curto prazo em caso de choques nos juros, os quais tendem a ser transitórios.

[46] O período de tramitação do PLDO começa em 15 de abril e se estende até julho, enquanto a tramitação do PLOA vai de 31 de agosto até o fim do exercício. Durante a tramitação do PLOA, o executivo também pode encaminhar informações complementares ao parlamento.

[47] A maioria das regras fiscais adota como referência máxima para dívida bruta o percentual de 60% do PIB. A média dos países emergentes é de 50% do PIB, o que é um argumento a favor desse nível de referência para o Brasil. Badia *et al.* (2020)

momentos de crise por meio de políticas fiscais contracíclicas. No período de transição, ou seja, no período até a dívida alcançar o nível desejado, as metas de resultado primário também devem ser calibradas para promover a redução da dívida bruta. O arcabouço também poderia contemplar cláusula de escape em caso de recessão econômica. Entretanto, conforme recomendado na literatura, deve-se especificar claramente em que condições e por quanto tempo a cláusula pode ser acionada. Da mesma forma, a fim de tornar o ajuste simétrico, em períodos de maior dinamismo econômico, o resultado primário deveria ser calibrado de modo a permitir redução mais forte da dívida pública.[48]

Não seriam consideradas nos cálculos para fixação das metas de resultado primário medidas de gestão de ativos[49] para cumprir com a trajetória desejada da dívida. As metas de resultado primário teriam que ser calibradas, exclusivamente, em função do esforço fiscal para garantir a trajetória da dívida desejada.[50] Dessa forma, evitam-se possíveis interferências da política fiscal na política monetária.

Durante esse período de transição, a regra do teto das despesas deve ser fixada com crescimento real sempre inferior a 2% a.a.[51] No entanto, até 2026, deve-se buscar manter a calibragem de crescimento real zero, conforme já estabelecido na EC 95/2016, para que se alcance o nível de resultado primário requerido para estabilizar e, eventualmente, iniciar trajetória de redução da dívida pública. A partir de 2027,[52] sugere-se, como aprimoramento para a regra do teto dos gastos, inspirado na regra de despesa da União Europeia como referência (*expenditure benchmark*),[53] que eventuais reduções de gastos tributários[54] possam servir para expansão do limite das despesas primárias no mesmo montante e, claro, no sentido contrário, eventuais aumentos de gastos tributários reduzam os limites de despesas. Dessa forma, cria-se uma estrutura de incentivos para melhor avaliação da efetividade dos gastos tributários, que não passam pelo rigor do processo orçamentário, bem como evitam-se incentivos a alterar políticas públicas de gasto direto por gasto tributário, com impacto negativo sobre o resultado primário.

Uma vez estabelecidos a meta de resultado primário e o limite de despesas, a condução da execução da política fiscal será operacionalizada apenas por essas regras. Caso a dívida varie por outros fatores monetários ou pela gestão de ativos, o governante não será punido nem beneficiado. Em relação ao resultado primário, mantém-se a atual estrutura de possibilidade de limitação de empenho e pagamento para o atingimento da meta contratada.

No entanto, abre-se a possibilidade de descumprimento da meta de resultado primário com acionamento de gatilhos *ex-ante* ou *ex-post*. No primeiro caso, se o resultado necessário para a trajetória desejada da DBGG for superior ao que o governo entenda como viável,[55] este pode reduzir

---

decompõem os fatores que preveem crises fiscais utilizando de técnicas de *machine learning*. Dentro dos preditores, o nível de dívida pública é o mais importante, seguido do serviço da dívida. Ademais, depois de certos níveis de dívida pública, a probabilidade de crises fiscais cresce significativamente.

[48] Em momentos de expansão econômica, o resultado primário se elevaria, pois a receita está relacionada ao ciclo econômico, enquanto o teto dos gastos levaria a despesa a permanecer com crescimento limitado. Porém, se o resultado primário resultante fosse maior que o necessário para manter a trajetória da dívida, o governo poderia ter incentivos a desonerar receitas nos momentos de maior dinamismo econômico, tornando a política fiscal pró-cíclica.

[49] Como exemplo: vendas de reservas internacionais ou devoluções de empréstimos aos bancos públicos.

[50] E, de preferência, teriam as metas de resultado primário que ser escrutinadas por instituições fiscais independentes.

[51] Essas referências podem ser alteradas, a critério do objetivo de se realizar uma convergência mais longa ou mais lenta para o nível desejado de dívida.

[52] Ou mesmo a partir de 2023.

[53] Comissão Europeia (2017).

[54] Gastos tributários correspondem a reduções de receitas do governo, concedidas através de tratamento tributário preferencial dado a grupos específicos de contribuintes ou de atividades econômicas.

[55] Esse processo seria discutido na elaboração do Projeto da Lei de Diretrizes Orçamentárias.

a meta até determinado limite e realizar o acionamento dos mecanismos de correção (gatilhos) na elaboração orçamentária para o ano seguinte. Esses gatilhos limitam a discricionariedade por meio de vedação para concessão de reajustes de salários, contratação de novos servidores, aumento em valores reais de benefícios, criação ou expansão de programas, bem como aumento de desonerações tributárias ou subsídios. No segundo caso, se for verificado que houve o descumprimento da meta de resultado primário estabelecida para o ano,[56] o gestor deverá obrigatoriamente acionar no ano seguinte os gatilhos. Dessa forma, o controle da política fiscal sai da lógica de apenas punir o gestor de plantão e passa a cobrar medida de correção para o retorno da sustentabilidade fiscal, tornando a regra mais efetiva.

Em relação à operacionalização da regra do teto das despesas, pode-se manter a mesma estrutura atual, com a possibilidade de acionamento de gatilhos preventivos durante a elaboração orçamentária, caso a despesa discricionária atinja um valor abaixo do crítico para operacionalização dos órgãos.[57] Os limites das despesas primárias são fixados no orçamento e é vedada a abertura de créditos adicionais ao longo do ano, a menos que seja por cancelamento de outra dotação existente. Ou seja, o espaço total de despesas primárias não é alterado durante a execução. Essa lógica já é estabelecida na regra do teto atual e é importante para preservar a melhoria institucional das discussões orçamentárias pela explicitação dos dilemas alocativos da despesa (*trade-offs*). Adicionalmente, devem ser mantidas as exceções da regra atual, como para abertura de créditos extraordinários e transferências obrigatórias para Estados e Municípios. Não é permitido o descumprimento do teto durante a execução orçamentária.

Para o último ano de mandato, é preciso um tratamento específico para as regras operacionais. Seria obrigatório o cumprimento das duas regras: a meta de resultado primário e o limite do teto dos gastos. Pode-se avaliar a permissão de descumprimento, desde que o governante acione os gatilhos *ex-ante* de controle de despesas para esse ano de eleição. A lógica é não permitir que os mecanismos de correção recaiam sobre o próximo governante. Dessa forma, deseja-se que o governante de plantão não entregue ao seguinte gestor ajustes fiscais ainda a serem realizados. Caso o governante não cumpra essa determinação, será enquadrado em crime de responsabilidade.

No período permanente, após a dívida bruta alcançar o nível desejado, o compromisso de cada governante será manter a dívida sempre abaixo desse patamar, eventualmente com exigência de realizar reduções de endividamento em anos de maior dinamismo econômico para possibilitar eventuais aumentos em recessões. Caso a dívida suba acima do patamar desejado, os governantes assumirão compromissos em termos de resultados progressivos para retornar a dívida ao nível desejado, em linha com o proposto para o período de transição. Mesmo após a transição inicial, a regra da despesa deve fixar um crescimento máximo igual ao da projeção para o PIB potencial estimado por instituição independente e evitar, dessa forma, pressões para o aumento da carga tributária. Com a adoção desse arcabouço fiscal de médio prazo e harmonização das regras fiscais, a regra de ouro poderá ser extinta.

Esse arcabouço fiscal traz vários benefícios para a gestão fiscal, ao: (1) estabelecer claramente o objetivo da política fiscal de médio prazo; (2) permitir que as regras funcionem de forma coordenada e garantam a sustentabilidade fiscal; (3) evitar que o governante atue de forma pró-cíclica ou oportunista; e (4) trazer mecanismos de correção (gatilhos) pelo não cumprimento das regras, em vez de apenas punir os gestores. Ademais, outro grande benefício do arcabouço é a possibilidade de instituição de AFMP e AOMP para modernização da gestão orçamentária no serviço público brasileiro.

Para a implantação desse novo arcabouço, a transparência é um princípio fundamental. O AFMP, constante na LDO, traria fundamentação e memória de cálculo para o estabelecimento das metas de resultado primário e dos limites das despesas públicas para o mandato

---

[56] Na legislação atual, o gestor tem que solicitar alteração da meta de resultado durante o exercício. Essa situação se tornou frequente desde 2014.

[57] Esse valor pode ser fixado com base em estudos de execução das despesas públicas federais.

do governante eleito. O ideal seria permitir o escrutínio dos dados e cálculos por instituição independente para robustecer as estimativas, bem como servir de mecanismo de pesos e contrapesos. O governo deve tornar transparentes as estratégias do mandato, bem como indicar as medidas legislativas necessárias para concretizar os cenários fiscais. Com esse conjunto de informações, o governo poderia estabelecer suas prioridades em termos alocativos da despesa e limites indicativos plurianuais setoriais aos ministérios, dotando os gestores públicos de maior capacidade de planejamento, criando os mecanismos necessários para melhor qualidade do gasto e o aprimoramento da gestão pública.

CONCLUSÕES

Este capítulo tem o objetivo de fazer o diagnóstico do arcabouço fiscal brasileiro, apresentar as tendências internacionais relativas às regras fiscais e arcabouços fiscais de médio prazo e apresentar propostas ao desenho institucional integrado para gestão da política fiscal brasileira. Observa-se que o arcabouço fiscal brasileiro foi construído de forma incremental e não sistematizada, possui baixo grau de articulação entre as regras e alta complexidade de operacionalização. Além disso, não deixa claros os objetivos de médio prazo para a política fiscal, o que torna a gestão das finanças públicas excessivamente focada no curto prazo e deteriora a capacidade de planejamento dos gestores públicos, especialmente dos ministérios setoriais.

A proposta de modernização para a gestão da política fiscal foi baseada nas melhores práticas internacionais. Sugere-se atualizar as regras fiscais brasileiras de forma sistêmica e integrada a um arcabouço fiscal de médio prazo. A sustentabilidade fiscal é o objetivo de médio prazo e escolhe-se a DBGG como âncora de referência para este fim. A partir dessa referência, são estabelecidas sequencialmente as regras de resultado primário e de teto dos gastos como instrumentos operacionais para o alcance da trajetória fiscal desejada. A regra de ouro pode ser abolida, no contexto de vigência desse arcabouço.

Esse sistema de regras funcionaria em um arranjo de gestão fiscal de médio prazo com horizonte de quatro anos, em bases rolantes. Para o primeiro ano, as metas das regras operacionais (primário e teto da despesa) seriam fixadas e para os três anos seguintes o arcabouço traria os agregados fiscais de forma indicativa. A trajetória desejada para redução da dívida pública não precisaria ser linear e deveria levar em consideração os ciclos econômicos. Para períodos de maior dinamismo, haveria necessidade de reduzir a dívida em velocidade maior, refletida em uma meta de resultado primário maior. Dessa forma, evita-se comportamento pró-cíclico da política fiscal.

Esse arcabouço fiscal integrado possui várias vantagens, ao: reforçar a sustentabilidade fiscal; ampliar a capacidade de planejamento dos gestores públicos, com a indicação dos recursos disponíveis no médio prazo; permitir desenhos de mecanismos para incentivar os ministérios a economizar recursos; melhorar o dimensionamento e áreas de atuação do setor público; explicitar os *trade-offs* de médio prazo na assunção de obrigações; e dimensionar antecipadamente a magnitude das medidas a serem implementadas para garantir o cumprimento das regras fiscais, entre outras.

Vale salientar que não há arcabouço ou regra fiscal que se sustente em uma situação de desequilíbrio fiscal estrutural. É importante o país endereçar reformas para o equacionamento do crescimento estrutural das despesas, fruto do envelhecimento da população e do alto custo de administração da máquina pública. Modernizar o setor público brasileiro é condição necessária para o país crescer de forma sustentável. Este capítulo pretende contribuir para tal fim com o desenho de novo arcabouço fiscal, que permita ampliar a capacidade do setor público de entregar melhores bens e serviços para a sociedade.

REFERÊNCIAS

ALESINA, A.; TABELLINI, G. A positive theory of fiscal deficits and government debt. *Review of Economic Studies*, v. 57, n. 3, p. 403–414, 1990.

BADIA, M. M.; MEDAS, P.; GUPTA, P.; XIANG, Y. Debt is not free. IMF Working Paper, n. 20/1, 2020.

BANCO MUNDIAL. Beyond the annual budget: global experiences with medium-term expenditure frameworks. Directions in Development. Public Sector Governance. Washington, DC, 2013.

BRASIL. Ministério da Fazenda. Secretaria de Política Econômica – SPE. Nota metodológica do resultado fiscal estrutural. Brasília: SPE, 2018.

BROCHADO, A.; BARBOSA, F.; LEISTER, M.; MARCOS, R.; MOTA, T.; SBARDELOTTO, T.; ARAÚJO, V. Regras fiscais: uma proposta de arcabouço sistêmico para o caso brasileiro. Texto de Discussão 31. Secretaria do Tesouro Nacional, Ministério da Economia, 2019.

CASELLI, F.; EYRAUD, L.; HODGE, A.; KALAN, F.D.; KIM, Y.; LLEDÓ. V.; MBAYE, S.; POPESCU, A.; REUTER, W. H.; REYNAUD, J.; TURE, E.; WINGENDER, P. Second-Ggeneration fiscal rules: balancing simplicity, flexibility, and enforceability – technical background papers. IMF Staff Discussion Note 18/04, 2018.

CEVIK, S. Anchor me: the benefits and challenges of fiscal responsibility. IMF Working Paper, n. 19/70, 2019.

COMISSÃO EUROPEIA Vade mecum on the stability and growth pact. European Commission Institutional Paper 052, 2017.

DEBRUN, X.; KUMAR, M. S. Fiscal rules, fiscal councils and all that: commitment devices, signaling tools or smokescreens? *In*: Banca d'Italia (org.). *Fiscal policy*: current issues and challenges, papers presented at the Banca d'Italia workshop, 2007. p. 479-512.

FATÁS, A.; GHOSH, A.R.; PANIZZA, U.; PRESBITERO, A.F. The motives to borrow. IMF Working Paper, n. 12/187, 2019.

FUNDO MONETÁRIO INTERNACIONAL – FMI. *How to select fiscal rules*: a primer. How to Notes, n. 9, International Monetary Fund, 2018a.

FUNDO MONETÁRIO INTERNACIONAL – FMI; *How to calibrate fiscal rules*: a primer. How to Notes, n. 8, International Monetary Fund, 2018b.

FUNDO MONETÁRIO INTERNACIONAL – FMI; "Fiscal rules dataset. International Monetary Fund, 2017. Disponível em: http://www.imf.org/external/datamapper/fiscalrules/map/map.htm.

FUNDO MONETÁRIO INTERNACIONAL – FMI; Fiscal rules: anchoring expectations for sustainable public finances. IMF Policy Paper preparado pelo Fiscal Affairs Department, International Monetary Fund, 2009.

GIAMBIAGI, F.; HORTA, G. T. L. O teto do gasto público: mudar para preservar. Texto de Discussão do BNDES, n. 144, 2019.

HEINEMANN, F.; MOESSINGER, M. D.; YETER, M. Do fiscal rules constrain fiscal policy? A meta-regression analysis. *European Journal of Political Economy*, v. 51, p. 69-92, 2018.

KOPITS, G.; SYMANSKY, S. *Fiscal policy rules*. IMF Occasional Paper n. 162, 1998.

MACIEL, P. J. Regras fiscais e federalismo: propostas para o Brasil com base nas experiências internacionais. *In*: GIAMBIAGI, F.; GUIMARÃES, S.; AMBRÓZIO, A. (org.). Reforma do Estado brasileiro – Transformando a atuação do Governo, São Paulo, Editora Atlas Integrante do Grupo GEN, 2020.

ORGANIZAÇÃO PARA A COOPERAÇÃO E DESENVOLVIMENTO ECONÔMICO – OCDE. *Budgeting and public expenditures in OECD countries 2019*. Paris: OECD, 2019.

ORGANIZAÇÃO PARA A COOPERAÇÃO E DESENVOLVIMENTO ECONÔMICO – OCDE; Budgeting practices and procedures in OECD countries. Paris: OECD, 2014.

ROGOFF, K. Equilibrium political budget cycles. NBER Working Paper. n. 2428, 1990.

SCHAECHTER, A.; KINDA, T.; BUDINA, N.; WEBER, A. Fiscal rules in response to the crisis: toward the "next-generation" rules, a new dataset. IMF Working Paper, 2012.

Reencontro Marcado: um Balanço da Reforma Previdenciária do Governo Bolsonaro

3

Gabriel Nemer Tenoury e Pedro Fernando Nery

INTRODUÇÃO

No livro *Reforma da previdência: o encontro marcado*, Fabio Giambiagi fez um diagnóstico abrangente das distorções da Previdência brasileira, alertando para a complacência e a dificuldade do País de encarar o problema que se colocava diante dele.[1] O ano era 2007, dez anos antes, portanto, da primeira Proposta de Emenda à Constituição (PEC) de reforma previdenciária discutida nos últimos anos (a do governo Temer, apresentada em dezembro de 2016). Uma grande crise e três presidentes depois, o Brasil finalmente concluiu uma ampla reforma da Previdência, consubstanciada na Emenda Constitucional nº 103, de 2019. Contudo, a desidratação parcial sofrida pela proposta no Congresso, conjugada com a veloz transição demográfica, bem como com outras tendências das próximas décadas, já permitem afirmar que uma nova repactuação será provavelmente necessária no futuro.

A versão aprovada da proposta do presidente Jair Bolsonaro trata de vários dos pontos levantados em *O Encontro Marcado*. Após décadas de discussão e, em particular, após a intensificação do debate com a proposta de reforma do governo Michel Temer, o consenso parece ter convergido para uma espécie de núcleo duro de pilares do novo sistema previdenciário. Entre todas as mudanças feitas, destaca-se, principalmente, a instituição de idade mínima de 65 anos, para homens, e de 62 anos, para mulheres, no caso dos trabalhadores urbanos que se aposentam por tempo de contribuição.

Outras alterações relevantes incluem as mudanças no cálculo da pensão por morte, proporcional ao número de dependentes; nos cálculos das aposentadorias, especialmente a dos servidores federais e por invalidez; e a relativamente rápida regra de transição para o novo modelo.

Contudo, muitos pontos importantes continuam pendentes, resultado da elevada sensibilidade política de tratá-los, bem como da preservação de certos grupos de interesse com elevado e coordenado poder de organização. Destacamos, mais especificamente, a diferença de idade entre gêneros, a idade de aposentadoria rural, a desindexação do salário mínimo, as regras de acesso e benefícios do Benefício de Prestação Continuada (BPC) e a (falta de) revisão automática da idade mínima de aposentadoria, no caso dos benefícios operados pelo INSS. A Emenda 103 também não tratou dos servidores estaduais e municipais nem dos militares das Forças Armadas, o que limitou seus efeitos sobre a desigualdade.

Embora boa parte do que em geral se considera, na esfera política, "trabalho sujo" já tenha sido feita, os pontos que destacamos a seguir podem trazer consequências relevantes num futuro não muito distante, de tal sorte que, cedo ou tarde, a sociedade terá que debater esses temas. Trata-se de ajustes importantes visando a convergência a um sistema de Previdência Social mais justo, fiscalmente saudável e atuarialmente sólido. Neste capítulo, discutimos por que tais mudanças precisam ser feitas, bem como algumas propostas para realizá-las. Essas mudanças são motivadas pelo veloz processo de transição demográfica da população. Discutiremos também outra tendência que se coloca nos próximos anos e que pode afetar o funcionamento da Previdência. É a mudança tecnológica, que afeta a organização do mercado de trabalho e a forma de contribuição para o INSS.

---
[1] Giambiagi (2007).

Além desta introdução, o capítulo é composto por outras nove seções curtas. A segunda seção trata da aposentadoria rural, não contemplada pela reforma de Bolsonaro, que terminou sendo somente uma reforma da previdência urbana. A terceira seção apresenta o sensível tema do piso previdenciário e a seção seguinte, as diferenças de gênero. A quinta discorre sobre o BPC, operado pelo INSS e que funciona como uma forma de aposentadoria para trabalhadores mais pobres. A seção seguinte discute o gatilho de aposentadoria, e a sétima seção fala dos servidores civis da União que ainda contam com certos benefícios. A oitava seção trata das regras de servidores e militares. A nona trata do impacto das tendências da tecnologia. Por último, o capítulo fecha com nossas conclusões.

APOSENTADORIA RURAL

Tanto a reforma apresentada por Michel Temer em dezembro de 2016, quanto a apresentada por Jair Bolsonaro em 2019, alteravam as regras da previdência rural. Contudo, o Congresso optou por retirar este tema da reforma, preservando assim principalmente a região Nordeste do Brasil, onde predomina este benefício. Entretanto, dada a elevada parcela dos recursos do Regime Geral de Previdência Social (RGPS) destinada à clientela rural, é possível que uma nova tentativa de atualização das regras seja feita daqui a alguns anos.

A Tabela 3.1 mostra a Previdência Social brasileira em seus três níveis (federal, estadual e municipal), também pormenorizando os dados por tipo de clientela. Perceba que o RGPS rural foi responsável por cerca de 21% da despesa total do RGPS (urbano + rural), mas por 58% do déficit. Embora o gasto médio seja menor em relação ao RGPS urbano, o déficit *per capita* é quase três vezes maior.

Tabela 3.1 Previdência Social brasileira e seus três níveis.

Previdência Social – 2018		Receitas	Despesas	Saldo
Previdência Social TOTAL	Valor (R$ bilhões)	R$ 541,62	R$ 937,41	–R$ 395,79
	Per capita anual (R$ mil)	R$ 15,55	R$ 26,91	–R$ 11,36
	% do PIB	7,86%	13,61%	–5,75%
RGPS TOTAL	Valor (R$ bilhões)	R$ 391,18	R$ 586,38	R$ (195,20)
	Per capita anual (R$ mil)	R$ 12,92	R$ 19,37	R$ (6,45)
	% do PIB	5,68%	8,51%	–2,83%
RGPS URBANO	Valor (R$ bilhões)	R$ 381,26	R$ 462,65	–R$ 81,39
	Per capita anual (R$ mil)	R$ 18,39	R$ 22,32	–R$ 3,93
	% do PIB	5,53%	6,72%	–1,18%
RGPS RURAL	Valor (R$ bilhões)	R$ 9,92	R$ 123,73	R$ (113,81)
	Per capita anual (R$ mil)	R$ 1,04	R$ 12,96	R$ (11,92)
	% do PIB	0,14%	1,80%	–1,65%
RPPS FEDERAL	Valor (R$ bilhões)	R$ 36,04	R$ 131,13	–R$ 95,09
	Per capita anual (R$ mil)	R$ 31,71	R$ 115,39	–R$ 83,67
	% do PIB	0,52%	1,90%	–1,38%
RPPS CIVIL	Valor (R$ bilhões)	R$ 33,68	R$ 84,92	R$ (51,24)
	Per capita anual (R$ mil)	R$ 44,99	R$ 113,44	R$ (68,45)
	% do PIB	0,49%	1,23%	–0,74%

Continua >>

Continuação >>				
RPPS MILITAR	Valor (R$ bilhões)	R$ 2,36	R$ 46,21	−R$ 43,85
	Per capita anual (R$ mil)	R$ 6,08	R$ 119,15 −	−R$ 113,07
	% do PIB	0,03%	0,67%	−0,64%
RPPS ESTADOS	Valor (R$ bilhões)	R$ 72,00	R$ 169,20	R$ (97,20)
	Per capita anual (R$ mil)	R$ 28,92	R$ 67,95	R$ (39,04)
	% do PIB	1,05%	2,46%	−1,41%
RPPS MUNICÍPIOS	Valor (R$ bilhões)	R$ 42,40	R$ 50,70	−R$ 8,30
	Per capita anual (R$ mil)	R$ 45,81	R$ 54,78	−R$ 8,97
	% do PIB	0,62%	0,74%	−0,12%

Fonte: Cálculos dos autores com dados do *Anuário Estatístico da Previdência Social*, *Boletim Estatístico da Previdência Social* e *Relatório Resumido de Execução Orçamentária*. Elaboração própria.

Tal cenário está ligado, em parte, às idades mais baixas de aposentadoria por idade no campo, já que quase inexistem aposentadorias por tempo de contribuição rurais. Enquanto na aposentadoria por idade urbana exige-se idade de 65 anos para homens e de 60 anos para mulheres, tais idades no campo são de 60 anos para homens e 55 anos para mulheres.

A consequência dessa baixa idade de acesso é mostrada no Gráfico 3.1: observe como a quantidade de aposentadorias rurais por idade é cerca de 42% maior do que aposentadorias urbanas por idade, mesmo havendo uma quantidade muito menor de trabalhadores rurais.

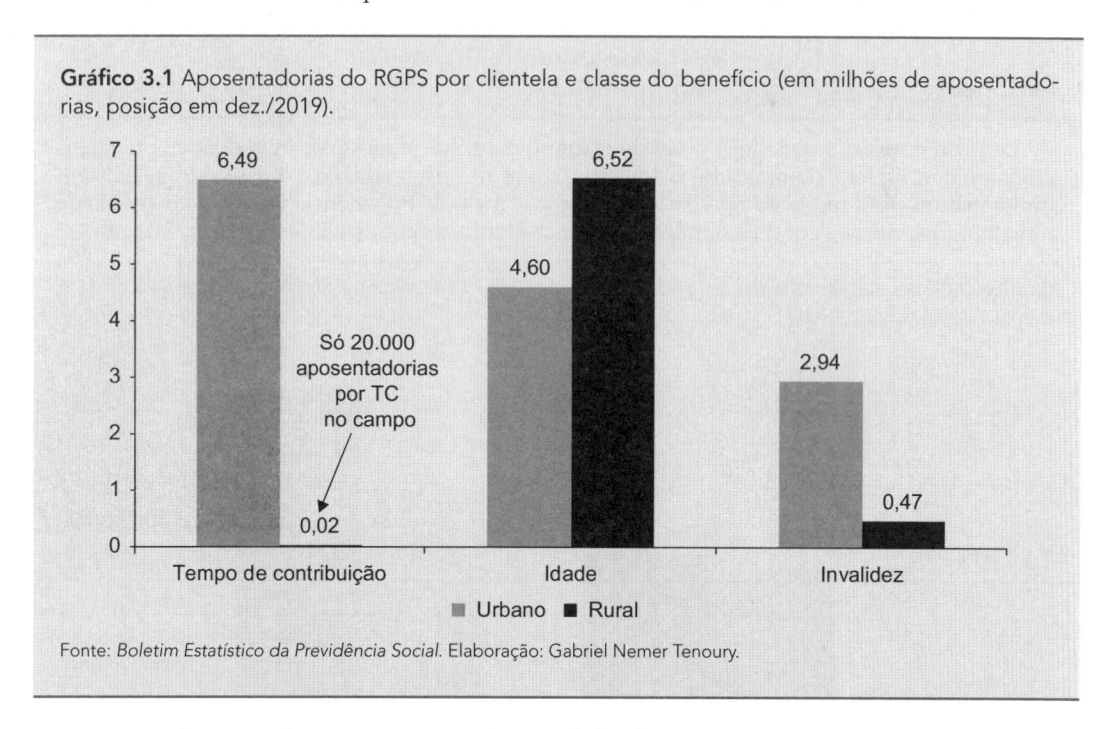

Gráfico 3.1 Aposentadorias do RGPS por clientela e classe do benefício (em milhões de aposentadorias, posição em dez./2019).

	Tempo de contribuição	Idade	Invalidez
Urbano	6,49	4,60	2,94
Rural	0,02	6,52	0,47

Só 20.000 aposentadorias por TC no campo

Fonte: *Boletim Estatístico da Previdência Social*. Elaboração: Gabriel Nemer Tenoury.

Um corolário imediato é que parte substancial das futuras concessões de benefícios de aposentadoria, previstas para ocorrerem nos próximos anos já antes de 2019, não será afetada pela reforma da Previdência, de forma que essa parte do gasto permanecerá em expansão.

PISO PREVIDENCIÁRIO

Como o piso dos benefícios previdenciários (e também do BPC) é o salário mínimo nacional, elevações do mínimo geram impactos fiscais relevantes nas contas públicas do governo federal. Segundo dados do Projeto de Lei de Diretrizes Orçamentárias (PLDO) de 2020, um aumento de R$ 1 do salário mínimo eleva o déficit previdenciário em R$ 206 milhões, bem como o gasto com benefícios assistenciais em R$ 61 milhões.

O motivo é simples: como mostra o Gráfico 3.2, mais de dois terços dos benefícios previdenciários e assistenciais são de até um salário mínimo. Trata-se de um impacto direto de aumentos do piso do mercado de trabalho sobre o gasto real da Previdência, para além do crescimento do número de benefícios.

Gráfico 3.2 Distribuição dos benefícios previdenciários e assistenciais – 2019 (como % do total, por faixa de valor).

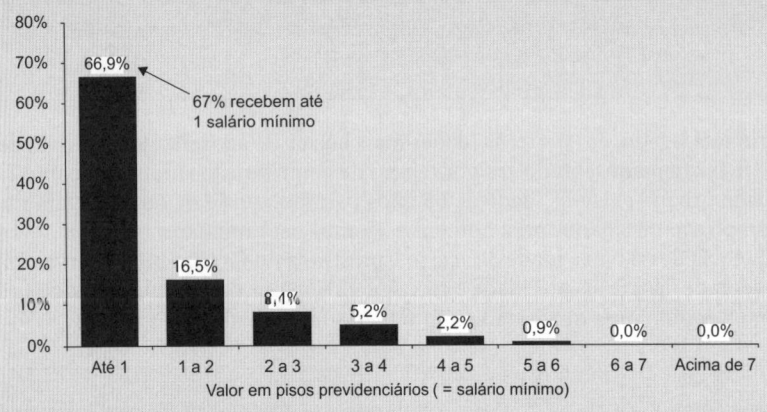

Valor em pisos previdenciários (= salário mínimo)	%
Até 1	66,9%
1 a 2	16,5%
2 a 3	8,1%
3 a 4	5,2%
4 a 5	2,2%
5 a 6	0,9%
6 a 7	0,0%
Acima de 7	0,0%

67% recebem até 1 salário mínimo

Fonte: *Boletim Estatístico da Previdência Social*, dez/2019.

Também é verdade que, hoje, o salário mínimo constitui muito mais uma política previdenciária do que, de fato, de mercado de trabalho, como mostra o Gráfico 3.3. Isso porque existem muito mais pessoas recebendo o salário mínimo por meio da Previdência do que no mercado de trabalho: 15,8 milhões contra 8,5 milhões. Cabe, portanto, discutir os limites dessa indexação.

Gráfico 3.3 Pessoas recebendo um salário mínimo – 2017 (em milhões de pessoas, considerando o mínimo de R$ 937 em 2017).

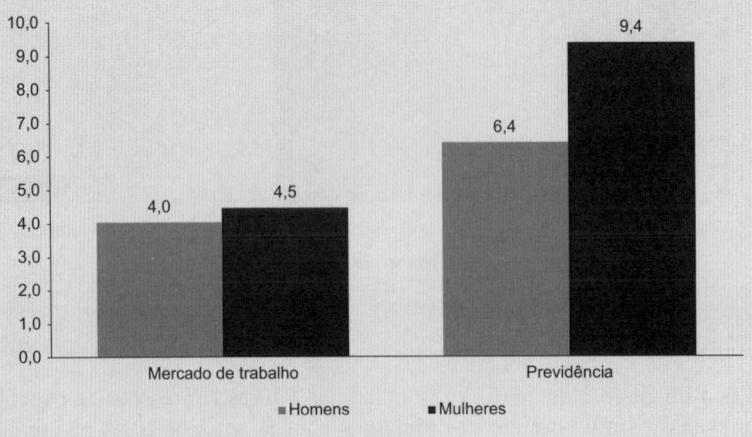

	Homens	Mulheres
Mercado de trabalho	4,0	4,5
Previdência	6,4	9,4

Fonte: Pesquisa Nacional por Amostra de Domicílios (PNADC) 2017.

A discussão é especialmente importante na medida em que, desde a reforma trabalhista de 2017, mais trabalhadores formais estão podendo contribuir sobre valores abaixo do salário mínimo. É o caso, por exemplo, de quem trabalha meio período (jornada parcial) ou quem é contratado para o trabalho intermitente (horista). Como esses trabalhadores não trabalham 44 horas por semana, não contribuem necessariamente sobre o piso previdenciário. A despeito de fazerem contribuições, ficam, em determinadas condições, privados de receber benefícios. Nesse caso, a bem-intencionada vinculação acaba sendo excludente, impedindo que trabalhadores mais pobres possam receber benefícios proporcionais.

DIFERENÇA DE GÊNERO

Outro ponto fundamental em futuras reformas da Previdência é a diferença de idade de aposentadoria entre gêneros. Apesar de a reforma do governo Jair Bolsonaro ter diminuído tal diferença, ela ainda é relativamente elevada quando se compara, por exemplo, o Brasil aos países da OCDE, como bem mostra o Gráfico 3.4.

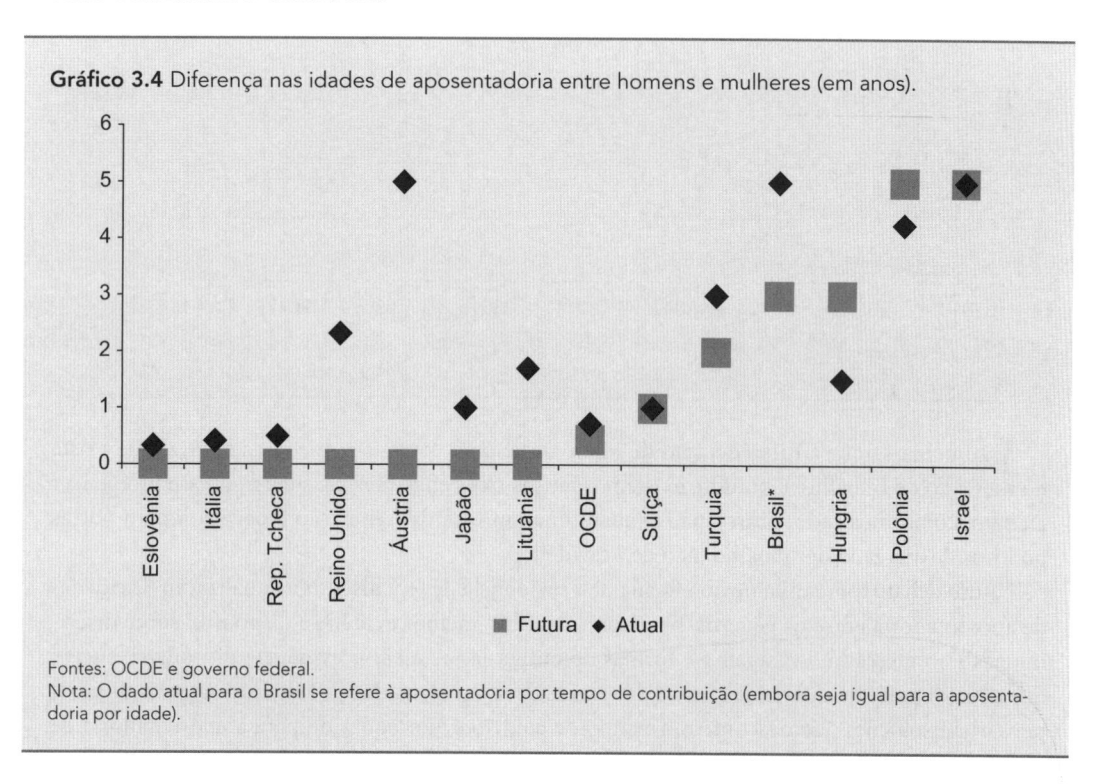

Gráfico 3.4 Diferença nas idades de aposentadoria entre homens e mulheres (em anos).

Fontes: OCDE e governo federal.
Nota: O dado atual para o Brasil se refere à aposentadoria por tempo de contribuição (embora seja igual para a aposentadoria por idade).

Tal fato é relevante, principalmente quando consideramos a crescente inserção das mulheres no mercado de trabalho, representada pelo aumento da taxa de participação feminina. O reflexo disso, em termos previdenciários, é mostrado no Gráfico 3.5: as aposentadorias para mulheres crescem muito mais rapidamente do que as aposentadorias para homens. Entre 2010 e 2018, enquanto o estoque de aposentadorias por tempo de contribuição dos homens cresceu cerca de 31%, as aposentadorias por tempo de contribuição das mulheres cresceram 63%. Destaca-se, ainda, o crescimento de 36% do total de aposentadorias por idade para mulheres, contra um crescimento de 29% do total de aposentadorias por idade dos homens.

O fato é ainda mais grave quando consideramos que as mulheres já são a maioria das aposentadorias por idade: são 6,6 milhões de benefícios desse tipo para mulheres, contra 3,9 milhões para homens. As mulheres, ademais, também já constituem 51% do total de aposentadorias, fração que deve se ampliar nas próximas décadas, principalmente com o advento do fim da aposentadoria por tempo de contribuição – modalidade na qual as mulheres representam apenas 33% do total de benefícios.

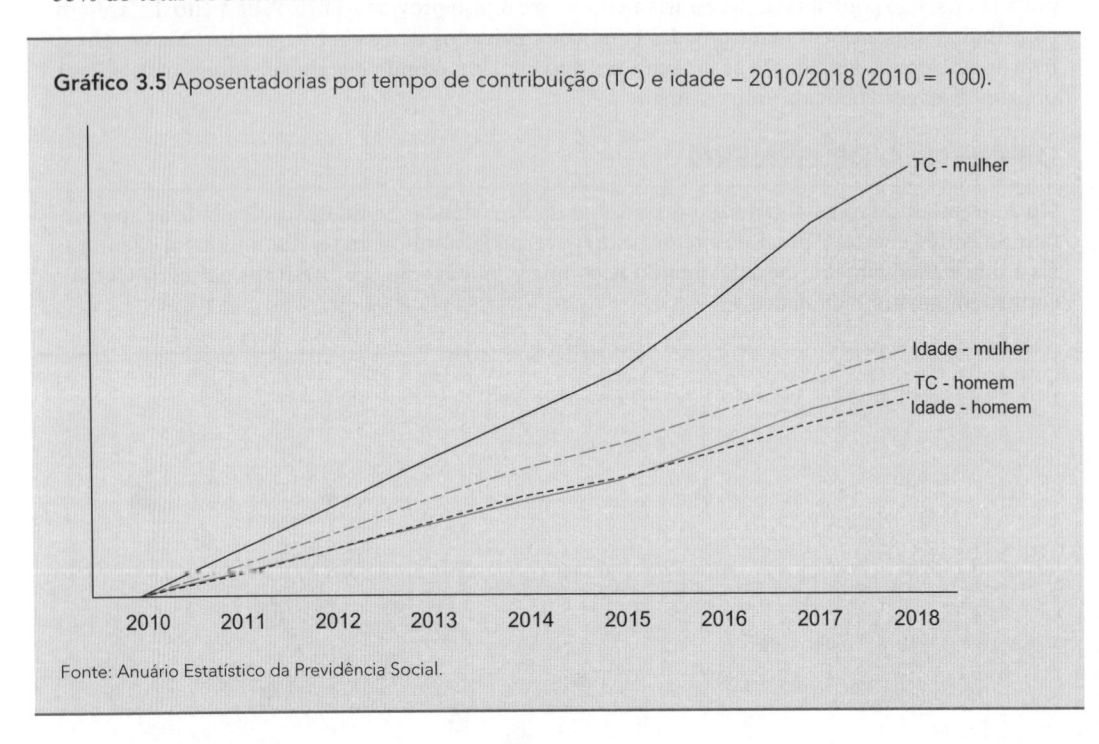

Gráfico 3.5 Aposentadorias por tempo de contribuição (TC) e idade – 2010/2018 (2010 = 100).

Fonte: Anuário Estatístico da Previdência Social.

Argumenta-se que a diferenciação de idade serve para corrigir a diferença salarial que existe no mercado de trabalho. Contudo, existem políticas mais eficientes para corrigir esse problema.[2] De fato, como mostrado, outros países abandonaram essa diferenciação e partiram para outras políticas de mercado de trabalho, não de Previdência.

Futuro debate sobre uma nova reforma da Previdência deverá discutir a equalização das idades de aposentadoria entre os gêneros, bem como reunir a melhor evidência disponível sobre discriminação no mercado de trabalho e formas de mitigá-la.[3] A melhor evidência disponível[4] sugere que a maior parte da diferença salarial de sexo se deve à maternidade. Dessa forma, seria possível pensar em soluções que descontem o tempo de contribuição requerido para a aposentadoria de acordo com o número de filhos, por exemplo.

BENEFÍCIO DE PRESTAÇÃO CONTINUADA

Apesar de o presidente Jair Bolsonaro ter tentado mudar as regras de acesso e vantagens do Benefício de Prestação Continuada (BPC), propondo um escalonamento do valor do benefício, tais propostas foram derrubadas pelo Congresso. A principal preocupação reside no fato de o BPC

---

[2] Ver Tamm (2019) e Sanfelice (2018).

[3] Ver Blau e Kahn (2017).

[4] Ver Kleven, Landais e Søgaard (2018).

ter a mesma regra de acesso que a aposentadoria (idade mínima de 65 anos no caso dos homens), bem como ter seu valor mensal igual ao piso previdenciário, de tal sorte que, para pessoas que esperam aposentar-se recebendo o piso, é possível que seja criado um desincentivo à adesão e à contribuição ao sistema.

Eventuais mudanças podem incluir elevação da idade de recebimento do BPC frente à aposentadoria e/ou redução do valor do benefício em relação ao piso da Previdência, de forma a diferenciá-lo da aposentadoria por idade – como ocorre nos demais países.

REVISÃO AUTOMÁTICA DA IDADE MÍNIMA DE APOSENTADORIA

A criação da idade mínima de 65 anos para homens e 62 anos para mulheres foi um marco importante na história da Previdência brasileira. Contudo, pelo mesmo motivo pelo qual a sociedade foi obrigada a elevar sua idade de aposentadoria hoje, também será obrigada a fazer o mesmo, provavelmente, dentro de um par de décadas, devido ao rápido envelhecimento da população. Tanto a proposta original do presidente Jair Bolsonaro quanto a do presidente Michel Temer possuíam o chamado "gatilho", ou seja, um ajuste automático na idade mínima de acordo com o envelhecimento da população, conforme ocorre em outros países. O Congresso, entretanto, rechaçou este ponto.

Observe, na Tabela 3.2, a evolução da expectativa de sobrevida aos 65 anos para todas as regiões brasileiras. Perceba como, na média, a expectativa de sobrevida aos 65 anos subirá de 82,6 anos, em 2010, para 86,2 anos, em 2060, um aumento de 3,6 anos. No Sul, a expectativa de sobrevida chegará a 87,6 anos, mas mesmo nas regiões Norte e Nordeste, sabidamente as mais pobres do Brasil, chegará a 84,5 e 85,2, respectivamente. Finalmente, chegará a 86,7 anos no Sudeste e 85,8 anos no Centro-Oeste.

Tabela 3.2 Expectativa de vida aos 65 anos – 2010/2060 (em anos, por região)

Ano	Brasil	Norte	Nordeste	Sul	Sudeste	Centro-Oeste
2010	82,6	81,3	81,8	83,1	83,2	82,3
2020	84,0	82,3	83,0	84,7	84,6	83,4
2030	85,0	83,1	83,9	85,9	85,6	84,3
2040	85,6	83,7	84,5	86,7	86,2	85,0
2050	86,0	84,1	84,9	87,2	86,5	85,5
2060	86,2	84,5	85,2	87,6	86,7	85,8

Fonte: Projeção Populacional do IBGE (2018).

A maioria dos países da OCDE já aprovou mudanças que preveem aumento de suas idades mínimas de aposentadoria, como mostram os Gráficos 3.6 e 3.7. Destacamos as mudanças feitas na Estônia, Holanda, Itália e Dinamarca, onde a idade de aposentadoria superará 70 anos até 2070. Além desses países, Islândia, Israel, Noruega, EUA, Alemanha, Austrália, Bélgica, Portugal, Finlândia, Irlanda e Reino Unido terão idade igual ou superior a 67 anos.

Gráfico 3.6 Idade de aposentadoria para pessoas que começaram a trabalhar aos 20 anos.

■ Idade de aposentadoria ■ Redução para mulheres (quando diferente)

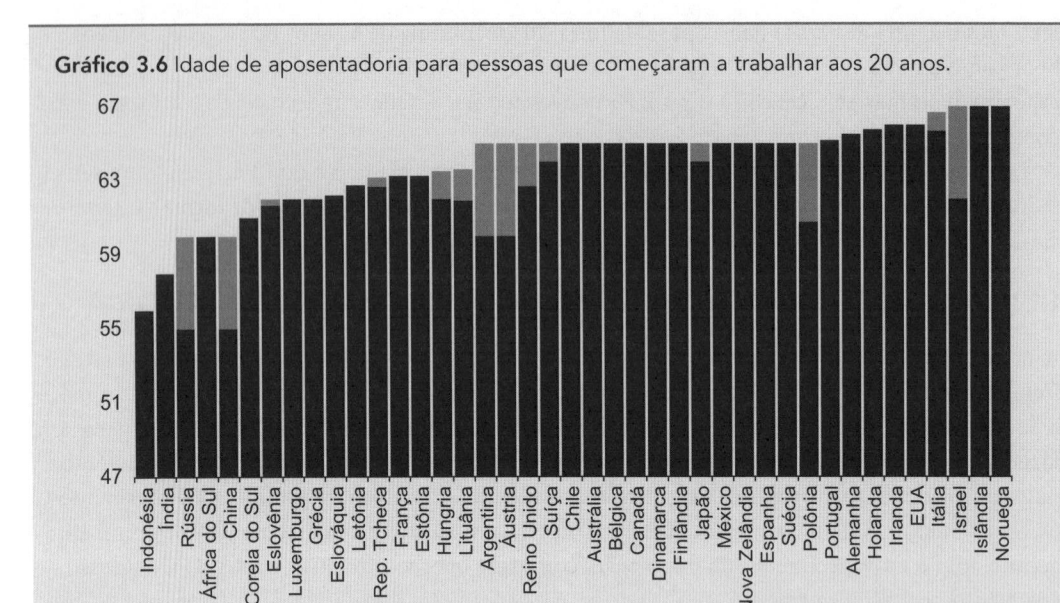

Fontes: OCDE e INSS.

Gráfico 3.7 Idade futura de aposentadoria para pessoas que começaram a trabalhar aos 20 anos.

Idade de aposentadoria na Dinamarca vai a 74 anos

■ Idade de aposentadoria ■ Redução para mulheres (quando diferente)

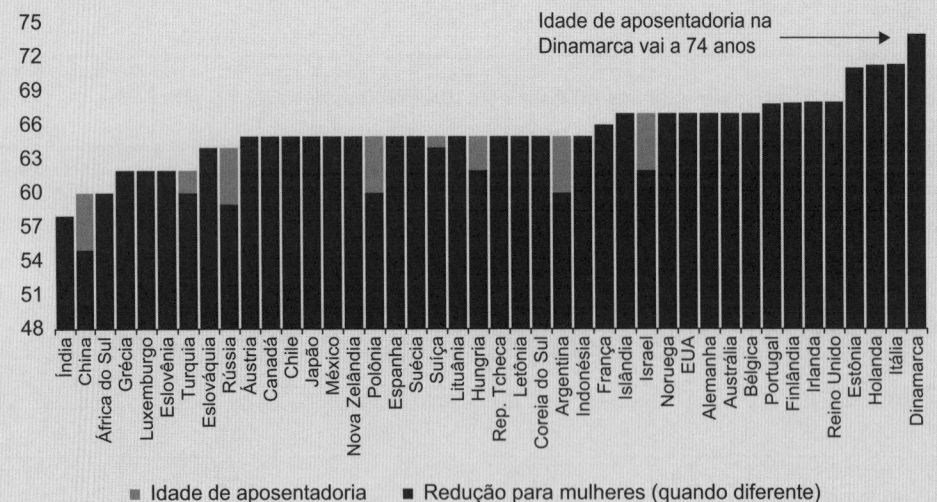

Fonte: OCDE.

Será interessante, nos próximos anos, revisitar o ajuste automático. Ele teria a vantagem de não exigir emendas constitucionais futuras – uma vez aprovado –, que demandam tempo e energia do governo e da sociedade.

SERVIDORES PRÉ 2003 E 2012

Os servidores públicos civis da União que foram admitidos antes do ano de 2003 ainda contam com o direito de se aposentarem com integralidade (leia-se: pelo último salário) e com o benefício da paridade, que é o reajuste de suas aposentadorias de acordo com os reajustes recebidos pelos servidores ativos. Ademais, os servidores públicos admitidos entre 2004 e 2012 contam com a possibilidade de se aposentarem com benefícios acima do teto do INSS. Embora a reforma tenha dificultado o acesso a esses benefícios – por exemplo, instituindo uma idade mínima para servidores que ingressaram no serviço público antes de 2003 –, tais vantagens constituirão elevado custo fiscal no futuro, uma vez que a grande maioria dos servidores ativos ainda se concentra nesses dois grupos.

Sendo assim, uma futura reforma da Previdência deverá enfrentar esse desafio e aproximar ainda mais as regras dos servidores públicos da União daquelas às quais estão submetidos os trabalhadores do setor privado.

SERVIDORES ESTADUAIS, MUNICIPAIS E MILITARES

Ao excluir a previdência rural e o BPC do alcance da reforma, concentrando o ajuste na aposentadoria por tempo de contribuição, o Congresso buscou uma reforma previdenciária progressiva, baseada naqueles que ganham mais e nas regiões mais industrializadas do País. Contudo, a exclusão dos servidores estaduais e municipais do alcance da reforma, bem como dos militares, limitou essa progressividade. Embora as mudanças para os servidores federais sejam justas, eles compõem uma parcela relativamente pequena do total de servidores do país.

Assim, o Senado decidiu por aprovar uma nova PEC (a chamada "PEC Paralela"), permitindo que Estados e Municípios adotem a reforma da Previdência de forma facilitada. Receia-se que, sem a PEC Paralela – de difícil aprovação, porém, na Câmara dos Deputados –, esses entes tenham dificuldade de empreender as mudanças, já que tradicionalmente não deliberam sobre esse tema e estão muito próximos de grupos de pressão (por exemplo, professores).

Embora alguns Estados tenham encaminhado reformas mesmo sem a PEC Paralela – como o Rio Grande do Sul –, outros Estados demonstram atualmente menor maturidade institucional para empreendê-las. São especialmente preocupantes os casos de Minas Gerais e Rio de Janeiro, ambos com déficits previdenciários superiores a R$ 10 bilhões por ano – e que possuem dificuldades financeiras crônicas –, com graves consequências para a prestação de serviços públicos básicos.

No caso dos militares das Forças Armadas, foi aprovada em 2019 uma reforma (Lei nº 13.954), que elevou a alíquota de contribuição, aumentou a base para incluir pensionistas e elevou o tempo mínimo de serviço. Contudo, a categoria continuará sendo a única, no nível federal, a possuir vantagens como a integralidade (benefício igual à última remuneração) e paridade (reajustes automáticos acima da inflação). Se a Emenda Constitucional nº 103 de fato tornou nosso sistema previdenciário menos desigual, é inevitável concluir que desigualdades relevantes continuarão existindo.

ALÉM DA DEMOGRAFIA: A TRANSIÇÃO TECNOLÓGICA

Nas seções anteriores, discutimos a necessidade de revisitar futuramente a reforma da Previdência por conta da pressão demográfica. É por isso que repactuações na previdência rural, na idade das mulheres, no BPC e no ajuste automático seriam necessárias. Entretanto, a transição demográfica não é a única pela qual passam os sistemas previdenciários do mundo.

A transição tecnológica tem trazido preocupações quanto ao financiamento dos sistemas previdenciários, dependentes da tributação sobre a folha de salários. Não apenas pelo fantasma da automação, mas especialmente pelas novas formas de trabalho possibilitadas pela tecnologia.[5]

---

[5] Ver, a propósito, o Capítulo 20 – O futuro do trabalho no modelo de plataforma –, de Ana Barufi.

Essas ocupações, em que não há o vínculo tradicional de emprego, não recolhem contribuições para a Previdência nos mesmos moldes. É o caso dos motoristas ou entregadores que trabalham com aplicativos.

Como aponta o Banco Mundial, o desenho previdenciário atual pressupõe categorias claramente definidas de empregadores e empregados, em relações únicas e estáveis.[6] Mudanças estruturais na duração do emprego, homogeneidade do trabalho, estabilidade e exclusividade das relações de trabalho desafiariam esse desenho. Tal desproteção ficou evidente na discussão sobre os efeitos econômicos do novo coronavírus, mais grave para trabalhadores sem carteira assinada.

Já existe uma literatura[7] que discorre sobre a dificuldade de enquadrar esses profissionais na tributação atual, defendendo que seja criada uma nova categoria para o que chama de "trabalhador independente":

> Trabalhadores independentes tipicamente trabalham com intermediários que ligam os trabalhadores aos clientes. O trabalhador independente e o intermediário possuem alguns elementos das relações de negócios independentes que caracterizam o status de autônomo, e alguns elementos da relação tradicional empregador-empregado. De um lado, trabalhadores independentes têm a capacidade de escolher quando trabalhar, e mesmo se trabalhar. Eles podem trabalhar com múltiplos intermediários simultaneamente, ou fazer tarefas pessoais enquanto trabalham com um intermediário. É então impossível atribuir o número de horas que os trabalhadores independentes trabalham com um empregador. [...] Por outro lado, o intermediário ainda tem algum controle sobre a forma com que os trabalhadores independentes efetuam seu trabalho, como quando estabelecem taxas, e podem "demitir" os trabalhadores ao proibi-los de usar o seu serviço.

A criação de uma nova figura jurídica no Brasil, como defendem esses autores, não parece pertinente. Tanto porque, de um lado, a Justiça do Trabalho não tem reconhecido como regra vínculos de trabalho (o que poderia inviabilizar essas ocupações), quanto porque já existe uma figura capaz de incluir esses profissionais que atuam por conta própria. O Microempreendedor Individual (MEI), criado pelo governo do presidente Luiz Inácio Lula da Silva e expandido pelo governo da presidente Dilma Rousseff, permite que trabalhadores autônomos contribuam para a Previdência Social com apenas 5% de um salário mínimo. Têm direito à aposentadoria por idade, à aposentadoria por invalidez e ao auxílio-doença – benefícios especialmente importantes para os que se arriscam no trânsito.

Neste sentido, a preocupação em um primeiro momento é que esses profissionais de fato estejam adimplentes com a Previdência, tanto para fins de arrecadação do Estado quanto para fins de sua proteção. Em um segundo momento, a preocupação passaria a ser o valor da contribuição, que é extremamente baixo. Veja que, embora a imprensa frequentemente trate esse profissional como "precarizado", ele é pesadamente subsidiado. Se fosse contratado com carteira assinada, a contribuição total subiria dos 5% para o MEI para até 28% (8% do empregado, mais 20% do empregador) no caso de um salário mínimo. Não à toa, a jurista Adriane Bramante chama o MEI de "o R$ 1,99 previdenciário".

Trabalho recente[8] aponta para os riscos de "pejotização" do MEI, que, em vez de formalizar os conta-própria, estaria virando mecanismo de substituição da contratação com carteira dos trabalhadores mais bem remunerados (o limite do faturamento de um MEI é alto, próximo do teto de aposentadorias do RGPS). Embora a lista dos tipos de trabalho que podem se inscrever no MEI seja exaustiva, há uma contínua pressão para sua expansão e tentativas recentes de cortes foram mal recebidas (como no caso dos artistas em 2019).

Já o Banco Mundial, mais recentemente, tem defendido um modelo de renda garantida, de valores mais baixos, financiados pela tributação geral.[9] Trata-se de modelo mais radical em relação

---

[6] Banco Mundial (2019).

[7] Ver Harris e Krueger (2015), p. 4.

[8] Costanzi (2018).

[9] Banco Mundial (2019).

ao existente nos países hoje, em que haveria grande importância de contribuições facultativas para o recebimento de benefícios maiores que o mínimo, de sorte que a contratação de trabalhadores seria simples e descomplicada. Essas contribuições seriam estimuladas por meio de mecanismos de economia comportamental (*nudges*). Os riscos de mercado de trabalho seriam uniformemente cobertos por um benefício básico e universal. Diz o Banco:[10]

> A mudança tecnológica, um dos condutores da ruptura global que motivou nosso pensamento, também oferece oportunidade para governos deixarem políticas prevalecentes da era industrial e oferecerem compartilhamento de risco mais efetivo para seus cidadãos.

Entende o Banco que as contribuições sobre a folha deveriam ser transparentes, não devendo ser usadas para objetivos distributivos, mas somente como instrumentos de suavização do consumo.

CONCLUSÕES

O governo Bolsonaro aprovou uma reforma importante da Previdência, a maior já feita no Brasil. O grande marco foi a criação da idade mínima para homens e mulheres que se aposentam por tempo de contribuição. Contudo, ainda há importantes desafios a serem enfrentados nessa matéria, em decorrência do envelhecimento da população. Neste capítulo, elencamos possíveis mudanças em próximas administrações: na idade de aposentadoria rural, na desindexação do piso previdenciário em relação ao salário mínimo, na convergência das idades de aposentadoria dos gêneros, nas mudanças das regras de acesso e de benefício do BPC e na criação de um mecanismo de revisão automática da idade mínima. Vimos também que, para além do INSS, é justo que se adequem as regras de grupos mais bem posicionados na distribuição de renda, como os militares e os servidores estaduais e municipais.

Discutimos as razões que nos levam a crer que tais mudanças são relevantes, trazendo à luz do debate o que dizem os dados sobre esses temas. Tendências de mudança tecnológica, afetando o financiamento, também deverão ser observadas nos próximos anos.

As mudanças aqui propostas caminham na direção de reduzir as desigualdades produzidas pela nossa Previdência Social, equalizar regras, alinhar incentivos e garantir a saúde fiscal e atuarial do sistema. Cabe aos *policymakers* do futuro levar a cabo as modificações sugeridas, tendo em conta as possibilidades políticas, o consenso da sociedade e o amplo trabalho de convencimento que grandes reformas exigem, sempre com bom uso dos dados e das evidências disponíveis.

A crise provocada pelo novo coronavírus expôs a desproteção de milhões de trabalhadores, a despeito de a Seguridade Social despender mais de R$ 1 trilhão por ano – a maior parte na Previdência. Ficou evidente que, ao contrário do que se argumentava há pouco, os brasileiros mais pobres não são os principais contemplados por essa enorme estrutura.

Se a reforma da Previdência de 2019 foi fundamental para que chegássemos em 2020 com juros e risco-país muito mais moderados, evitando que a crise da covid-19 se tornasse em pouco tempo uma caótica crise da dívida, ela não será a última reforma. A Previdência Social permeia diversas áreas da sociedade: discuti-la com atenção e responsabilidade ainda será necessário muitas vezes.

A transição demográfica e a transição tecnológica são as principais tendências que explicam por que continuaremos ouvindo falar de "déficit da Previdência" por muito tempo. Como ocorre hoje em sociedades como o Japão, o Brasil passará a ser cada vez mais um país de poucas crianças e muitos idosos. Esta transformação se fará sentir em muitos campos de nossas vidas: a Previdência é somente o mais emblemático.

Já a transição tecnológica coloca em xeque, no mundo todo, o modelo de relações de trabalho herdado da era industrial. Vínculos estáveis, homogêneos, voltados principalmente para uma estrutura familiar de um único provedor homem, vão dando lugar a um modelo diverso. O modelo de financiamento da Previdência com base em folha de salários e a cobertura de benefícios

---

[10] Banco Mundial (2019), p. 232.

baseada em um vínculo de emprego formal tendem a se tornar cada vez mais menos importantes. Será preciso cuidado para que essa transformação não passe a ser uma fonte de desequilíbrio para as finanças públicas e a economia.

Voltando ao início deste capítulo, não é exagero dizer que temos para o resto de nossas vidas reencontros marcados com este tema.

REFERÊNCIAS

BANCO MUNDIAL. Protecting all: risk sharing for a diverse and diversifying world of work. *Human Development Perspectives*, Washington, 2019.

BLAU, F. D.; KAHN, L. The gender wage gap: extents, trends and explanations. *Journal of Economic Literature*, 2017.

COSTANZI, R. N. Os desequilíbrios financeiros do microempreendedor individual (MEI). Ipea, Nota Técnica I. Carta de Conjuntura n. 38, jan./mar. 2018.

GIAMBIAGI, F. *Reforma da previdência*: o encontro marcado. Rio de Janeiro: Elsevier, 2007.

HARRIS, S. D.; KRUEGER, A. B. A proposal for modernizing labor laws for twenty-first-century work: the "independent worker". The Hamilton Project, Discussion Paper 2015-10, Dec. 2015.

KLEVEN, H.; LANDAIS, C.; Søgaard, J. E. Children and gender inequality: evidence from Denmark. NBER Working Paper (24219), 2018.

SANFELICE, V. Universal public childcare and labor force participation of mothers in Brazil. *Job Market Paper*, 2018.

TAMM, M. Fathers' parental leave-taking, childcare involvement and mothers' labor market participation. *Labour Economics*, 2019.

Estados: Rumo a um Ajuste de uma Década

4

Guilherme Tinoco[1]

INTRODUÇÃO

O Estado brasileiro chegou ao final da década de 2010 tentando sair de uma complicada crise fiscal, com um quadro ainda mais grave no âmbito das contas estaduais. Foi no início da citada década que a institucionalidade que garantiu certo êxito nas finanças públicas dos Estados ao longo dos anos 2000 começou a ser desconstruída, o que, somado à recessão e ao baixo crescimento posterior, deixou muitos Estados em uma situação de agudo desequilíbrio.

Embora algumas medidas já venham sendo adotadas desde 2015, o ajuste dos Estados está só começando e deverá levar vários anos, podendo estender-se durante uma década. Se tudo der certo, espera-se que, no final dos anos 2020, possamos ter, além de contas subnacionais equilibradas, uma institucionalidade mais adequada, para evitar novas crises fiscais no futuro. Isso abriria um espaço fiscal para que os governos estaduais sejam capazes de implementar políticas públicas de qualidade, principalmente aquelas relacionadas ao maior desenvolvimento econômico e social da população.

Este capítulo trata de tais questões e está organizado da seguinte forma. Na segunda seção, apresenta-se um panorama geral da situação fiscal dos Estados desde a renegociação de dívida de 1997. Na terceira, discute-se especificamente o gasto com pessoal, principal rubrica de despesa dos Estados, bem como suas perspectivas no contexto dos desafios existentes. Na quarta, apresenta-se o principal componente da receita dos Estados, o Imposto sobre Circulação de Mercadorias e Serviços (ICMS) e seus problemas de longo prazo. Na quinta, trata-se de algumas diferenças importantes entre os Estados, dando ênfase à situação fiscal de cada um com base na classificação do Tesouro Nacional. Na sexta, são expostas as medidas que vêm sendo tomadas desde 2015, incluindo aquelas propostas pela atual administração federal. Na sétima, busca-se sumarizar as questões mais importantes que devem permear um plano de ajuste definitivo para o longo prazo. Por fim, seguem as considerações finais.

PANORAMA GERAL: DE 1997 ATÉ A CRISE ATUAL

Para entender a dinâmica fiscal dos Estados, é importante voltar ao final dos anos 1990, quando a situação de grave crise da dívida estadual resultou em um acordo de dívida entre Estados e a União, formalizado em 1997.[2] Naquela época, a maioria dos entes apresentava um quadro financeiro precário, caracterizado por elevadas dívidas, com altas taxas de juros e rolagem praticamente diária. O acordo com a União fez com que o governo federal assumisse as dívidas dos governos regionais com seus credores originais, num arranjo que em paralelo fez os Estados se tornarem devedores da União.

---

[1] O autor agradece os comentários valiosos de Pedro Jucá Maciel a uma versão preliminar do texto deste capítulo, isentando-o, naturalmente, dos erros porventura remanescentes na versão final.

[2] Todos os Estados participaram, com exceção de Amapá e Tocantins.

Para os Estados, o acordo foi bastante positivo, uma vez que puderam trocar sua dívida antiga, em grande parte mobiliária, por uma nova dívida com taxas de juros menores e um prazo bem mais dilatado. Para a União, o acordo também foi vantajoso, pois assim ela teve condições de impor aos entes um programa de ajuste fiscal, controlando seus déficits e ajudando na geração de superávit primário, além de restringir o acesso a crédito. Nos anos que se seguiram, o ambiente institucional de maior disciplina fiscal acabou sendo complementado por outros dispositivos, dentre os quais se destaca a Lei de Responsabilidade Fiscal e o contingenciamento de crédito ao setor público. Esse arcabouço teve, na visão de muitos autores,[3] um papel fundamental na relativa tranquilidade pela qual passou o país nos anos 2000, do ponto de vista fiscal, notadamente no que tange ao ajuste das unidades subnacionais.

Desde 1997, pode-se dizer que a evolução da situação fiscal dos Estados brasileiros teve duas fases distintas nesses pouco mais de 20 anos. Na primeira, que durou pouco mais de dez anos, os Estados seguiram um plano de ajuste fiscal, cumprindo as metas e compromissos firmados com a União, e conseguiram alcançar elevados superávits primários, sendo beneficiados também pelo cenário de crescimento econômico. Os recursos eram utilizados prioritariamente para a redução do nível de endividamento dos entes. A institucionalidade vigente à época restringia a contratação de crédito, contribuindo para limitar o crescimento da despesa.

A partir da crise de 2008, o quadro positivo passou a ser gradualmente revertido. A receita perdeu força, refletindo não só a desaceleração do PIB, mas também a política do governo federal de desoneração de tributos compartilhados com os Estados, e passou a crescer a taxas menores do que a despesa. Como consequência, foi sendo observada uma redução gradual no resultado primário, como ilustrado pelo Gráfico 4.1. O superávit primário dos Estados apresentou média de 0,8% do PIB entre 2002 e 2008 e de 0,7% do PIB entre 2002 e 2011. Desde então, a deterioração dos balanços foi acentuada, tendo havido inclusive um resultado negativo em 2014. Vale ressaltar ainda que, nos últimos anos, os resultados inferiores não refletem a situação dos Estados em sua totalidade, uma vez que houve aumento na postergação de despesas, além da judicialização de alguns compromissos, melhorando artificialmente as estatísticas apuradas pelo Banco Central.

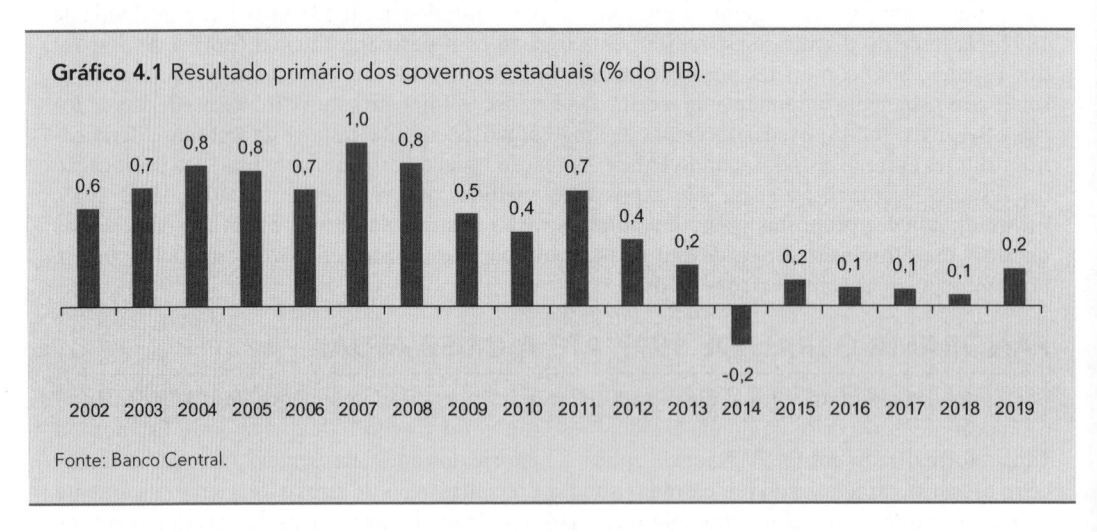

Gráfico 4.1 Resultado primário dos governos estaduais (% do PIB).

Ano	2002	2003	2004	2005	2006	2007	2008	2009	2010	2011	2012	2013	2014	2015	2016	2017	2018	2019
% PIB	0,6	0,7	0,8	0,8	0,7	1,0	0,8	0,5	0,4	0,7	0,4	0,2	-0,2	0,2	0,1	0,1	0,1	0,2

Fonte: Banco Central.

Um dos determinantes do processo de aumento das despesas no momento em que a receita se tornava desfavorável foi o relaxamento do arcabouço geral que restringia a contratação de crédito pelos Estados, através da autorização de novos financiamentos, em um contexto no qual o governo buscava dar resposta anticíclica à crise internacional. O crédito aos Estados não era incentivado

---

[3] Por exemplo, Santos (2010) e Mendes (2012).

apenas por meio de concessão de garantia pela União: ela própria criou diferentes programas de financiamento a investimentos operados pelos bancos públicos federais, com o objetivo de possibilitar amplo acesso ao crédito para todos os entes federativos.

A elevação na contratação de novos empréstimos, sobretudo bancários e externos, possibilitou, portanto, a ampliação do espaço fiscal para que os Estados aumentassem a sua despesa. Com isso, o endividamento dos entes voltou a subir. A dívida dos Estados em relação ao PIB, que vinha em queda ao longo dos anos 2000 até atingir o valor mínimo em 2013 (9,1%), cresceu a partir de então, alcançando 11,0% em 2015 e sendo de 11,4% do PIB em 2019. O seu perfil também mudou, refletindo os novos empréstimos realizados. O percentual da dívida bancária e externa, em relação ao total da dívida líquida dos Estados, partiu de 6,5% em 2008, chegando a mais de 30% em 2015. Como reflexo disso, a dívida com a União, que representava 96% do total em 2008, chegou a 71% em 2015.

Grande parte do crescimento da despesa acabou sendo de gasto com pessoal, que é mais rígido, o que amplificou o problema quando o ciclo de crescimento chegou ao fim. Essa despesa será analisada com mais detalhe na terceira seção. O fato é que, em alguns Estados, o crescimento real acumulado do gasto com pessoal (ativos e inativos) ficou acima de 50% entre 2009 e 2015. Nessa mesma base de comparação, a mediana do crescimento se situou em 38%, número ainda bem elevado, segundo dados do Tesouro Nacional.[4]

Essa interpretação em relação aos dados de receita e despesa é corroborada pela análise de Pedro Jucá Maciel.[5] Após estudar os dados fiscais do período, ele concluiu que, entre 2008 e 2014, a deterioração das finanças estaduais poderia ser explicada em 28% pelo menor dinamismo da arrecadação e 72% pelo aumento das despesas. Deste, 88% eram explicados por gastos com pessoal e apenas 12% pelos investimentos. Percebe-se, portanto, que o gasto não só se elevou, como também sofreu uma piora em sua composição. Com base nesses números, Maciel afirma que o ciclo expansionista vivido pelo país até 2014 desconstruiu todo o avanço da consolidação fiscal feito até 2008.

A partir de 2015, os desequilíbrios se tornaram insustentáveis e a gravidade da situação fiscal dos Estados ficou evidente. A forte recessão econômica da época, que impactou muito a receita, somada à dificuldade de ajuste na despesa de pessoal, levou muitos Estados à beira da falência.

Uma primeira consequência foi a queda do investimento. Com o desequilíbrio nas contas públicas e um alto volume de despesas obrigatórias, o ajuste possível acabou recaindo sobre a despesa com investimento público, que se encontra no menor patamar em pelo menos sete décadas.[6] Contudo, somente o ajuste no investimento não foi suficiente. Assim, muitos Estados persistiram com sérias dificuldades para honrar compromissos, levando à interrupção de serviços públicos e atrasos ou parcelamento de salários e aposentadorias.

Nesse contexto, verificou-se a multiplicação de práticas pouco saudáveis para amenizar os problemas de caixa, como a busca por receitas atípicas, exemplificada pelo saque de depósitos judiciais, ou o atraso de contas, por meio do aumento de restos a pagar e de despesas de exercícios anteriores (DEA).[7] Ao mesmo tempo, Estados pressionavam a União por mais ajuda, inclusive com demandas pouco justificáveis, como no caso da alteração retroativa dos indexadores

---

[4] Secretaria do Tesouro Nacional (2016).

[5] Ver Maciel (2016).

[6] Segundo dados do Observatório de Política Fiscal, do IBRE-FGV, o investimento público dos governos estaduais ficou abaixo de 0,5% do PIB em 2016, 2017 e 2018. São os valores mais baixos da série que começa em 1947.

[7] No caso de DEA, Silva, Batista e Nascimento (2017) demonstram que, embora o dispositivo tenha a característica principal de procedimento de exceção, o crescente volume de registros na maior parte dos Estados sugere que esse procedimento estaria *"sendo utilizado para lidar com os desequilíbrios orçamentários e influenciar positivamente os indicadores fiscais do setor, pondo em xeque a transparência das contas públicas divulgadas à sociedade e colaborando para a atual crise fiscal em que boa parte dos estados se encontra"* (p. 104).

da dívida para a aplicação de juros simples, em vez de juros compostos; ou de compensações bilionárias relacionadas à Lei Kandir.[8] A outra linha de atuação, também preocupante, se deu pela via do Judiciário, com os Estados judicializando seus conflitos financeiros com a União e obtendo grandes vantagens, o que, além de deteriorar as relações federativas, prejudica, em última análise, o próprio ajuste fiscal.[9]

GASTO COM PESSOAL

Governos estaduais são grandes prestadores de serviços essenciais à população, como educação, segurança pública e saúde. Tais serviços se caracterizam por serem intensivos em trabalho, o que justifica, portanto, que Estados gastem parcela elevada de seu orçamento com pessoal. Segundo números do Tesouro Nacional, o gasto com pessoal representou 53% da despesa total em 2018.[10]

Para entender melhor a despesa dos Estados, portanto, o foco precisa se direcionar para o gasto com pessoal. O crescimento da despesa com pessoal foi, em média, de 4,5% ao ano entre 2006 e 2016, acima do crescimento médio anual da receita (3,5%) e também do PIB (2,1%).[11] Dentro dessa despesa, enquanto o gasto com ativos subiu 4,2%, o gasto com inativos cresceu 5,2% ao ano. O crescimento da despesa com essa rubrica foi, portanto, uma das principais causas para a deterioração das finanças estaduais no período.

Essa dinâmica observada no gasto com pessoal refletiu diferentes fatores, tais como o aumento no quadro de ativos, os aumentos salariais concedidos e a quantidade maior de aposentadorias. No caso dos ativos, em muitos casos há excesso de promoções e reajustes automáticos,[12] sem falar nos artifícios criados para "driblar" o teto de remuneração, como auxílios e verbas indenizatórias, que beneficiam funcionários no topo de cada um dos poderes. É também importante chamar atenção para a força de algumas corporações de servidores públicos, o que configura uma fonte de pressão constante por vantagens salariais. A possibilidade da realização de greves com baixo risco é um dos instrumentos utilizados para pressionar os governantes, principalmente quando envolvem serviços essenciais, como saúde e segurança.

Como consequência da elevação dessa despesa, o gasto com pessoal nos Estados atingiu proporções muito elevadas. Embora a LRF estabeleça o limite de 60% para a despesa com pessoal nos Estados, muitos entes contornaram a situação, deixando de computar em suas despesas com pessoal alguns itens como gasto com pensionistas, imposto de renda retido na fonte e contribuições patronais. Segundo a apuração do Tesouro Nacional, que leva em conta esses fatores, 11 Estados estariam acima dos limites da LRF em 2018 (eram 14 em 2017), como mostra o Gráfico 4.2. Em alguns casos mais extremos, essa relação chega perto de 80%, como Tocantins e Minas Gerais, respectivamente com 79% e 78%. Nesses casos, a função do Estado praticamente se reduz a apenas pagar a folha do funcionalismo, restando pouquíssimos recursos para todas as outras rubricas do gasto público.

---

[8] A Lei Complementar nº 87/1996 foi denominada "Lei Kandir" devido ao parlamentar que mais se bateu pela sua aprovação. Ela representou uma compensação fiscal aos Estados pela renúncia à tributação sobre as exportações vigente antes da sua aprovação. Na década de 2010, os Governadores pressionaram sistematicamente o Governo Federal para "compensar as perdas da Lei Kandir", devido à redução do valor real dessas compensações ao longo dos 25 anos posteriores à aprovação da Lei.

[9] Enquanto isso, os Estados também passaram a inadimplir dívidas. De 2016 a novembro de 2019, a União precisou honrar garantias no total de R$ 18 bilhões, como mostra Pinto (2020).

[10] Secretaria do Tesouro Nacional (2019).

[11] Santos, Pessoa e Mendonça (2017).

[12] Um exemplo de reajuste automático diz respeito à categoria dos professores, no contexto do piso salarial nacional para os profissionais do magistério público da educação básica. Embora a valorização da categoria seja importante e os níveis de partida em 2008 tenham sido muito baixos, o aumento nominal acumulado entre 2009 e 2020 ficou em 204%, bem acima do INPC (62%), tornando-se uma fonte de pressão no gasto dos governos subnacionais.

Gráfico 4.2 Gasto com pessoal dos Estados brasileiros (% da RCL).

Fonte: Secretaria do Tesouro Nacional (2019).

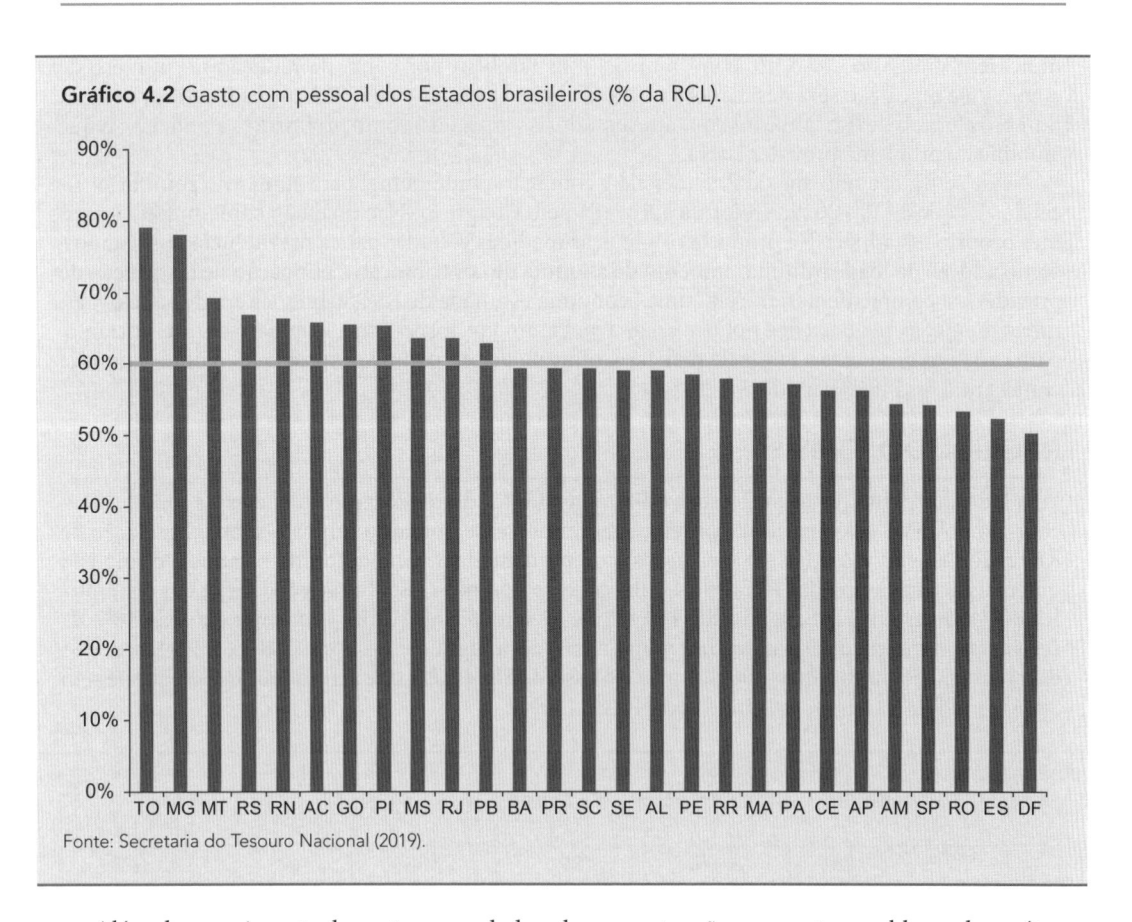

Além do crescimento do gasto, esses dados chamam atenção para outro problema de caráter institucional. Embora a legislação indique um limite para a despesa, vários Estados utilizaram manobras contábeis para se enquadrar, ao menos formalmente, nos limites da lei. Isso tudo ocorreu com a conivência dos Tribunais de Contas locais, que deveriam fiscalizar as práticas contábeis, mas não foram capazes de impedir tal situação. Percebe-se, portanto, que os órgãos de controle falharam, sendo este outro problema a ser urgentemente incorporado em uma agenda de ajustes de longo prazo.

Dentro da despesa com pessoal, o gasto com inativos será, cada vez mais, uma fonte de pressão. O déficit dos regimes próprios de previdência social dos Estados é crescente. Em percentual do PIB, passou de uma média de 0,8% entre 2007 e 2014 para 0,9% em 2015, 1,2% em 2016 e 1,4% em 2017 e 2018.[13] Embora a queda do PIB também tenha contribuído para esse aumento, a elevação do déficit tende a continuar mesmo com a economia voltando a crescer, uma vez que o número de inativos e, consequentemente, o volume de despesa com benefícios devem seguir crescendo mais rápido do que o número de ativos e das respectivas contribuições.

Observando a distribuição etária dos servidores estaduais, alguns autores alertam para a expectativa de elevado número de novas aposentadorias nos próximos anos, por conta do elevado peso dos servidores acima de 50 anos no quadro de ativos (cerca de um terço na média, podendo chegar próximo à metade nos casos mais extremos).[14] Ao mesmo tempo, alguns Estados já possuem quadro de funcionários inativos maior que o de ativos. Esses números preocupam, não só por

---

[13] Dados do Anuário Estatístico da Previdência Social de 2018.
[14] Lozardo, Santos e Costanzi (2018).

indicarem um gasto crescente com inativos, mas também por conta da redução no número de ativos, cuja reposição será desafiadora no atual contexto fiscal. Vale notar que os Estados possuem número elevado de funcionários com aposentadorias especiais, como professores e policiais, o que amplifica o problema previdenciário.

Nesse sentido, a reforma da Previdência é condição fundamental para ajudar no equilíbrio fiscal dos Estados.[15] Em 2019, a reforma aprovada pelo Congresso Nacional não contemplou os regimes próprios estaduais. Na proposta original, as medidas voltadas para a previdência dos Estados, como adoção da idade mínima, aumento da alíquota de contribuição e obrigação de instituição de previdência complementar, trariam uma economia estimada de R$ 350 bilhões em dez anos, mas, infelizmente, as negociações políticas não avançaram em torno dessa agenda. Sobrou, portanto, para cada um dos entes a tarefa de realizar a reforma de seu regime próprio. Felizmente, alguns já começaram essa tarefa, ainda em 2019.

RECEITA DO ICMS

Pelo lado da receita, Estados possuem diferentes fontes de renda: transferências da União, arrecadação do IPVA etc. Nenhuma, porém, é tão importante quanto o Imposto sobre Circulação de Mercadorias e Serviços (ICMS), principal componente da arrecadação dos Estados e o imposto que mais arrecada no país. A Tabela 4.1 ilustra esse ponto: os Estados arrecadaram, em conjunto, R$ 804 bilhões em 2018, sendo R$ 410 bilhões referentes ao ICMS – ou seja, mais de 50% da receita primária total. Olhando individualmente para alguns entes, percebe-se, entretanto, que esse percentual chega a quase 60%, como é o caso de São Paulo, que arrecadou R$ 200 bilhões em 2018, sendo R$ 118 bilhões oriundos do ICMS (59%).

Tabela 4.1 Receita dos Estados em 2018 – R$ bilhões

	Brasil	SP	MG	RJ	RS
Receita Primária Total (I)	803,5	200,0	73,9	70,7	51,3
Receita ICMS (II)	410,4	118,1	41,9	36,8	29,7
ICMS/Total (II)/(I)	51,1%	59,1%	56,7%	52,1%	57,9%

Fonte: Elaboração própria, com dados da Secretaria do Tesouro Nacional (2019).

O ICMS é um imposto bastante criticado no Brasil. Na realidade, juntamente com outros impostos sobre bens e serviços (IPI, ISS e PIS/Cofins), ele faz com que esse tipo de tributação no país se afaste bastante do que é recomendado pela literatura internacional: um imposto sobre valor adicionado (IVA), com ampla incidência, alcançando todos os setores e categorias de contribuintes, com cobrança no destino, desoneração de investimento e exportações e agilidade na devolução dos créditos acumulados.

O ICMS, contudo, é o imposto que provavelmente apresente maiores distorções. Em razão de sua incidência parcial na origem (produção), ele estimula a guerra fiscal, que prejudica a alocação dos recursos, além de trazer insegurança jurídica às empresas, na medida em que estas não têm garantias sobre a legalidade dos benefícios concedidos. Outro problema diz respeito à dificuldade de apropriação dos créditos tributários (impostos pagos pelos fornecedores). Tal dificuldade leva a uma incidência cumulativa na cadeia produtiva, o que estimula a verticalização, dificulta a desoneração adequada das exportações e do investimento e dá margem a litígios tributários.

---

[15] O cálculo do déficit atuarial dos Regimes Próprios dos Estados é difícil e sujeito a diferentes hipóteses, mas estimativas existentes mostram valores exorbitantes, como em Caetano (2016) e Tafner (2017), que o calculam em R$ 2,4 trilhões e R$ 5,2 trilhões, respectivamente.

Os problemas na tributação sobre bens e serviços no Brasil, da qual o ICMS faz parte, consistem, portanto, em elevado obstáculo aos ganhos de produtividade e eficiência na economia, o que justifica as discussões sobre reforma tributária. Contudo, mesmo deixando essas questões mais estruturais de lado, o ICMS traz dois graves problemas, que atingem fortemente a arrecadação dos Estados: 1) a guerra fiscal; e (2) o futuro da base tributária.

No caso da guerra fiscal, o problema é que, como o ICMS é um imposto cobrado parcialmente na origem, os Estados têm incentivos para conceder benefícios em busca de atrair indústrias para a sua área geográfica. Essa disputa tem graves impactos na arrecadação global, cuja redução é estimada em R$ 60 bilhões por ano simplesmente por conta dos benefícios oferecidos a diferentes setores e empresas.[16]

Já no caso da base tributária, o problema tem a ver com as perspectivas futuras. O ICMS é um imposto cuja base tributária é mais concentrada na indústria, incidindo pouco em serviços, setor de maior crescimento na economia. Assim, é um imposto que tende a se tornar obsoleto e perder espaço na carga tributária global.[17] Alguns setores importantes para sua arrecadação observam uma erosão substancial de base, como no caso de telecomunicações, em razão das rápidas mudanças nos hábitos de consumo do setor. Além disso, existe a disputa por algumas bases tributárias com o Imposto sobre Serviços (ISS), um imposto municipal. Essas considerações indicam que, na ausência de uma mudança no sistema, os Estados tenderão a perder participação em receita no longo prazo.

Além desses dois problemas, vale ainda citar o enorme custo de transação existente em razão da complexidade do ICMS, materializado principalmente pelo volume de burocracia nas Secretarias de Fazenda, que precisam analisar pleitos dos mais diversos setores e empresas. O regime atual incentiva esse tipo de comportamento, isto é, a busca por regimes especiais, isenções e outras demandas, que acabam mobilizando uma quantidade elevada de recursos, tanto da administração pública quanto do setor produtivo.

Nesse contexto, a mudança no sistema tributário é fundamental, não só pelos ganhos gerais para a economia brasileira, como também para o longo prazo das finanças públicas estaduais. Atualmente, a maioria dos economistas defende a criação de um Imposto sobre Valor Agregado (IVA), nos moldes da Proposta de Emenda à Constituição (PEC) nº 45.[18] Um problema desta mudança é que a alteração de um imposto de cobrança na origem para um de cobrança no destino tende a provocar redistribuição da arrecadação do imposto entre os Estados, gerando ganhadores e perdedores. O desenho das mudanças, portanto, deve levar tal aspecto em conta, criando mecanismos de compensação e viabilizando as condições políticas para sua implementação.

ESTADO POR ESTADO: UM POUCO DE HETEROGENEIDADE

Até agora, falou-se da situação fiscal dos Estados no agregado. Contudo, há diversas diferenças entre cada um deles. Uma primeira diferença tem a ver com o tamanho: no caso da receita primária total, por exemplo, os quatro maiores (São Paulo, Minas Gerais, Rio de Janeiro e Rio Grande do Sul) possuem 50% da receita agregada do conjunto dos Estados. No caso da dívida, esses mesmos quatro entes detêm 80% da dívida líquida total.[19]

Uma segunda diferença importante tem a ver com a própria situação fiscal. Uma das melhores métricas para realizar essa avaliação é a Capacidade de Pagamento (CAPAG), calculada pela Secretaria do Tesouro Nacional, que funciona como uma classificação de risco para Estados e Municípios e cuja metodologia passou por aprimoramentos importantes nos últimos anos. A metodologia mais

---

[16] Mendes (2019a).

[17] Afonso, Lukic e Castro (2018).

[18] A PEC 45/2019 é a proposta de reforma tributária em tramitação na Câmara dos Deputados, resultado de um trabalho do Centro de Cidadania Fiscal (CCiF).

[19] Dados do Banco Central, referentes a setembro de 2019.

recente, de 2017, é baseada em três pilares: endividamento, poupança corrente e índice de liquidez. Avalia-se, portanto, individualmente o grau de solvência, a relação entre receita e despesa correntes e a situação de caixa, chegando a uma nota final. Entes com as melhores classificações, A e B, podem receber garantia da União, ao contrário dos entes C e D, que ficam proibidos de receber tais garantias.

A classificação mais atual, de 2019, ajuda a mostrar a disparidade da situação fiscal entre os Estados: apenas 11 Estados possuíam a classificação de risco A ou B (sendo somente um classificado como A). Em relação ao ano anterior, o número de entes nota A ou B ficou estável, com apenas uma troca: o Piauí subiu de C para B, enquanto o Amapá desceu de B para C.[20]

Pelo lado positivo, o principal destaque é o Espírito Santo. Pelo segundo ano consecutivo, foi o único Estado do país a obter a classificação A. Embora a situação fiscal do Estado seja fruto de um trabalho de longo prazo, é importante chamar atenção para o ajuste fiscal realizado nos anos de 2015 e 2016, quando as despesas foram cortadas de maneira drástica, possibilitando que as contas permanecessem razoavelmente equilibradas.[21]

Pelo lado negativo, os maiores destaques são três dos quatro maiores Estados da federação: Minas Gerais, Rio de Janeiro e Rio Grande do Sul, com nota D. São Estados altamente endividados, com a Dívida Consolidada (% RCL) acima de 200%, com problemas orçamentários (despesa corrente acima da receita corrente) e graves problemas de liquidez. Não por acaso, são Estados onde a crise se tornou mais grave, com atraso de salários e pagamentos.

Como pode ser visto, portanto, a situação fiscal é bem diferente entre os Estados. Alguns souberam conduzir suas contas públicas com maior rigor e responsabilidade, enquanto outros se comportaram de maneira irresponsável. Nesse sentido, uma questão importante a se pensar no momento de formulação de pacotes de ajuda é que não se deve premiar aqueles que não fizeram o "dever de casa", em detrimento dos entes que foram responsáveis e que cumprem suas regras fiscais e acordos pactuados. Um comportamento desse tipo aumentaria o risco moral, isto é, o incentivo ao mau comportamento futuro. Este é, portanto, mais um desafio para a agenda de longo prazo.

MEDIDAS ADOTADAS A PARTIR DE 2015

Desde que a crise se acentuou, em 2015, diversas medidas vêm sendo adotadas, sobretudo pela União, com o objetivo de atenuar a situação dos Estados. Até agora, a maioria apresentou caráter mais emergencial e os desafios seguem bastante presentes. A partir de 2019, com a posse dos novos governos estaduais, juntamente com o novo governo federal, essa agenda vem se aprofundando. Por essa razão, divide-se essa seção em duas subseções: a primeira apresenta as principais medidas tomadas entre 2015 e 2018 e a seguinte mostra os principais avanços e inovações ocorridas em 2019.

1.   2015 a 2018

Durante o governo do presidente Temer, uma das primeiras medidas tomadas em relação aos Estados consistiu em uma nova renegociação da dívida, materializada por meio da Lei Complementar nº 156/2016. Esse acordo permitiu o alongamento da dívida da maioria dos Estados com a União por 20 anos, dando também carência no pagamento de juros e principal, cujas parcelas seriam pagas com desconto por dois anos. Uma das contrapartidas era o cumprimento de um teto de gasto, similar ao da União, nos dois anos seguintes.

Já em 2017, foi criado o Regime de Recuperação Fiscal (RRF), por meio da LC 159/2017. Tratava-se de uma nova forma de ajuda emergencial aos Estados em situação mais grave. O principal

---

[20] A classificação em 2019 era a seguinte: (1) Nota A: ES; (2) Nota B: AC, AL, AM, CE, PA, PB, PI, PR, RO e SP; (3) Nota C: AP, BA, DF, GO, MA, MS, MT, PE, RN, RR, SC, SE, TO; e (4) Nota D: MG, RJ e RS.

[21] A experiência do Espírito Santo é muito bem descrita em Cariello (2019) num ensaio jornalístico da revista *Piauí*.

benefício do regime estaria na suspensão do pagamento das prestações da dívida com a União por até três anos, prorrogáveis por mais três. Por outro lado, os beneficiários deveriam cumprir uma série de outras contrapartidas, mais duras, como criação de programas de desestatização de empresas estaduais, redução de incentivos tributários a empresas, elevação da contribuição previdenciária para no mínimo 14% e suspensão de reajustes salariais de servidores estaduais.

Poderiam ingressar no regime os Estados que apresentassem desequilíbrio financeiro grave, caracterizado por: (1) dívida consolidada ao final do último exercício maior do que a receita corrente líquida anual do Estado; (2) somatório das despesas com pessoal, juros e amortizações acima de 70% da receita corrente líquida; e (3) valor de obrigações (contas a pagar) superior à disponibilidade de caixa. A adesão seria feita por meio da pactuação de um Plano de Recuperação Fiscal, em que o Estado apresentaria as medidas de ajuste e suas projeções, de maneira que ao final da participação no regime o ente voltasse a ter capacidade de arcar com suas obrigações financeiras.

Apesar de todo o esforço, tais medidas não conseguiram incentivar um ajuste estrutural. O alongamento da dívida representou um alívio significativo, estimado em cerca de R$ 50 bilhões até 2018, mas a contrapartida foi pouco eficaz. Em relação ao teto de gasto, por exemplo, mais da metade dos 19 Estados que tiveram a dívida alongada não cumpriram o acordado.

No caso do RRF, somente o Rio de Janeiro aderiu ao programa. Mesmo assim, ele vem apresentando grande dificuldade em cumprir as contrapartidas. Segundo o Tesouro Nacional, existiram falhas na implementação de medidas acordadas, tornando-se necessária a revisão do plano, negociação que está em andamento. Outros Estados buscam até hoje o ingresso no regime, como Minas Gerais, Rio Grande do Sul e, mais recentemente, Goiás. Contudo, ainda não conseguiram avançar no acordo com o governo federal.[22]

É importante chamar atenção para o fato de que, em paralelo a essas duas medidas principais, uma série de melhorias institucionais acabou acontecendo no período de 2015 a 2018. Uma delas diz respeito justamente à reformulação da CAPAG, como já citado, juntamente com o aperfeiçoamento do processo de concessão de garantias pela União. A criação do *Boletim de Finanças dos Entes Subnacionais*, publicação anual do Tesouro que teve início em 2016, bem como a criação da Instituição Fiscal Independente (IFI), são exemplos de outras inovações que ajudaram a fomentar transparência e *accountability* das finanças públicas estaduais e da política fiscal de maneira geral, inclusive facilitando a elaboração de novos diagnósticos e soluções.

Por outro lado, cumpre notar que um grande obstáculo institucional para a resolução do problema fiscal dos Estados vem sendo representado pelo Judiciário, que tem dado ganho de causa para os entes que judicializam seus conflitos financeiros com a União.[23] O alívio temporário no fluxo de caixa resultante desses ganhos reduz o incentivo ao ajuste e prejudica o encaminhamento de soluções de longo prazo. Da mesma forma, tais decisões prejudicam a eficácia de planos de ajuda da União, sendo as contrapartidas a parte mais importante do processo. Não por acaso, há quem afirme que as relações federativas passam por seu pior momento dos últimos 25 anos.[24]

2.   2019

Em 2019, assumiram os novos governos estaduais, além do novo governo federal, em uma situação conjuntural ainda bastante difícil. Embora a fase de maior gravidade tivesse ficado para trás, a falta de reformas estruturais e o ritmo ainda lento da recuperação da economia seguiam provocando contas desequilibradas e uma compressão nas despesas discricionárias, como o investimento, que seguia em seus níveis mais baixos em muitas décadas.

---

[22] Apesar disso, tais Estados possuem liminares para usufruir de benefícios do programa. Esse é um problema institucional grave, a ser comentado à frente.

[23] Echeverria e Ribeiro (2018) mostram que o STF foi acionado 472 vezes pelos Estados contra a União entre 1988 e 2017, dando ganho de causa em 93% das vezes aos Estados.

[24] Maciel (2020).

Nesse contexto, a situação difícil herdada de governos anteriores, bem como a oportunidade de redefinições que caracterizam o início de mandato, deu combustível a um aprofundamento da agenda de recuperação fiscal dos Estados. De um lado, governadores demandavam mais auxílio do governo federal. De outro, pareciam mais comprometidos em realizar as reformas necessárias, aproveitando também a janela favorável de início de mandato.

A primeira iniciativa do governo federal veio por meio do Plano de Emergência Fiscal (PEF), conhecido como "Plano Mansueto".[25] Atendendo a uma demanda de Estados menores, que não reuniam as condições para entrar no RRF, o novo programa foi desenhado com foco em Estados com notas C e D. A essência do plano é permitir a esses Estados acesso a empréstimos com garantias da União, em troca de um ajuste fiscal para que recuperem a nota A ou B até 2022. O volume de recursos a ser liberado como garantia para os Estados participantes estaria em torno de R$ 10 bilhões por ano.

Para entrar no programa, os Estados precisam atender três de oito possibilidades, entre elas a autorização para privatizações, a redução de benefícios fiscais e a adoção de um teto de gastos. O reforço nas contrapartidas mostra que a abordagem do Plano consiste em colaborar para uma melhora no curto prazo, cobrando ajustes estruturais que evitem a necessidade de nova ajuda no futuro.

O PEF também procurou aperfeiçoar o arcabouço institucional, corrigindo algumas distorções existentes. A principal medida nesse sentido tem relação com a LRF e o limite de despesa com pessoal. Em primeiro lugar, o PEF busca tornar mais precisa a definição de gasto com pessoal, reforçando que despesas com os inativos e valores retidos para pagamento de tributos e outras retenções devem entrar na conta. Também redefine o prazo para que os Estados se readaptem ao limite de 60% da Receita Corrente Líquida, passando de dois quadrimestres para cinco anos. Por fim, aumenta em mais dois anos o prazo para que os Estados consigam cumprir o limite de expansão da despesa primária corrente limitado ao Índice Nacional de Preços ao Consumidor Amplo (IPCA), exigência do acordo pelo alongamento de 2016 e que poderia gerar um passivo para tais entes.

Em paralelo ao andamento do PEF, uma onda reformista, ainda que bastante tímida, alcançou alguns Estados. No caso da reforma da Previdência, que, como colocado anteriormente, acabou não incluindo as esferas subnacionais em sua versão aprovada, alguns entes enviaram suas próprias reformas às respectivas assembleias estaduais ainda em 2019. Alguns Estados, como o Rio Grande do Sul, foram além, enviando propostas de reforma administrativa e iniciando um processo de desestatização de empresas do Estado. Deste modo, uma boa notícia é que parece haver maior disposição de alguns Estados – e seus eleitores – a enfrentarem seus problemas estruturais. Apesar disso, há que se ter cautela, pois muitas vezes essa onda é verificada mais no discurso do que na prática: Minas Gerais, com a situação fiscal difícil e cujo governo se apresenta como reformista, não só está postergando o envio de sua reforma da Previdência, como concedeu, no início de 2020, um expressivo aumento salarial acima de 40% para seus policiais.

Por fim, no final de 2019, o Ministério da Economia apresentou uma série de propostas, materializadas em três PECs, chamadas de "Plano Mais Brasil".[26] Em linhas gerais, o plano consiste na descentralização dos recursos auferidos com a exploração do petróleo do pré-sal, que poderia totalizar algo em torno de R$ 400 bilhões para os entes subnacionais em 15 anos. Esses recursos seriam utilizados como moeda de troca para estimular alterações mais estruturais na despesa dos subnacionais e encerrar disputas jurídicas (como no caso da Lei Kandir), com a promessa de que, no futuro, o governo federal não voltaria a socorrer os Estados. Pelo texto da proposta, a partir de 2026, por exemplo, a União estaria impedida de dar garantia para operações de crédito dos Estados.

---

[25] O nome informal é uma referência ao secretário do Tesouro Nacional, Mansueto de Almeida, principal formulador do programa. Até o início de 2020, esse plano ainda tramitava na Câmara dos Deputados, como Projeto de Lei Complementar (PLP) nº 149/2019.

[26] As três PECs são: PEC do Pacto Federativo, PEC da Emergência Fiscal e PEC dos Fundos.

Nesse aspecto mais estrutural, um dos principais pontos do plano se refere às medidas de ajuste fiscal que poderão ser automaticamente aplicadas quando a despesa corrente atingir 95% da receita corrente. Tais medidas são concentradas principalmente na folha de pagamento (vedação a contratações e aumentos salariais, por exemplo). Outra característica importante diz respeito à unificação dos pisos constitucionais de saúde e educação, o que permitiria uma alocação mais flexível de recursos e ajudaria a reduzir as amarras de uma vinculação excessiva a que estão sujeitos os governos subnacionais.

No campo institucional, destaca-se a criação de um Conselho Fiscal da República, além da definição de novas atribuições para o Tribunal de Contas da União (TCU). O pacote também instituiu permissão para que o contingenciamento alcance todos os poderes estaduais e municipais (o que só ocorre hoje para a União), melhorando e dando maior realismo ao processo orçamentário dos Estados.[27,28]

AGENDA DO FUTURO: O AJUSTE DE UMA DÉCADA

Como é possível perceber das seções anteriores, embora a situação fiscal dos Estados já tenha superado o seu pior momento, o ajuste está apenas no início do processo. A maioria das medidas tomadas até agora constituiu-se de algum alívio concedido pela União, enquanto as medidas estruturais vêm acontecendo bem mais lentamente. Apesar disso, o debate se aprofundou e adquiriu um amadurecimento maior, o que facilita a formulação de uma solução definitiva. Algumas das propostas apresentadas pelo governo federal em 2019 procuram atacar algumas raízes do problema, o que é de fundamental importância para o longo prazo.

Durante a discussão realizada no capítulo, verificaram-se a importância e o peso do gasto com pessoal no orçamento dos Estados, de modo que uma solução estrutural começa justamente por essa rubrica. A reforma da previdência é fundamental, bem como a reforma administrativa, que busca estruturar melhor as carreiras do funcionalismo público, abolindo as promoções automáticas e alinhando melhor os incentivos dos servidores. Uma discussão sobre o piso do magistério, a ser feita levando em conta o futuro do Fundo de Manutenção e Desenvolvimento da Educação Básica e de Valorização dos Profissionais da Educação (Fundeb), também é urgente, pois há o risco de aumento de despesa sem contrapartida nas fontes de custeio, podendo se tornar uma fonte de desequilíbrio fiscal nos próximos anos.

Ainda no âmbito do gasto com pessoal, é importante também que os limites da LRF passem a ser respeitados e corretamente fiscalizados pelos órgãos responsáveis. O PEF, ao especificar melhor a definição de gasto com pessoal, vai na direção correta. Para permitir que os gestores tenham maior capacidade de controlar esse limite, é necessário avançar na regulamentação do serviço público, permitindo algum tipo de flexibilidade, como, por exemplo, a redução de jornada de trabalho em situações de desequilíbrio fiscal mais agudo. É fundamental também que todos os poderes do Estado respeitem seus respectivos tetos salariais. Por fim, é imprescindível que haja reequilíbrio de forças entre corporações organizadas e o Estado, evitando que as pressões por aumentos salariais sejam sistematicamente bem-sucedidas em seus pleitos. Regulamentar melhor o direito à greve é um passo nessa direção. Vale notar que algumas dessas medidas estão sendo contempladas nas PECs anteriormente citadas e atualmente em análise por parte do Legislativo.

---

[27] Mendes (2019b) chama atenção para esse problema no âmbito estadual. Como Judiciário, Legislativo, Ministério Público, Tribunais de Contas e defensorias públicas têm direito a uma parcela fixa da receita estimada no orçamento, eles são estimulados a pressionar por uma superestimação da arrecadação da Lei Orçamentária Anual (LOA), com o objetivo de garantir para si maior volume de recursos orçamentários.

[28] As três PECs do Plano Mais Brasil são bastante abrangentes e extensas, incluindo vários aspectos que não dizem respeito aos Estados. O objetivo aqui foi apenas citar alguns dos pontos mais relevantes em relação à agenda do reequilíbrio fiscal dos governos estaduais. Atualmente, as propostas tramitam no Congresso Nacional, juntamente com o PEF.

No lado do gasto, outro problema que deve ser atacado é o das vinculações. O orçamento dos Estados é muito engessado e uma das razões para isso é a existência das vinculações em excesso.[29] Embora, por um lado, muitas delas tenham justificativa, por outro lado, algumas podem não mais fazer sentido para determinado Estado, em razão de suas características sociais e demográficas. Esse é um ponto a ser debatido com maior profundidade. A junção dos pisos de saúde e educação, por exemplo, parece caminhar na direção correta.

Do lado institucional, também é importante definir algum órgão que tenha o objetivo de padronizar a contabilidade e realizar um monitoramento da situação fiscal dos Estados. Poderia ser um Conselho de Gestão Fiscal (CGF) ou o próprio Conselho Fiscal da República proposto na PEC do Pacto Federativo. A melhoria dos processos orçamentários é necessária e um exemplo de aperfeiçoamento a ser perseguido diz respeito à extensão do contingenciamento, que precisa alcançar todos os poderes, como no caso da União. Além disso, o Judiciário também precisa mudar sua postura de tratar os Estados como a parte mais fraca da relação com a União e passar a respeitar os contratos firmados entre as partes. O que se vê atualmente, como foi discutido, é extremamente prejudicial para a resolução definitiva da crise.

Um ponto importante a reforçar em relação ao ajuste é que a crise fiscal dos Estados é parte da crise fiscal do Estado brasileiro, fazendo com que não exista mais espaço para ajuda da União. Nesse contexto, a saída mais fácil, que é demandar ajuda financeira do governo federal, deveria ser descartada do cardápio de opções. Isso precisa ser reforçado, porque há muita pressão por esse tipo de medidas, não obstante todos os alívios que foram dados pela União nos últimos anos. Vale lembrar que o Brasil é uma das federações onde a receita é mais descentralizada, como mostra recente estudo da OCDE.[30] Deduzindo a arrecadação da Previdência, a divisão da receita restante no país é de 36% para a União e 64% para os Estados e Municípios, não havendo, portanto, concentração de receita na União.[31] Nesse caso, as propostas de descentralização das receitas do présal merecem ser recebidas com cautela.

Em relação à receita, fica claro que o ICMS precisa mudar. Nesse caso, a melhor opção parece ser uma reforma que substitua os impostos sobre bens e serviços por um IVA de base ampla, dividido entre as esferas federativas. Assim, os Estados, além de encerrarem a guerra fiscal, passariam a contar com bases tributárias dotadas de maior potencial nos próximos anos, quando a economia de serviços e a economia digital terão um futuro mais promissor do que a economia industrial. A agenda da revisão de renúncias fiscais também poderia ser resolvida com a introdução desse tipo de imposto. Além disso, uma reforma tributária pode aumentar significativamente a produtividade da economia, o que também é fiscalmente interessante para os Estados.

Em razão da crise fiscal, juntamente com os desafios demográficos existentes, dificilmente os Estados irão recuperar a capacidade de investimento mais robusta que já tiveram em algum momento no passado. Embora as reformas possam melhorar a situação frente ao cenário atual, o fato é que os Estados deverão pensar cada vez mais em outras formas de financiamento do investimento. Assim, é importante que os Estados tenham capacidade de atrair a iniciativa privada para bons projetos de privatização ou concessão, respeitando as particularidades de cada ente. Instituições do governo federal, como o Banco Nacional de Desenvolvimento Econômico e Social (BNDES), têm papel importante a cumprir nesta missão.

Por fim, é necessário melhorar cada vez mais a qualidade das políticas públicas. Avaliação de impacto, comunicação e transparência serão cada vez mais demandadas pela sociedade. Experiências de sucesso em saúde e educação, por exemplo, precisam ser difundidas e replicadas quando possível. Se, por um lado, em diversas ocasiões existirão dificuldades para aumentar os recursos destinados a uma área, por outro lado, em muitos casos há importantes ganhos de produtividade a serem obtidos com melhor formulação e gestão de políticas e programas.

---

[29] Maciel (2020).

[30] OCDE (2016).

[31] Mendes (2019b).

CONCLUSÕES

Este capítulo procurou discutir os caminhos possíveis para a superação da grave crise fiscal dos Estados brasileiros. Como foi visto, as políticas equivocadas e os retrocessos institucionais da década de 2010, somados a uma crise econômica de grandes proporções, deixaram a situação tão grave que uma superação da crise demandará não anos e sim uma década.

De maneira geral, a volta ao equilíbrio fiscal está associada a dois grupos de medidas, que se confundem entre si. O primeiro diz respeito à institucionalidade, isto é, o estabelecimento de regras e mecanismos de controle capazes de garantir o equilíbrio fiscal no longo prazo, impedindo o comportamento oportunista por conta dos governantes da ocasião e a pressão por vantagens salariais por parte das corporações. Exemplos de medidas desse grupo estão no reforço à LRF e demais regras fiscais, na melhoria do processo orçamentário, no fortalecimento dos órgãos de controle e no aperfeiçoamento da regulamentação do direito de greve.

O segundo grupo diz respeito às medidas econômicas mais estruturais, materializadas por meio das reformas fiscais e econômicas. Os destaques aqui são as reformas previdenciária e administrativa. A reforma tributária também nos parece fundamental para o longo prazo, uma vez que o ICMS, principal fonte de arrecadação estadual, é um imposto com capacidade de receita em deterioração. Não menos importante é a agenda de privatizações e concessões, que será cada vez mais necessária em razão das necessidades de investimento e das restrições fiscais. Por fim, o aperfeiçoamento na formulação e gestão das políticas públicas, baseando-se nas experiências exitosas, será o caminho inevitável para a melhoria dos indicadores sociais.

Trata-se, portanto, de uma agenda complexa, cujo sucesso dependerá fortemente de um amplo diálogo com todos os atores envolvidos, de maneira que haja consciência do problema e alinhamento dos caminhos sugeridos para a superação da crise. O ajuste não é fácil, mas, felizmente, é possível.

REFERÊNCIAS

AFONSO, J. R.; LUKIC, M.; CASTRO, K. ICMS: crise federativa e obsolescência. *Revista Direito GV*, São Paulo, v. 14, n. 3, 2018.

CAETANO, M. Solvência fiscal de longo prazo dos regimes próprios de previdência dos estados e municípios. Brasília: Ipea, 2016. (Texto para Discussão, 2.195.)

CARIELLO, R. Peixe grande: o segredo do ajuste no Espírito Santo e a volubilidade política de Paulo Hartung. *Piauí*, n. 152, maio 2019.

ECHEVERRIA, A.; RIBEIRO, G. O Supremo Tribunal Federal como árbitro ou jogador? As crises fiscais dos estados brasileiros e o jogo do resgate. *Revista Estudos Institucionais*, v. 4, n. 2, 2018.

LOZARDO, E.; SANTOS, C.; COSTANZI, R. O crescimento insustentável dos gastos com previdência e pessoal. *Carta de Conjuntura*, IPEA, n. 38, 2018.

MACIEL, P. J. Regras fiscais e federalismo: propostas para o Brasil com base nas experiências internacionais. *In*: GIAMBIAGI, F.; GUIMARÃES FERREIRA, S.; AMBROZIO, A. (org.). *Reforma do estado*: transformando a atuação do governo. São Paulo: GEN, 2020.

MACIEL, P. J. O processo recente de deterioração das finanças públicas estaduais e as medidas estruturais necessárias. In: SALTO, F.; ALMEIDA, M. *Finanças públicas*: da contabilidade criativa ao resgate da credibilidade. Rio de Janeiro: Record, 2016.

MENDES, M. Por que os estados quebram. *Folha de S. Paulo*, 20 jul. 2019a.

MENDES, M. Mitos sobre o federalismo brasileiro. São Paulo: Insper, 2019b. Disponível em: https://www.insper.edu.br/wp-content/uploads/2019/10/texto_federalismo_Marcos_Mendes_Insper.pdf. Acesso em: 08 set. 2020.

MENDES, M. Por que renegociar a dívida estadual e municipal? Maio 2012. Blog Brasil: Economia e Governo. Disponível em: http://www.brasil-economia-governo.org.br/2012/05/20/por-que-renegociar-a-divida-estadual-e-municipal/.

ORGANIZAÇÃO PARA A COOPERAÇÃO E DESENVOLVIMENTO ECONÔMICO – OCDE., *Subnational governments around the world*: structure and finance. Paris: OECD, 2016.

PINTO, V. Revisitando as garantias da União. *Conjuntura Econômica*, Fundação Getulio Vargas, jan. 2020.

SANTOS, C. H.; PESSOA, M.; MENDONÇA, M. A. Crescimento dos gastos com pessoal ativo e inativo dos estados brasileiros entre 2006-2016. Carta de Conjuntura IPEA, n. 37, 2017.

SANTOS, D. Situação financeira dos estados em dez anos da Lei de Responsabilidade Fiscal – Tema I: Política fiscal e sustentabilidade do crescimento (2000-2009). Prêmio Tesouro Nacional (Menção Honrosa), 2010.

SECRETARIA DO TESOURO NACIONAL – STN. *Boletim das finanças públicas dos entes subnacionais,* ago. 2019.

SECRETARIA DO TESOURO NACIONAL – STN. *Boletim das finanças públicas dos entes subnacionais,* 2016.

SILVA, C.; BATISTA, C.; NASCIMENTO, V. Despesas de exercícios anteriores (DEA) como instrumento de gestão de resultados fiscais nos estados brasileiros. *Revista do BNDES,* dez. 2017.

TAFNER. P. Algumas considerações sobre a previdência no Brasil e os regimes próprios; Apresentação. Brasília: Conseplan, 2017.

O Futuro da Tributação e a Reforma Tributária

Rodrigo Orair[1]

INTRODUÇÃO

Há algumas décadas, o Brasil fazia parte da vanguarda do mundo das reformas tributárias. O país foi um dos primeiros a introduzir dois impostos com características modernas de um Imposto sobre Valor Adicionado (IVA): o Imposto sobre Produtos Industrializados (IPI) federal, em 1964, e o Imposto sobre Circulação de Mercadorias e Serviços (ICMS) estadual, em 1967. Depois disso, mais de 180 países seguiram as experiências pioneiras da França, Dinamarca e Brasil e reformaram seus sistemas de tributação para instituir IVAs.

Desde então, muita coisa mudou. Iniciou-se um processo de deterioração da qualidade da tributação brasileira, diante da profusão de benefícios tributários mal calibrados e de avanços pouco expressivos e erráticos na agenda de reforma. Mesmo o IPI e o ICMS se deturparam ao ponto de se converterem em, no máximo, "quase IVAs". Hoje, temos um modelo caótico em que diversos tributos, administrados autonomamente pelos três entes federados, se sobrepõem e conflitam entre si – além dos mencionados IPI e ICMS, o Programa de Integração Social (PIS) e a Contribuição para o Financiamento da Seguridade Social (Cofins), federais, o Imposto Sobre Serviços (ISS), municipal, e dezenas de tributos menores.

Este modelo fragmentado, por si só, torna a tributação extremamente complexa. Somam-se os problemas pontuais de cada tributo, tantos, que tornam praticamente impossível tecer um diagnóstico abrangente sobre as deficiências da tributação de bens e serviços no país. Existem poucos temas que se aproximam do consenso entre analistas tributários e, sem dúvida, um dos principais é a avaliação de que a tributação de bens e serviços no Brasil é hoje uma das mais ineficientes do mundo.

Não foram poucas as tentativas de modernizar a tributação no Brasil. Desde a redemocratização, três reformas tributárias propondo instituir um sistema moderno de IVA, em substituição aos antigos tributos, tramitaram pelo Congresso Nacional nos anos de 1987, 1995 e 2008. Nenhuma delas vingou politicamente, seja pelos conflitos federativos envolvidos na redistribuição de receitas, seja pela resistência dos grupos de interesse que atuam na sociedade e no Parlamento.

Diante dos sucessivos malogros, o ímpeto inicial do esforço reformista foi sendo desidratado e repartido em três vetores de mudanças pontuais: a União tentando modernizar o PIS/Cofins; os Municípios introduzindo uma alíquota mínima e ampliando a lista de serviços sujeita ao ISS; e os Estados buscando um acordo ainda inconcluso para acabar com a guerra fiscal e corrigir distorções do ICMS. A aposta da última década – de avançar por medidas pontuais, em lugar de reformas amplas – tampouco se mostrou bem-sucedida. Dados os conflitos distributivos, os avanços concretizados após mais de três décadas de debates foram pífios e persistimos com um sistema tributário extremamente ineficiente.

---

[1] Agradeço aos economistas Bernard Appy e Sergio Gobetti pelos valiosos comentários, críticas e sugestões que contribuíram para o aprimoramento deste texto. Imprecisões e erros remanescentes são de inteira responsabilidade do autor.

Tão ou mais grave é o fato de que esse impasse monopolizou a agenda de reforma tributária e, de certa forma, tomou espaço de outras iniciativas que poderiam ter avançado. É o caso da reforma do imposto de renda, necessária para corrigir inequidades e ineficiências do atual modelo, mas que ficou relegada ao plano secundário no último quarto de século.[2] O Brasil, que outrora inspirou reformas tributárias ao redor do mundo, hoje é visto nos fóruns globais como uma experiência a ser evitada. Em pouco mais de meio século, saímos da vanguarda do mundo para nos tornarmos um exemplo de retrocesso.

É difícil imaginar que tudo ficará como está por muito mais tempo. O mundo está mudando velozmente em resposta a um conjunto de megatendências: nova onda de progresso tecnológico, globalização, mudanças demográficas e crise climática. Vários países estão reformando seus sistemas tributários para responder a um conjunto de desafios-chave, como a tributação da economia digital, a readequação das fontes de financiamento da proteção social, a mitigação das desigualdades sociais e a transição para uma economia de baixo carbono. Mais cedo ou mais tarde, teremos que lidar com esses desafios do século 21. Não sem antes acertarmos as contas com o passado.

O ponto de partida está dado. Os presidentes das duas Casas do Congresso Nacional definiram a reforma tributária entre as prioridades da agenda legislativa de 2020. Foi constituída uma Comissão Mista de Reforma Tributária com a finalidade de formular uma versão consensual a partir do texto-base da Proposta de Emenda Constitucional (PEC) nº 45/2019. A proposta prevê a instituição de um IVA alinhado às melhores práticas internacionais e é fruto da experiência acumulada com os insucessos anteriores. Por suas virtudes e pelo esgotamento do velho modelo tributário, sua aprovação constitui uma janela de oportunidade para finalmente modernizar nosso sistema de tributação de bens e serviços e limpar a arena para o avanço sobre desafios do século 21.

Infelizmente, no debate, sugere-se por vezes que este é um caminho ultrapassado e oferece-se como alternativa a instituição de um imposto sobre movimentações financeiras, seja na sua versão remodelada da extinta Contribuição Provisória sobre Movimentação Financeira (CPMF), ou na versão mais ampla de imposto único, que substituiria todos os demais tributos. Algo sem paralelo no mundo, sistematicamente rejeitado nos principais fóruns tributários e que mesmo assim retorna periodicamente ao centro do debate nacional.

No seu último retorno, o imposto único assumiu o nome de *e-Tax*, por supostamente incidir sobre todas as transações econômicas, inclusive da economia digital, e lidar melhor com desafios do século 21. Um equívoco derivado de confusão na interpretação do debate internacional sobre a tributação da economia digital que merece ser esclarecido, a fim de evitar que a opinião pública compre "gato por lebre". No final das contas, esse tipo de tese contribui para a paralisia da agenda de reforma tributária e nos coloca em descompasso com relação ao que o mundo está discutindo sobre o futuro da tributação.

Para esclarecer estes e outros equívocos, o capítulo está estruturado em mais quatro seções. A próxima identifica desafios-chave que devem guiar os rumos do sistema tributário no século 21. A terceira seção discute as soluções em voga no debate internacional para lidar com desafios da economia digital e que caminham na direção de mais (e não menos) IVA. A quarta seção analisa a proposta de reforma tributária em discussão no Congresso Nacional. Seguem-se as considerações finais, com sugestões de ajustes que podem ser introduzidos na reforma, para tangenciar desafios da tributação do século 21.

NOVA ECONOMIA GLOBAL E DESAFIOS-CHAVE DA TRIBUTAÇÃO NO SÉCULO 21

Os sistemas tributários estão tendo de se adaptar a um mundo que muda velozmente em resposta a um conjunto de megatendências: progresso tecnológico, globalização, mudanças demográficas e crise climática. As mudanças terão repercussões profundas sobre as nossas vidas, culturas e

---

[2] Para um diagnóstico sobre as ineficiências da tributação no Brasil, ver Orair e Gobetti (2018).

sociedades. No plano tecnológico, está em curso um processo de destruição criadora impulsionado por fenômenos como digitalização, desenvolvimento da inteligência artificial e robotização. A percepção que se tem é que a nova onda de mudança tecnológica possui maior potencial de difusão (e de disrupção) do que em períodos passados. Não somente pela flexibilidade das tecnologias da era digital, como também porque a economia global está mais integrada. Outros fenômenos ligados à globalização são a reestruturação das economias ao longo de cadeias produtivas globais, com deslocamento de empregos para economias de baixos custos de trabalho, e a emergência de novos *players* na vanguarda tecnológica, mais notavelmente a China.

A título de exemplo, a telefonia fixa levou três décadas e meia para se difundir por metade dos domicílios brasileiros. Já a telefonia móvel, em 25 anos, alcançou três quartos dos domicílios e os *smartphones* percorreram este mesmo percurso em menos de 15 anos. Atualmente, cerca de dois terços dos brasileiros com mais de dez anos de idade acessam a internet via *smartphones* com a principal finalidade de se comunicar por aplicativos digitais, sendo que o mais popular deles, o WhatsApp, conta com 120 milhões de usuários ativos.

Neste mundo em rápida transformação estrutural, os modelos de negócios e o mercado de trabalho estão tomando uma nova configuração. A velocidade de difusão das inovações ampliou exponencialmente os ganhos de economias de escala e favoreceu uma dinâmica do tipo "os ganhadores ficam com (quase) tudo". As firmas inovadoras que saem na frente conseguem capturar parcelas extraordinárias do mercado global, deixando a parcela residual em disputa por numerosas empresas com dificuldades de adaptação. Os nichos de mercado estão cada vez mais concentrados nas mãos de poucas firmas, sediadas em um número ainda menor de países, as chamadas *superstars*.

Transformações estruturais tendem a afetar os trabalhadores de maneira heterogênea. A transição tecnológica possui um viés que torna os trabalhadores de maior qualificação mais propensos a se beneficiarem das oportunidades, enquanto concentra sobre os trabalhadores de qualificações médias os maiores riscos de terem seus empregos eliminados. Parcela considerável desses empregos tende a desaparecer porque eles estão se tornando obsoletos ou serão substituídos. Os mais vulneráveis são aqueles baseados em tarefas rotineiras não cognitivas, mais facilmente codificáveis em um conjunto de instruções passíveis de serem conduzidas por processos automatizados ou por trabalhadores localizados no exterior. Os avanços tecnológicos – e, mais especificamente, o desenvolvimento de tecnologias de automação baseadas na inteligência artificial – estão ampliando o leque de tarefas executáveis por robôs e máquinas, com potencial de promover mudanças sem precedentes nos processos produtivos.

Há, ainda, uma importante frente de expansão de oportunidades de trabalho menos demandantes de qualificações dos trabalhadores. É o caso da emergente economia de plataforma digital, na qual as empresas proprietárias de aplicativos e sítios de internet conectam os fornecedores de bens e serviços aos clientes.[3] Para se ter uma ideia do seu alcance, uma única plataforma de serviços de transporte de passageiros, a Uber, após cinco anos de atuação no Brasil, contava com mais de 600 mil motoristas cadastrados – cerca de seis vezes o número de funcionários da empresa dos Correios, a tradicional maior empregadora do país.

As novas tecnologias têm potencial de gerar amplas oportunidades acessíveis aos trabalhadores de menor qualificação, mas levantam questionamentos sobre a qualidade do trabalho. Um traço comum nos negócios da era digital é sua organização por redes de prestadores e subprestadores de serviços (ou, no caso da economia de plataforma digital, meras triangulações das transações entre fornecedores e clientes), em substituição à força de trabalho permanente. Isso induziu à proliferação de novas modalidades de trabalho que estão numa espécie de "zona cinzenta", entre assalariado convencional e conta própria, o que deixa o trabalhador em posição de baixo poder de barganha. Tal situação se agrava em muitos dos novos mercados com estrutura de poder desbalanceado em favor das empresas digitais (isto é, monopsônica): poucas e grandes empresas se deparam com um enorme contingente de trabalhadores competindo ferozmente entre si.

---

[3] Ver, a propósito, o Capítulo 20 do presente livro.

Essas novas modalidades de trabalho da era digital, juntamente com outros fenômenos, estão contribuindo para uma tendência mais geral de expansão de formas de trabalho não convencionais (por exemplo, contratos temporários de duração muito curta, sem garantia ou com garantia imprevisível de horas de trabalho) e geram questionamentos quanto à precarização do mercado de trabalho. Questões similares se aplicam a uma economia emergente como a brasileira, porém com um elemento adicional, que é sua elevada informalidade. A economia de plataforma, por exemplo, oferece oportunidades de formalização para pessoas que antes estavam excluídas ou atuavam na informalidade, sem afastar preocupações quanto à precariedade dos vínculos laborais. Os novos desenvolvimentos trazem à tona velhos desafios, como desemprego, subemprego e proteção ao trabalhador.

De certo modo, as repercussões das megatendências globais se reforçam umas às outras. Alguns desafios são aprofundados pelo envelhecimento populacional decorrente das mudanças demográficas. No Brasil, a expectativa de vida ao nascer, que era de 54 anos em 1960, aumentou para 70 anos na virada para o século 21 e deve superar 80 anos em meados deste século. Aqui, como em boa parte do mundo, as pessoas estão vivendo e trabalhando por mais tempo. À medida que trabalhadores estendem sua permanência no mercado de trabalho, eles ficam mais vulneráveis às mudanças tecnológicas: os mais velhos podem se deparar com maiores riscos de obsolescência de qualificações e dificuldades de requalificação.

Uma última megatendência está ligada à crescente preocupação em mitigar a crise ambiental, que vem levando países a se comprometerem com estratégias de transição para uma economia de baixo carbono e de práticas menos predatórias. Estas estratégias também impactam as expectativas de empregos nos próximos anos, em termos de perdas de postos nos setores intensivos em emissões de carbono (por exemplo, as indústrias extrativas e a indústria de transformação mais tradicional) e criação nos segmentos de produção de energia verde e conservação de energia.

Não há consenso entre os especialistas sobre o balanço das forças que destroem empregos *vis-à-vis* com as criadoras. Os mais pessimistas apontam para um futuro distópico de desemprego tecnológico em massa e grandes disparidades entre poucos ganhadores e o grosso da população deixada para trás. Outros, mais otimistas, enfatizam as oportunidades abertas nos novos segmentos tecnológicos e os impactos indiretos do aumento de produtividade, no sentido de dinamizar a economia como um todo e melhorar a qualidade de vida da população.

Até agora, as experiências dos países que mais avançaram no processo de automação provêm evidências de que os empregos criados estão compensando e até superando ligeiramente aqueles destruídos. Tais evidências enfraquecem os cenários mais pessimistas de um mundo sem empregos, pelo menos no horizonte mais próximo. Por outro lado, elas tampouco subsidiam um cenário muito otimista.

Uma fonte adicional de preocupações é a ampliação das desigualdades sociais. As forças criadoras e destrutivas em curso agem por três linhas de ação que são indutoras de polarização no mercado de trabalho. Primeiramente, o padrão de progresso tecnológico envisado tende a ampliar os rendimentos no topo da distribuição, em favor daqueles que concentram qualificações e capital. A segunda linha é o declínio relativo dos trabalhos de qualificações médias, sob maior risco de serem eliminados. Por fim, muitas das novas modalidades de trabalho, mais acessíveis aos trabalhadores de menor qualificação, estão associadas a desequilíbrios no poder de barganha dos trabalhadores, que colocam uma pressão baixista sobre suas remunerações.

Para além das disparidades entre os rendimentos do trabalho, há elementos potencialmente amplificadores da desigualdade entre a renda do capital e a do trabalho, como a aceleração da substituição de trabalho por capital, impulsionada pelas novas tecnologias, e as dinâmicas das novas empresas inovadoras que operam com alta lucratividade e baixos custos do trabalho. Se os riscos de maior concentração da renda e da riqueza e de restrição da mobilidade social despertam preocupações nos países desenvolvidos, a questão assume tons dramáticos numa sociedade de desigualdade extrema como a brasileira.[4]

---

[4] Para uma análise mais aprofundada sobre as megatendências globais e as perspectivas para o futuro do trabalho, ver OCDE (2019).

O ponto central é que os desdobramentos das profundas mudanças estruturais que estão no horizonte são inerentemente incertos: elas trazem oportunidades e riscos que serão moldados pelas instituições e políticas públicas de cada país. As pessoas terão de se adaptar ao mundo que muda velozmente com ônus (e bônus) maiores para uns do que para outros. É natural que um quadro como este desperte grande ansiedade. Porém, em última instância, nosso sucesso ou fracasso enquanto país dependerá das decisões políticas tomadas para administrar a transição, mitigando-se riscos e criando-se condições para capitalizar as oportunidades abertas pelas mudanças tecnológicas.

Na ausência de respostas adequadas, o mais provável é que se ampliem as disparidades entre os que ganham e os que perdem, com graves repercussões sobre a população mais vulnerável. A percepção de injustiça social que pode emergir de uma situação como esta, de que os mais vulneráveis foram deixados para trás, configura um terreno fértil para florescerem descontentamentos com nossos sistemas políticos, populismos e extremismos, que magnificam as tensões sociais, o que alguns resultados eleitorais recentes em diversos países parecem ter começado a mostrar. Trata-se de um quadro sombrio, com implicações perniciosas sobre a coesão social, o crescimento econômico e o bem-estar da população. O ideal, portanto, é que os países se antecipem e preparem suas políticas para lidar com os desafios vindouros. Olhando para esse objetivo, há pelo menos quatro motivos para se repensar o sistema tributário.

O primeiro diz respeito à *necessidade de redesenhar os sistemas de proteção social* e, entre uma série de questões, passa-se por readequar suas fontes de financiamento. Haverá uma crescente pressão sobre os gastos com proteção social, seja do processo de envelhecimento populacional sobre as políticas de previdência e saúde, ou dos padrões de carreiras mais instáveis em evolução no mercado de trabalho sobre as políticas assistenciais, de apoio ao desempregado e de requalificação profissional. Isso ao mesmo tempo em que a mais tradicional fonte de financiamento, a tributação sobre folha salarial, está erodindo com o declínio do emprego assalariado. Não é razoável imaginar que esse descasamento será todo absorvido por revisões das despesas. Daí a necessidade de fontes adicionais de financiamento. As soluções vão desde ampliações da base de arrecadação dos atuais tributos para alcançar a nova economia digital, até modificações mais substantivas na composição da carga tributária, deslocando-a da folha salarial para a tributação sobre renda ou sobre bens e serviços, de acordo com a opção política de cada país.

Um segundo motivo para se repensar o sistema tributário está ligado aos *desafios da economia digital*. A emergência dos modelos de negócios altamente digitalizados, apoiados fortemente sobre ativos intangíveis de extrema mobilidade e processos virtuais sem presença física nos mercados locais, colocou em cheque princípios básicos que fundamentam os sistemas tributários convencionais. Será necessário redefinir tais princípios para viabilizar a efetiva coleta de impostos sobre a economia digital, conforme discutiremos na próxima seção.

O terceiro motivo é a preocupação com o *acirramento das desigualdades sociais*, que reforça o papel distributivo do sistema tributário. Isso se dá em contraposição ao paradigma predominante no último quarto do século 20, que preconizava que a tributação deve se abster de objetivos distributivos. Esta diretriz guiou um movimento de reorientação da tributação em favor do capital e dos mais ricos, verificado em diferentes doses por quase todas as economias desenvolvidas e boa parte das emergentes. Pelo menos desde o pós-crise de 2008, no entanto, os modelos teóricos e pressupostos subjacentes estão passando por reexames para considerarem desenvolvimentos mais recentes, como as evidências de elevação da concentração de renda e riqueza no topo da pirâmide.[5] Nesse novo contexto, um crescente número de países vem introduzindo reformas voltadas ao resgate da progressividade do imposto de renda e à revisão do tratamento diferencial dado à renda do capital. Diante do risco de acirramento das desigualdades, os renovados focos sobre essas dimensões de equidade tributária e sobre o papel do sistema tributário de regular as relações de renda e riqueza tendem a ganhar mais vigor nos próximos anos.

---

[5] Gobetti e Orair (2017) e OCDE (2018a) discutem as revisões dos modelos de tributação de renda.

Por último e não menos importante, a *preocupação com a preservação do meio ambiente global* remete ao papel que o sistema tributário pode desempenhar no salto para uma nova economia com matriz energética mais eficiente e descarbonizada e de práticas menos predatórias. É urgente que os países comecem a pensar mais seriamente no desenho de um sistema de impostos ambientais que auxilie nessa tarefa, em vez de meras ações pontuais e desconexas. Se bem desenhados e articulados com as demais políticas ambientais, os impostos cobrados sobre bases de incidência de relevância ambiental (emissões de carbono, energia, transporte, agroquímicos, captação e poluição das águas, resíduos sólidos etc.) podem desempenhar a dupla função de desincentivo a comportamentos danosos e de financiamento das ações de desenvolvimento de tecnologias alternativas menos poluentes, conscientização e recuperação ambiental.

Em suma, o mundo está atravessando profundas transformações estruturais que colocam desafios-chave para os sistemas tributários: *a readequação das fontes de financiamento da proteção social; a tributação da economia digital; a mitigação das desigualdades sociais;* e o *suporte às estratégias de transição para uma economia de baixo carbono.* Vários países já estão reformando seus sistemas tributários para lidar com tais desafios. Resta saber quando o Brasil começará.

DEBATE DA TRIBUTAÇÃO DA ECONOMIA DIGITAL: MAIS (E NÃO MENOS) IVA

A tributação da economia digital é uma preocupação central dos países e vem motivando uma série de reformas tributárias que caminham na direção de mais (e não menos) IVA. Isso é o contrário do que muitas vezes se depreende do debate brasileiro, no qual é muito popular a visão de que este é um caminho ultrapassado e a melhor alternativa é um imposto sobre transações financeiras — uma nova CPMF – ou, pior, um imposto único *e-Tax*, que substituiria todos os demais. Por vezes, esta visão está baseada em uma confusão na interpretação do debate internacional sobre tributação dos lucros da economia digital, que merece ser esclarecida a fim de evitar que a opinião pública brasileira seja levada a uma percepção viesada da questão.

O tema é árido e cheio de tecnicalidades. Por isso, simplificaremos a exposição por meio de alguns exemplos. Suponham-se duas empresas concorrentes: uma empresa sediada no país que provê serviço de TV a cabo (como a NET) e outra fornecedora digital de *streaming* de vídeos (como a Netflix). A primeira recolhe diversos impostos domésticos. Já o fornecedor digital, não necessariamente. Suas atividades normalmente não se enquadram nas legislações defasadas de impostos.

A rápida emergência dos modelos de negócios altamente digitalizados, *vis-à-vis* com a lentidão da resposta dos sistemas tributários, deu origem a privilégios tributários que tornam esse tipo de concorrência desleal. Para resolver parte do problema, os países do G20 e da OCDE entraram em acordo nos fóruns internacionais sobre um conjunto de recomendações de mecanismos para efetiva coleta do IVA sobre a oferta digital. Reafirmou-se que a competência tributária deve ser atribuída ao país de residência usual do consumidor e que os fornecedores estrangeiros devem recolher o imposto nesse país. Cabe aos fiscos nacionais implementar regimes simplificados por plataformas *online* para facilitar o cumprimento das obrigações tributárias pelos fornecedores digitais estrangeiros.

No nosso exemplo, uma maneira de eliminar parte da assimetria tributária entre os dois concorrentes é instituir um imposto do tipo IVA, não cumulativo e de base universal, ou seja, que incida sobre todos os bens e serviços, tangíveis ou intangíveis. É este caminho que está sendo trilhado pela maioria dos países da União Europeia, além de Austrália, Coreia, Japão, Nova Zelândia, Noruega e Turquia, entre outros.

O caso australiano é paradigmático. O país promoveu uma reforma em 1999 que instituiu um IVA de base ampla, em substituição a um conjunto de impostos com bases estreitas, inclusive um que incidia sobre transações bancárias como a nossa extinta CPMF. Em 2015, houve nova reforma, que instituiu uma lista de serviços digitais intangíveis sobre os quais se aplicaria uma alíquota específica do IVA (*streaming* de vídeos, músicas, jogos e cursos a distância; livros e jornais eletrônicos; aplicativos; moeda virtual para aplicativos e jogos *online*; serviços de dados via rede etc.), entre outros mecanismos de efetiva coleta do IVA sobre a oferta digital.

Esta solução para equalizar a tributação sobre os serviços prestados pelos fornecedores convencionais e digitais é parcial, porque não resolve o problema do diferencial de tributação do lucro das empresas. Retomando o nosso exemplo, o fornecedor convencional possui um estabelecimento permanente no país e recolhe imposto sobre a renda da pessoa jurídica (IRPJ). O fornecedor digital estrangeiro sequer tem presença física no país e não está sujeito ao tributo doméstico. Mais do que isso, o fornecedor digital atua em escala global com interdependência de operações e alta intensidade de fatores intangíveis de extrema mobilidade (direitos de propriedade, armazenagem de dados etc.). Por isso, ele pode mais facilmente fatiar suas atividades entre jurisdições, inclusive paraísos fiscais, e no limite não arcar com imposto de renda em qualquer país. A concorrência segue desleal e os fóruns internacionais não chegaram a um consenso sobre como resolver o problema.

Outro impasse diz respeito ao papel dos dados dos usuários na geração dos lucros dos negócios digitais. O principal exemplo é o de serviços de publicidade personalizada *online*, que são prestados por empresas proprietárias de navegadores ou de *sites* de redes sociais ou de compartilhamento de vídeos (Google, Facebook, YouTube etc.). Se o leitor se recorda de acessos que fez a *sites* de internet, provavelmente se deparou com algum anúncio personalizado na tela do seu computador. Como funciona a geração de valor econômico nesse tipo de negócio digital? Os usuários fornecem dados às empresas quando utilizam ferramentas de busca na internet, compartilham informações em fóruns de mídia social, interagem com outros usuários e visualizam vídeos. As empresas digitais, por sua vez, utilizam seus algoritmos de análise avançada de dados para identificar os consumidores-alvo e lucrar vendendo o serviço de publicidade.

Quem gerou o lucro e onde isso se deu? Uma corrente de especialistas entende que o insumo de dados dos usuários é um elemento central do processo de geração dos lucros dos negócios digitais. Logo, uma parte do direito de tributação desses lucros deveria ser realocado para o país onde estão os consumidores-alvo dos anúncios. Essa visão é contraposta por outra vertente, que defende que os dados dos usuários não possuem qualquer valor até serem colocados em uso pela empresa digital. Os usuários participam de uma primeira transação gratuita, pela qual recebem um serviço em troca dos dados que fornecem. Em um segundo momento, os dados são explorados pelos algoritmos computacionais das empresas digitais e só então se inicia o processo de geração do valor. Portanto, de acordo com essa interpretação, o direito de tributação do lucro deve permanecer integralmente no país-sede das empresas digitais.

É evidente que, como pano de fundo deste debate, estão os interesses comerciais e políticos dos países. Por um lado, governos europeus pressionam por soluções que atribuam parte do direito de tributar o lucro aos países onde estão os consumidores dos serviços digitais.[6] Eles enfrentam oposição principalmente dos Estados Unidos, que é o país-sede da maioria das grandes empresas da economia digital. O resultado é um impasse técnico e político que se arrasta desde 2015 e uma promessa por parte da força-tarefa criada no âmbito do G20 e da OCDE de alcançar uma solução, pretensamente consensual, no ano de 2020.[7]

Nesse ínterim, alguns países, como Itália, Reino Unido e França, estão – unilateralmente – introduzindo impostos sobre as receitas das grandes empresas digitais. Contudo, tais iniciativas não podem ser confundidas com a defesa generalizada de impostos cumulativos. Todos esses países admitem se tratar de uma medida de caráter emergencial, imperfeita e temporária sobre segmentos específicos da economia digital, com previsão de ser extinta assim que se alcance um acordo sobre a solução definitiva nos fóruns globais.

---

[6] Por exemplo, introduzindo o conceito de estabelecimento virtual, com presença digital significativa ou mecanismos para avaliar a contribuição dos dados dos usuários.

[7] Para mais detalhes sobre os compromissos assumidos pelos países, ver OCDE (2018b).

E o que o IVA tem com isto? Muito pouco. Esse é um debate sobre a tributação dos lucros dos negócios digitais. Na verdade, as propostas em voga passam por aproximar o IRPJ de um IVA, ao realocar o direito de tributação dos lucros para o país de destino dos serviços digitais. Isso, pelo simples fato de que é muito mais fácil identificar o local onde está o consumidor do que onde foi originado o lucro.

Há até uma corrente de especialistas propondo uma reforma radical do IRPJ, que deixaria de ser um imposto sobre o lucro na origem e passaria a ser um imposto sobre o fluxo de caixa das empresas baseado no destino. Aqui, vale o alerta de não confundir esta proposta com um imposto sobre transações financeiras como a CPMF. Sua essência é transformar o IRPJ em uma espécie de IVA ampliado: um imposto não cumulativo no destino, que gera créditos pelo pagamento da folha de salários das empresas, além dos insumos usuais. Em resumo, o debate sobre a tributação do futuro está caminhando na direção de mais (e não menos) IVA.

Voltando ao nosso exemplo, suponhamos que se instituísse um imposto sobre transações bancárias, como a CPMF, como solução para os desafios da economia digital. O fornecedor convencional (nossa NET) efetua inúmeras transações bancárias com seus fornecedores, funcionários e consumidores e faz amplo uso da rede bancária doméstica para administrar seus fluxos de caixa. Irá pagar a CPMF em todas essas transações. O fornecedor digital estrangeiro, que não tem presença física no país, apenas recebe os pagamentos do consumidor final e dispõe de um arsenal muito maior de instrumentos não convencionais para efetuar suas transações financeiras (por exemplo, ambiente virtual de *blockchain* ou criptomoedas).

Recentemente, foi dito no debate que "a nova CPMF pegaria até Netflix e Uber". É uma meia verdade. O novo imposto incidiria em algum grau sobre as transações das empresas digitais. Resta afirmar que o ônus sobre os fornecedores convencionais seria muito maior. Por sua cobrança em cascata, a CPMF ampliaria o diferencial de tributação entre fornecedor doméstico e digital, além de abalar a competitividade da nossa economia como um todo.

Não por acaso, a Austrália promoveu, entre os anos 2008 e 2010, uma ampla discussão sobre o futuro do seu sistema tributário e repeliu a opção de reintroduzir um imposto sobre transações bancárias, conhecido no país pelo acrônimo BAD (*Bank Account Debits Tax*), sob o argumento de que seria um retrocesso para a reforma em curso. Hoje, o país é uma referência em termos tributários, por ter banido experimentos exóticos e instituído um IVA amplo que o capacitou a lidar com desafios da economia digital.

No Brasil, ao contrário, seguimos com uma tributação fragmentada entre diversos impostos dos três entes federativos, critérios antiquados e conflitos de competência que nos impedem de efetivamente tributar a economia digital. E aqui, talvez por desconhecimento das melhores experiências internacionais, insiste-se em propor soluções equivocadas, como a reinstituição de um imposto cumulativo sobre fluxos financeiros, seja sob a alcunha de nova CPMF, *e-TAX* ou *BAD*, como na Austrália. Este último acrônimo resume a discussão: "*it is a bad solution to a real problem*".

REFORMA TRIBUTÁRIA NO BRASIL: ACERTANDO AS CONTAS COM O PASSADO

Existe há longo tempo no Brasil um consenso sobre a necessidade de reformar nosso caótico modelo de tributação de bens e serviços, marcado pela sobreposição de tributos federais, estaduais e municipais e por incontáveis ineficiências econômicas. Também está bastante disseminada na literatura especializada a visão de que um caminho para eliminar a maior parte dessas ineficiências é substituindo os vários tributos por um IVA moderno. Isto é, um IVA no destino, com crédito integral, base abrangente e evitando-se ao máximo o recurso a alíquotas diferenciadas. Mesmo assim, nenhuma das propostas de reforma tributária colocadas na mesa de debate, nas últimas décadas, vingou politicamente, em razão dos conflitos distributivos entre os entes federados, setores econômicos e outros grupos de interesse que atuam na sociedade e no Parlamento.

O escopo central da proposta em discussão no Congresso Nacional, cujo texto-base é a PEC 45/2019, é justamente instituir um IVA moderno, batizado de Imposto sobre Bens e Serviços (IBS), em substituição a cinco tributos (ICMS, ISS, IPI e PIS/Cofins). A proposta busca, de forma inteligente e pragmática, lidar com vários dos conflitos distributivos, ao prever uma transição longa, tanto para a implementação do novo imposto, quanto para a sua partilha entre os entes federados, e inegavelmente tornaria nosso sistema tributário e federativo mais justo e equilibrado.[8]

Para citar um exemplo, nossas simulações indicam uma redistribuição gradual de receitas, com potencial de chegar a R$ 34 bilhões (em valores de 2019) no último ano da transição, em favor dos Estados e Municípios tipicamente localizados nas regiões mais carentes do país. Isto se deve à migração para o novo modelo de arrecadação e partilha do IBS, que prioriza os critérios de destino (isto é, o local de consumo) e de população, em substituição ao atual modelo que prioriza a origem (local da produção) e beneficia as regiões mais desenvolvidas. Somente os 12 Estados mais pobres teriam um ganho potencial de R$ 25 bilhões, ao final da transição. Recursos estes que poderiam ser utilizados em uma política de investimentos e de desenvolvimento regional muito mais eficaz do que a promovida hoje por meio da guerra fiscal.

Em outras palavras, a reforma tributária foi pensada para ser quase neutra sobre a distribuição vertical das receitas entre os entes da Federação – isto é, entre a União e os totais dos Estados e dos Municípios –, com o propósito de contornar conflitos federativos. Ainda assim, promoverá uma redistribuição horizontal das receitas, entre as unidades de um mesmo ente, que reduz desequilíbrios fiscais federativos porque favorece as localidades que concentram os consumidores e a população, e onde estes mais pressionam a demanda por serviços públicos. Os potenciais ganhadores são 19 Estados e 3.836 Municípios, enquanto oito Estados e 1.733 Municípios tendem a perder fatias no total das receitas de maneira muito diluída ao longo da transição.[9]

É necessário esclarecer que União, Estados e Municípios preservarão autonomia para gerir as alíquotas do IBS. Nossos cálculos preliminares sugerem que o IBS teria uma alíquota de referência da ordem de 27% para o contribuinte, que se desdobraria em três alíquotas pela ótica dos orçamentos públicos: 10% federal, 15% estadual e 2% municipal. Essas são as alíquotas de referência que repõem os mesmos níveis de arrecadação dos tributos que serão eliminados (PIS, Cofins e IPI, ICMS e ISS), mas não necessariamente as que serão praticadas. Cada unidade dos entes federados terá liberdade para instituir alíquotas diferentes das suas respectivas referências (maiores ou menores), apropriando-se integralmente dos ganhos ou perdas de receitas correspondentes, de acordo com sua necessidade orçamentária. Trata-se de uma solução engenhosa para preservar a autonomia de gestão orçamentária: os três entes compartilham a base de cálculo do imposto, que será uniforme em todo o país, com cada um administrando sua alíquota por legislação própria. A diferença é que essa autonomia será exercida exclusivamente pela gestão da alíquota e não mais pela concessão de benefícios fiscais.

É preciso lembrar, ainda, que a migração para o novo sistema foi construída para não promover aumento da carga tributária. Esse princípio é garantido pelo modo como o IBS será instituído, iniciando com uma alíquota de referência de 1%, que vai sendo elevada progressivamente, de modo a apenas compensar a perda de arrecadação com a eliminação gradual dos antigos tributos. Ao final da transição, restará um único imposto com patamar de carga próximo do atual. Mesmo que a carga tributária não se modifique, o potencial de crescimento econômico do país tende a ser dinamizado pelos ganhos de eficiência do novo imposto, livre da cumulatividade e dos benefícios fiscais, e de administração mais simples, totalmente informatizada e integrada no território nacional.[10]

---

[8] Orair e Gobetti (2019) analisam a proposta em detalhes e apresentam simulações de alíquotas e de impactos redistributivos social e federativo. Todos os resultados quantitativos reportados nesta seção advêm desse estudo.

[9] Mais precisamente, tendem a perder: Amazonas, Mato Grosso, Mato Grosso do Sul, Espírito Santo, Minas Gerais, São Paulo, Rio Grande do Sul e Santa Catarina.

[10] Esse potencial de dinamização do crescimento econômico está sendo atestado por recentes estudos empíricos, como Oliveira (2020) e Borges (2020).

Ademais, a reforma tornaria nossa tributação sobre bens e serviços muito mais equilibrada, ao prever uniformidade das alíquotas; ou seja, iguais para todos os bens e serviços dentro de cada localidade. No Brasil do futuro, caso a reforma tributária seja aprovada, não seria possível um Estado cobrar alíquotas de ICMS sobre energia elétrica e gasolina de 25% a até 30% do preço com imposto (ou 33% a 43% do preço sem imposto) e, ao mesmo tempo, praticamente isentar outras atividades ou grupos de empresas que financiam as campanhas eleitorais dos políticos locais. Nesse Brasil do novo IBS, o consumidor saberia exatamente quanto de imposto está pagando e sua destinação, uma vez que a alíquota seria fracionada pelas distintas finalidades, como saúde e educação.

A uniformização deverá beneficiar a maior parte da sociedade brasileira via redução da alíquota da maioria dos bens, compensada pela maior tributação de serviços hoje subtributados e consumidos principalmente pelos mais ricos. O conjunto de impostos atuais com alíquotas diferenciadas incide proporcionalmente mais sobre os mais pobres, começando em torno de 27% da renda do primeiro décimo da distribuição e caindo gradualmente até 10% da renda do décimo mais rico. Quando simulamos uma alíquota uniforme, a incidência de impostos continua decrescendo à medida que caminhamos da base para o topo da distribuição: de 24% da renda do décimo mais pobre para 11% da renda do mais rico. Acontece que esta incidência cai um pouco para os nove primeiros décimos da distribuição e a única exceção é o décimo mais rico, que vê sua tributação ligeiramente aumentada.

Esse modesto impacto redistributivo pode ser potencializado por um dispositivo embutido na reforma, que prevê a devolução do imposto para as famílias de baixa renda. Ou seja, um mecanismo que permite atenuar a regressividade inerente a um imposto indireto, concentrando o benefício fiscal nos mais pobres, conforme recomenda a literatura internacional. Dependendo do seu desenho, esse mecanismo pode converter o impacto redistributivo do IBS em aproximadamente neutro. Mitiga-se um pouco a regressividade, sem resolver todo o problema. Para avançar nesta direção, há outra solução via tributação direta da renda e do patrimônio, que abordaremos nas conclusões do capítulo.

É improvável, entretanto, que a reforma tramite pelo Congresso sem admitir tratamento diferenciado para alguns bens e serviços. Essa flexibilização tem apelo popular e pode mitigar resistências. Isso ocorreria apesar de esta solução estar na contramão das recomendações da literatura internacional, cada vez mais unânime em apontar que o IVA não é o instrumento mais adequado para alcançar objetivos distributivos. Nesse caso, o ideal é que as exceções fiquem circunscritas a uma lista restrita de bens e serviços (exemplo: alimentos da cesta básica, medicamentos, transporte público, saúde e educação), sob regulamentação da lei nacional do IBS e não de maneira autônoma pelos entes federados. Restringindo-se ao máximo o escopo das alíquotas especiais, evita-se o retorno das fontes de ineficiências, como problemas de classificação, elisão, litigância e acumulação de créditos.

Outra iniciativa que ajudaria a contornar resistências é a definição de um fundo de desenvolvimento regional para compensar pelo fim do uso de benefícios fiscais como instrumento de política regional. Há consenso sobre a ineficiência da principal política regional hoje à disposição dos Estados e Municípios, que estimulou uma guerra fiscal predatória via concessão excessiva de benefícios fiscais do ICMS e do ISS. Também é verdade que a migração para o novo IBS promoveria uma redistribuição das receitas em favor de localidades com menor grau de desenvolvimento socioeconômico. Isto não esgota a questão, porém, pela perspectiva dos representantes de governos subnacionais, que demandam um instrumento específico de combate às desigualdades regionais. Uma saída para esse impasse é o Executivo federal assumir o papel de protagonista, abrindo mão de receitas para um novo fundo de custeio da política de desenvolvimento regional e atuando na coordenação dos governos subnacionais, com o objetivo de alcançar um consenso sobre o formato desse fundo.

A despeito das vantagens em relação ao sistema que temos hoje, a proposta de reforma tributária sofre críticas de diversas naturezas, desde questionamentos quanto à operacionalidade do novo sistema, até as perdas impostas aos setores econômicos. Sobre esta última crítica, é importante qualificar quais seriam esses setores e como seriam prejudicados pela reforma.

O IVA moderno não é um imposto sobre as empresas de setores econômicos, mas sim sobre o consumo final. Formalmente, o imposto incide sobre todas as vendas de bens e serviços destinadas aos residentes do país, sejam estes consumidores finais ou empresas. Entretanto, o imposto recolhido sobre as compras das empresas (insumos ou bens de capital) dá origem a créditos tributários que podem ser compensados sobre os débitos tributários gerados nas suas vendas (produtos). Se todos os créditos tributários são compensados, nenhum imposto será recolhido nas vendas que ocorram entre as empresas. O IVA se converte então em um imposto com incidência exclusiva sobre o consumo final doméstico e não sobre os investimentos e as exportações.

Essas propriedades não se verificam no sistema atual caracterizado pela coexistência de impostos cumulativos e quase IVAs, que não proporcionam ou oferecem dificuldades para aproveitamento dos créditos tributários, o que na prática faz com que todos eles incidam em cascata e onerem os investimentos e as exportações. Não é possível precisar quanto desses impostos acumulados ao longo das etapas produtivas são repassados para os preços dos produtos finais ou absorvidos pelas próprias empresas. Independentemente disto, a alíquota que incide sobre as vendas ao consumidor final subestima o total de impostos coletados na cadeia de produção dos setores econômicos.

É preciso ter em mente essas diferenças básicas quando se deseja avaliar os impactos setoriais da migração do atual modelo cumulativo e nada transparente para o novo IBS. Primeiramente, as empresas que vendem bens e serviços para outras empresas ou para exportação tendem a se beneficiar com o fim da cumulatividade, independentemente do setor econômico. Quando nos restringimos às vendas ao consumidor final, o grosso das empresas dos setores da indústria, comércio e serviços de telecomunicações e de energia elétrica, desde que seguindo as regras gerais de tributação, se beneficiaria tanto pelo pleno aproveitamento de créditos tributários, quanto por alíquotas inferiores às atuais. Nas vendas de uma empresa de comércio varejista, por exemplo, a alíquota-padrão, em torno de 36%, se reduziria a 27% com o IBS.

O oposto deve acontecer com as vendas de um prestador de serviços para o consumidor final, que teria sua alíquota-padrão de pouco menos de 10% aumentada para 27%, porém parcialmente amenizada pela compensação de créditos tributários dos insumos que adquiriu.[11] Mesmo neste caso, os pequenos produtores de bens e serviços seriam poupados, porque a reforma prevê a manutenção do regime do Simples, que lhes confere tratamento especial. Vendo por outro ângulo, a uniformização de alíquotas do IBS imporia aumentos localizados principalmente sobre as vendas dos prestadores de serviços de médio e grande portes para os consumidores finais (e não para outras empresas nem exportadores), quando consideramos a regra geral de tributação.[12] Faz sentido que este segmento específico se mostre mais resistente e teça críticas justificáveis à reforma, assim como é válido discutirmos mecanismos para aliviar alguns desses impactos.

Contudo, o que se vê no debate público são críticas de setores muito mais amplos e que refletem outra natureza de interesses. A regra geral no Brasil virou exceção e, infelizmente, é a defesa das exceções generalizadas que está por trás de boa parte das críticas. Uma parcela dessas exceções pode até ser justificável, mas isto não impede que sejam reavaliadas ou substituídas por instrumentos mais apropriados de política social, regional ou setorial.

A outra parcela das exceções é injustificável e atende aos interesses particulares das empresas de arcar com menos impostos do que as demais. No outro lado da mesma moeda, estão alguns prestadores de serviços advocatícios, contábeis e de *lobbies*, que lucram vendendo seus serviços.

---

[11] Os cálculos consideraram a alíquota modal de 17% do ICMS mais 9,25% de PIS/Cofins (não cumulativo) sobre o preço com impostos do varejista e a alíquota modal de 5% de ISS e 3,65% de PIS/Cofins (cumulativo) do prestador de serviços, equivalentes a respectivamente 35,6% e 9,5% dos preços sem impostos.

[12] Uma incógnita diz respeito à tributação no setor financeiro, cujas atividades de intermediação possuem uma especificidade que dificulta a operacionalização de um IVA por créditos e débitos tributários. Dependendo do modelo a ser adotado, pode-se ou não ter redução de alíquota caso sua incidência fique restrita às prestações de serviços ou se adotem sistemáticas alternativas (aditiva ou subtrativa) para abranger mais atividades (seguros, *spread* bancário etc.).

Todos estes têm muito a perder com uma reforma que racionalize, uniformize e dê transparência à tributação no país. Por isso, é preciso estar atento a certas críticas à reforma tributária que surgem no debate público, ora sugerindo que promoverá um aumento generalizado de impostos sem qualquer benefício para a sociedade, ora afirmando que se trata de uma proposta ultrapassada.

Diga-se de passagem, uma virtude adicional da reforma tributária é que, em lugar de uma tributação fragmentada por impostos de bases estreitas que conflitam entre si, passaríamos a dispor de um único IBS, com base ampla sobre bens e serviços, tangíveis ou intangíveis. Trata-se de um primeiro passo necessário para a operacionalização dos mecanismos de efetiva coleta do IVA sobre a economia digital, na esteira do que estão fazendo os países que mais avançaram sobre esse desafio do século 21. É, no mínimo, ingênuo imaginar que existem atalhos para lidar com os desafios do futuro, sem antes acertarmos as contas com o passado. A reforma tributária do IBS vai nessa direção.

Portanto, para avançar no debate político e aprovar a reforma tributária, é importante separar as críticas construtivas de outras feitas por aqueles que, no fundo, desejam defender o *status quo* e manter tudo como está. A hora é de somar forças pela reforma do nosso sistema tributário. É com este espírito que passaremos, nas conclusões, a sugerir alguns aprimoramentos.

CONCLUSÕES

A proposta em debate no Congresso Nacional reforma a tributação de bens e serviços, inaugurando o IBS alinhado às melhores práticas internacionais. Esta reforma tributária é importante, não apenas para o mundo dos negócios e para eliminar a guerra fiscal, como tem sido repetido exaustivamente nos últimos anos, mas também para reduzir desequilíbrios fiscais federativos. Além disso, o novo IBS, combinado com o mecanismo de devolução de imposto aos mais pobres, pode contribuir para tornar o perfil da tributação de bens e serviços um pouco menos regressivo e, talvez, até aproximadamente neutro.

Por essas virtudes e pelo esgotamento do velho modelo tributário, a aprovação da reforma constitui uma janela de oportunidade para finalmente modernizar nosso sistema de tributação de bens e serviços e limpar a arena para o avanço sobre os desafios do século 21. Ainda que não seja atribuição da reforma do IBS lidar com todos esses desafios, seria possível introduzir dispositivos para tangenciar alguns deles.

Um primeiro dispositivo se destina a lidar mais explicitamente com a questão distributiva. De acordo com o mecanismo de transição previsto, as alíquotas do IBS deverão ser calibradas para apenas neutralizar as perdas com os impostos a serem eliminados, sem alterar (ou pouco alterando) a estimativa de arrecadação global. Bastaria, então, emendar o texto para definir que a calibragem de alíquotas fosse feita de modo a neutralizar as perdas com os antigos impostos, líquidas de medidas adicionais de ganhos de receitas. E, em seguida, estabelecer diretrizes para que as medidas adicionais priorizassem a tributação direta da renda e da propriedade, mais particularmente o imposto de renda de pessoa física (IRPF), que é o instrumento por excelência para persecução de objetivos distributivos pelo lado da arrecadação.

Na ausência desse tipo de medida, a alíquota do IBS deve chegar a níveis próximos de 27%. Isto colocaria o Brasil entre os países com as maiores alíquotas-padrão de IVA do mundo, ao lado da Hungria, que tributa em 27%, e acima de países como Noruega, Dinamarca e Suécia, com alíquotas de 25%. Caso se avance na ampliação do IRPF por medidas como revisões de alíquotas e de deduções, isenções e demais brechas para elisão tributária (por exemplo, a retomada da tributação de dividendos), os ganhos arrecadatórios seriam compensados na calibragem das alíquotas do IBS, que terminaria abaixo dos 27%. Isso contribuiria para tornar mais progressivo o sistema tributário como um todo, via ampliação do peso e da progressividade da tributação de renda e, simultaneamente, diminuindo o peso da tributação regressiva sobre bens e serviços. Tal estratégia poderia ser implementada de maneira gradual, ao longo do período de transição para o novo IBS, de modo a dar tempo para o amadurecimento do debate sobre uma alternativa de modelo consistente de IRPF que elimine inequidades e ineficiências do modelo atual.[13]

Na mesma linha propositiva, a reforma tributária pode conter um segundo dispositivo, abrindo espaço para a instituição de impostos ambientais. A reforma já prevê que, além do IBS administrado conjuntamente pelos três entes, a União poderá instituir impostos seletivos, com finalidade extrafiscal, destinados a desestimular o consumo de determinados bens, serviços ou direitos. Caberia então ampliar o escopo destes impostos, adicionando-se à redação original a destinação de desestimular comportamentos danosos ao meio ambiente. É claro que a migração para uma economia de baixo carbono e práticas menos predatórias não será alcançada apenas com instrumentos tributários, mas eles têm papel importante a desempenhar se bem desenhados e articulados com as demais políticas ambientais.

O terceiro dispositivo diz respeito à tributação da economia digital. Uma das vantagens do IBS é a definição constitucional de uma base de incidência abrangente, que inclui todos os bens e serviços, tangíveis ou intangíveis. Partindo daí, será necessário que a lei complementar que regulamentará o IBS especifique os mecanismos operacionais para viabilização da efetiva coleta do IVA sobre oferta digital.[14] Estes mecanismos são importantes para eliminar assimetrias tributárias dos fornecedores digitais em relação aos convencionais, mas estão longe de esgotar a questão. Muito em breve, o país terá de se debruçar sobre o debate da tributação do lucro dos negócios digitais. Assim como sobre o premente desafio de readequar as fontes de financiamento da proteção social.

Por meio dos três dispositivos mencionados, seria possível conciliar a reforma do IBS com avanços, mesmo que tímidos, sobre alguns desafios do século 21. Ao fim e ao cabo, a reforma deve ser vista como um meio de recuperarmos o atraso e uma primeira etapa rumo à construção de um sistema tributário mais preparado para lidar com os desafios do futuro. Será fundamental que o êxito da primeira etapa funcione como catalisador das novas reformas.

REFERÊNCIAS

BORGES, B. Impactos macroeconômicos estimados da proposta de reforma tributária consubstanciada na PEC 45/2019. Nota Técnica, CCiF, 2020. No prelo.
GOBETTI, S. W.; Orair, R. O. Taxation and distribution of income in Brazil: new evidence from personal income tax data. *Brazilian Journal of Political Economy*, v. 37, n. 2, p. 267-286, 2017.
OLIVEIRA, J. M. *Efeitos da equalização tributária regional e setorial no Brasil*: uma aplicação de equilíbrio geral dinâmico. 2020. Tese (Doutorado em Economia) – Universidade de Brasília, Brasília, 2020.
ORAIR, R. e GOBETTI, S. W. Reforma tributária e federalismo fiscal: uma análise das propostas de criação de um novo imposto sobre o valor adicionado para o Brasil. Texto para Discussão n. 2530, Ipea, 2019.
ORAIR, R. e GOBETTI, S. W. Reforma tributária no Brasil: princípios norteadores e propostas em debate. *Novos Estudos CEBRAP*, v. 37, n. 2, p. 213-244, 2018.
ORGANIZAÇÃO PARA A COOPERAÇÃO E DESENVOLVIMENTO ECONÔMICO – OCDE. *OECD employment outlook 2019*: the future of work. Paris: OECD Publishing, 2019.
ORGANIZAÇÃO PARA A COOPERAÇÃO E DESENVOLVIMENTO ECONÔMICO – OCDE*Taxation of household savings*. OECD Tax Policy Studies, OECD Publishing, n. 25, 2018a.
ORGANIZAÇÃO PARA A COOPERAÇÃO E DESENVOLVIMENTO ECONÔMICO – OCDE*Tax challenges arising from digitalisation*: interim report 2018. Paris: OECD Publishing, 2018b.

---

[13] Orair e Gobetti (2018) discutem algumas dessas alternativas de modelos de IRPF.

[14] Entre os quais: a lista de serviços digitais intangíveis sujeita ao imposto (*streamings*, aplicativos, armazenagem de dados etc.); a prerrogativa do fisco de implementar um regime simplificado *online* para recolhimento do imposto pelos fornecedores digitais estrangeiros; e a responsabilização da plataforma digital pelo cumprimento dessas obrigações tributárias.

O Futuro da Política Monetária no Brasil

6

Diogo Abry Guillén[1]

INTRODUÇÃO

Uma frase que se aprende nos primeiros anos do curso de macroeconomia é que a condução de política monetária se assemelha a dirigir um carro olhando pelo retrovisor. Qualquer decisão corrente de expansão ou contração monetária decidida pelo banqueiro central só terá efeito no futuro. No entanto, para a tomada da decisão, o banqueiro central só conhece os dados já realizados, ou seja, o passado.

Como se dirigir um carro olhando pelo retrovisor não fosse suficientemente desafiador, neste capítulo abordaremos como deve ser a "pavimentação" e o terreno da "estrada" em que estaremos nos próximos anos para melhor conduzir esse veículo. Assim, mais do que abordarmos movimentos futuros da política monetária, vamos nos debruçar sobre as questões referentes ao desenho e à instituição do Banco Central (BC).

Em um primeiro momento, precisamos entender quais são os fundamentos subjacentes desta economia que, para manter a analogia, seria o terreno onde construiremos a estrada e dirigiremos o carro, temas tratados na segunda seção deste capítulo, que se segue à presente introdução. Os fundamentos aqui envolvem a taxa neutra de juros e como esta deve se comportar diante de políticas de longo prazo para aumentar a penetração do crédito e o aprofundamento financeiro, por exemplo. Uma vez que definimos o terreno em que acreditamos que estaremos, podemos então pensar qual deve ser a estrada a ser construída.

Conhecendo as curvas do terreno, isto é, as especificidades do caso brasileiro, debruçamo-nos, na terceira seção, sobre o *framework* de política monetária mais apropriado: a estrada. A literatura internacional traz vários estudos comparando os diferentes regimes, como o de metas para a inflação e o de metas para o nível de preços e, então, analisamos brevemente tais regimes à luz do caso brasileiro. Para tanto, discutimos os regimes e as especificidades do caso brasileiro: estrada e terreno.

Uma vez conhecidos o terreno (fundamentos) e a estrada (*framework*), é hora de pensar no "modelo do carro", que envolve aqui uma série de questões que muitas vezes fogem à discussão principal dos artigos da literatura de economia monetária. Na quarta seção, portanto, abordamos dois grandes temas: a organização e a comunicação do BC. A ênfase, nessa seção, envolve entender qual seria, por exemplo, a composição ótima do comitê de política monetária, tanto em relação à formação quanto à idade e à experiência profissional. Além disso, avaliamos o impacto da publicação de votos ou votos nominais e outros aspectos referentes à comunicação do BC. Todos esses temas têm sido objetos de debate recente na literatura, para a qual, inclusive, contribuímos

---

[1] Agradeço a Raphael Vasconcelos, pela participação na compilação de dados e pela excelente assistência de pesquisa; e a Guilherme Spilimbergo Costa e Victor Monteiro, pelas conversas e coautoria em temas correlatos que contribuíram muito ao escrever este capítulo.

trazendo novos resultados,[2] ao analisarmos experiências internacionais de aspectos normalmente tratados como secundários pela literatura de economia monetária.

Por último, o texto inclui a tradicional seção de conclusões e comentários finais.

Desde já, cabe enfatizar que o objetivo aqui não é construir um desenho monetário ótimo para evitar as oscilações da economia, ou as "curvas da estrada", que exigirão uma arguta condução da política monetária. Trata-se, tão somente, de, utilizando as melhores informações disponíveis, deixar a estrada "aplainada" e o carro mais bem preparado para a hora em que as curvas chegarem – pois elas virão.

O TERRENO (FUNDAMENTOS)

O interesse aqui é pensar quanto o BC conseguiria afetar nos ditos fundamentos econômicos e como isso impactaria a condução da política monetária. Um dos principais canais pelos quais o BC pode atuar, nesse caso, é via alteração da taxa de juros neutra.[3]

A taxa neutra, apesar de importante para o BC, não é diretamente observada, mas pode ser afetada a partir de reformas na condução de política monetária pelo BC. Para entender como o BC pode afetar a taxa de juros neutra, podemos partir de um modelo novo-keynesiano padrão em que: (1) há uma regra de definição da taxa de juros pelo BC, (2) há uma equação que determina como a taxa de juros afeta a atividade; e (3) há uma equação que determina como a atividade afeta a inflação. Essas três relações determinam o comportamento das variáveis macroeconômicas ao longo do ciclo econômico. Dessas três relações, é possível obter outra, a de equilíbrio de longo prazo, ou estado estacionário, das variáveis.

Fugindo da discussão de curto prazo da condução de política monetária, devemos atentar para os parâmetros de tal modelo, que afetam a política monetária. Tais fundamentos aparecem tanto nas relações de estado estacionário (longo prazo) quanto nas elasticidades, ou coeficientes, entre as diferentes variáveis ao longo do ciclo econômico.

Pensando primeiro nas relações de longo prazo, o Banco Central pode afetar as variáveis de equilíbrio por meio de reformas, tanto no âmbito da regulação do sistema financeiro quanto no da formulação da política monetária. Um exemplo de tais medidas é a introdução da autonomia do BC, que estabelece, entre outras coisas, mandatos fixos e escalonados para os membros votantes do BC, com especificação clara das hipóteses de exoneração. Isso limitaria a influência dos ciclos políticos sobre a política monetária e, assim, reduziria o prêmio de risco de longo prazo. Ao aumentar sua credibilidade, permite que se estabilize a inflação a uma taxa de juros menor – ou seja, reduz a taxa neutra.[4] Outro canal pelo qual o BC pode atuar é via ampliação da sensibilidade da atividade econômica às variações da taxa de juros.

Um bom exemplo para tal é a atual agenda microeconômica do Banco Central, BC+, que visa ao aprofundamento do mercado financeiro, concomitantemente a um aumento da concorrência. Tal agenda, com a modernização do sistema financeiro e a redução dos *spreads* entre as taxas de juros, aumenta o impacto da taxa de juros sobre a economia, facilitando a condução de política monetária.[5]

---

[2] Estes se apoiam em pesquisas de Costa e Guillen (2019).

[3] A taxa de juros neutra é aquela que mantém a inflação estável. É, portanto, uma importante taxa de referência para o BC, uma vez que é o diferencial da taxa de juros real corrente em relação à neutra que gera uma política monetária contracionista ou expansionista. Ela é função de parâmetros estruturais (ou fundamentos) da economia, tais como a taxa de crescimento potencial do PIB ou as preferências da população em relação a consumo presente *versus* futuro, do regime fiscal e do sistema financeiro do país.

[4] Há um extenso debate na literatura sobre os impactos da autonomia do Banco Central, mas vale mencionar o artigo de Alesina e Summers (1993), que despertou muito interesse pelo tema.

[5] Há vários artigos mostrando que a potência da política monetária aumenta com o aprofundamento do crédito. Ver Bernanke (2017).

No entanto, quantificar o impacto de tais políticas sobre as variáveis de equilíbrio da economia e a relação entre as variáveis no ciclo econômico é tarefa muito difícil. Há uma grande literatura abordando a taxa neutra de juros no Brasil e como é ela afetada por riscos fiscais ou institucionais.[6] A conclusão maior é qualitativa; há espaço para aplainar o terreno, ainda que isso, normalmente, pareça alçada de outras esferas. Mais ainda, a ênfase recente do Banco Central na Agenda BC+, somada à aprovação de uma proposta de autonomia do BC, caminham nesta direção de políticas que, ainda que não tenham efeito contracíclico de curto prazo, contribuem para um melhor bem-estar no longo prazo.

Tendo isso em vista, seguimos para discutir como deve ser o *framework* de condução de política monetária e o desenho do BC.

A ESTRADA (ARCABOUÇO DE POLÍTICA MONETÁRIA)

A primeira pergunta a se fazer para definir o arcabouço de política monetária envolve entender qual é seu objetivo. Naturalmente, ele deveria ser a maximização do bem-estar dos agentes da economia. Entretanto, a persecução de tal objetivo pode ser feita através de uma meta para a inflação, ou agregado monetário, ou câmbio etc. Além disso, discussões sobre o prazo no qual tentaremos atingir o objetivo, ou a suavização da economia ao longo do processo, também são importantes.

O BC segue um regime de metas de inflação *cheia* por ano-calendário no Brasil. A seguir, discorremos sobre cada uma das escolhas e discutimos outras opções.

Regime de metas de inflação: a opção por metas de inflação foi feita por vários bancos centrais, tendo a Nova Zelândia, no início dos anos 1990, como um dos precursores. Há vários resultados teóricos indicando que o regime de metas de inflação é ótimo sob algumas hipóteses.[7] Além disso, tal regime é de fácil entendimento pela população, o que ajuda a ancorar as expectativas em torno da meta de inflação. Note-se que, justamente por ter como objetivo a inflação futura, o papel das expectativas em tal regime é muito importante. No entanto, há outras possibilidades de regime monetário que podem ser introduzidas, tendo, ainda, a taxa de juros curta como instrumento. Um tema muito recorrente, especialmente para os países com juros baixos, é a meta de nível de preços, que torna a política monetária futura mais relacionada com o passado, já que desvios passados da inflação em relação à meta devem ser compensados no futuro, o que não ocorre no regime de metas de inflação. Em artigo recente, Ben Bernanke propõe um regime ligeiramente diferente em que se opta pelo regime de meta de nível de preços apenas quando a taxa de juros está próxima de zero.[8] Tal regime é melhor do que o de metas de inflação quando há erros persistentes na meta, seja porque a taxa de juros limitada a zero não consegue levar a inflação de volta à meta, seja porque a inflação se mantém persistentemente acima da meta. Olhando o comportamento da inflação no Brasil, o regime de metas de inflação parece apropriado. Mesmo com juros mais baixos, ainda estamos longe do juro nominal de zero, que dificulta a condução da taxa de juros. Além disso, ao longo do tempo o regime tem ganhado credibilidade, o que pode ser atestado pela redução dos desvios da expectativa de inflação em relação à meta estipulada.

Nível da meta de inflação: o papel do Banco Central é perseguir a meta de inflação definida pelo Conselho Monetário, órgão colegiado do qual fazem parte, entre outros, o Ministro da Fazenda e o presidente do BC.

Em primeiro lugar, pensemos no nível da meta de inflação.

Quando comparamos com a experiência internacional, notamos que muitos bancos centrais de países desenvolvidos optaram por metas próximas de 2%, abaixo da meta brasileira. Por conta disso, vale discutir um pouco os prós e contras de diferentes níveis para a meta de inflação.

---

[6] Portugal e Moreira (2018) e Barcellos Neto e Portugal (2009)

[7] Svensson (1999).

[8] Bernanke (2017).

Em benefício de uma meta menor, temos que pensar que preços são rígidos nominalmente, o que faz com que a existência de inflação crie distorções de preços relativos e maior dispersão de preços. Além disso, por motivos transacionais, as pessoas utilizam dinheiro, que também não rende com a inflação e reduz seu poder aquisitivo. Por tais efeitos, grande parte da literatura encontrava números próximos de zero como a meta de inflação ótima.[9]

No entanto, após a crise de 2008, muitos bancos centrais quiseram estimular suas economias e não conseguiram tanto quanto desejavam, já que há limite em quanto reduzir a taxa de juros (*zero lower bound*). Em outras palavras, a taxa nominal não poderia ser negativa, porque a população optaria por papel-moeda.[10] Mais ainda, como é a taxa de juros real que estimula a economia, ao definirmos uma meta de inflação baixa, estamos mais próximos de chegarmos a tal restrição quando houver uma recessão.[11]

Para o Brasil, tal discussão ainda parece longínqua e envolve avaliar se deveríamos reduzir a meta de inflação para menos de 3% ou não. Os choques em países emergentes são maiores, porém menos persistentes, o que coloca ambiguidade na comparação da meta em relação aos Estados Unidos.

A recomendação, então, é que devemos ter uma gama de estudos como há no Canadá para definirmos a meta ótima.[12] Por enquanto, estamos numa fase de transição, mas temos que avaliar qual o ponto em que concluiremos que chegamos à meta ótima. Olhando a experiência internacional, um número entre 2 e 3% parece ótimo, mas estudos que incorporem as especificidades brasileiras, incluindo a rigidez nominal própria de preços e salários no Brasil, precisam ser incorporados à análise.

Meta: inflação cheia *vs*. núcleo: uma questão inerente ao regime de metas envolve definir qual é a inflação a ser perseguida. Normalmente, é uma inflação ligada à cesta de consumo das famílias, mas ainda é preciso definir se será baseada em um núcleo ou na inflação cheia.

O núcleo de inflação é normalmente usado por ter capacidade preditiva melhor e por ser mais sensível às variáveis e aos *lags* de impacto da política monetária.[13] Há várias formas de construir um núcleo, seja estatístico, como a busca de um componente principal ou um fator dinâmico, seja por exclusão (por exemplo, retirar alimentos e petróleo, já que apresentam choques menos persistentes do que o impacto da política monetária sobre atividade).

No entanto, ao se perseguir um núcleo de inflação, perde-se transparência quanto ao objetivo do Banco Central e também perde-se a representatividade da cesta de consumo que é avaliada (no fim das contas, os alimentos continuarão tendo uma fração importante na cesta das famílias, seja com o BC incorporando isso ou não). Tal discussão é interessante e não há um consenso claro quanto a isso. O objetivo é definir uma meta de inflação que ajude na ancoragem das expectativas.[14] Assim, mesmo que o BC não deva reagir a choques de gasolina, por exemplo, ele deve reagir parcialmente à medida que afetam as expectativas.

Por tudo que foi exposto, permanecem ganhos ao utilizar a inflação cheia no curto prazo, mas, com a consolidação de um cenário de inflação baixa e um Banco Central crível, deve haver debate sobre o uso de um núcleo como meta inflacionária. Ainda que não tenham a melhor

---

[9] Diercks (2017).

[10] Alguns bancos centrais optaram por taxas levemente negativas que ainda evitassem a retirada de dinheiro do sistema financeiro.

[11] Gorodnichenko, Wieland e Coibion (2012) e Kiley e Roberts (2017) se debruçam sobre este tema para avaliar com qual probabilidade incorreríamos em uma limitação dada pela taxa nominal zero para, então, definir a meta de inflação adequada. Eles concluíram que aumentar a meta de inflação acima do que temos hoje para os Estados Unidos é apropriado, diante da frequência em que temos choques que nos levam ao *zero lower bound*.

[12] Kryvtsov e Mendes (2015).

[13] Ver Cecchetti (1997) e Bryan e Cecchetti (1994).

[14] Ver: https://www.bcb.gov.br/conteudo/relatorioinflacao/EstudosEspeciais/Vies_e_capacidade_preditiva_das_medidas_de_inflacao_subjacente.pdf.

fundamentação estatística, núcleos por exclusão são mais adotados por serem mais simples de entender (retirar gasolina e alimentos, por exemplo).

Meta: ano-calendário *vs.* outro horizonte: uma vez definidos a meta e o índice de inflação que será perseguido, precisamos definir em que prazo o Banco Central tenta atingir essa meta. Em um extremo, se fosse para o mês seguinte, isso envolveria mudanças grosseiras e inesperadas da taxa de juros para trazer a inflação de volta e, mesmo que o BC assim o fizesse, provavelmente não conseguiria, uma vez que a política monetária opera com defasagens até atingir a economia real e, consequentemente, a inflação. No outro extremo, se o prazo para o alcance da meta for extenso demais, as pessoas não acreditarão que a inflação ficará próxima desse nível no curto e médio prazo, desancorando expectativas e operando contra o que prega o regime de metas. Assim, o prazo deve envolver um *trade-off* que ajude a ancorar expectativas, mas que permita que o instrumento de política monetária tenha impacto sobre a economia.

Além disso, a introdução de metas de inflação por ano-calendário gera, a princípio, uma sazonalidade na própria determinação de juros. Por exemplo, se estivermos em junho com uma inflação muito baixa e a economia sofrer um choque adverso de preços, o Banco Central pode não subir juros, dadas a baixa inflação e a proximidade do encerramento do ano. Por outro lado, se estivéssemos em janeiro, talvez o BC não tivesse tanta confiança quanto ao comportamento prospectivo da inflação até o fim do ano-calendário e decidisse elevar a taxa de juros. Note, porém, que a mera alteração de janeiro para junho não parece ser uma variação apropriada para definir como o BC reagiria a um mesmo choque de preços.

Desse modo, ainda que tenha sido apropriado no passado, espera-se que comece um debate mais aprofundado para sair do regime de ano-calendário de meta de inflação no Brasil. Um prazo prospectivo em torno de 18 a 24 meses à frente, como usualmente utilizado, parece apropriado por incorporar o impacto máximo da política monetária sobre a inflação. De qualquer maneira, tal discussão ainda é incipiente e deve ser mais bem embasada com modelos novo-keynesianos, calibrados para o caso brasileiro.

Comparando com outros países (ver Tabela 6.1), vemos que a maior parte dos países tem prazo flexível para atingir a meta – o horizonte é definido como médio prazo, tipicamente algo em torno de 1 ano e meio a 2 anos. Alguns países são mais explícitos quanto ao horizonte da meta, como Turquia (3 anos) ou Suécia e Israel (ambos, 2 anos), mas mantêm um horizonte compatível com o médio prazo. O Brasil, por sua vez, optou por um horizonte explícito e de prazo mais curto, sendo o ano-calendário. Tal opção tem como vantagem a fácil identificação do acerto ou erro do Banco Central anualmente. No fim do ano, logo sabemos se o BC fez um *bom trabalho* ou não.[15]

Tabela 6.1 Metas de inflação em países selecionados

País	Meta para a inflação (intervalo)	Índice (cheio / núcleo)	Horizonte da meta	Disponibiliza os votos?	Disponibiliza o modelo?
África do Sul	4,5(1,5)	Cheio	Contínuo	Não	Sim
Austrália	2,5(0,5)	Cheio	Médio Prazo	Não	Não
Brasil	3,5(1)	Cheio	Ano-Calendário	Sim	Sim
Canadá	2(1)	Cheio	Médio Prazo	Não	Sim
Chile	3(1)	Cheio	Médio Prazo	Sim	Sim
Coreia do Sul	2	Cheio	Médio Prazo	Não	Sim
Dinamarca	2	Cheio	Médio Prazo	Não	Sim
Estados Unidos	2	Núcleo	Médio Prazo	Sim	Sim

Continua >>

---

[15] "Bom trabalho" é definido de forma simplista, já que há uma miríade de fatores que afetam a economia, como choques de oferta, que podem prejudicar a condução da política.

Continuação >>

País	Meta para a inflação (intervalo)	Índice (cheio / núcleo)	Horizonte da meta	Disponibiliza os votos?	Disponibiliza o modelo?
Hungria	3	Cheio	3-5 anos	Sim	Sim
Índia	4(2)	Núcleo	9 meses	Sim	Não
Indonésia	3,5(1)	Cheio	Médio Prazo	Não	Não
Islândia	2,5	Cheio	Médio Prazo	Sim	Sim
Israel	2	Cheio	2 anos	Sim	Sim
Japão	2	Cheio	Contínuo	Sim	Sim
México	3(1)	Cheio	Médio Prazo	Não	Não
Noruega	2	Cheio	Médio Prazo	Não	Sim
Nova Zelândia	2(1)	Cheio	Médio Prazo	Não	Sim
Polônia	2,5(1)	Cheio	Médio Prazo	Sim	Sim
Reino Unido	2	Cheio	Contínuo	Sim	Sim
República Tcheca	2(1)	Cheio	12-18 meses	Sim	Sim
Rússia	4	Cheio	Médio Prazo	Não	Não
Suécia	2	Cheio	2 anos	Sim	Sim
Suíça	2	Cheio	Médio Prazo	Não	Sim
Tailândia	2,5(1,5)	Cheio	Ano-Calendário	Sim	Sim
Turquia	5(?)	Cheio	3 anos	Não	Não
Zona do Euro	2	Cheio	Médio Prazo	Não	Sim

Fonte: Elaboração própria, a partir dos dados de diversos Bancos Centrais.

O VEÍCULO (DESENHO INSTITUCIONAL)

Nesta seção, procuramos entender melhor como deve ser o desenho institucional do Banco Central. Trata-se da definição do veículo que vamos dirigir. Neste assunto, há dois grandes temas a serem abordados: a comunicação e a organização. Abordaremos, primeiramente, a transparência, com ênfase em quanta informação deve ser divulgada pelo BC. Depois, seguiremos para a organização do BC, pensando um pouco mais no comitê que decide a taxa de juros.

O papel da transparência

Há uma enorme discussão sobre o grau ótimo de transparência que o Banco Central deve adotar. Por um lado, a transparência maior facilita o entendimento, reduz as surpresas e ajuda na convergência de expectativas sobre a condução futura de política monetária. Por outro, uma transparência excessiva reduz o poder discricionário de um BC ao lidar com choques inesperados.[16,17]

Em primeiro lugar, é importante determinar como o Banco Central deve se comunicar com os diferentes agentes da economia. Para isso, a Tabela 6.2 é ilustrativa.

Comecemos pelo grupo mais amplo, fora do núcleo de interação do BC ou mercado financeiro. Inicialmente, temos que pensar se é factível e se queremos uma comunicação mais ampla.[18]

---

[16] A literatura de *forward guidance*, que acaba sendo relacionada a isso, tem objetivo de gerar respostas de política contracíclica mais do que ganhos de transparência. Ver artigos de Nakamura e Steinsson (2018) e Del Negro, Giannoni e Patterson (2015).

[17] A literatura teórica de otimalidade deve muito a Morris e Shin (2002).

[18] Ver Haldane e McMahon (2018).

Aqui, a literatura ainda é incipiente, mas estudos/experimentos sugerem que diversas formas de o Banco Central se relacionar com a sociedade podem ajudar na construção de expectativas e na credibilidade do BC.

Para o grupo mais específico, a literatura é mais extensa e versa sobre diferentes aspectos. Tratamos, então, das diversas formas de comunicação: comunicado pós-decisão, ata da reunião, transcrição da reunião e apresentação do modelo.

Sobre o comunicado do BC, temos alguns aspectos importantes.

Tabela 6.2 Processo decisório em países que adotam metas para a inflação.

País	Minutas	Transcrição	Encontros por ano	Membros no comitê	Mandato do presidente	Relação entre mandatos
África do Sul	Impessoal	Não	6	7	5	Sobrepostos
Austrália	Impessoal	Não	11	9	7	Sobrepostos
Brasil	Impessoal	Sim	8	9	Não	-
Canadá	Impessoal	Não	8	6	7	Sobrepostos
Chile	Impessoal	Sim	12	5	5	Sobrepostos
Coreia do Sul	Impessoal	Sim	12	7	4	Sobrepostos
Dinamarca	Pessoal	Não	8	6	8	Sobrepostos
Estados Unidos	Impessoal	Sim	8	12	7	Sobrepostos
Hungria	Impessoal	Sim	12	9	6	Sobrepostos
Índia	Pessoal	Sim	6	6	4	Paralelo
Indonésia	Impessoal	Não	12	6	5	Sobrepostos
Islândia	Impessoal	Sim	8	5	5	Sobrepostos
Israel	Impessoal	Sim	12	6	Não	-
Japão	Pessoal	Sim	8	9	5	Sobrepostos
México	Pessoal	Não	8	5	6	Sobrepostos
Noruega	Impessoal	Não	6	10	6	Sobrepostos
Nova Zelândia	Impessoal	Não	8	7	5	Sobrepostos
Polônia	Impessoal	Sim	12	10	6	Paralelo
Reino Unido	Impessoal	Sim	12	9	5	Sobrepostos
República Tcheca	Impessoal	Sim	8	7	6	Sobrepostos
Rússia	Impessoal	Não	8	15	5	Sobrepostos
Suécia	Pessoal	Sim	6	6	8	Sobrepostos
Suíça	Impessoal	Não	4	6	8	Sobrepostos
Tailândia	Impessoal	Sim	8	7	5	Sobrepostos
Turquia	Impessoal	Sim	12	7	3	Sobrepostos
Zona do Euro	Pessoal	Sim	8	24	8	Sobrepostos

Fonte: Elaboração própria, a partir dos dados dos diversos bancos centrais.

Em primeiro lugar, devemos avaliar se os votos devem ser divulgados ou não, como tratado na Tabela 6.1. Há diferentes modelos na literatura, desde a não divulgação até a divulgação com nomes, passando por escolhas intermediárias indicando votos dissidentes sem nomeá-los. Neste aspecto, fica claro que, quanto maior a transparência, maior a responsabilidade de cada diretor para decidir a taxa de juros. Assim, o modelo sugerido é apresentar o voto de cada diretor com um pequeno comentário de quem discorda da decisão da maioria.

Um segundo aspecto a ser debatido é o conteúdo dos comunicados do BC, como descrito na Tabela 6.2. Alguns banqueiros centrais optam por escrever comunicados muito semelhantes entre si, enfatizando suas pequenas divergências, enquanto outros optam por escrever a partir de uma página em branco a cada reunião.[19]

Quanto à ata, também há muita divergência. Note que o objetivo da divulgação é não só explicar a própria decisão de juros, mas também ajudar a guiar os participantes do mercado para o que ocorrerá no futuro. Assim, o aumento da comunicação com parágrafos explicativos sobre o que cada membro enfatizou e defendeu, como na Suécia, ainda que não seja o padrão, parece apropriado. Na Tabela 6.2, contrariamente, notamos que grande parte dos países opta por não declarar o que cada membro especificamente falou durante a reunião.

Em caráter semelhante, também na mesma tabela, temos a divulgação *verbatim* das discussões de reuniões do Banco Central (transcrições). Conforme documentam alguns autores, com maior transparência, há, por um lado, maior disciplina e mais informação digerida pelos membros. Por outro, aumenta a convergência de opinião entre os membros.[20] O resultado final desses dois efeitos, um, positivo e o outro, negativo, dependerá de cada situação. A literatura sugere que a divulgação é positiva, mas ainda falta compreender melhor qual deve ser o prazo para a divulgação completa, por exemplo. Deveria ser um prazo longo o suficiente para não afetar a decisão do membro, mas curto o bastante para ele incorrer nos custos reputacionais da informação divulgada.

Observe que a conclusão para o tema transparência (transcrições, ata e comunicado) é de busca por maior transparência, ou transparência total. No entanto, estamos aqui apenas tratando do que ocorreu e não há muita discussão quanto à transparência do que ocorrerá – ou seja, da transparência quanto do que o BC fará, dadas as condições da economia.

O lado mais sistemático da função de reação envolve a divulgação dos modelos do Banco Central utilizados na sua tomada de decisão. Ademais, há discussão sobre a divulgação da trajetória futura de juros embutida em tal modelo. Como se pode ver na Tabela 6.1, entre a lista de países selecionados, a maioria dos bancos centrais divulga o seu modelo.[21] A proposta de divulgar o modelo e a trajetória de juros, baseada em hipóteses do mercado ou de variáveis constantes no tempo, parece apropriada. Com isso, os agentes podem não só divergir do BC quando for o caso, como também entender como mudariam a condução se houvesse um choque. Além disso, ao adotar hipóteses de modelagem que não envolvam a própria função de reação da política monetária, o BC mantém certo grau de liberdade para promover uma mudança na condução dos juros.

O papel da organização do Banco Central

Um assunto que às vezes é menosprezado na literatura de política monetária envolve a organização do BC e o entendimento de sua composição.

Tomemos o exemplo da frequência de reuniões. Ainda há carência de estudos neste campo, que envolve buscar o ponto ótimo entre a volatilidade financeira advinda de uma reunião e

---

[19] Ehrmann e Talmi (2017) mostram que há redução de volatilidade financeira quando os comunicados são semelhantes, justificando a opção por tal estratégia.

[20] Ver Hansen, McMahon e Prat (2017).

[21] Isso é uma particularidade da amostra, que tem alta proporção em países desenvolvidos. Entre todos os BCs, apenas 25% divulgam o modelo (EICHENGREEN, 2019).

a redução de volatilidade real advinda da possibilidade de alterar os juros.[22] A opção recente de vários bancos centrais por oito reuniões ao ano envolve mais uma decisão consensual em relação a outros países, do que uma decisão embasada em fundamentos ou aplicada nas condições do país.

Outro assunto extremamente relevante é a escolha de quem decide a taxa de juros. Alguns autores mostram que o *background* dos membros do comitê de política monetária é uma variável relevante para entender suas decisões.[23] Já outros mostram que bancos centrais com número maior de membros detentores de maior formação acadêmica (doutorado ou mestrado) lidam com inflações mais baixas, *ceteris paribus*.[24] No entanto, resta saber se as diversas dimensões do *background* do membro, como elaborado na Tabela 6.3, ajudam a explicar as decisões de juros. Mais ainda, uma vez entendido que cada dimensão produz sua própria média de resultado para a condução futura de juros, caberá definir a organização ótima do comitê. Em primeiro lugar, a pluralidade é importante para evitar a convergência excessiva de informação. Ter membros com passagem pela academia, que contribuem na formulação de modelos, misturados com membros com passagem pelo mercado financeiro, que ajudam a avaliar os impactos sobre o mercado de uma decisão, é apropriado. No entanto, ainda falta entender o impacto, por exemplo, que cada perfil traz sobre a inércia na alteração da taxa de juros.

Outro aspecto importante é a quantidade de membros no comitê.[25] Nesse aspecto, comparando com outros países, vemos, na Tabela 6.3, que o Brasil possui um número de membros semelhante aos dos demais países, mas com percentual de membros oriundos do próprio Banco Central muito acima da maior parte dos países. Nesse sentido, uma sugestão seria trazer mais membros de fora do BC, aumentando a pluralidade de opiniões.

Por fim, ao analisarmos a Tabela 6.3, vemos que o mandato médio de um diretor no Banco Central do Brasil é muito baixo. Duas questões devem ser tratadas, então.

Em primeiro lugar, é preciso definir o tempo ótimo de mandato de um diretor.[26] Deve ser longo o suficiente para não se confundir com o ciclo político, mas também curto o bastante para que o comitê não se personalize, pois é mais importante a instituição do que a soma dos membros.

Além disso, para blindar do ciclo político e das condições contemporâneas, os mandatos devem ser fixos e sobrepostos. Por exemplo, se há sete membros, cada um com mandato de sete anos, sugere-se que se troque um membro por ano, para evitar descontinuidades bruscas na troca de membros.

---

[22] Monteiro e Guillen (2019).

[23] Gohlmann e Vaubel (2007) e Smales e Apergis (2017).

[24] Costa (2019).

[25] Blinder e Morgan (2005) abordam este aspecto, mostrando que comitês maiores demoram mais a mudar a taxa de juros. Costa (2019), por outro lado, mostra que comitês maiores mantêm a inflação mais próxima da meta.

[26] Waller e Walsh (1996), O'Flaherty (1990) e Waller (1992).

Tabela 6.3 Composição dos Bancos Centrais.

	Gênero	Cidadão nacional	Economista	Advogado	Mestrado	MBA	PhD	Idade Média	Acadêmico	Trabalhou no setor privado	Trabalhou no governo	Trabalhou em org. multilateral	Funcionário do BC
Austrália	19,4	100,0	72,0	6,6	19,1	10,1	26,8	58	8,9	59,1	12,2	1,4	23,1
Brasil	4,3	100,0	59,5	0,0	6,9	10,6	48,7	51	10,5	27,7	9,7	10,1	50,3
Canadá	23,2	100,0	94,1	2,1	17,6	7,4	70,8	54	22,4	10,0	24,1	11,5	57,2
Chile	8,4	100,0	90,0	0,0	5,8	0,0	85,8	54	85,8	23,5	41,8	7,5	14,2
Colômbia	4,3	100,0	90,2	6,5	18,9	16,1	67,7	54	44,8	13,9	76,2	14,8	27,5
EUA	19,1	93,7	75,9	9,9	12,2	18,3	67,8	58	29,3	30,8	12,6	1,1	44,2
Europa	4,9	100,0	66,1	19,5	25,0	4,2	46,1	58	21,3	11,1	47,5	9,6	39,3
Grã-Bretanha	17,2	89,4	87,5	0,0	32,0	6,5	44,9	53	35,9	33,5	17,6	5,3	21,7
Islândia	10,9	96,1	63,1	12,1	6,0	5,8	46,9	56	19,3	6,4	23,5	9,2	41,6
Israel	11,6	56,9	100,0	0,0	0,0	3,1	96,9	64	64,9	29,6	25,0	71,8	39,7
México	1,0	100,0	76,0	0,0	19,0	2,0	67,0	57	45,0	30,0	34,0	14,0	36,0
Noruega	33,0	96,1	86,2	10,4	45,2	26,8	19,6	54	30,3	38,1	27,7	5,8	24,9
Nova Zelândia	0,0	100,0	100,0	50,0	32,5	0,0	67,5	59	0,0	22,5	50,0	27,5	0,0
Polônia	15,8	97,0	86,5	12,0	0,0	7,9	95,3	59	89,6	1,7	50,9	2,7	6,7
República Tcheca	9,6	100,0	92,3	0,6	15,0	0,6	74,4	45	48,5	25,7	19,1	0,0	28,7
Suécia	40,5	100,0	95,3	5,5	0,0	0,0	58,4	56	24,6	20,8	15,4	17,6	21,5

Fonte: Costa (2019).

CONCLUSÕES

Mesmo não se tratando de uma análise exaustiva, sugere-se como conclusão que o Banco Central do Brasil deveria caminhar para um regime de metas de inflação por núcleo, sem uso do ano-calendário e com a meta entre 2% e 3%.[27]

Além disso, no que tange à transparência, a instituição deveria apresentar votos, a justificativa dos votos, as discussões por trás dos votos e os modelos subjacentes para a determinação futura de juros. Quaisquer informações que contribuam para a determinação futura de juros, no entanto, devem ser tratadas como condicionais ao que era conhecido no período em questão, para evitar a perda de graus de liberdade.

Por fim, na parte de comunicação, é preciso explorar mais o perfil de cada membro do comitê. Menos membros oriundos do próprio BC, com substituição por membros vindos do mercado financeiro e da academia, colocariam o Brasil mais próximo dos pares. Além disso, mandatos imbricados e mais longos também são desejáveis tanto pelos resultados da literatura quanto pelos exemplos dos outros países.

Em função do nosso objetivo – uma análise dos detalhes operacionais e institucionais do Banco Central e da tomada de decisão de política monetária –, não abordamos no capítulo a interação entre a decisão da política monetária e o ciclo econômico na economia brasileira. Ou seja, temas relacionados à condução dos juros em si, ou mesmo de outras opções de política monetária (como, por exemplo, um sistema de metas de nível de preços entre outros possíveis), ficaram à margem do que tratamos aqui, por não fazerem parte do escopo do capítulo, apesar de serem de extrema importância.

REFERÊNCIAS

ALESINA, A.; SUMMERS, L. H. Central bank independence and macroeconomic performance: some comparative evidence. *Journal of Money, Credit, and Banking*, v. 25, n. 5, p. 151-162, 1993.

BARCELLOS NETO, P. C.; PORTUGAL, M. S. The natural rate of interest in Brazil between 1999 and 2005. *Revista Brasileira de Economia*, v. 63, p. 103-118, 2009.

BERNANKE, B. Monetary policy in a low interest rate world: comment. *Brookings Papers on Economic Activity*, Brookings Institution, 2017.

BLINDER, A.; MORGAN, J. Are two heads better than one? Monetary policy by committee. *Journal of Money, Credit and Banking*, v. 37, n. 5, p. 798-811, 2005.

BRYAN, M.F.; CECCHETTI, S. G. Measuring core inflation. *In*: MANKIW, N. G. (ed.). *Monetary policy*. Chicago: Chicago University Press, 1994.

CECCHETTI, S. G. Measuring short-run inflation for central bankers. *Federal Reserve Bank of St. Louis Review*, v. 79, n. 3, p. 143-155, 1997.

COSTA, G. Comunicação e transparência do Banco Central. 2019. Dissertação (Mestrado) – Insper, São Paulo, 2019.

COSTA, G.; GUILLEN, D. Communications and transparency in monetary policy committees. 2019. Mimeo.

DEL NEGRO, M.; GIANNONI, M.; PATTERSON, C. *The forward guidance puzzle*. Staff Reports, 574, Federal Reserve Bank of New York, 2015.

DIERCKS, A. M. The reader's guide to optimal monetary policy. SSRN Working Paper 2989237, 2017.

EHRMANN, M.; TALMI, J. Starting from a blank page? Semantic similarity in central bank communication and market volatility. Staff Working Paper 2016-37, Bank of Canada, 2017.

EICHENGREEN, B. Transparency of monetary policy in the post crisis world. *In*: MAYES, David; SIKLOS, Pierre; STURM, Jan-Egbert (ed.). *Oxford handbook of the economics of central banking*. New York: Oxford University Press, 2019.

GOHLMANN, S.; VAUBEL, R. The educational and professional background of central bankers and its effect on inflation: an empirical analysis. *European Economic Review*, v. 51, n. 4, p. 925-994, 2007.

GORODNICHENKO, Y; WIELAND, J; COIBION, O. The optimal inflation rate in New Keynesian models: should central banks raise their inflation targets in light of the zero lower bound? *In*: SOCIETY FOR ECONOMIC DYNAMICS. *Meeting Papers*, n. 70, 2012.

---

[27] Em horizontes mais longos, em que o núcleo e a inflação cheia convergem, não deveria haver diferença em se ter como meta um ou outro. A opção pelo núcleo é tão somente para enfatizar o índice de inflação sobre o qual a política monetária tem maior impacto.

HALDANE, A.; MCMAHON, M. Central bank communications and the general public. *American Economic Review*, v. 108, p. 578-583, 2018.

HANSEN, S.; MCMAHON, M.; PRAT, A. Transparency and deliberation within the FOMC: a computational linguistics approach. *The Quarterly Journal of Economics*, v. 133, n. 2, p. 801-870, 2017.

KILEY, M. T.; ROBERTS, J. M. Monetary policy in a low interest rate world. *Brookings Papers on Economic Activity*, v. 1, p. 317-389, 2017.

KRYVTSOV, O.; MENDES, R. R. The optimal level of the inflation target: a selective review of the literature and outstanding issues. Discussion Papers 15-8, Bank of Canada, 2015.

MONTEIRO, V.; GUILLEN, D. The optimal frequency of central bank meetings and the costs of overlooking it. 2019. Manuscrito.

MORRIS, S.; SHIN, H. S. Social value of public information. *American Economic Review*, v. 52, p. 1521-1534, 2002.

NAKAMURA, E.; STEINSSON, J. High-frequency identification of monetary non-neutrality: the information effect. *Quarterly Journal of Economics*, v. 133, n. 3, p. 1283-1330, Aug. 2018.

O'FLAHERTY, B. The care and handling of monetary authorities. *Economics and Politics*, v. 2, n. 1, p. 25-44, 1990.

PORTUGAL, M. S.; Moreira, J. R. R. Natural rafe of interest estimates for Brazil after adoption of the inflation-targeting regime. 2018. Disponível em: <https://www.ufrgs.br/ppge/wp-content/uploads/2019/02/2019_01.pdf>.

SMALES, L. A.; APERGIS, N. Understanding the impact of monetary policy announcements: the importance of language and surprises. *Journal of Banking & Finance*, v. 80(C), p. 33-50, 2017.

SVENSSON, L. E. O. Inflation targeting as a monetary policy rule. *Journal of Monetary Economics*, v. 43, p. 607-654, 1999.

WALLER, C. J. A bargaining model of partisan appointments to the central bank. *Journal of Monetary Economics*, v. 29, n. 3, p. 411-428, 1992.

WALLER, C. J.; WALSH, C. E. Central bank independence, economic behavior and optimal term lengths. *American Economic Review*, v. 86, p. 1139-1153, 1996.

Legislação Trabalhista: o que Falta Mudar?

Ana Luiza Fischer Teixeira de Souza Mendonça e
Bruno Silva Dalcolmo

INTRODUÇÃO

O mundo do trabalho está em reconstrução. Uma revolução tecnológica sem precedentes reinventa as interações humanas e edifica uma nova realidade, que gera intensos efeitos nas relações de trabalho. O Brasil precisa, portanto, dela participar e a ela adaptar-se.

Já demos mostras, é verdade, de termos posto mãos à obra. Alterações legais importantes foram construídas nos últimos anos a partir de demandas da sociedade, legitimamente canalizadas em seus locais de manifestação, e passam agora pela indispensável maturação jurisprudencial. Para se concluir essa adequação, contudo, muitas outras modificações, sobretudo legislativas, precisam ser realizadas.

A partir da constatação desse cenário, é possível formular algumas sugestões objetivas do que possam ser essas desejadas alterações, sendo este o objetivo principal do presente capítulo.

Ele se divide em cinco seções. Após esta seção introdutória, faz-se uma seção de contextualização do mundo do trabalho, a partir da significativa transformação que se encontra em curso. Na seção subsequente, expõem-se brevemente as alterações legais em matéria trabalhista ocorridas nos últimos anos no Brasil para que, em seguida, na quarta seção, se possa abordar adequadamente a agenda de mudanças propostas para a década de 2020. Uma última e breve seção encerra finalmente o texto, com as considerações finais.

O NOVO MUNDO DO TRABALHO

A Organização Internacional do Trabalho (OIT), agência das Nações Unidas fundada para fomentar o trabalho decente, completou 100 anos em 2019. O tema escolhido por seu diretor-geral para marcar a passagem centenária foi o "Futuro do Trabalho" e o que o justificou foi uma inédita e alarmante preocupação. Para a Organização, inovações tecnológicas como a inteligência artificial, a automatização e a economia de plataformas digitais impulsionam uma transformação completa do mundo do trabalho, que ameaça de extinção os empregos atuais, recria "práticas do século 19" e faz nascer futuras gerações de *"digital day labourers"*.[1]

O alerta é catastrófico, como convém à natureza da Organização, mas ninguém pode acusá-la de alienação. Uma leitura atenta da conjuntura atual e do histórico que a antecedeu evidencia, de fato, uma ruptura com o modelo tradicional de interação entre os trabalhadores e seus tomadores de serviços. Parece-nos claro que está em curso uma revolução do modo de produzir e de

---

[1] Em 2017, foi formada uma comissão, a *Global Commission on the Future of Work*, que após 18 meses de trabalho apresentou seu relatório, posteriormente adotado pela sessão centenária da conferência anual da OIT em Genebra. O relatório está disponível em: https://www.ilo.org/wcmsp5/groups/public/---dgreports/---cabinet/documents/publication/wcms_662410.pdf.

consumir que tende a subverter as formas conhecidas de trabalho e de relacionamento profissional entre as pessoas. E as novas tecnologias parecem mesmo ser o principal motor dessa subversão.

O registro da realidade que nos cerca é o ponto de partida para se explicitar o que aqui se sustenta. É algo óbvio que as inovações tecnológicas melhoram nossas condições de vida, visto que, entre outros benefícios, ampliam nossas possibilidades pessoais, tornam mais barato e facilitado o acesso ao conhecimento e à informação, anulam distâncias geográficas e possibilitam maior intensificação de relações entre entes queridos.

No campo do trabalho, inovações como a inteligência artificial, a biotecnologia, a intermediação por algoritmos e a automatização, além de tornarem mais amenas várias formas de labor manual, impulsionam a produtividade com o aproveitamento de tempo e recursos, com a integração de processos produtivos, com as novas formas de monitoramento e com a supressão de tarefas repetitivas e a intensificação da interação profissional.

É também uma obviedade constatar o ritmo acelerado e inédito em que essa revolução tecnológica está ocorrendo. O economista alemão Klaus Schwab, um dos fundadores do Fórum Econômico Mundial, vem defendendo o prognóstico de que o desenvolvimento da chamada "Revolução 4.0", "*em sua escala, escopo e complexidade*", é diferente "*de tudo aquilo que já foi experimentado pela humanidade*".[2]

Não parece ser o caso de se repetir o conhecido vaticínio de John Stuart Mill, em parte compartilhado por Keynes, de que a produtividade advinda das tecnologias da Revolução Industrial chegaria a tal ponto que ao homem do futuro seria possível deixar de dedicar-se às necessidades materiais e sociais e voltar-se a objetivos mais "nobres".[3] Aliás, trata-se de "previsão" recorrente na história das ideias, em especial desde o século 18,[4] tendo sido também externada por Hannah Arendt, no seu livro *A condição humana*, ao mencionar

> [...]a chegada da automatização que em algumas décadas provavelmente esvaziará as fábricas e libertará a humanidade de seu fardo mais antigo e natural, o fardo do trabalho, a sujeição à necessidade.[5]

Não parece, repita-se, ter sido o caso até aqui. De todo modo, se a prevista liberação do homem de fato não vier a se realizar, ao menos se pode prever um efeito relevante como decorrência do fenômeno.

Neste limiar da quarta revolução industrial, quando a produção responde e se adapta com incrível velocidade à era digital, o foco do trabalho tende a se concentrar ainda mais na produção e na capacitação do *intelecto*, com todas as consequências sociais e econômicas que daí advêm. Os trabalhos manuais tendem a ser integralmente automatizados ou robotizados de maneira a tornar provável uma substituição laborativa por ocupações anteriormente não existentes, de outra natureza, ou advindas de novas necessidades surgidas justamente das inovações. É o que mostram alguns estudos recentes.

O Banco Mundial, por exemplo, estimou em 2016 que dois terços dos empregos no mundo desenvolvido estariam suscetíveis à automatização. Os pesquisadores de Oxford Frey e Osborne concluíram, em conhecido estudo de 2015, que 47% dos empregos atuais têm alta probabilidade de serem automatizados nos próximos 20 anos. Outro multicitado estudo, do McKinsey Institute, traz a conclusão de que 45% de tudo o que se paga hoje pode ser automatizado entre duas e quatro décadas à frente. O próprio Fórum Econômico Mundial vem sustentando que a inteligência artificial tem capacidade de extinguir milhões de empregos e gerar outros cujos requisitos são maior capacitação ou ao menos o domínio de novos conhecimentos técnicos.[6]

---

[2] Schwab (2016), p. 7.

[3] Mattos (1998).

[4] Sobre essa recorrência, ver o interessante artigo jornalístico de Kessler (2017).

[5] Arendt (1958), p. 37.

[6] OIT (2019), p. 19.

Essas são, como dito, as consequências óbvias esperadas da revolução no mundo do trabalho.

Não tão óbvio, todavia, parece ser o impacto que essas transformações trarão *para as normas trabalhistas*. Quem compreende esse impacto compreende também o alarmismo da OIT.

Isso porque o que também está em curso é uma verdadeira *desconstrução* das premissas sobre as quais se assenta o próprio Direito do Trabalho. E parte da comunidade de juristas já percebe que as novas formas de trabalhar não cabem mais nos modelos normativos clássicos que foram criados a partir dessas estruturas produtivas que estão em extinção.

Com efeito, as legislações trabalhistas modernas nasceram no contexto de outra revolução industrial – e como resposta a um modelo produtivo que tende a deixar de existir. É dizer: as novas formas de trabalho não guardam nenhuma identidade com o trabalho industrial *dependente* e *subordinado* que alimentou o Direito do Trabalho desde o seu nascimento. É preciso repensar tudo.

Tercio Sampaio Ferraz Junior, professor da USP, rememora o histórico que nos auxilia a ilustrar o ponto. Conta ele que, quando se deu a primeira revolução conhecida no mundo do trabalho – a invenção de ferramentas –, estas surgiram para atuar em *função* do homem e assim permaneceram por longo período:

> Se a primeira "revolução industrial" da humanidade aconteceu com a invenção da ferramenta como extensão da mão (a pedra lascada, o cajado de madeira, a ponta da flecha), o mundo ferramental foi, durante milênios, um artifício dependente (função) do ser humano. O homem-ferramenta fazia de si mesmo o que ele é: o carpinteiro não faz apenas mesas, mas, por sua atividade, se faz carpinteiro. [...]
>
> Já com a segunda revolução industrial (há pouco mais de duzentos anos), que surge com a invenção da máquina, altera-se o mundo ao alterar-se a relação homem/extensão, dando origem às fábricas. O mundo das fábricas é o mundo do homem-máquina, cuja existência depende da máquina enquanto uma espécie de ferramenta projetada e construída a partir de uma teoria científica e que dá sentido à existência (*dasein*): o homem não é mais o que ele faz, mas faz o que a máquina determina.[7]

Nesse momento, explica o autor, "*a relação se inverte: o homem se torna função da máquina*". O trabalhador ali, dizemos nós, tornou-se substituível, autômato e mera peça do processo produtivo. *O trabalho torna-se eminentemente dependente e subordinado.*

Foi esse, portanto, o contexto em que as normas trabalhistas modernas se originaram. A premissa era de que ao "homem-máquina", destituído de escolhas em virtude da necessidade premente de sobreviver, era necessário estender uma proteção normativa irrenunciável. Tais normas trabalhistas, como é sabido – em pouco mais de dois séculos, mas com marcada intensidade no século 20 –, tornaram-se detalhadas, acentuadas e intrusivas.

Contudo, o mundo de agora se caracteriza pela *instabilidade*, o que é ressaltado por Ferraz Junior (2019, p. 28) ao encerrar o histórico aqui invocado:

> Essas transformações alteram, afinal, a percepção do mundo em que vivemos. No lugar das estabilidades do mundo físico e do mundo abstrato dos direitos surge um mundo sem substância e sem vínculo funcional, sem orientação fixa, sem conclusão e sem definição, apenas conduzido pela mão do acaso, por assim dizer, *the magic hand of chance*, que parece apontar para essa lógica diferente, que aparenta estar na raiz da globalização e da pós-modernidade.

Nesta era da informação, a quarta revolução traz novamente a subversão da equação: ao trabalhador é devolvida a possibilidade de reassumir o controle de sua vida laborativa e utilizar-se das revolucionárias novas tecnologias à sua disposição para exercer com autonomia e completude as suas competências. E isso só vem ocorrendo porque o trabalho subordinado entrou em crise.

Uma manifestação relevante dessa crise já se dera com a *horizontalização* do tomador de serviços. Grandes empregadores tornaram-se majoritariamente horizontais, isto é, fragmentados, na

---

[7] Ferraz Junior (2019), p. 28.

medida em que se consolidou outro fenômeno econômico que reorganizou o modo de produzir desde as últimas décadas do século passado: a terceirização de atividades. Já estava em curso, portanto, um processo de *desfazimento* do polo patronal, com a formação da "empresa em rede", na conhecida acepção de Alain Supiot.

Agora, essa crise do labor subordinado se aprofunda, uma vez que os tradicionais limites *temporais e espaciais* que constituíam a base de inúmeras normas protetivas do trabalho não apenas se *rompem*, mas *desaparecem*: trabalha-se a qualquer tempo, de qualquer lugar. Mais do que isso: trabalha-se para *quem* se quer.

De fato, a relação direta entre quem contrata o trabalho e quem o presta, modelo característico do contrato de trabalho clássico, sai de cena e é substituída por uma interação marcada pela independência dos sujeitos e pela fragilidade dos vínculos entre eles estabelecidos. O trabalho juridicamente independente dá mostras de que pretende substituir, se não por completo, majoritariamente, o trabalho subordinado.

Em resumo, as relações de trabalho caminham para a prevalência da prestação de trabalho não submetido às tradicionais figuras de subordinação e salário. O labor independente, por conta própria, sem vínculos funcionais delineados, emerge e impõe-se com robustez surpreendente, à revelia dos teóricos que parecem lhe torcer os narizes.

Essa circunstância foi assim sintetizada por Adrián Goldin, presidente da Sociedade Internacional de Direito do Trabalho e da Seguridade Social, no VIII Congresso Internacional de Direito do Trabalho, em 2018:

> O modelo de vinculação trabalhista tradicional, que pressupõe uma relação de emprego formal, com contrato escrito ou verbal, prevalentemente indefinido, e uma série de direitos que decorrem desse vínculo regulados por lei e convenção coletiva e que também habita o acesso a certos direitos da previdência social adstritos à relação de emprego, não parece ter respostas para fenômenos que se encontram em curso e que de algum modo antecipam o futuro do trabalho.[8]

Eis aí, portanto, o que fundamenta a preocupação da OIT: o próprio objeto do Direito do Trabalho, que é o trabalho subordinado, tem sua existência ameaçada. Junta-se a ele, como objeto da ameaça, todo um ordenamento jurídico especializado, construído para lhe dar proteção.

O fenômeno que a um só tempo explica e torna-se paradigma desse novo mundo do trabalho é o das plataformas colaborativas e virtuais que já dominam o mercado, sobretudo o de serviços, e expandem rapidamente sua presença nos mais diversos setores da economia: transporte, entregas, hotelaria, reparações diversas (profissionais e residenciais); crédito; processamento de dados e imagens, entre outros.

Tais empreendimentos virtuais se colocam à disposição de consumidores e prestadores para que as duas pontas, através da livre utilização da plataforma, estabeleçam suas interações laborativas. O empregador, que já era horizontal, desconcentrado, agora *desaparece*.

Enquanto isso, o trabalhador inserido nesse contexto, além de tornar-se "proprietário dos meios de produção", uma vez que se ativa com seu próprio "capital", pode não só determinar seu volume de trabalho e sua produtividade, como também organizar com liberdade seu tempo de trabalho e prestar seus serviços a vários tomadores indistintamente.

Repita-se: o trabalhador trabalha quando, como e para quem quiser. É esta a subversão completa do trabalho subordinado de que se trata. No novo mundo do trabalho, é o trabalhador *que se utiliza dos tomadores de serviços*, na intensidade desejada, para auferir renda.

Não é por outro motivo que as normas trabalhistas vêm sendo reinventadas e assentadas sobre novas premissas. Já se verifica uma clara tendência mundial de adoção de uma *soft law*: alterações legislativas que reconhecem a substituição do trabalho dependente clássico pelo trabalho autônomo (Espanha), o parassubordinado ou o "*lavoro a chiamata*" (Itália), os "quase trabalhadores"

---

[8] Goldin (2019), p. 137.

ou o *"Arbeit auf Abruf"* (Alemanha), ou ainda o "trabalhador casual" e também os contratados por contratos "zero hora" (Reino Unido).[9]

A essa tendência se juntou o trabalho intermitente português e também o brasileiro, regulamentado pela modernização trabalhista de 2017, sobre a qual se falará na próxima seção.

É preciso adaptar-se ao novo mundo do trabalho, sob pena de se achar fora dele.

O QUE JÁ MUDOU: ALTERAÇÕES LEGAIS RECENTES

Em 2017, o Brasil empreendeu a maior alteração legal em matéria trabalhista desde o nascimento da Consolidação das Leis do Trabalho, em 1943. A nossa CLT foi revista e atualizada, em um processo legislativo marcado por debates e polêmicas, ao fim do qual promulgou-se a Lei nº 13.467/2017, que alterou mais de uma centena de dispositivos legais e ficou conhecida como "Reforma Trabalhista".

Essa modernização das leis do trabalho era mais do que necessária: o Brasil de 1943 era absolutamente distinto do Brasil da segunda década do século 21. Nesses três quartos de século, o Brasil deixou de ser um país rural, industrializou-se e chegou à era da informação com uma regulamentação inadequada para as novas dinâmicas sociais, as novas formas de trabalho e produção e as novas profissões.

Diversos temas previstos na CLT foram reformulados – em muitos deles, para se estabelecer um sentido oposto ao que vigorava anteriormente. A intenção do legislador era, portanto, clara: atender ao cenário mundial exposto na seção anterior e aos anseios da sociedade por maior simplificação, liberdade e segurança jurídica.

Vejam-se, por exemplo, algumas das mais importantes modificações legais realizadas:

- Foram flexibilizadas as rígidas regras que regulavam o trabalho em tempo parcial (CLT, art. 58-A e seus §§); a jornada de 12 × 36 horas (CLT, art. 59-A e 60, parágrafo único); a compensação de jornada, o banco de horas e o intervalo intrajornada (CLT, arts. 59, §§ 5º e 6º, 59-B e 71, § 4º).
- Foram regulamentados o teletrabalho (CLT, arts. 75-A a 75-E) e o trabalho intermitente (art. 442-B, 443 e § 3º, 452-A e seus §§).
- Estabeleceu-se uma nova e menos onerosa modalidade de extinção contratual, por acordo (CLT, 484-A).
- Extinguiu-se a necessidade de homologação sindical das rescisões contratuais (CLT, art. 477, § 1º).
- As hipóteses de responsabilização de ex-sócios e de empresas sucedidas por outras tornaram-se mais limitadas (CLT, arts.10-A e 448-A).
- O tempo à disposição do empregador, para efeito de remuneração, foi alterado para se excluir o período de deslocamento e a permanência do empregado nas dependências da empresa por questões pessoais (CLT, art. 4º, § 2º).
- O conceito de "grupo econômico" foi alterado para se tornar mais restrita a responsabilidade de empresas por débitos trabalhistas de outras (CLT, art. 2º, §§ 2º e 3º).
- Inaugurou-se o sistema de parametrização de danos morais (CLT, arts. 223-A a 223-G).
- Modificaram-se os conceitos de verbas salariais e indenizatórias para excluir reflexos em outras verbas e contribuições previdenciárias e fiscais sobre parcelas como ajuda de custo, auxílio-alimentação, diárias de viagem, prêmios e abonos (CLT, art. 457, §§ 1º e 2º).
- Autorizou-se a arbitragem em dissídios individuais para empregados com certo patamar salarial (CLT, art. 507-A).

---

[9] Rimolo (2019).

Contudo, a transformação mais emblemática certamente foi a linha mestra pela qual ficou conhecida a Reforma Trabalhista, qual seja, a "prevalência do negociado sobre o legislado". Em termos técnicos: a CLT passou a prever de forma taxativa as exceções em que *não* pode haver negociação de direitos – o que foi feito para se respeitarem os limites estabelecidos na Constituição Federal – e, de outra parte, autorizar expressamente a ampla negociação sobre tudo o mais (CLT, arts. 8º § 3º, 611-A e 611-B).

Em razão dessa alteração significativa, a Central Única dos Trabalhadores (CUT), com apoio de outras centrais sindicais, ofereceu denúncia junto à Comissão de Aplicação de Normas da OIT, por suposto descumprimento das Convenções nºs 98 e 154, das quais é signatária. Todavia, as denúncias, que nitidamente tiveram motivações políticas, acabaram por ser infrutíferas, como não poderia deixar de ser.

Isso porque não há nada que se amolde mais às Convenções nºs 98 e 154 da OIT do que a nova legislação. Ambas normas internacionais citadas falam não só em *garantir*, mas também em *fomentar* a ampla negociação coletiva. A Convenção nº 154, em especial, faz referência a três conceitos extremamente amplos para os quais deve haver, sob a ótica da OIT, negociação coletiva: a relação entre empregadores e empregados de modo geral; as condições de trabalho; e as relações sindicais.[10]

Ou seja, o cenário ideal traçado pela OIT parece ter sido o de que *tudo* possa ser negociado, sem restrição temática. Isso, de todo modo, não foi estabelecido pela Lei nº 13.476/2017, que foi mais conservadora nesse aspecto, como dito, em razão de nossos limites constitucionais.

A mesma lei também tornou *voluntária* a contribuição sindical que até então era obrigatória (tanto que apelidada de "imposto sindical"), igualando finalmente o Brasil ao resto do mundo quanto ao tema – CLT, arts. 578, 579, 582, 583, 587 e 602. Trata-se de outra mudança que foi objeto de embates – inclusive jurisprudenciais.

Na verdade, a resistência ao novo sistema voluntário de financiamento sindical se mostrou tamanha que, em 2019, o Poder Executivo houve por bem editar Medida Provisória acerca do assunto (MP nº 873/2019) para: (a) reafirmar que as contribuições sindicais estão condicionadas à autorização do trabalhador ou empresa, mediante formalização *"prévia, individual e por escrito"*; e (b) alterar a forma de recolhimento dessas contribuições, tornando o pagamento controlável por parte do pagante, de modo que apenas a ele caiba a escolha de financiar ou não seu sindicato.

Isso foi necessário porque estabeleceu-se, desde a vigência da nova lei, uma estratégia para driblar a intenção do legislador, em detrimento dos trabalhadores: a cobrança de valores sem autorização individual, sendo esta substituída por uma autorização "coletiva" que, na prática, era estabelecida pelos próprios representantes sindicais em assembleias.

A MP nº 873, todavia, perdeu eficácia porque não foi transformada em lei após o transcurso de seu período de vigência. De todo modo, o STF vem consolidando o entendimento de que a autorização individual para o pagamento da contribuição sindical é indispensável, legitimando também, nesse aspecto, o texto original da Reforma Trabalhista.[11]

A nova legislação do trabalho brasileira também enfrentou o problema de nossa judicialização recorde. Com efeito, em 2016, ano imediatamente anterior à reforma, foram ajuizados cerca de *três milhões* de novas ações trabalhistas no Brasil, um aumento de 4,5% em relação ao ano anterior, dando continuidade a uma série de expansão contínua que já durava quase duas décadas.[12]

---

[10] As Convenções citadas estão disponíveis em: https://www.ilo.org/brasilia/convencoes/WCMS_235188/lang--pt/index.htm e https://www.ilo.org/brasilia/convencoes/WCMS_236162/lang--pt/index.htm.

[11] Veja-se, por exemplo, a Medida Cautelar deferida pela Ministra Cármen Lúcia na Reclamação nº 34.889, em maio de 2019.

[12] Em 2016, as Varas do Trabalho receberam, na fase de conhecimento, quase 2,8 milhões de processos. Desses, quase 2,7 milhões foram processados e julgados. Foram iniciadas mais de 700 mil execuções e encerradas pouco mais de 650 mil em 2016, estando pendentes, em 31 de dezembro de 2016, o expressivo número de 2,5 milhões de execuções. Além disso,

É bom lembrar que, já naquela altura, a sociedade brasileira gastava cerca de 1,3% do Produto Interno Bruto (PIB) para custear o seu sistema de justiça, sendo que em 2016 a despesa ultrapassou o valor absoluto de 80 bilhões de reais.[13] Para comparação, em 12 nações da Europa, América Latina e América do Norte, o custo do Poder Judiciário costuma variar entre 0,3% e 0,5% do PIB.[14]

Além dos altos custos envolvidos, o cenário de intensa judicialização, como é sabido, traz a reboque uma aguda insegurança jurídica, que acaba por desestimular a atividade econômica e a empregabilidade formal.

Para enfrentar essa questão, a lei da Reforma Trabalhista também modificou dois importantes pontos no processo do trabalho: (1) impôs maiores limites à concessão da gratuidade de justiça; e (2) introduziu o mecanismo de honorários de sucumbência recíproca, já existente no processo civil comum.

Essas modificações subverteram o perverso mecanismo de incentivos vigorante até então, que transformava a Justiça do Trabalho em "loteria com risco zero" para o apostador, isto é, um mecanismo que possibilitava o ajuizamento de demandas trabalhistas inteiramente irresponsáveis.

Após 2017, litigar na Justiça do Trabalho deixou de ser uma tentativa "gratuita" e sem riscos, porque passou a vigorar o sistema construído sobre os pressupostos básicos de que *litigar custa*, e de que os custos devem recair sobre quem lhes deu causa. Quem de fato tem direito, assim reconhecido judicialmente, nada paga. Por outro lado, quem não tem razão, ainda que se trate do trabalhador, arca com os custos da demanda, neles incluídos os honorários da parte contrária, honorários de perito e custas judiciais.

Trata-se de uma das alterações cujos impactos são mais visíveis no curto prazo: já em 2019, era possível concluir que houve redução consolidada de cerca de 40% no ajuizamento de processos trabalhistas no Brasil – já considerado o período de adaptação e do esperado "represamento" da distribuição de ações, isto é, até que o Tribunal Superior do Trabalho começasse a analisar as causas distribuídas na vigência da nova lei e passasse a uniformizar a jurisprudência acerca dos diversos temas, em especial, os processuais.[15]

A mesma lei da Reforma tratou ainda de outro ponto trabalhista polêmico, cujo contexto foi abordado na segunda seção deste capítulo: a terceirização de serviços.

Então recém-aprovado, o novo marco legal da prestação de serviços a terceiros (Lei nº 13.429/2017) tornara explícita a legalidade da terceirização irrestrita de atividades, visando desautorizar a vedação jurisprudencial (Súmula nº 331 do TST) que vigorava até então acerca de tão importante questão.

Contudo, pouco tempo após a edição da nova norma sobre o tema, já se viu uma resistência do judiciário trabalhista em aplicá-la. Foi necessário, portanto, que a Reforma Trabalhista (Lei nº 13.467/2017) aperfeiçoasse o texto legal para fazer valer a intenção do legislador, que era inegavelmente autorizar a terceirização irrestrita de atividades, de modo a tornar juridicamente seguro esse fenômeno global econômico irreversível.

---

foram remetidos aos Tribunais Regionais do Trabalho (TRT), mais de 760 mil processos, um aumento de 12% em relação ao ano anterior. Por fim, o TST recebeu, no mesmo período, quase 240 mil processos. Os dados estão disponíveis em: http://tst.jus.br/web/estatistica/jt/recebidos-e-julgados. Acesso em: 4 fev. 2020.

[13] Em 2019, o valor chegou a R$ 93,7 bilhões, o que representa 1,3% do PIB no mesmo ano. Os números estão disponíveis em: https://www.cnj.jus.br/wp-content/uploads/2011/02/b8f46be3dbbff344931a933579915488.pdf e https://www.cnj.jus.br/wp-content/uploads/conteudo/arquivo/2019/08/justica_em_numeros20190919.pdf. Acesso em: 4 fev. 2020.

[14] Da Ros (2015), p. 1-5.

[15] Em 2018, as Varas do Trabalho receberam, na fase de conhecimento, 1,7 milhão de processos e, em 2019, 1,8 milhão. Os dados estão disponíveis em: http://tst.jus.br/web/estatistica/jt/recebidos-e-julgados. Acesso em: 4 fev. 2020. Note-se a queda em relação a 2016.

Sobre o tema, o Supremo Tribunal Federal vem dando integral respaldo à opção do legislador,[16] como também tem, de modo geral, reafirmado a constitucionalidade da Reforma Trabalhista. Até mais do que isso, nosso Tribunal Constitucional tem chamado atenção para uma resistência à aplicação da nova lei, dando sinais, portanto, de uma bem-vinda legitimação jurisprudencial de tantas significativas alterações.[17]

O QUE FALTA MUDAR: UMA AGENDA PARA A DÉCADA

O Direito não é uma ciência isolada, visto que sofre permanente influência do cenário socioeconômico que lhe dá sentido.

Como visto nas seções antecedentes, o panorama contemporâneo não se identifica mais com o *Zeitgeist* que predominou na primeira metade do século 20, materializado no corporativismo estatal e na ideia de que sobre um Estado poderoso e intromissivo recaíam as responsabilidades de cuidar da sociedade, "proteger" indivíduos e harmonizar interesses entre "classes" antagônicas.

Em matéria de normas do trabalho, o Brasil parece ter entrado em sintonia com a tendência mundial e com o novo cenário que se apresenta. Tomamos a rota adequada, no sentido certo e, agora, resta-nos seguir em frente, preferencialmente de modo acelerado.

Isso significa, em primeiro lugar, constatar que a nossa realidade trabalhista *ainda* carece de respeito à liberdade individual; de independência (inclusive sindical) em face do Estado; de simplificação de normas; e de maior segurança jurídica, inclusive quanto à prevalência do contratado entre particulares.

Tendo isso em mente, algumas proposições podem ser objetivamente erigidas. São elas:

- **Instituição de regimes trabalhistas diferenciados ou alternativos ao regime celetista**: para isso, é necessário primeiramente aperfeiçoar o texto constitucional (art. 7º da Constituição Federal) para que se inclua expressamente, entre os direitos do trabalhador, a eleição de regime trabalhista simplificado e o respeito à sua manifestação individual de vontade, na forma e nos limites estabelecidos em lei. Permite-se, com isso, que o trabalhador tenha voz no estabelecimento das regras que regerão sua própria vida e seja o juiz do que é melhor para si diante de cada situação concreta, ainda que esta se encontre fora dos contornos do modelo de emprego clássico estabelecido na CLT.

- **Maior flexibilidade no conteúdo dos contratos**: em sintonia tanto com a nova realidade da era da informação (exposta na segunda seção do capítulo), quanto com o prestígio à prevalência das negociações privadas estabelecida nas últimas alterações legislativas (como visto na terceira seção), é desejável que se aumente a flexibilidade quanto ao conteúdo estipulado contratualmente pelas partes. Seria bem-vinda, portanto, uma revisão dos capítulos da CLT relativos à "Duração do Trabalho" (Capítulo II do Título II) e ao "Contrato Individual do Trabalho" (Título IV), de modo a propiciar que os limites legais sejam menos rígidos e possam ser estabelecidos pelas próprias partes, em negociações entre categorias profissionais e econômicas, a partir das peculiaridades de suas realidades laborativas.

- **Ampliação das possibilidades de arbitragem privada em conflitos trabalhistas**: também aqui, o ideal seria alterar a Constituição Federal para estabelecer, como direito constitucional do trabalhador, o recurso a instâncias conciliatórias já consagradas por lei ordinária, tais como

---

[16] Veja-se, por exemplo, a decisão prolatada na ADPF nº 324, de relatoria do Ministro Roberto Barroso, em que foi firmada a seguinte tese: "*É lícita a terceirização de toda e qualquer atividade, meio ou fim, não se configurando relação de emprego entre a contratante e o empregado da contratada.*" Na mesma linha, a decisão exarada no RE nº 958.252, de relatoria do Ministro Luiz Fux, em que o julgador faz uma verdadeira defesa da liberdade de empreendimento e dos benefícios da terceirização de atividades.

[17] Registre-se, entre tantas, a decisão de autoria do Ministro Fux, na ADI de nº 5.794, cuja ementa traz explícita a necessidade de que o Judiciário respeite as escolhas democráticas do legislador.

a arbitragem (Lei nº 9.307/1996), as Comissões de Conciliação Prévia (Lei nº 9.958/2000) e a jurisdição voluntária (Lei nº 13.467/2017). Trata-se de mecanismos que oferecem a solução direta dos conflitos pelas partes interessadas, sem intervenção ou com intervenção mínima do Poder Judiciário. Além de se estimular a redução da judicialização e reduzir custos, prestigia-se, uma vez mais, a autonomia da vontade e a livre manifestação individual.

- **Revisão do Fundo de Garantia do Tempo de Serviço**: o FGTS foi criado em 1966 para substituir o regime de estabilidade no emprego previsto na CLT.[18] Trata-se de um mecanismo anacrônico, que carece de sentido no cenário atual, em que já se dispõe de um sistema consolidado de seguro-desemprego para acudir o trabalhador em situações de imprevisibilidade – sistema este que pode, inclusive, ser ainda mais aperfeiçoado. Na verdade, já era questionável a criação desse tipo de mecanismo de financiamento, quando já se dispunha de um banco oficial (Banco Nacional de Desenvolvimento Econômico e Social – BNDES) para custear o investimento e fomento do desenvolvimento nacional. Ademais, é notório que a remuneração dos depósitos do Fundo sempre ficou aquém daquela que se obtém nos produtos financeiros disponíveis no mercado, até os mais simples e seguros. Percebe-se, pois, que tal mecanismo de poupança obrigatória, além de negar ao trabalhador o acesso aos seus próprios recursos, impõe-lhe uma administração terceirizada de seu patrimônio que lhe é francamente prejudicial para suportar o fardo de custear investimentos nacionais, sem que tenha por isso optado. Tudo isso sem deixar de onerar o custo da mão de obra, inclusive com vultosa indenização em caso de extinção contratual por iniciativa do empregador (40% sobre o saldo da conta vinculada do empregado). É desejável, portanto, uma revisão do sistema de FGTS para que, partindo-se do reconhecimento da capacidade do trabalhador em administrar sua própria remuneração e poupança para situações imprevistas, retire-se de seus ombros a obrigação de custear, com um prejudicial empréstimo compulsório, o investimento público.

- **Atualização do sistema sindical**: o Brasil adota, há mais de 70 anos, o princípio da unicidade sindical, segundo o qual apenas um sindicato, em cada base territorial, pode representar determinada categoria profissional ou econômica. Trata-se de um sistema baseado no monopólio que estimula o sindicalismo não representativo, acomodado e politizado pelo controle estatal. Nele, o ente sindical tende a sobreviver às custas do trabalhador, asfixiando-o em lugar de dar-lhe voz no estabelecimento das regras que regerão sua vida laborativa.[19] É preciso, portanto, substituir tal modelo pelo da pluralidade, que pressupõe um ambiente de saudável concorrência, em que o ente representativo tenha de se esforçar para ser o eleito a representar determinado grupo. Um dos pilares desse sistema já foi derrubado pela Lei nº 13.467/2017 (Reforma Trabalhista), qual seja, a obrigatoriedade da contribuição sindical, como exposto previamente. Resta agora completar a transição, para que a nossa Constituição se adeque ao regime concorrencial preconizado pela própria OIT em sua Convenção nº 87. Seria, pois, bem-vinda uma emenda constitucional que alterasse o art. 8º da Constituição para ali incluir o regime de ampla liberdade, associação, concorrência e financiamento sindicais. Aos representados, caberia não só escolher livremente o ente sindical que julgasse mais apto a legitimamente representá-lo, como também se o representado deve, e como deve, financiá-lo.

---

[18] O FGTS é operacionalizado pelo recolhimento de um percentual dos salários do trabalhador a uma conta vinculada, que só pode ser por ele movimentada nas estritas hipóteses legais. O sistema, que era inicialmente optativo, tornou-se obrigatório com a Constituição de 1988. Desde o seu nascimento, o FGTS tem por objetivo declarado não só amparar o trabalhador em situações de necessidade, notadamente a de desemprego involuntário, mas também auxiliar o financiamento da indústria da construção civil e o custeio de obras de saneamento básico, como forma de viabilizar uma política desenvolvimentista, que era tônica da época de sua instituição.

[19] Por isso, ao contrário de 108 dos 164 países membros da Organização Internacional do Trabalho, nunca ratificamos a Convenção nº 87 da OIT, que trata da Liberdade Sindical.

- **Adequação do Judiciário**: todas as proposições acima expostas não terão qualquer efeito se o Estado-juiz, que tem a última palavra na prevalência das regras de conduta, não lhes garantir cumprimento. Os Tribunais do Trabalho tendem a ser refratários às mudanças que se avizinham. Isso ocorre por muitas razões, sobre as quais não nos acabe aqui discorrer. Importa-nos apenas constatar, para o presente ponto, que, de modo geral, o Judiciário é afeito a um ativismo que pode ser muitas vezes prejudicial, não só aos próprios propósitos que o animam, como também a essa nova ordem jurídica que tende a se estabelecer.

Essa postura já foi objeto de preocupação e reconhecimento do próprio ex-presidente do TST, Ministro Ives Gandra da Silva Martins Filho, que assim os manifestou:[20]

> A maior tentação à que somos submetidos, como juízes do trabalho, é a de acharmos que sabemos melhor o que é bom para os trabalhadores e empregadores que eles mesmos. Tal tentação, fundada, devemos reconhecer, na vaidade em relação às próprias ideias e no orgulho de achar que nossa visão é melhor que a alheia, *tem levado a supervalorizar o princípio da proteção e a desprezar o princípio da subsidiariedade, em sistemática intervenção judicial nas relações laborais* [...] Se a raiz do problema pode estar, ou não, numa visão (não admitida) do desejo de se ter um controle absoluto sobre as relações laborais (um certo "gosto pelo poder", sempre ampliativo de competências) ou de se sentir realizado com um paternalismo (ou "complexo de supermãe") promotor da Justiça Social, mas que acaba sendo sufocante sobre os trabalhadores e seus sindicatos, o fato é que suas manifestações e efeitos são, inegavelmente, os mais acima descritos, num intervencionismo que tem passado do ponto de equilíbrio que harmonize as relações sociais, já que as tem acirrado ultimamente em nosso país, a par de gerar, como concausa, o aumento do desemprego e o afastamento dos investimentos estrangeiros e inclusive pátrios, haja vista a migração de empresas brasileiras, implantando fábricas no Paraguai (página 12).

É indispensável, por isso, que a magistratura trabalhista se aperceba de seu papel contemporâneo, que pode ser simplificado nos seguintes termos: o Estado deve intervir tão somente quando os particulares não forem capazes de resolverem, por si só, seus próprios problemas, cabendo-lhe prestigiar e assegurar o cumprimento das escolhas feitas pelos indivíduos, desde que estas tenham observado a legalidade.

A realidade tem mostrado, é bom dizer, que o Poder Legislativo pode fazer muito pouco em favor dessa conscientização. Veja-se, por exemplo, que o legislador já cuidou de estabelecer freios ao ativismo judicial trabalhista, quando acrescentaram os §§ 2º e 3º ao art. 8º da CLT (Decreto-Lei nº 5.452/1943). Esses dispositivos estabelecem que súmulas ou enunciados de tribunais "não poderão restringir ou criar direitos", e determinam que o juiz se guie pelo *princípio da intervenção mínima* para não fazer juízo de mérito sobre o conteúdo de normas coletivas legalmente negociadas. O texto legal, contudo, nem sempre é observado em sua literalidade pelos intérpretes, como se vê em vários julgados prolatados já na vigência dessas normas.

Desse modo, essa adequação que se propõe, por se entender indispensável, somente poderá ser alcançada após um processo *interno* de amadurecimento e renovação que deve, portanto, fazer parte do debate público.

CONCLUSÕES

O novo mundo do trabalho que já nos cerca engendra, com o seu poderoso motor tecnológico, um cenário que tende a ser marcado pelo trabalho individual e independente.

Uma adaptação legislativa que já era desejável torna-se agora, portanto, imperiosa: é preciso proteger, no plano jurídico, a liberdade de ação, a liberdade de empreendimento e a liberdade ao próprio trabalho, em todas as modalidades em que ele se apresente.

Com efeito, em um contexto de laços laborativos tênues, como tende a ser esta era digital, a proteção à livre iniciativa e às novas formas de trabalho não subordinado revela-se o meio mais

---

[20] Martins Filho (2017, p. 12).

eficaz para se garantirem os tão desejados patamares mínimos de ocupação, dignidade e renda. Desejamos, afinal, viver em uma sociedade verdadeiramente livre e próspera.

Trata-se de uma transição que enfrenta, contudo, uma resistência natural. Setores habituados a uma ordem jurídica que foi construída sobre a premissa de que a liberdade é danosa aos direitos dos trabalhadores e que o Estado precisa tutelar os indivíduos mostram-se refratários a esse novo contexto normativo.

A tendência, todavia, é irreversível e já se impõe. Como se viu, parte das alterações legais que podem alicerçar essa adequação já foi realizada. Outras tantas são factíveis e desejáveis, como se buscou apontar.

Esperamos que as sugestões aqui trazidas façam parte da agenda de discussão para os próximos anos, para que possamos pavimentar um caminho que seja frutífero e bem-sucedido para a sociedade brasileira.

REFERÊNCIAS

ARENDT, H.; *The human condition*. Chicago: University of Chicago Press, 1958.

DA ROS, Luciano. O custo da justiça no Brasil: uma análise comparativa exploratória. Observatório de Elites Políticas e Sociais do Brasil, NUSP/UFPR 2.9, 2015. Newsletter.

FERRAZ JUNIOR, T. A era da informação: gestão da saúde do trabalhador em face do estresse e da depressão. *In*: TEIXEIRA FILHO, J. L.; MANNRICH, N.; BELMONTE, A. S. A.; FREDIANI, Y. (coord.). *Direito do trabalho no limiar da 4ª revolução industrial*: desafios e conformação – anais da Academia Brasileira de Direito do Trabalho 2018. Porto Alegre: Lex, 2019.

GOLDIN, A. Proteção do trabalho humano e proteção social: caminhos divergentes. *In*: TEIXEIRA FILHO, J. L.; MANNRICH, N.; BELMONTE, A. S. A.; FREDIANI, Y. (coord.). *Direito do trabalho no limiar da 4ª revolução industrial*: desafios e conformação – Anais da Academia Brasileira de Direito do Trabalho 2018. Porto Alegre: Lex, 2019.

KESSLER, S. We've been worrying about the end of work for 500 years. Quartz, 3 July 2017. Disponível em: https://qz.com/1019145/weve-been-worrying-about-the-end-of-work-for-500-years/.

MARTINS FILHO, I. Reflexões com vistas à modernização da legislação trabalhista por ocasião dos 75 anos da Justiça do Trabalho no Brasil. *1º Caderno de Pesquisas Trabalhistas do Grupo de Pesquisa "Direito do Trabalho"*. IDP – Instituto Brasiliense de Direito Público; Porto Alegre: Magister, 2017.

MATTOS, L. V. *Economia política e mudança social*: a filosofia econômica de John Stuart Mill. São Paulo: Edusp/Fapesp, 1998.

ORGANIZAÇÃO INTERNACIONAL DO TRABALHO – OIT. Work for a Brighter Future – Global Commission on the Future of Work International Labour Office. Geneva: ILO, 2019. Disponível em: https://www.ilo.org/wcmsp5/groups/public/---dgreports/---cabinet/documents/publication/wcms_662539.pdf.

RIMOLO, J. Novas relações de trabalho em um mundo digital: as instituições do direito do trabalho que conhecemos estão preparadas para todas estas transformações? *In*: TEIXEIRA FILHO, J. L.; MANNRICH, N.; BELMONTE, A. S. A.; FREDIANI, Y. (coord.). *Direito do trabalho no limiar da 4ª revolução industrial*: desafios e conformação – anais da Academia Brasileira de Direito do Trabalho 2018. Porto Alegre: Lex, 2019.

SCHWAB, K. *A quarta revolução industrial*. São Paulo: Edipro, 2016.

Abertura Econômica e Racionalização de Instrumentos de Política Comercial no Brasil

8

Ivan T. M. Oliveira[1]

INTRODUÇÃO

"A economia brasileira é uma das mais fechadas do mundo." Essa é uma frase que tem sido razoavelmente repetida no meio acadêmico brasileiro há algum tempo, com pouca ressonância no mundo político e governamental, ao menos até 2016.

Desde então, um sopro de ar renovado parece ter tomado o debate público do país sobre sua inserção internacional. Um sopro que tira a poeira que cobria mesas de decisão em Brasília há décadas e que ajuda a descortinar os constrangimentos reais observados pela incapacidade de gerar desenvolvimento inclusivo e sustentável do modelo econômico histórico e desgastado, fundado no mercado doméstico e tendo sua expansão como base.

Diversos estudos[2] recentes têm buscado qualificar o grau de abertura econômica do Brasil e sua política comercial, seja por quantificações simples (nossa tarifa média na casa dos 13,5%, quando a estimada por nosso perfil de renda *per capita* seria 7,8%), seja com avaliações complexas, como no novo indicador de assistência setorial[3] lançado pelo Instituto de Pesquisa Econômica Aplicada (IPEA) em 2018 (em que se consegue colocar em reais o custo líquido para a sociedade da existência de tarifas), ou mesmo por análises qualitativas sobre a economia política da política comercial brasileira.[4]

Um ponto fundamental a ser entendido no nosso Brasil de hoje e da próxima década é que uma política comercial e todos os seus instrumentos de uso são política pública! E, como tal, merece cada vez mais atenção no quadro de política econômica e avaliação de custo-benefício constante, a fim de garantir que a sociedade como um todo tenha ganhos líquidos dos esforços envidados pelo Estado e seus agentes em seu nome, a fim de estimular a atividade econômica no país.

Entretanto, para que se possam analisar custos e benefícios de política comercial, é essencial que se tenha claro quais objetivos ela busca atender. Nesse caso, a agenda que o Brasil precisa adotar na década de 2020 passa por fazer da abertura econômica parte essencial de sua estratégia de desenvolvimento e incremento de produtividade e competitividade internacional. Tal estratégia deveria ter por base a racionalização de instrumentos de política comercial que garantam a estabilidade de regras, com estímulos bem definidos em sua política tarifária e não tarifária.

Um quadro sintético que se pode ter da leitura dos diagnósticos feitos por muitos estudos[5] é o de que, hoje no Brasil, há um caos organizado em termos de política comercial, sendo a proteção a

---

[1] As opiniões e análises contidas neste capítulo são pessoais.
[2] Ver IPEA (2018) e Rios e Veiga (2018).
[3] Ver Ribeiro e Andrade (2019).
[4] Ver Oliveira *et al.* (2019).
[5] Moreira e Stein (2019) e Oliveira *et al.* (2019).

regra, com todos os desincentivos aos ganhos de eficiência que isso traz. Ao mesmo tempo, muitos setores conseguem maior abertura em bens e serviços que lhes são importantes, segundo seu peso político e a força de seu *lobby*, criando seus regimes especiais.

Pensar uma agenda de abertura para o Brasil nos próximos dez anos passa, portanto, por revisar o *status quo* de sua política comercial, tanto em aspectos conceituais e práticos quanto em institucionais.

Este capítulo visa dar uma contribuição neste sentido. Assim, logo após esta introdução e uma breve análise da situação atual da inserção internacional brasileira, com destaque para alguns aspectos específicos, é apresentada em linhas gerais uma proposta de revisão de política comercial, mas contendo os pilares essenciais do que se esperaria da agenda dos próximos governos brasileiros sobre a questão. Por fim, há uma seção de conclusões.

GRAU DE ABERTURA ECONÔMICA DO BRASIL EM 2020

O mundo tem mudado drasticamente nos últimos 20 anos. A China desponta como líder econômico global, contestando fortemente e cada vez mais a hegemonia dos Estados Unidos no mundo. As cadeias globais e regionais de valor se adensaram em várias partes do mundo, dando novos contornos à globalização dos mercados e do consumo. Os regimes internacionais ganham e perdem relevância de forma rápida e nunca vista antes na história mundial. Os problemas de hiperintegração global trazem mudanças importantes na política em países mundo afora, inclusive nos Estados Unidos. Nacionalismos ressurgem com força. Finalmente, a tecnologia avança de forma a forçar revisões de conceitos e ações em mercados, políticas públicas, atividades humanas etc.

Ou seja, muitas transformações foram vividas no mundo e com forte influência sobre a política comercial nas últimas décadas. Contudo, infelizmente, há uma constante nesse cenário: o isolamento relativo da economia brasileira em face dos fluxos produtivos, tecnológicos e comerciais globais.

O mundo mudou – e o Brasil foi levado em parte por essa mudança. A exportação de *commodities* para a China marca nossa inserção internacional hoje, feita pela força do mercado em um punhado de produtos específicos. O problema é que o Brasil não se movimentou como o ator de peso que deveria ser no mundo do comércio global, de forma a tirar o melhor proveito dos processos de integração em curso.

Continuamos a ser uma economia grande, fechada, pouco produtiva, com alguns ganhos institucionais ao longo do período, mas que manteve a lógica de integração ao mundo fora de sua agenda fundamental de desenvolvimento.

Podemos caracterizar o Brasil como um país com: (1) proteção tarifária e não tarifária elevadas; (2) baixa integração em cadeias de valor, não tendo tido o papel de *hub* econômico-produtivo na América do Sul; (3) perda crescente de participação de bens de maior valor agregado na pauta de exportações; (4) condição de *player* relevante no agronegócio mundial, o que tem assegurado as bases de seu crescimento ao longo das últimas décadas; e (5) perfil baixo de internacionalização de empresas, fato que recebeu bastante atenção quando da vigência da política de fortalecimento dos "campeões nacionais", com resultados duvidosos, para dizer o mínimo.[6]

Alguns dados nos ajudam a entender os pontos que unem esse nó econômico vinculado à política comercial brasileira. No Gráfico 8.1, observa-se a participação percentual do comércio de

---

[6] Ver IPEA (2018, Capítulo 15 – Inserção internacional) e Rios e Veiga (2017).

mercadorias e de serviços no Produto Interno Bruto (PIB) de alguns países selecionados em 2018. O Brasil – país de menor participação no grupo – tem índice de apenas 28%!

O caso dos Estados Unidos, que alguns sempre tentam usar como exemplo de que economias grandes são menos abertas, na verdade indica exatamente o contrário. É justamente pelo seu peso nas cadeias globais e sua capacidade produtiva doméstica que a maior economia do mundo apresenta dados relativos semelhantes a países fechados como o Brasil. Vale lembrar que os Estados Unidos figuram, há décadas, na lista de maiores exportadores e importadores mundiais de bens e serviços, bem distante dessa espécie de "anão comercial" que é o Brasil.

Se, pelo critério de relevância do comércio exterior no PIB, o Brasil fica mal na fotografia das economias integradas globalmente, também é o caso quando se pensa nas tarifas de importação.

O Gráfico 8.2 apresenta o cruzamento entre renda *per capita* e tarifas nominais médias de países selecionados. A reta destacada no gráfico representa a tarifa nominal média estimada para cada faixa de renda *per capita*. Ou seja, quanto mais longe da reta estiver o ponto de cada país, mais sua tarifa se distancia daquela esperada segundo sua renda.

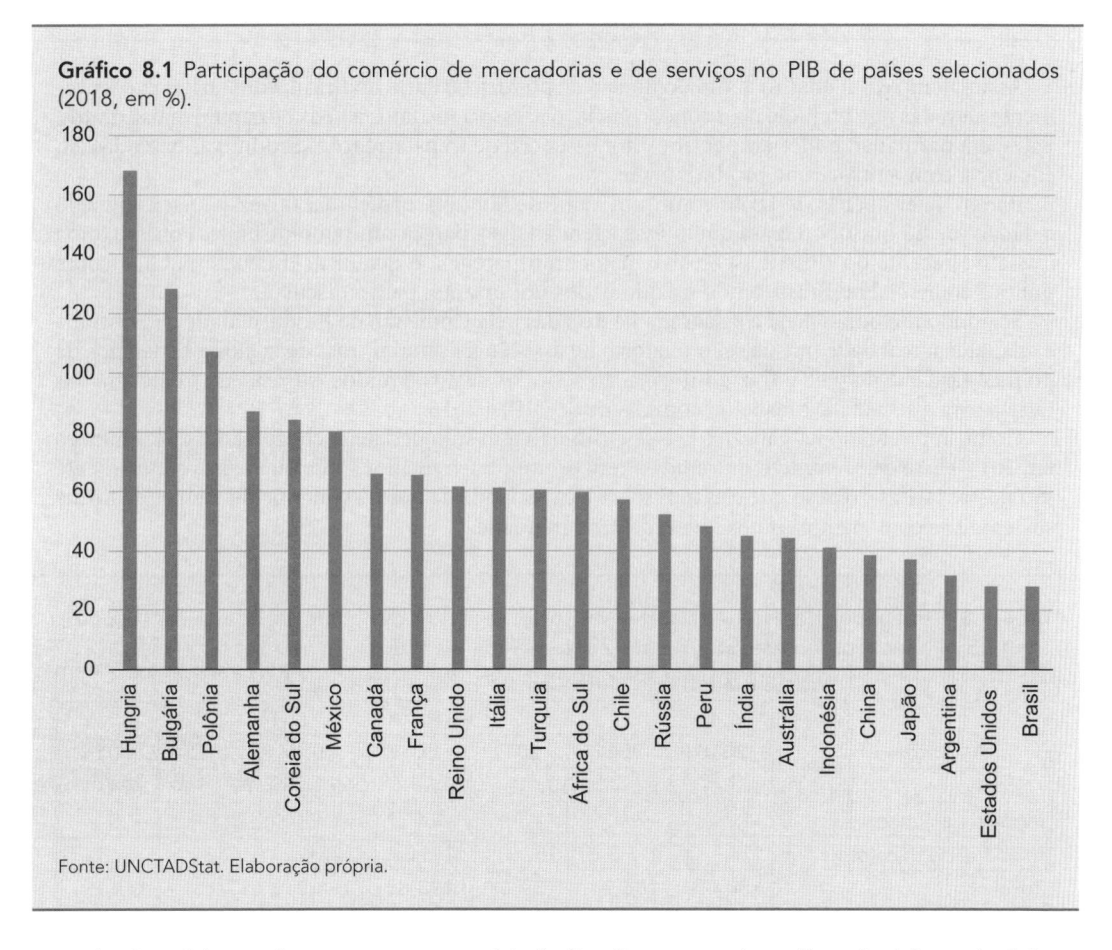

Gráfico 8.1 Participação do comércio de mercadorias e de serviços no PIB de países selecionados (2018, em %).

Fonte: UNCTADStat. Elaboração própria.

Aqui também se observa que a companhia do Brasil no grupo de *outliers* não é das mais alvissareiras: Bahamas, Bermudas, Gabão, Djibuti, Camarões; todas economias pequenas que usam tarifas com função essencialmente tributária e arrecadatória, o que não é o caso do nosso país.

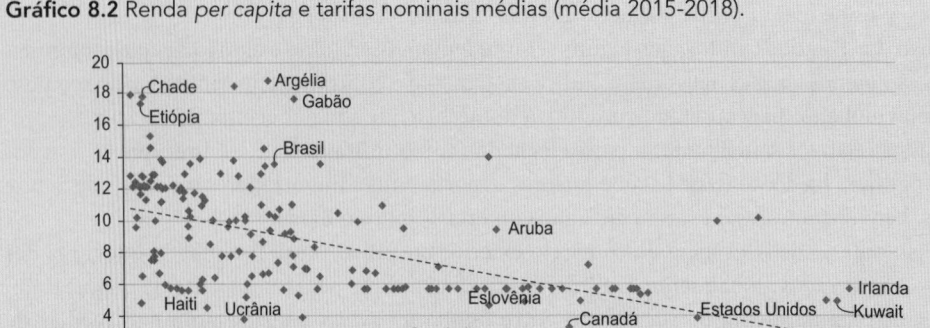

Gráfico 8.2 Renda *per capita* e tarifas nominais médias (média 2015-2018).

Fontes: OMC e Penn World Table 9.0. Elaboração própria.

Assim, tem-se um quadro anômalo no uso de política tarifária no Brasil, com tarifas excessivamente elevadas que prejudicam a concorrência, o acesso a insumos e bens de capital mais baratos. Estes, em particular, poderiam ser um vetor essencial de transformações produtivas baseadas em eficiência competitiva e alta produtividade.

Porém, falar apenas de tarifa como um valor de alíquota percentual talvez não sensibilize o cidadão médio brasileiro, para quem essa agenda talvez pareça um tanto distante. Por isso, uma iniciativa recente do IPEA buscou dar maior transparência e qualificar o debate público sobre política comercial no Brasil, tendo trazido dados importantes para a discussão.

Seguindo metodologia já consagrada há décadas pela Comissão de Produtividade da Austrália e adaptada à realidade brasileira, o relatório de assistência setorial trata de custos e benefícios da política tarifária no país e traz a informação sobre os custos líquidos *em reais* da existência das tarifas para a sociedade brasileira, com dados de 2010 a 2016.

Como apresentado na Tabela 8.1, esse custo não tem sido pequeno: chegou a R$ 191,9 bilhões em 2014![7] Esse é um número que ajuda a refletir um pouco melhor sobre quão altas efetivamente são nossas tarifas e o peso que elas têm sobre a capacidade de nossa economia de crescer de forma sustentada e com melhorias nos níveis de produtividade.

Tabela 8.1 Indicador de assistência efetiva: total, segundo ramos de atividade (2010-2016) – em R$ bilhões a preços constantes de 2016 e em % do PIB.

Assistência tarifária efetiva em R$ bilhões (2010-2016)							
Setores	Anos						
	2010	2011	2012	2013	2014	2015	2016
Agropecuária	12,9	9,6	9,4	9,6	10,1	12,1	8,9
Indústria extrativa	−1,2	−1,7	−1,3	−1,4	−1,6	−1,4	−1,8
Indústria de transformação	174,3	178,3	181,5	185,6	183,4	163,9	141,8
Total	**186,0**	**186,2**	**189,6**	**193,8**	**191,9**	**174,5**	**148,9**
Assistência tarifária efetiva total em % do PIB	2,8	2,7	2,7	2,7	2,7	2,5	2,2

Fonte: IPEA. Elaboração própria.

---

[7] A preços de 2016.

Como nem só de tarifa vive a política comercial, devemos também nos atentar para o fato de que múltiplas medidas não tarifárias podem, com alguma frequência, deixar de atender a legítimos interesses de proteção à saúde animal e humana ou mesmo a padrões de segurança e qualidade de bens e serviços e passar a servir apenas como entrave ao comércio e à concorrência.

Nesse caso, infelizmente, também se observa na economia brasileira a existência de setores com alta produtividade e competitividade internacional que conseguem, por meio de medidas não tarifárias, fechar completamente o mercado nacional. É o caso do café em grão.

Produto icônico da história econômica brasileira, o café em grão continua a figurar nas páginas de análise econômica, desta vez como exemplo do mote essencial de nossa política comercial: a proteção é a regra.

O Brasil é o maior produtor e exportador mundial de café em grãos do mundo! Possui produtividade alta nos tipos transacionados: robusta e arábica. Contudo, até recentemente, nenhum grão de café de qualquer país do mundo podia entrar no país, devido a uma barreira fitossanitária regulada pelo Ministério da Agricultura: a conhecida Avaliação de Risco de Praga (ARP).

Em 2017, por conta de problemas climáticos, a lavoura do tipo robusta no país não rendeu bons frutos e nossa indústria de processamento de café (onde já tivemos 51% do mercado mundial de café solúvel, em 1990, e chegamos a pífios 12% em 2017) precisava de matéria-prima para continuar a produzir. A indústria pediu, então, autorização à Câmara de Comércio Exterior (Camex) para importação de café do tipo robusta do Vietnã em quotas específicas. O Ministério da Agricultura estava pronto para dar a ARP ao Vietnã (ou seja, já se havia feito há algum tempo a análise e a importação era segura do ponto de vista fitossanitário), mas o resultado foi o bloqueio absoluto da demanda na Camex por conta de pressão do *lobby* do café. A ARP não saiu naquela época e a indústria brasileira de café solúvel teve que reduzir sua produção pela falta de matéria-prima.

Surreal como possa parecer, mesmo setores do agronegócio brasileiro, bem posicionados em termos de produtividade e capacidade de concorrência internacional, continuam a buscar garantir seus lucros (ou superlucros) com base em instrumentos de política comercial, garantindo a permanência do mercado fechado. E o Brasil continua a estimular fortemente a produção de café em grão, em detrimento da agregação de valor na cadeia por meio de medidas de política comercial.

Em estudo recente, estimou-se a tarifa equivalente dessa barreira não tarifária no Brasil ao café em grão em 13,6%. Sua extinção geraria ganhos de mais de 8,2 pontos percentuais de *market share* global em café solúvel.[8]

Se o quadro de medidas não tarifárias nos apresenta exemplos da gestão pouco estratégica para os interesses da sociedade como um todo e de longo prazo na nação, ao analisarmos a forma como em geral o Brasil tem buscado acessar o mundo por meio de acordos de comércio, a situação tampouco é alentadora.

A Tabela 8.2 nos apresenta o quadro de acordos comerciais hoje assinados pelo Brasil (ou Mercosul). Como se vê, o recém-assinado acordo entre o Mercosul e a União Europeia, que tem forte resistência à sua ratificação em ao menos cinco países europeus, é o primeiro acordo substantivo fechado pelo Brasil com um país de fora da América do Sul.

---

[8] Ver Mendes (2018).

Tabela 8.2 Países com os quais o Brasil possui acordos comerciais.

País	Tipo	Assinatura	Part. % no comércio
Argentina	União aduaneira (Mercosul)	1991	5,6
Paraguai	União aduaneira (Mercosul)	1991	1,0
Uguruai	União aduaneira (Mercosul)	1991	0,9
Chile	Livre comércio	1996	2,2
Bolívia	Livre comércio	1996	0,7
Guiana	Alcance parcial	2001	0,0
São Cristóvão e Névis	Alcance parcial	2001	0,0
México	Alcance parcial (cerca de 800 linhas tarifárias)	2002	2,2
Colômbia	Livre comércio	2003	1,1
Equador	Livre comércio	2003	0,2
Suriname	Alcance parcial (cerca de 1000 linhas tarifárias)	2004	0,0
Peru	Livre comércio	2005	0,9
Índia	Alcance parcial (cerca de 450 linhas tarifárias)	2005	1,8
Cuba	Alcance parcial	2006	0,1
Israel	Livre comércio	2007	0,4
União Aduaneira da África Austral	Alcance parcial – abre o comércio de arroz	2009	0,5
Egito	Livre comércio	2010	0,6
Venezuela	União aduaneira (Mercosul)	-	0,2
Palestina	Livre comércio	Assinado em 2011, pendente de ratificação	0,0
União Europeia	Livre comércio	Assinado em 2019, pendente de ratificação	17,7
EFTA (Islândia, Liechtenstein, Noruega e Suíça)	Livre comércio	Assinado em 2019, pendente de ratificação	1,2

Fonte: Ministério da Economia. Elaboração própria.

Cabe frisar que, na região sul-americana, hoje se tem uma área de livre comércio de bens implementada, embora não se tenha conseguido fazer bom uso dela numa estratégia de integração produtiva efetiva na região (exceto em alguns elos de comércio administrado entre Brasil e Argentina), nem avançar para uma integração profunda com serviços, investimentos e outros temas.

O Brasil não se colocou efetivamente como uma locomotiva integradora da América do Sul. Parte substancial das possíveis causas estão justamente nos desincentivos dados por sua política comercial ao longo das últimas décadas.

Com alta dose de realismo, o quadro traçado até aqui apresenta uma economia que pouco fez de sua inserção internacional como vetor de desenvolvimento, que relegou à política comercial *status* de coadjuvante no processo de política econômica e que minimizou os danos de manter um mercado doméstico fechado, concentrado e pouco dinâmico.

Os ares que sopraram sobre Brasília desde 2016 e que poderão continuar a soprar nos próximos anos levam ao debate sobre como tornar o Brasil um ator econômico-comercial de relevo global e fazer do mundo peça central na engrenagem de modernização efetiva da economia nacional no século 21. Na seção que segue, apresenta-se proposta de revisão de política comercial, entendida como fundamental para a construção de um novo Brasil no período 2020/2030.

PROPOSTA PARA REVISÃO E RACIONALIZAÇÃO DE POLÍTICA COMERCIAL DO BRASIL

Pensar numa estratégia de médio e longo prazo que coloque a inserção internacional no quadro de ações prioritárias para o crescimento econômico sustentado no Brasil é refletir sobre como mudar os objetivos de política comercial e revisar seus instrumentos.

A seguir, apresenta-se um conjunto de ideias que talvez não perfaçam uma proposta em si, mas sinalizam por onde avaliar as ações do Estado brasileiro na concepção, implementação e revisão da política comercial no país.

É importante destacar que o objetivo capital de uma estratégia de política comercial deve ser abrir a economia brasileira ao comércio internacional e revisar os instrumentos de política comercial para estimular o aumento da produtividade e da competitividade da economia brasileira, garantindo a previsibilidade de regras e a consequente melhoria do ambiente de negócios no Brasil.

Com tal objetivo definido, esse "plano de revisão", que poderia ser abraçado pelos governos brasileiros de plantão ao longo da próxima década, seria sustentado em três pilares:

1. Revisão da política tarifária.
2. Revisão da política não tarifária.
3. Atualização da gestão de instituições e processos no comércio exterior.

Pilar 1: revisão da política tarifária

Para se ter os efeitos positivos em termos de melhoria de alocação de recursos, capacidade de incremento de produtividade e ampliação de concorrência que seriam advindos de um processo de abertura, é fundamental ter um programa de *abertura comercial unilateral*, com o fim de regimes especiais de importação, em prazo adequado politicamente (idealmente, num mandato presidencial).

A abertura unilateral, feita por muitas economias hoje desenvolvidas, como a australiana, implicaria trazer o perfil tarifário brasileiro para próximo daquele de economias com grau de complexidade econômica e renda *per capita* semelhantes.

Isso significaria uma redução da tarifa média aplicada de cerca de 13,5% para 7%, de forma escalonada no tempo e com fases semestrais de desgravação, mantendo algum grau de escalada tarifária, analogamente ao que é observado na maioria das economias do mundo onde tarifa ainda é minimamente relevante.

Ademais, sugere-se a redução, ao longo do período de abertura, das tarifas máximas aplicadas de 55% (bens agrícolas) e 35% (bens industriais), ambas, para 15%.

No caso de *bens de capital* e *bens de informática e telecomunicações*, recomenda-se ter 4% como meta de tarifa média aplicada no período de desgravação.

Os valores apresentados refletem as tarifas máximas observadas em economias com perfis semelhantes por renda e complexidade econômica.

Além do plano de abertura unilateral, que deve ser claro e transparente, em diálogo com o setor produtivo dentro das possibilidades da proposta, o Brasil deve envidar esforço por um processo de abertura comercial negociado. Ou seja, ter acordos que impliquem retirar barreiras às exportações, facilitem transações e regras comuns, que reduzam os custos de transação para os nossos principais parceiros, além de serem ferramentas-chave de uma estratégia de abertura econômica no Brasil.

No caso, isso significa definir prioridades de negociação de acordos bilaterais com economias relevantes. Em uma década, seria relevante ver o Brasil com acordos comerciais profundos e vigentes e produzindo efeitos, negociados com União Europeia (neste caso, já negociado), Estados Unidos, China, Japão, Coreia do Sul, México e países da ASEAN.

O leitor mais experimentado já deve estar se perguntando como o Brasil conseguiria fazer isso, se temos uma (pseudo) união aduaneira no Mercosul e *waiver* de negociação de acordo individualmente apenas para países da América Latina.[9] Eis um aspecto essencial dessa proposta de revisão de política comercial brasileira: o fim do Mercosul como união aduaneira! É uma tarefa não trivial, mas possível se a maior economia do bloco realmente quiser fazê-la. Um caminho político mais rápido seria a concessão de *waiver* generalizado e início de tratativas de revisão do Tratado de Assunção, com vistas a atualizar legalmente o bloco. Outro caminho, mais difícil, seria convencer a Argentina a ser alinhada com a estratégia de abertura brasileira e a agenda de abertura econômica ser feita pelo próprio bloco (Paraguai e Uruguai dificilmente dificultariam essa agenda liberal).

Os resultados basilares de uma nova política tarifária seriam: estabilidade de regras, com perfil tarifário de baixa proteção; fim de regimes especiais e alterações temporárias de tarifas (exceto por motivos de saúde pública e desabastecimento); e racionalização e maior homogeneidade dos estímulos dados aos setores econômicos por meio de política tarifária.

Pilar 2: revisão da política não tarifária

Esta agenda deve estar integrada ao programa de abertura comercial negociada. Se por um lado o Mercosul poderia perder *status* como união aduaneira, por outro passaria a ser parte das prioridades de integração no campo não tarifário. Assim, parte do programa de revisão de política não tarifária seria voltado à integração regional na América do Sul, com a redução de barreiras sanitárias, fitossanitárias e técnicas ao comércio do Brasil com seus vizinhos. Seria fundamental que houvesse um reforço às negociações sobre temas de medidas não tarifárias, inclusive sobre padrões privados, com vistas a garantir reconhecimento mútuo e equivalência de certificados e normas entre os países.

Adicionalmente, o programa deve visar o fortalecimento das instituições que lidam com esse tipo de barreiras no Brasil, com revisão de seus processos, a fim de garantir critérios vinculados a impactos sobre comércio em suas avaliações. Essa revisão pode auxiliar na eliminação de barreiras técnicas, sanitárias e fitossanitárias desnecessárias e com viés essencialmente protecionista.

Outro aspecto essencial diz respeito a novos acordos sobre o comércio de serviços. O Brasil precisa redefinir os termos de negociação de serviços, que devem ser entendidos não como um setor isolado da indústria, mas fundamental para a modernização de sua base industrial, especialmente na integração a cadeias de valor.

O objetivo dos novos acordos de serviços deve ser, portanto, ampliar o acesso ao mercado de serviços de parceiros e aprofundar a integração do setor, tanto para exportação e importação de serviços tradicionais quanto para aqueles integrados à indústria.

A promoção de novos acordos de investimento com o fim de ampliar a segurança jurídica, tanto na atração de investimentos quanto na internacionalização de empresas brasileiras, deve igualmente ser parte de uma estratégia de revisão de política comercial. Neste sentido, o Brasil deve também liderar a iniciativa de criação/reconhecimento de órgão de arbitragem internacional,

---

[9] Hoje, o Brasil poderia negociar um acordo amplo e profundo com o México, sem os demais parceiros do Mercosul, mas não poderia fazê-lo com a China.

ou regional, que possa solucionar conflitos sobre investimentos, reforçar garantias e estimular processos de integração econômica no Brasil e na América do Sul.

Por fim, entre os temas de destaque está a negociação de acordos de compras governamentais, incluindo a entrada do Brasil no acordo plurilateral de compras da OMC, para garantir a redução dos custos de contratação do governo e modernização da máquina pública, além do acesso aos mercados de compras governamentais dos parceiros às empresas brasileiras.

Pilar 3: gestão de instituições e processos no comércio exterior

No que concerne à estrutura de gestão da política comercial, alguns aspectos merecem especial atenção no quadro de revisão:

- Garantir à Camex a função de lócus de planejamento e execução de ações estratégicas, com seu conselho de ministros coordenado pelo Presidente da República.
- Empoderar o Comitê Executivo da Camex, com delegação ampliada de poderes dos atos executivos para a tomada de decisões sobre instrumentos de rotina de política de comércio exterior e de investimentos.
- Aprovar um Programa de Facilitação de Comércio, com esforços de redução de burocracia no comércio exterior, inclusive na importação.
- Realizar revisão nos horários de funcionamento das agências públicas presentes nas aduanas, de modo a garantir a presença de todas as autoridades necessárias para a internalização de um bem no país, ou para a sua exportação, todos os dias do ano.
- Definir, no Comitê de Investimentos (Coninv) da Camex, uma agenda estratégica sobre investimentos, tanto no que diz respeito à atração de investimentos estrangeiros ao Brasil quanto na facilitação da internacionalização de empresas brasileiras, em estreita parceria com a Apex, com ampliação de garantias ao setor privado que auxiliem na melhoria do ambiente de negócios no país.
- Revisar a política brasileira de defesa comercial, inserindo avaliação de interesse público com maior atenção, especialmente, no que diz respeito à defesa da concorrência e ao custo fiscal.
- Aprovar, no Conselho da Camex, um Plano Nacional Estratégico de Comércio Exterior e de Investimentos em cada início de governo, que envolva as propostas de política e outras (como programas de requalificação de mão de obra para setores que venham a ter maiores danos no curto prazo com o processo de abertura comercial etc.) e que daria as diretrizes de política para o mandato presidencial.
- Criar mecanismos, dentro da Camex e em parcerias com outras instituições dos Estados, de avaliação *ex-ante* de propostas de revisão de política comercial e de investimentos, a fim de garantir que qualquer decisão tenha adequado de embasamento técnico que justifique sua adoção.

CONCLUSÕES

Os desafios da inserção internacional brasileira são muitos. Começam pela própria falta de clareza quanto ao que fazer, aonde chegar e como chegar por parte de muitos governos, e passam pela falta de institucionalidade mais forte que garanta que boas avaliações técnicas possam embasar decisões de política comercial, de forma cada vez mais transparente e com menor espaço para *lobbies* e interesses escusos.

O padrão de integração de nossa economia ao mundo é de baixa intensidade e complexidade. É nisso que precisamos trabalhar ao longo dos próximos anos. Precisamos abrir a economia brasileira, ao mesmo tempo em que otimizamos o uso de recursos públicos usados para executar nossa política comercial, garantindo mais racionalidade às decisões e ao próprio uso dos instrumentos que os *policymakers* têm à mão.

O caminho da prosperidade do Brasil passa pela revisão de sua política comercial, em linha com o que foi apresentado neste capítulo, ainda que ela seja condição necessária, mas não suficiente, para alcançarmos um progresso efetivo. Eficiência, produtividade e concorrência formam a tríade de um novo modelo de crescimento esperado para o Brasil. Uma nova política comercial deveria ser parte inseparável desse modelo.

Como apresentado, os pilares de uma nova forma de fazer política comercial no Brasil passam por ampla revisão de sua política tarifária. Com perfil de alta proteção como regra, o uso das tarifas no Brasil tem servido fundamentalmente para garantir privilégios e lucros extraordinários a setores econômicos, reforçando concentração de mercados, perda de eficiência e capacidade de concorrência global das empresas aqui instaladas. Ou seja, no longo prazo, os desestímulos à inovação e aos ganhos de produtividade que o atual perfil tarifário brasileiro entrega indicam a necessidade de mudanças, das quais poderia surgir uma economia mais dinâmica, rica e produtiva.

No que diz respeito à revisão de tarifa, o Brasil precisa seguir em todos os trilhos: revisão unilateral que seja bem desenhada, comunicada e implementada, com efeitos econômicos mais rápidos; e revisão de estratégia de negociação de novos acordos comerciais, abrindo novos mercados para nossas empresas e garantindo o tratamento de múltiplos temas que hoje abrangem a agenda comercial.

Além disso, cabe destacar a relevância das barreiras não tarifárias no processo de revisão de política comercial brasileiro. A regulação (normas, regras etc.) é a base de medidas de grande impacto no comércio internacional. É fundamental garantir que nossas instituições responsáveis por tais medidas tenham sustentação efetiva em bases técnico-científicas e um olhar sobre os efeitos nocivos de eventuais medidas sobre o comércio exterior brasileiro.

Neste sentido, o reforço institucional dos órgãos de gestão da política comercial brasileira é igualmente relevante, a fim de permitir que a implementação dessa nova política e a readequação de seus instrumentos sejam efetivos.

O Brasil em novo rumo é um Brasil cuja integração produtivo-comercial com o mundo seja parte inerente de seu desenvolvimento econômico. Abrir a economia é garantir mais comércio, mais investimentos, mais concorrência, mais produtividade, mais crescimento, enfim, mais prosperidade para a sociedade brasileira, hoje e no futuro.

REFERÊNCIAS

INSTITUTO DE PESQUISA ECONÔMICA APLICADA – IPEA. *Desafios da nação*. Brasília: IPEA, 2018. v. 1.

MENDES, K. Barreiras não tarifárias no agronegócio brasileiro: estudo de caso para a cadeia produtiva do café solúvel. Relatório Institucional. Brasília: IPEA, 2018.

MOREIRA, M. M.; STEIN, E. (ed.). *Trading promises for results*: what global integration can do for Latin America and the Caribbean. Washington: Banco Interamericano de Desenvolvimento, 2019.

OLIVEIRA, I. T. M.; RIBEIRO, F.; VEIGA, P. M.; RIOS, S. P. *The political economy of trade policy in Brazil*. Brasília, IPEA, 2019.

RIBEIRO, F.; ANDRADE, G. de. *Relatório de assistência tarifária efetiva aos setores econômicos no Brasil*: estimativas para o período 2010-2016. Rio de Janeiro: IPEA, 2019.

RIOS, S.; VEIGA, P. M. *Estratégias de industrialização e liberalização comercial*: Brasil versus outros países em desenvolvimento. Rio de Janeiro: CINDES, 2018.

RIOS, S.; VEIGA, P. M. Inserção em cadeias globais de valor e políticas públicas: o caso do Brasil; *In*: OLIVEIRA, I. T. M.; CARNEIRO, F. L.; SILVA FILHO; E. B. (ed.). *Cadeias globais de valor, políticas públicas e desenvolvimento*. Brasília: IPEA, 2017.

Parte III

PARA ALÉM DA AGENDA MACRO

Cap. 9   Produtividade das Firmas: uma Discussão Chave

Cap. 10 O Futuro das Políticas de Desenvolvimento: o que Aprendemos?

Cap. 11 Agenda da Infraestrutura: Planejamento e Regulação

Cap. 12 Desafios da Educação

Cap. 13 A Saúde na Década de 2020: Navegar é Preciso

Cap. 14 Segurança Pública: uma Agenda Baseada em Evidências

Cap. 15 Saneamento: Agenda do Século 20 para o País do Século 21

Cap. 16 Política Social: Pensando em 2030

Produtividade das Firmas: uma Discussão Chave

9

Livia Gouvea e Fábio Brener Roitman[1]

INTRODUÇÃO

O padrão de vida de uma sociedade depende de sua capacidade de produção de bens e serviços. A ferramenta para produzir mais, com a mesma quantidade de recursos, é o aumento da produtividade. O conceito de produtividade está, portanto, diretamente ligado à eficiência no processo produtivo. Considerando aspectos teóricos, em vários modelos de crescimento econômico,[2] o incremento da produtividade é o elemento chave para o desenvolvimento econômico no longo prazo. Da mesma forma, também em estudos empíricos, temos a confirmação da importância da produtividade para explicar diferenças de renda entre os países.[3]

Existem algumas medidas de produtividade. Considera-se a produtividade do trabalho como a razão entre o produto e a quantidade de trabalhadores. Nesse contexto, há aumento da produtividade do trabalho quando se produz mais, dado o mesmo número de trabalhadores. Já a produtividade total dos fatores (PTF) difere da produtividade do trabalho, por levar em conta todos os fatores de produção, entre os quais se incluem o trabalho e o capital (máquinas, por exemplo).[4]

No Brasil, o tema da produtividade é particularmente importante e cada vez há mais urgência em solucionar os entraves que têm limitado seu crescimento. No passado, o país contou com um contingente de trabalhadores que crescia a taxas significativas. Esse quadro, porém, não mais persiste. A população em idade ativa para o trabalho[5] cresce, atualmente, menos que a população total e deve começar a decrescer, em termos absolutos, na década de 2030.[6] Isso implica que não será possível o país crescer por meio da incorporação de mais pessoas ao mercado de trabalho e a saída será elevar a produtividade do trabalho. No entanto, depois do fim da década de 1970, a evolução da produtividade no país foi decepcionante.

Este capítulo trata do desafio de elevar a produtividade das firmas no país. O capítulo está dividido em seis seções, incluindo esta introdução. Na segunda e na terceira seções, apresentam-se dados sobre a produtividade agregada e a produtividade das firmas no Brasil. Em seguida, abordam-se os determinantes da produtividade das empresas, situando a posição do Brasil em relação a outros países. A quinta seção examina a relação entre o arcabouço institucional brasileiro e os

---

[1] Os autores agradecem os valiosos comentários de Ricardo de Menezes Barboza, isentando-o, porém, por erros e omissões no texto. As opiniões expressas no capítulo são dos autores e não necessariamente refletem o ponto de vista das instituições de que fazem parte.

[2] Solow (1956), Romer (1987) e Lucas (1988).

[3] Hall e Jones (1999) e Easterly e Levine (2001).

[4] O termo *produtividade* será utilizado em referência à PTF, a menos quando explicitamente indicado que se trata de produtividade do trabalho.

[5] De 15 a 64 anos.

[6] A projeção 2018 do IBGE aponta que a população em idade ativa deve apresentar redução a partir de 2038.

incentivos microeconômicos à produtividade das firmas. Ao fim, são feitas algumas propostas para endereçar o desafio de elevar a produtividade.

PRODUTIVIDADE AGREGADA NO BRASIL

A evolução da produtividade agregada no Brasil foi decepcionante nos últimos 40 anos, período no qual outras economias avançaram consideravelmente. O Gráfico 9.1 mostra dados da produtividade no Brasil, Coreia do Sul e Índia em 1957, 1987 e 2017. O valor apresentado para cada economia corresponde à razão entre a produtividade no país e a produtividade nos Estados Unidos. Em 1957, a produtividade no Brasil era cerca da metade da registrada nos Estados Unidos. Seguiu-se uma evolução favorável da produtividade no país, que reduziu, em 1987, a distância em relação à produtividade norte-americana. Esse processo, porém, foi revertido no período 1987-2017, quando a produtividade na economia brasileira não apresentou tendência de aumento. Assim, em 2017, a produtividade no Brasil voltou a ser inferior à metade da vigente nos Estados Unidos.

A comparação com Coreia do Sul e Índia – dois países que conseguiram reduzir a distância de sua produtividade em relação à norte-americana – ajuda a complementar o quadro. Em 1957, o Brasil estava à frente da Coreia do Sul e da Índia em termos de produtividade: enquanto a produtividade brasileira era cerca de 50% da americana, as da Coreia do Sul e da Índia eram, respectivamente, cerca de 25% e 30%. Essa situação se altera em 2017: nesse ano, a produtividade brasileira passa a estar abaixo da vigente na Coreia do Sul e praticamente no mesmo patamar da observada na Índia.

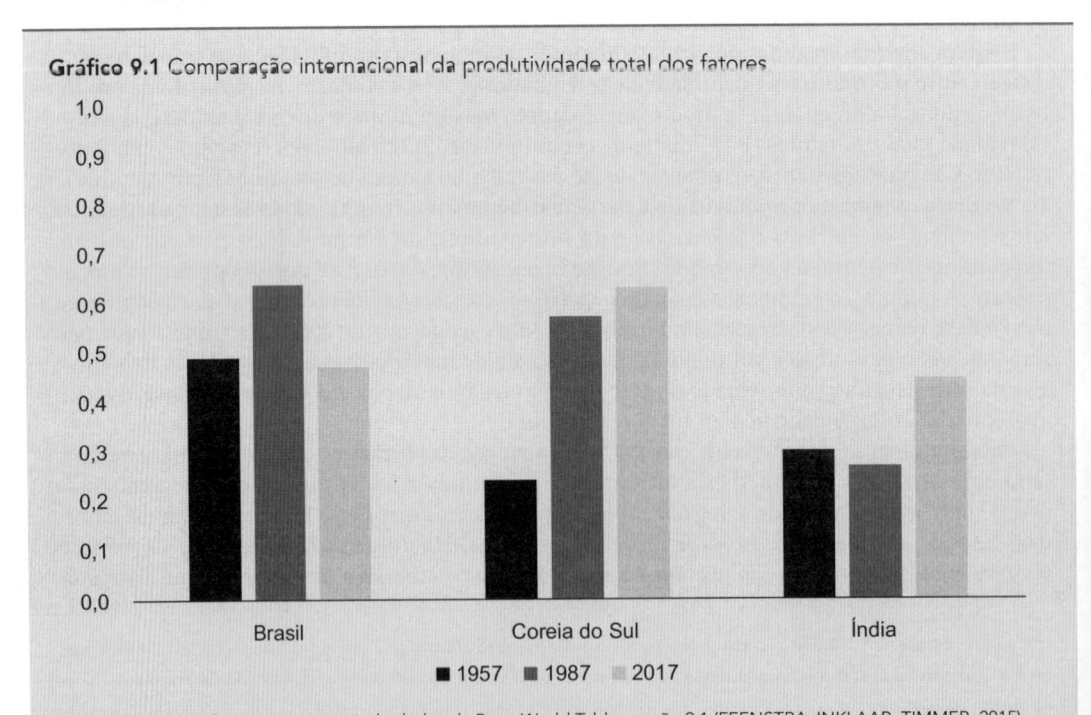

Gráfico 9.1 Comparação internacional da produtividade total dos fatores

Fonte: Elaboração dos autores, a partir de dados da Penn World Table, versão 9.1 (FEENSTRA; INKLAAR; TIMMER, 2015).

Notas: (1) Os valores no gráfico são números-índices: razão entre a produtividade total dos fatores no país e a produtividade total dos fatores nos Estados Unidos. (2) Produtividade total dos fatores calculada com base em preços correntes, ajustados pela paridade do poder de compra. (3) Para a estimação da produtividade total dos fatores, considera-se capital humano como um dos fatores de produção.

PRODUTIVIDADE DAS FIRMAS NO BRASIL

O que pode estar por trás da pífia evolução da produtividade no Brasil nas últimas décadas? Essencialmente, em cada país, são as firmas as responsáveis por transformar insumos em bens e serviços, de forma mais ou menos eficiente. Portanto, se quisermos entender a produtividade do país, é necessário colocar uma lupa e saber o que se passa nas empresas brasileiras.

Em primeiro lugar, cabe notar que há grande dispersão de produtividade entre as firmas brasileiras e uma intensa concentração de empresas com produtividade muito baixa. De fato, em diversos países, a evidência aponta para a existência de expressivas diferenças de produtividade entre as firmas, mesmo entre aquelas que operam em um mesmo setor.[7] No entanto, essa dispersão parece ser mais intensa no país,[8] ou seja, tanto há firmas com produtividade elevada, comparáveis àquelas de países mais desenvolvidos, quanto há outras com produtividade extremamente baixa. Além da dispersão, outra característica da distribuição da produtividade das firmas no Brasil é o elevado número de empresas com produtividade muito abaixo da média.[9] Tais aspectos se observam em diversos setores e não se devem à composição setorial da economia brasileira.

Um segundo aspecto é que as empresas brasileiras não parecem evoluir ao longo de seus anos de vida. De fato, ao avaliar a dispersão nas variáveis de desempenho das firmas, é importante considerar grupos de mesma idade, pois é natural que haja um aspecto de aprendizado ao longo do ciclo de vida.[10] Ou seja, firmas mais antigas já conhecem mais sobre o setor como um todo e sobre suas próprias capacidades e, portanto, teriam desempenho melhor e produtividade maior. Em estudo utilizando dados do Brasil e de mais seis países,[11] observa-se, na verdade, que as empresas mais velhas não têm *performance* substancialmente melhor do que as mais jovens no Brasil. Esse padrão é verificado em diversos setores separadamente e não se deve a um aspecto de composição da economia. Mesmo considerando a mesma empresa ao longo dos anos, também é possível ver que não há melhoria substancial durante o ciclo de vida.[12]

Diante dessa caracterização, ficamos com as seguintes perguntas: por que há tantas firmas com produtividade baixa em diversos setores no Brasil, convivendo com outras de produtividade alta? E, ainda, por que as firmas não melhoram substancialmente seu desempenho ao longo dos anos? Essas perguntas possuem causas complexas, que as próximas duas seções se dedicarão a explorar.

PRODUTIVIDADE DAS FIRMAS: DETERMINANTES

A produtividade de uma firma é o resultado de diversos fatores, alguns associados às suas decisões e outros a ambientes institucionais. Nos aspectos que dependem de decisões das empresas, temos, por exemplo, as práticas de gestão, consideradas importante determinante da produtividade. Não é difícil pensar em razões pelas quais as práticas de gestão podem afetar a produtividade, mas como quantificar essa relação? A World Management Survey (WMS) busca abordar esse desafio, mensurando a qualidade das práticas de gestão em estabelecimentos de diferentes setores em diferentes países.[13] A WMS considera que uma empresa com boas práticas de gestão é aquela que: (1) monitora sua *performance* e busca aprimorá-la com base nas informações coletadas; (2) define metas de curto e longo prazo que são desafiadoras e interligadas; (3) utiliza incentivos na gestão de pessoas, premiando os empregados com melhor desempenho e treinando ou demitindo aqueles com pior desempenho.[14]

---

[7] Syverson (2011).

[8] Busso, Madrigal e Pagés (2012) e Vasconcelos (2017) para PTF; Barbosa Filho e Corrêa (2017) para produtividade do trabalho.

[9] Vasconcelos (2017) para a PTF e Barbosa Filho e Corrêa (2017) para a produtividade do trabalho.

[10] Jovanovic (1982) e Nelson e Winter (1982).

[11] Barbosa Filho e Corrêa (2017) comparam as firmas do Brasil com as do Chile, China, Colômbia, México, Peru e Rússia.

[12] Coelho, Corseuil e Foguel (2017) avaliam a evolução do tamanho das firmas ao longo do ciclo de vida. Avaliar o crescimento do emprego é importante pela conexão com elementos de desempenho, como a própria produtividade.

[13] Disponível em: https://worldmanagementsurvey.org/.

[14] Bloom *et al.* (2012).

O Gráfico 9.2 apresenta uma medida da qualidade das práticas de gestão segundo a WMS. A qualidade das práticas de gestão das empresas brasileiras é, em média, inferior à observada nos países desenvolvidos e próxima à registrada na China e na Argentina. Os dados da WMS trazem, ainda, duas evidências importantes sobre as práticas de gestão das empresas brasileiras: (1) a deficiência é maior nas questões relativas a incentivos e gestão de pessoas – a média das empresas brasileiras nesse quesito é a mais baixa entre os países que participaram da pesquisa; (2) a distribuição da qualidade das práticas de gestão é semelhante à distribuição de produtividade, apresentando grande dispersão e elevado número de empresas com valores muito abaixo da média.[15]

A produtividade de uma firma depende, também, da qualidade de sua força de trabalho, isto é, de seu capital humano. Empresas que contratam trabalhadores com maior escolaridade, oferecem treinamentos e buscam promover o aprendizado de seus funcionários têm maior capital humano. Apresenta-se, no Gráfico 9.3, uma medida de capital humano por país, construída com base nos anos de estudo da população e no retorno da educação. Nessa medida de capital humano, o Brasil situa-se abaixo da maior parte dos países desenvolvidos, do Chile e da Argentina, mas acima do México, China, Portugal e Índia.[16]

A inovação é outro determinante da produtividade das firmas. Quando uma empresa desenvolve um produto novo, com qualidade ou tecnologia superior, ou um processo produtivo novo, de menor custo, ela realiza inovações com potencial para elevar sua produtividade.[17] As firmas podem buscar inovação realizando, por exemplo, atividades de pesquisa e desenvolvimento (P&D). Os gastos em P&D são comumente utilizados como medida do esforço que uma empresa realiza para inovar. Uma comparação internacional do percentual do PIB relativo a gastos em P&D financiados pelas empresas é mostrada no Gráfico 9.4. No Brasil, os gastos em P&D financiados pelas empresas, em proporção do PIB, são menores do que na maior parte dos países desenvolvidos e na China, embora maiores do que em outros países da América Latina, como Argentina, Chile e México.

Gráfico 9.2 Comparação internacional de práticas de gestão – números-índices, com Estados Unidos = 1.

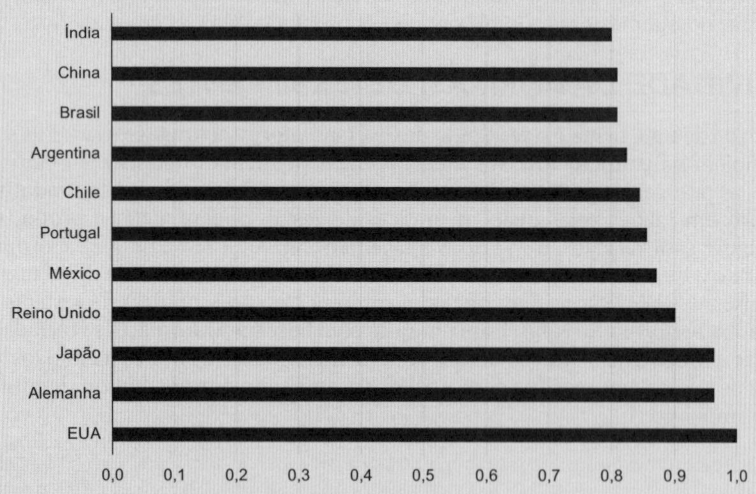

Fonte: Elaboração dos autores, a partir de dados de Bloom et al. (2012).

Notas: (1) Os valores no gráfico são números-índices, com os valores para os Estados Unidos iguais a 1. (2) Na medida de qualidade das práticas de gestão da World Management Survey, considera-se a média entre as empresas pesquisadas (amostra aleatória de empresas industriais com mais de 100 e menos de 5.000 empregados).

---

[15] Bloom et al. (2012).

[16] O tema da educação e sua relação com o capital humano é explorado mais profundamente no Capítulo 12 deste livro, que trata especificamente desse assunto.

[17] Mohnen e Hall (2013).

Gráfico 9.3 Comparação internacional de capital humano (números-índices) com Estados Unidos = 1.

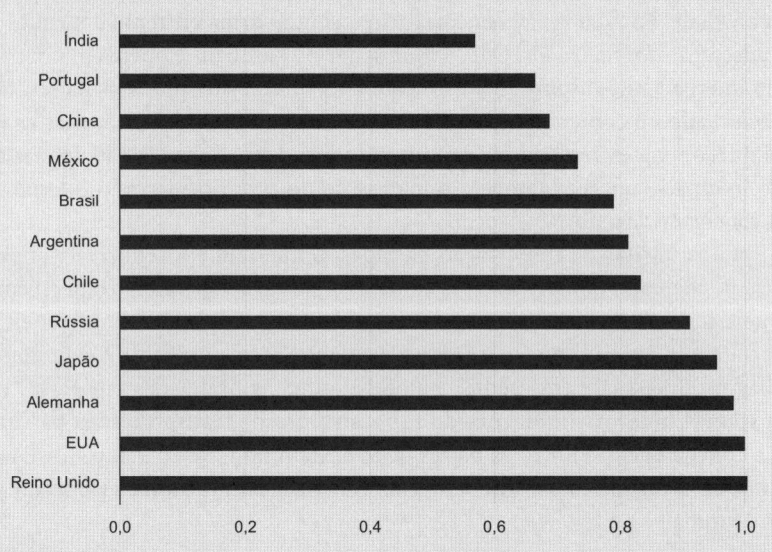

[Gráfico de barras horizontais mostrando, de baixo para cima: Reino Unido (~1,0), EUA (1,0), Alemanha (~0,97), Japão (~0,95), Rússia (~0,90), Chile (~0,83), Argentina (~0,80), Brasil (~0,78), México (~0,73), China (~0,68), Portugal (~0,67), Índia (~0,58)]

Fonte: Elaboração dos autores, a partir de dados da Penn World Table, versão 9.1.

Notas: (1) Os valores no gráfico são números-índices, com os valores para os Estados Unidos iguais a 1. (2) Medida de capital humano, construída com base em anos de estudo e retornos da educação, relativa a 2017.

Gráfico 9.4 Comparação internacional de gastos em P&D financiados pelas empresas, em percentual do PIB.

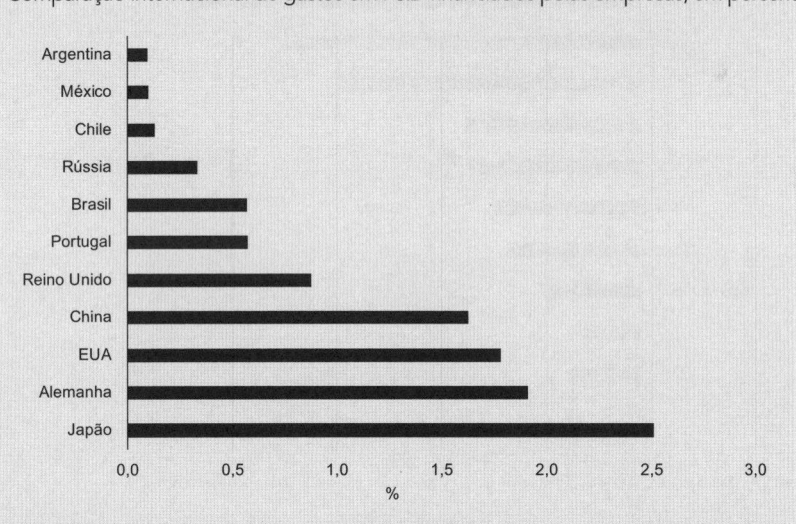

[Gráfico de barras horizontais mostrando, de baixo para cima: Japão (~2,5), Alemanha (~1,9), EUA (~1,8), China (~1,6), Reino Unido (~0,85), Portugal (~0,55), Brasil (~0,55), Rússia (~0,3), Chile (~0,1), México (~0,1), Argentina (~0,1)]

Fonte: Elaboração dos autores, a partir de dados de Unesco Institute for Statistics.

Nota: Razão entre os gastos em P&D financiados pelas empresas e o PIB, no último ano para o qual há dados disponíveis (2015, 2016 ou 2017).

Os aspectos que descrevemos, embora se definam dentro da firma, não deixam de ser influenciados pelo ambiente em que esta se encontra. Quanto mais acirrada é a concorrência que uma empresa enfrenta, maior o seu incentivo a tomar medidas para elevar a produtividade e conseguir se manter no mercado – exemplos de ações nesse sentido são aprimorar as práticas de gestão, investir em capital humano e inovar. A *concorrência* é, portanto, um determinante fundamental da produtividade. Por sua vez, a concorrência que uma firma enfrenta depende, entre outros fatores, da *integração dos mercados*. Uma empresa que produz bens e opera em um país integrado ao comércio internacional disputa mercado com concorrentes de todos os países. Já uma firma em um país fechado ao comércio internacional tem como concorrentes apenas as empresas de seu país. Limitações na infraestrutura de transportes podem restringir não apenas a integração ao mercado internacional, mas também a integração do próprio mercado interno, o que pode restringir a concorrência a um nível local.

O Brasil pratica tarifas de importação elevadas, o que tende a reduzir as importações e a concorrência no mercado doméstico.[18] Os Gráficos 9.5 e 9.6 apresentam, respectivamente, comparações internacionais de tarifas de importação e da infraestrutura de transportes, dois fatores que influenciam a integração dos mercados e, portanto, a concorrência. Os números apontam que as tarifas no Brasil são, em média, maiores do que as praticadas em países como Chile, México, Rússia e China. As limitações da infraestrutura de transportes do país também não favorecem a concorrência.[19] Entre os países que constam no Gráfico 9.6, o Brasil é aquele cuja infraestrutura de transportes é a que tem pior classificação no índice elaborado pelo Fórum Econômico Mundial.

Gráfico 9.5 Comparação internacional de tarifas de importação – em percentual.

Fonte: Elaboração dos autores, a partir de dados da Organização Mundial do Comércio (OMC).

Nota: Média ponderada das tarifas de importação aplicadas em 2017, utilizando como pesos as participações nas importações.

---

[18] O tema da abertura comercial é discutido neste livro, em maior profundidade, no Capítulo 8, de Ivan Oliveira.

[19] Neste livro, o Capítulo 11 trata especificamente da questão da infraestrutura.

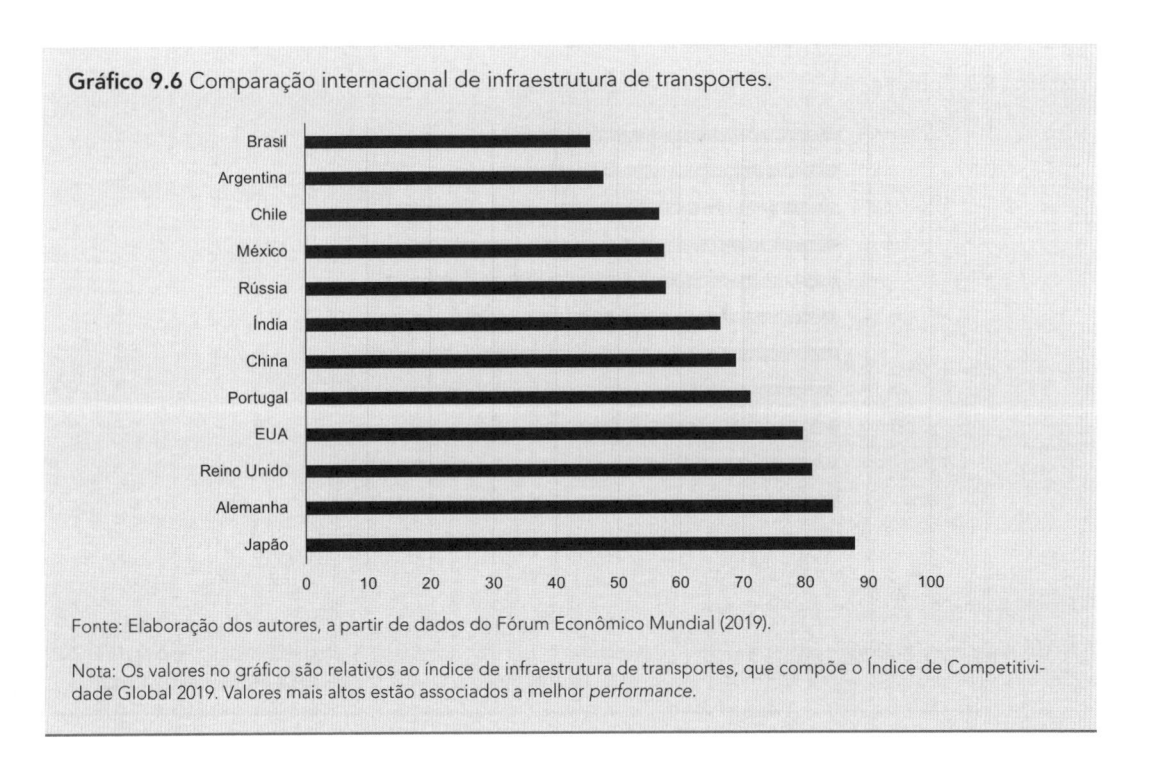

Gráfico 9.6 Comparação internacional de infraestrutura de transportes.

País	Valor (aprox.)
Brasil	45
Argentina	48
Chile	55
México	55
Rússia	57
Índia	65
China	68
Portugal	70
EUA	80
Reino Unido	82
Alemanha	85
Japão	88

Fonte: Elaboração dos autores, a partir de dados do Fórum Econômico Mundial (2019).

Nota: Os valores no gráfico são relativos ao índice de infraestrutura de transportes, que compõe o Índice de Competitividade Global 2019. Valores mais altos estão associados a melhor *performance*.

A produtividade de uma firma é influenciada, ainda, pelo ambiente regulatório, que também não se mostra saudável no Brasil. Em um ambiente regulatório que favorece a produtividade, as regras são simples, claras, transparentes e estáveis. Por outro lado, regras complexas e de difícil interpretação impactam negativamente a produtividade. Exemplo disso é um sistema tributário complexo, que leva as empresas a contratarem trabalhadores ou serviços externos para lidar com a administração tributária, implicando maior utilização de insumos sem aumento do produto. O índice *Doing Business*, elaborado pelo Banco Mundial, mede aspectos do ambiente regulatório que afetam pequenas e médias empresas.[20] Conforme mostrado no Gráfico 9.7, o ambiente regulatório brasileiro não é bem avaliado, sendo considerado inferior aos do México, Chile, Rússia, China e Índia.

---

[20] O índice leva em consideração dez áreas de regulação: abertura de um negócio; licença de construção; acesso à eletricidade; registro de propriedade; acesso a crédito; proteção a investidores minoritários; pagamento de tributos; comércio exterior; cumprimento de contratos; e resolução de insolvência.

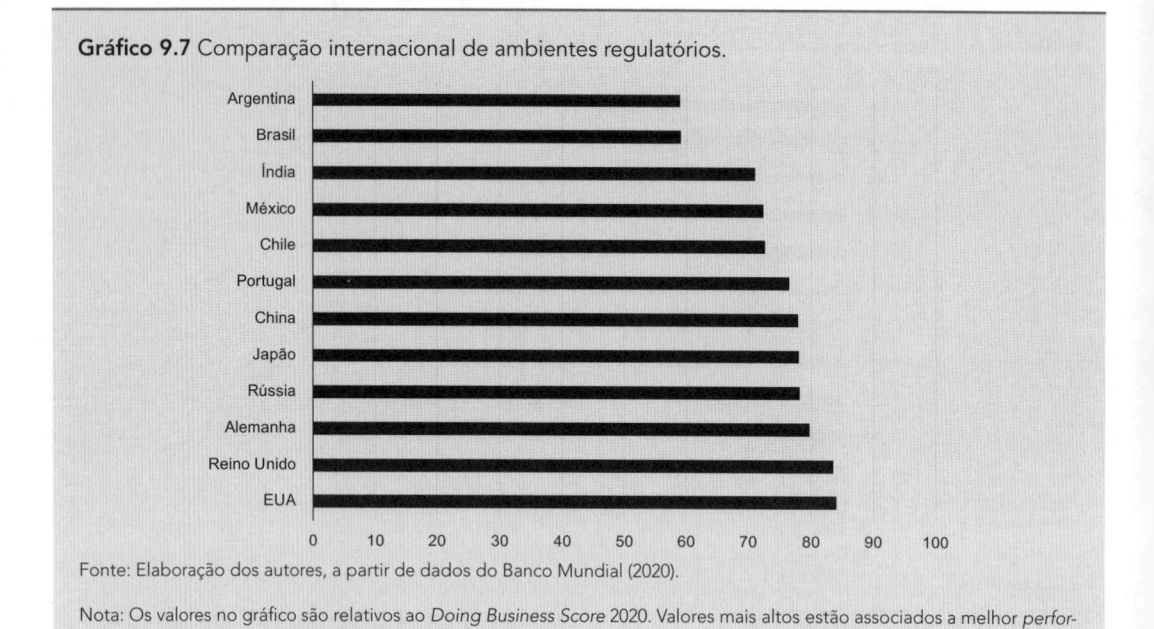

Gráfico 9.7 Comparação internacional de ambientes regulatórios.

País	Doing Business Score
Argentina	~59
Brasil	~59
Índia	~71
México	~72
Chile	~72
Portugal	~76
China	~78
Japão	~78
Rússia	~78
Alemanha	~80
Reino Unido	~84
EUA	~84

Fonte: Elaboração dos autores, a partir de dados do Banco Mundial (2020).

Nota: Os valores no gráfico são relativos ao *Doing Business Score* 2020. Valores mais altos estão associados a melhor *performance*.

INCENTIVOS ERRADOS NO NÍVEL DA FIRMA

A seção anterior explorou pontos que explicam a baixa produtividade das firmas brasileiras, mas ainda faltam argumentos que justifiquem as peculiaridades da dinâmica das empresas ao longo do ciclo de vida. Em outras palavras, é possível entender por que as firmas são, em geral, pouco produtivas. Mas por que, mesmo na presença de firmas de maior produtividade, as menos eficientes conseguem sobreviver, sem mostrar evolução ao longo dos anos? Tipicamente, imaginaríamos que, na existência de firmas mais produtivas, estas ganhariam cada vez mais participação no mercado e as menos produtivas ou melhorariam em termos de produtividade, ou sairiam do mercado. O que explica esse padrão é a forma como a alocação de recursos é feita entre as firmas brasileiras.

As falhas de alocação não são exclusivas do Brasil. O livro *The age of productivity*[21] faz uma análise dessa questão nos países da América Latina, usando como ilustração o cenário de um time de futebol. Ainda que o time tenha os melhores jogadores (seus recursos, como capital e trabalho), ele só será bem-sucedido se os tiver jogando nas posições corretas (alocação eficiente nas firmas). A análise revela que, na América Latina, não apenas os recursos não são da melhor qualidade, como também estão alocados de forma ineficiente.[22] Essa característica se deve essencialmente a três fatores bastante comuns na região: falhas no mercado financeiro; um sistema de arrecadação que gera distorções; e um sistema de proteção social incompleto. Analisaremos esses três pontos a seguir, considerando a perspectiva brasileira.

Em primeiro lugar, em um mercado financeiro imperfeito, os recursos podem não conseguir chegar para firmas que possuem boas ideias e projetos para executar. Não é raro que essas empresas, apesar de produtivas, não tenham um histórico de crédito ou garantias suficientes para pleno acesso ao crédito, especialmente quando são jovens ou em ascensão. Assim, firmas que não estão ainda totalmente consolidadas no mercado não conseguem expandir suas boas ideias e crescer.

---

[21] Pagés (2010).

[22] Considerando especificamente o México, Levy (2018) parte de uma abordagem relativamente similar para abordar o tema.

O Brasil tem políticas que direcionam importantes valores de crédito para as empresas, mas não é claro que os recursos cheguem àquelas que, de fato, têm boas ideias a executar. A evidência mostra que as empresas maiores, mais antigas e menos arriscadas são as que mais se beneficiaram do crédito direcionado no período recente.[23] Essas empresas são, possivelmente, aquelas que mais dispõem de alternativas de financiamento e, portanto, menos restrições de crédito enfrentam. Ou seja, a política de crédito direcionado parece não canalizar os recursos para as empresas que têm boas ideias e poucos recursos, o que deveria ser seu foco.

O segundo aspecto diz respeito ao sistema de arrecadação brasileiro. Assim como em outros países da América Latina, o sistema tributário é mais focado em garantir arrecadação das firmas maiores e mais produtivas, e menos focado nas pequenas e médias. Em grande parte, o que motiva esse desenho é a ideia de que cobrar menos impostos das firmas menores aumentará suas chances de formalização e facilitará seu desenvolvimento até que um dia elas virem grandes e não precisem mais dessa política. No entanto, ao condicionar o benefício ao tamanho da empresa, é possível que haja incentivo para a firma não crescer e, assim, poder continuar usufruindo do benefício. Considerando ainda que as firmas menores são tipicamente as menos produtivas, ao cobrar menos impostos, na prática, o governo está subsidiando as empresas com baixa produtividade.

Para avaliar o impacto de políticas nessa linha, uma série de pesquisadores buscaram comparar a evolução das firmas beneficiadas com um cenário contrafactual, caso as políticas não tivessem sido implementadas. A maioria desses estudos não encontrou impacto positivo para as políticas que dão subsídios fiscais para empresas menores. Um exemplo muito importante é o Simples, que tem como objetivo aumentar a formalização das micro e pequenas empresas mediante a redução de sua carga tributária.[24] De fato, a informalidade está intimamente relacionada à baixa produtividade, por isso, o objetivo da política é coerente. No entanto, o desenho da política não é capaz de promover esse efeito. Com um gasto tributário elevado (de cerca de 1,2% do PIB), não é claro que haja efeitos positivos em formalização[25] no mercado de trabalho e desempenho das empresas.[26]

O Microempreendedor Individual (MEI) também é uma política que dá subsídios visando formalização e, da mesma forma, há evidência de que a política não teve efeito significativo, além de não gerar ganho líquido em termos fiscais.[27] Há também políticas que, na intenção de fomentar certos setores produtivos, subsidiam empresas nacionais ao aplicarem elevadas taxas em produtos importados.[28] Essas políticas fecham o mercado brasileiro para a concorrência externa e, assim, protegem firmas menos competitivas.

Por fim, o sistema de proteção social com cobertura incompleta nas empresas também pode ser uma fonte de má alocação dos recursos. Há no sistema firmas completamente informais e outras que empregam trabalhadores em situação de informalidade. Essa possibilidade de informalidade pode beneficiar firmas menos produtivas, que podem escolher operar na informalidade, para não arcarem com custos adicionais. Adicionalmente, essa questão gera efeitos danosos aos próprios trabalhadores que não são cobertos pelo sistema previdenciário e, em resposta, os governos muitas

---

[23] Bonomo, Brito e Martins (2015).

[24] O Simples facilita a gestão tributária das empresas, ao combinar oito impostos e contribuições. As alíquotas obedecem a tabelas específicas de setores. Entretanto, é importante notar que dentro de cada setor as alíquotas são progressivas em relação à receita bruta da empresa, até o limite de R$ 4,8 milhões, quando a firma deixa de ser elegível. Se isso ocorre, a empresa passa então a ter que enfrentar um sistema mais complexo e potencialmente mais oneroso.

[25] Piza (2016).

[26] Corseuil e Moura (2017).

[27] Rocha, Ulyssea e Rachter (2018).

[28] Sobretaxar produtos de firmas internacionais é algo análogo a subsidiar firmas nacionais. Por isso, analisamos esse aspecto no contexto da arrecadação.

vezes concedem benefícios condicionados à não cobertura do indivíduo pelo sistema. Embora seja desejável proteger essas pessoas, na prática é preciso cuidar para que esse não seja mais um incentivo à informalidade.[29]

Em resumo, com políticas de crédito que não ajudam efetivamente a alavancar novas ideias e políticas tributárias que apenas subsidiam os menos produtivos, ocorre que, apesar dos recursos gastos, as empresas não recebem ferramentas para melhorar a produtividade. Chega-se a um resultado em que há firmas ineficientes que se mantêm por anos dessa forma, diminuindo a produtividade geral. Com políticas de apoio ao setor privado que envolvem grandes montantes,[30] percebemos que certas ações, além de ineficazes, geram ainda incentivos errados, fortalecendo setores e empresas poucos produtivos, através da chamada *misallocation*.

É importante quantificar a *misallocation* e entender seu impacto nas economias de forma agregada. Um primeiro passo nessa direção é uma metodologia que explora *misallocation* nos insumos, considerando a dispersão de seu produto marginal entre firmas de um mesmo setor.[31] Com o uso de microdados de firmas da China, Índia e Estados Unidos, encontram-se grandes lacunas entre as firmas dos dois primeiros países. Segundo as hipóteses do modelo, Índia e China teriam crescimento de produto agregado entre 30%-50% e 40%-60%, respectivamente, se tivessem menor *misallocation*, em um grau comparável ao observado nos Estados Unidos. Com metodologia similar aplicada aos dados da indústria brasileira, para o período de 1996 a 2011, também se encontra evidência de *misallocation*.[32] Definindo um cenário contrafactual em que o Brasil tivesse menor *misallocation*, haveria impacto no crescimento agregado de algo entre 110% e 180%, dependendo da abordagem utilizada. Estudos também mostram que há grande *misallocation* também no setor de varejo no Brasil,[33] e o tema vem ganhando importância no debate de políticas públicas no país.[34]

Cabe ainda mencionar um ponto crítico das firmas brasileiras, que tem potencial de prejudicar a produtividade: a alta rotatividade dos empregados no Brasil. O mercado de trabalho brasileiro se caracteriza por alta rotatividade, o que significa que o tempo médio de um trabalhador em uma mesma firma é baixo. Em comparação com outros países, constata-se que a duração média do emprego formal foi de cinco anos em 2009 no Brasil, enquanto nos outros países analisados a duração média é superior a nove anos.[35] O estoque de capital humano é essencial para a produtividade. Isso tanto é verdade para o capital humano mais geral, que vem da educação, quanto para o capital humano específico, formado em grande parte pela experiência e qualificação recebidos por um trabalhador durante as atividades que exerce na firma em que está empregado. Dessa forma, vínculos de trabalho de curta duração podem significar incentivo baixo para qualificação e, logo, ter efeitos danosos para produtividade. Muito desse cenário é causado pelos incentivos errados da legislação trabalhista,[36] que tornam vantajoso o término de contratos que podem ser viáveis

---

[29] A informalidade no Brasil não é tão alta quanto em outros países da região e, embora esse seja um ponto de atenção no desenho das políticas sociais, até o momento, no caso brasileiro, não há evidência de efeitos geradores de distorções no mercado de trabalho.

[30] As despesas públicas com políticas de apoio ao setor privado no Brasil são consideráveis: entre 2006 e 2015, essas despesas subiram de 3,0% para 4,5% do PIB (DUTZ, 2018).

[31] Hsieh e Klenow (2009).

[32] Vasconcelos (2017).

[33] De Vries (2014).

[34] Brasil (2020).

[35] Dieese (2011).

[36] A Reforma Trabalhista de 2017 buscou corrigir algumas dessas distorções. É importante que se realizem estudos na busca de evidências sobre seus efeitos, nos próximos anos.

no longo prazo. Nesse sentido, os desenhos das políticas de seguro-desemprego,[37] do FGTS[38] e do aviso-prévio[39] mostram-se problemáticos. O que isso significa, na prática, é que os trabalhadores que já entraram no mercado de trabalho com baixo capital humano geral (por terem poucos anos de estudo, ou educação de baixa qualidade) não conseguem tampouco elevar o capital humano específico por meio de sua experiência de trabalho.

CONCLUSÕES

A produtividade das firmas é resultado de uma interação complexa entre diversos fatores. Aspectos institucionais, que afetam o ambiente regulatório e as políticas públicas, geram incentivos para as firmas, que tomarão medidas mais ou menos intensas para elevar sua produtividade. No Brasil, o arcabouço institucional não tem fornecido incentivos adequados para o aumento da produtividade das firmas. Com base nas evidências apresentadas nas seções anteriores, é possível destacar algumas agendas que, se implementadas, devem ter impacto positivo sobre a produtividade das firmas: (1) maior abertura comercial; (2) expansão e melhoria da qualidade da infraestrutura de transportes; (3) sistema educacional que promova maior qualificação da força de trabalho e sistemas que encorajem a qualificação também dentro das empresas; (4) foco em empresas com restrição de crédito no crédito direcionado; (5) ambiente regulatório com regras simples, claras, transparentes e estáveis; (6) legislação tributária mais horizontal; e (7) legislação trabalhista sem incentivos à rotatividade dos trabalhadores.

Cada uma dessas agendas é complexa e outros capítulos deste livro discutem com maior profundidade alguns desses temas. Neste capítulo, é importante destacar que, para elevar a produtividade das firmas, são necessárias ações em diversas áreas de atuação governamental e a execução em conjunto dessas ações tende a amplificar seus efeitos. Por exemplo: a abertura comercial deve ter impacto maior sobre a produtividade das firmas se estiver acompanhada de expansão na infraestrutura de transportes, que permita equacionar gargalos na integração ao mercado internacional. Nesse sentido, a agenda da produtividade envolve um conjunto amplo de ações, em diversas áreas de atuação.

O caráter transversal da agenda da produtividade traz um desafio de governança: a coordenação entre ações de diferentes áreas e níveis de governo. No Executivo federal, o Ministério da Economia passou a reunir atribuições antes espalhadas em vários ministérios. Isso facilita a coordenação, mas, ainda assim, várias medidas da agenda da produtividade dependem de outros ministérios (por exemplo, Educação e Infraestrutura), dos poderes Legislativo e Judiciário e dos governos estaduais e municipais. Associado ao desafio de coordenação está o desafio político. Algumas medidas, como abertura comercial e alterações nas legislações tributária e trabalhista, podem encontrar forte resistência de segmentos específicos.

Para lidar com esses desafios, é fundamental disseminar a importância da agenda da produtividade. Sem incremento na produtividade das firmas, dificilmente a economia brasileira crescerá de forma sustentada. E, sem crescimento econômico, dificilmente haverá melhoria no bem-estar social e redução da pobreza. A agenda da produtividade deve ser percebida como vital para o país. Por mais que algumas medidas possam trazer perdas, no curto prazo, a determinados segmentos, os benefícios do aumento da produtividade atingem a todos e são de longo prazo.

---

[37] Carvalho, Corbi e Narita (2018).

[38] Camargo (1996), Amadeo e Camargo (1996), Barros, Corseuil e Foguel (2001), Gonzaga (2003), e Gonzaga e Cayres Pinto (2014).

[39] Gouvea (2019).

Alguns países – Austrália, Nova Zelândia, Chile e México – contam com agências de promoção da produtividade.[40] Além de realizarem pesquisas e avaliações sobre o tema, essas agências têm um conselho consultivo que faz recomendações para a atuação governamental. Com as agências, os governos desses países buscam direcionar foco à agenda da produtividade e auxiliar na coordenação de esforços relacionados ao tema.

"Produtividade não é tudo, mas no longo prazo é quase tudo", declarou certa vez o Prêmio Nobel de Economia Paul Krugman. Só uma agenda de produtividade é capaz de garantir crescimento sustentável para o país. Independentemente do desenho institucional adotado, o mais importante, no Brasil, parece ser a construção de um consenso em relação a essa agenda e a coordenação de atores chaves a favor da mesma.

REFERÊNCIAS

AMADEO, E.; CAMARGO, J. Instituições e o mercado de trabalho brasileiro. *In*: CAMARGO, J. M. (coord.). *Flexibilidade do mercado de trabalho no Brasil*. Rio de Janeiro: FGV, 1996.

AZEVEDO, L. Agências de promoção da produtividade: experiência internacional e lições para o Brasil. *In*: BONELLI, R.; VELOSO, F.; PINHEIRO, A. (ed.). *A anatomia da produtividade no Brasil*. Rio de Janeiro: Elsevier, 2017. p. 429-446.

BANCO MUNDIAL. *Doing business 2020*: comparing business regulation in 190 economies. Washington: World Bank, 2020.

BARBOSA FILHO, F.; CORRÊA, P. Distribuição de produtividade do trabalho entre as empresas e produtividade do trabalho agregada no Brasil. *In*: BONELLI, R.; VELOSO, F.; PINHEIRO, A. (ed.). *A anatomia da produtividade no Brasil*. Rio de Janeiro: Elsevier, 2017. p. 109-142.

BARROS, R.; CORSEUIL, C.; FOGUEL, M. Os incentivos adversos e a focalização dos programas de proteção ao trabalhador no Brasil. Texto para Discussão 784. IPEA, 2001.

BLOOM, N.; GENAKOS, C.; SADUN, R.; VAN REENEN, J. Management practices across firms and countries. *Academy of Management Perspectives*, v. 26, n. 1, 2012.

BONOMO, M.; BRITO, R. D.; MARTINS, B. The after crisis government-driven credit expansion in Brazil: a firm level analysis. *Journal of International Money and Finance*, v. 55, p. 111-134, 2015.

BRASIL. Ministério da Economia, Secretaria de Política Econômica. Redução da má alocação de recursos (misallocation) para a retomada do crescimento da produtividade na economia brasileira. 2020. Nota Informativa.

BUSSO, M.; MADRIGAL, L.; PAGÉS, C. Productivity and resource misallocation in Latin America. IDB Working Paper Series, n. 306, 2012.

CAMARGO, J. Flexibilidade e produtividade do mercado de trabalho brasileiro. *In*: CAMARGO, J. M. (coord.). *Flexibilidade do mercado de trabalho no Brasil*. Rio de Janeiro: FGV, 1996.

CARVALHO, C. C.; CORBI, R.; NARITA, R. Unintended consequences of unemployment insurance: evidence from stricter eligibility criteria in Brazil. *Economics Letters*, v. 162, p. 157-161, 2018.

COELHO, D.; CORSEUIL, C.; FOGUEL, M. Crescimento do emprego nas firmas da economia brasileira: resultados por grupos de idade e tamanho. Texto para discussão, n. 2344, 2017.

CORSEUIL, C. H.; MOURA, R. L. O impacto do Simples no nível de emprego da indústria brasileira. Rio de Janeiro: IPEA, 2017. Mimeo.

DEPARTAMENTO INTERSINDICAL DE ESTATÍSTICA E ESTUDOS SOCIOECONÔMICOS – Dieese. Rotatividade e flexibilidade no mercado de trabalho. 2011.

De VRIES, G. J. Productivity in a distorted market: the case of Brazil's retail sector. *Review of Income and Wealth*, v. 60, n. 3, p. 499-524, 2014.

DUTZ, M. A. *Jobs and growth: Brazil's productivity agenda*. Washington: World Bank Publications, 2018.

EASTERLY, W.; LEVINE, R. It's not factor accumulation: stylized facts and growth models. *The World Bank Economic Review*, v. 15, n. 2, 2001.

FEENSTRA, R.; INKLAAR, R.; TIMMER, M. The next generation of the Penn World Table. *American Economic Review*, v. 105, n. 10, 2015.

FÓRUM ECONÔMICO MUNDIAL. The global competitiveness report 2019. Geneva: WEF, 2019.

GONZAGA, G. Labor turnover and labor legislation in Brazil. *Economía*, v. 4, n. 1, p. 165-222, 2003.

GONZAGA, G., E CAYRES PINTO, R. Rotatividade do trabalho e incentivos da legislação trabalhista (No. 625). Texto para discussão, n. 625, Rio de Janeiro: Pontifícia Unversidade Católica, Departamento de Economia, 2014.

---

[40] Azevedo (2017).

GOUVEA, L. *Essays on labor markets: when firing costs increase backfire*: the effects of extending advance notice in Brazil. 2019. Tese (Doutorado) – Pontifícia Unversidade Católica do Rio de Janeiro, Departamento de Economia, Rio de Janeiro, 2019.

HALL, R.; JONES, C. Why do some countries produce so much more output per worker than others? *Quarterly Journal of Economics*, v. 114, n. 1, 1999.

HSIEH, C.; KLENOW, P. Misallocation and manufacturing TFP in China and India. *The Quarterly Journal of Economics*, v. 124, n. 4, p. 1403-1448, Nov. 2009.

JOVANOVIC, B. Selection and the evolution of industry. *Econometrica*, Washington, v. 50, n. 3, p. 649-670, 1982.

LEVY ALGAZI, S. *Under-rewarded efforts*: the elusive quest for prosperity in Mexico. Washington: IDB Publications, 2018.

LUCAS, R. On the mechanics of economic development. *Journal of Monetary Economics*, v. 22, n. 1, 1988.

MOHNEN, P.; HALL, B. Innovation and productivity: an update. *Eurasian Business Review*, v. 3, n. 1, 2013.

NELSON, R.; WINTER, S. An evolutionary theory of economic change. Cambridge: Harvard University Press, 1982.

PAGÉS, C. *The age of productivity*. New York: Palgrave Macmillan, 2010.

PIZA, C. Revisiting the impact of the Brazilian SIMPLES program on firms' formalization rates. Washington: The World Bank, 2016.

ROCHA, R.; ULYSSEA, G.; RACHTER, L. Do lower taxes reduce informality? Evidence from Brazil. *Journal of Development Economics*, v. 134, p. 28-49, 2018.

ROMER, P. Growth based on increasing returns due to specialization. *The American Economic Review*, v. 77, n. 2, 1987.

SOLOW, R. A contribution to the theory of economic growth. *The Quarterly Journal of Economics*, v. 70, n. 1, 1956.

SYVERSON, C. What determines productivity? *Journal of Economic Literature*, v. 49, n. 2, 2011.

VASCONCELOS, R. Misallocation in the Brazilian manufacturing sector. *Brazilian Review of Econometrics*, v. 37, n. 2, 2017.

O Futuro das Políticas de Desenvolvimento: o que Aprendemos?[1]

Ricardo de Menezes Barboza e Gilberto Borça Jr.

> "Existe alguma ação que o governo da Índia pode tomar para levar a economia indiana a crescer como as economias da Indonésia ou do Egito? Se sim, qual exatamente? Caso contrário, o que há com a 'natureza da Índia' que a faz assim? As consequências para o bem-estar social envolvidas em questões como estas são simplesmente impressionantes: quando se começa a pensar nelas, fica difícil pensar em qualquer outra coisa."
>
> Robert Lucas Jr.

INTRODUÇÃO

A epígrafe deste capítulo foi escrita pelo ganhador do Prêmio Nobel de Economia de 1995. Se pudéssemos reescrever aquelas frases, colocando o Brasil no lugar da Índia, chegaríamos à melhor introdução possível para o capítulo. Afinal, nosso objetivo aqui é discutir algumas ações que a política econômica poderia adotar para colocar o Brasil novamente no rumo do desenvolvimento.

O ponto de partida é claro: o Brasil ficou para trás e precisa recuperar o tempo perdido. Para verificar este diagnóstico, basta comparar o PIB *per capita* do Brasil com o dos Estados Unidos, país considerado como a fronteira do desenvolvimento (Gráfico 10.1). Em 1980, tínhamos o equivalente a 41% da renda *per capita* dos EUA. Em 2019, o valor era 25%. Ou seja, ficamos para trás.

---

[1] As opiniões emitidas pelos autores são expressas a título pessoal e não representam necessariamente a posição institucional do BNDES.

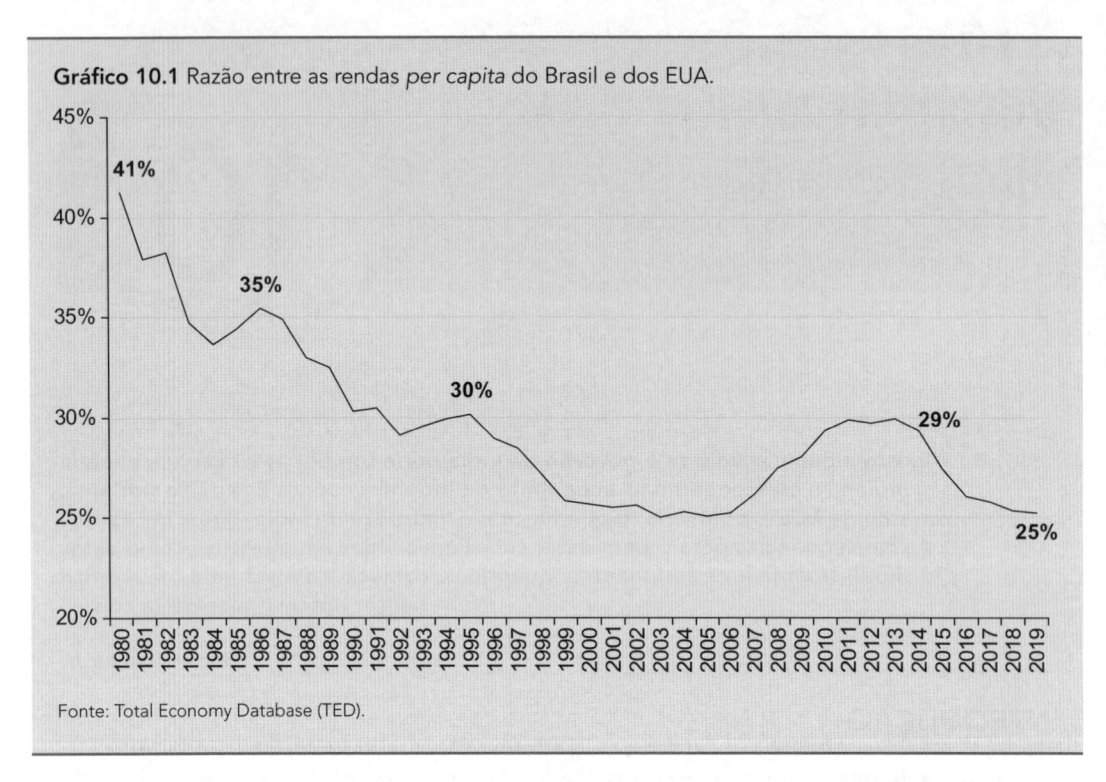

Gráfico 10.1 Razão entre as rendas *per capita* do Brasil e dos EUA.

Fonte: Total Economy Database (TED).

O caminho agora não é simples. Primeiro, porque o ambiente atual é de extrema polarização, o que quer dizer que o diálogo entre os atores responsáveis pelas políticas públicas ficou mais difícil. Segundo, porque não são claras as políticas públicas necessárias: o que funcionou em outros países pode não funcionar por aqui necessariamente. Terceiro, porque vivemos em uma época de baixa crença nos economistas – talvez os principais estudiosos dos processos de desenvolvimento econômico.[2]

Como fazer, então? Um caminho possível, talvez conciliador, é tomarmos como bases fatos econômicos muito concretos e a evidência empírica disponível. Afinal, proposições sustentadas em pesquisas científicas têm, justificadamente, maiores chances de convencer os governantes e a sociedade.[3] Claro que sempre haverá espaço para discordância, pois em ciências sociais as "verdades" são sempre questionáveis ou mesmo temporárias, mas, quando elas estão amparadas nos dados, a discussão fica um pouco mais disciplinada.

Não há muita alternativa. Antigamente, ouvia-se falar que o crescimento do Brasil era do tipo "voo de galinha", com fases de euforia sempre seguidas de fases de contração. Agora, depois de alguns anos de crescimento medíocre, ao redor de 1%, sem falar na crise do coronavírus, a sensação que dá é que cortaram as asas da galinha. Está, portanto, na hora de aprender a voar em outras bases. Nas próximas páginas, busca-se um voo diferente, proposto conforme evidências sobre políticas de desenvolvimento.

Este capítulo se divide em sete seções, incluindo esta introdução. Na segunda seção, discute-se a importância das instituições democráticas para o desenvolvimento. Na terceira, o tema é a centralidade do investimento em infraestrutura, público e/ou privado. Na quarta, discute-se o papel da competição para o desenvolvimento. A quinta seção trata das políticas de inovação. Na sexta seção, aborda-se a relação entre desenvolvimento e bancos de desenvolvimento. Por fim, seguem-se as conclusões.

---

[2] Pesquisa recente feita nos EUA mostrou que os economistas figuram como a segunda profissão mais desacreditada dentre todas as consultadas, perdendo apenas para políticos. Ver Banerjee e Duflo (2019).

[3] Ver Hjort et al. (2019).

DESENVOLVIMENTO E DEMOCRACIA

Uma questão que frequentemente causa discussões acaloradas na sociedade brasileira é se regimes democráticos são bons ou ruins para o desenvolvimento econômico.[4] Sem entrar no mérito de que regimes autoritários causam barbaridades sociais (como tortura), há uma questão econômica fundamental nesse tema: a alternância de poder, típica das democracias, incentiva a adoção de *políticas* que beneficiam a população em geral.

Além disso, é preciso ter claro que o processo de seleção de *políticos* é diferente em sistemas democráticos e autocráticos. As democracias e seus partidos políticos têm mecanismos mais fortes para a escolha de líderes competentes e honestos. Isso quer dizer que não apenas as *políticas* tendem a ser melhores, mas também os *políticos* tendem a ser mais bem preparados.

De fato, há um conjunto de evidências mostrando que democracias são, *em média*, positivas para o desenvolvimento. Há trabalhos que revelam que países democráticos geram mais acesso a serviços públicos, como saúde, educação, água e saneamento.[5] Há pesquisas que identificam uma correlação significativa entre instituições democráticas e expectativa de vida. Há também estudos que constatam efeito da democracia na queda da mortalidade infantil.[6]

Em relação ao crescimento econômico, uma pesquisa recente, publicada em um dos melhores periódicos acadêmicos internacionais, identifica relação significativa e robusta entre democracia e crescimento de longo prazo. As estimativas se baseiam em diversos métodos e mostram que, na média, um país que faz a transição de um sistema não democrático para um sistema democrático tem PIB *per capita* 20% mais alto após 25 anos, comparado com um país que permanece em um sistema autocrático.[7]

Por que isso acontece? Uma das explicações é que, em democracias, o tomador de decisões geralmente representa a classe média e os indivíduos mais pobres, enquanto em ditaduras as pessoas mais ricas costumam ter maior influência.[8] Isso significa que democracias produzem políticas mais redistributivas e que ditaduras produzem políticas mais concentradoras de renda. Essas diferenças afetam a provisão de bens públicos e os indicadores de educação e saúde da população.[9] Com quantidade e qualidade maiores de capital humano, países democráticos acabam crescendo mais.

Isto posto, como tirar conclusões dessa literatura? Primeiro, advogar favoravelmente por regimes autoritários é advogar pelo retrocesso (leia-se deixar o Brasil ainda mais para trás). Segundo, é preciso preservar as instituições democráticas, garantindo, por exemplo, o funcionamento ativo da imprensa independente, que cumpre um papel fundamental de investigação e *accountability*. Terceiro, é preciso ter claro que não é porque democracias, *em média*, crescem mais que todo país democrático vá necessariamente crescer.

O Brasil, por exemplo, tem crescido pouco desde a redemocratização, em 1985 (ainda que *provavelmente* mais do que cresceria se permanecesse na ditadura). Isso pode estar relacionado ao fato de que o *desenho* da nossa democracia pode não ser o *mais adequado* dentre as opções disponíveis – o que exigiria uma reforma política no país.

---

[4] Na verdade, no Brasil e no mundo, ainda que de forma mais intensa no Brasil. A quantidade de pessoas insatisfeitas com os regimes democráticos tem crescido no mundo. Relatório do Centro para o Futuro da Democracia, da Universidade de Cambridge, mostra que a proporção de insatisfeitos atingiu o pico de 57,5% em 2020. O ano de 2020 também representa o pico da "terceira onda de autocratização" no mundo, segundo relatório do Centro V-Dem, da Universidade de Gotemburgo. Pela primeira vez desde o relatório inaugural, em 2001, há mais países autocráticos que democráticos no mundo.

[5] Ver Lake e Baum (2001; 2003).

[6] Ver Kudamatsu (2012).

[7] Ver Acemoglu *et al.* (2019).

[8] Ver Acemoglu e Robinson (2005).

[9] Ver Besley e Kudamatsu (2006).

Uma possibilidade de mudança diz respeito à eliminação ou forte redução do instituto do foro privilegiado. No Brasil, muitos políticos têm o direito de serem julgados apenas pelo Supremo Tribunal – o que é visto por muitos como privilégio, pois se trata de uma corte indicada politicamente e que sofre de excesso de demanda por decisões, o que gera longas filas de espera e prescrição de casos. Essa institucionalidade gera poucos incentivos para o crescimento. Por exemplo, há um estudo que analisa a relação entre imunidade para políticos e corrupção com base em uma amostra de 90 democracias.[10] Ainda que imunidade não seja sinônimo exato de foro privilegiado, os incentivos gerados por ambos são bastante similares sob um ponto de vista prático.

As evidências mostram clara relação entre imunidade para políticos e indicadores de corrupção. Países com maior imunidade tendem a ser aqueles com maior corrupção. Um resultado intuitivo, pois faz sentido que haja mais corrupção quando a probabilidade de ser punido é menor. E o Brasil, segundo o estudo, se posiciona no topo do *ranking* de imunidade para políticos. Isso é danoso para o desenvolvimento por duas razões: (1) porque corrupção reduz crescimento;[11] (2) porque corrupção reduz a confiança da população na democracia, colocando as próprias instituições democráticas em risco.

Outra possibilidade de reforma diz respeito à redução do número de partidos políticos no Brasil. De fato, o modelo adotado pela Constituição de 1988 incentiva o multipartidarismo.[12] Quanto maior o número de partidos, menor a chance de o partido do presidente alcançar sozinho a maioria das cadeiras do Congresso. Se desejar governar evitando o desconforto da condição de minoria, terá de gerenciar coalizões pós-eleitorais. Para tal, precisa ofertar recursos políticos e financeiros aos potenciais parceiros, em troca de apoio no Legislativo. Entre esses recursos estão ministérios, cargos na burocracia, emendas no Orçamento etc.

O modelo brasileiro tem custos. Primeiro, porque é terreno fértil para o fisiologismo – quando as medidas políticas são tomadas em troca de favores e favorecimentos a interesses privados, em detrimento do bem comum. Segundo, porque gera uma alocação de recursos que penaliza a produtividade. Terceiro, porque fica difícil para o eleitor mediano acompanhar tantos partidos e, principalmente, diferenciar quem é situação e quem é oposição.

Para sair do equilíbrio de baixo crescimento que tem caracterizado a economia brasileira, é preciso realinhar os incentivos da classe política, de modo a estimulá-la a apoiar iniciativas que promovam o desenvolvimento, em termos de prêmios e penalidades eleitorais. Um sistema com poucos partidos, em que a sociedade reconheça claramente aqueles que apoiam e que não apoiam o governo de plantão, responsabilizando-os por seus erros e acertos, pode representar um avanço em relação ao modelo atual.

Como disse certa vez Milton Friedman, vencedor do Prêmio Nobel de Economia em 1976, "*nós não iremos resolver nossos problemas elegendo as pessoas certas. Nós só iremos resolver nossos problemas ao fazer com que seja politicamente vantajoso que mesmo as pessoas erradas façam a coisa certa*". Isso significa que uma reforma política é peça crucial para o Brasil retomar o processo de desenvolvimento *dentro* do jogo democrático.

DESENVOLVIMENTO E INVESTIMENTO EM INFRAESTRUTURA

Investimentos em infraestrutura são vistos como um ingrediente-chave para o desenvolvimento econômico, tanto no meio acadêmico[13] quanto nos debates de política econômica.[14] Sua importância é uma decorrência do seu efeito *direto* na formação de capital e do seu efeito *indireto* na produtividade. Se investimentos em infraestrutura são mesmo fundamentais, não deveríamos estranhar a dificuldade de o Brasil crescer.

---

[10] Ver Reddy, Schularick e Skreta (2020).

[11] Ver Mauro (1995).

[12] Ver Pereira (2019).

[13] Ver Aschauer (1989) e Romp e Haan (2007).

[14] Ver Banco Mundial (1994), Calderón e Servén (2010) e o Capítulo 11 no presente livro.

Uma pesquisa recente da Ipsos[15] mostrou que a população brasileira é a mais insatisfeita com os serviços de infraestrutura (transportes, energia, água e telecomunicações) dentre 28 países cobertos pelo trabalho. Esse resultado decorre do baixo investimento em infraestrutura no país, incapaz de repor a depreciação do estoque de capital existente.

Segundo estimativas feitas pelo economista Cláudio Frischtak, enquanto o PIB brasileiro duplicou entre 1990 e 2016, o estoque de capacidade na infraestrutura cresceu apenas 27%.[16] De acordo com o relatório técnico do Banco Mundial, os investimentos em infraestrutura mantiveram-se acima de 5% do PIB entre as décadas de 1920 e 1980. Nas duas últimas décadas, no entanto, o ritmo de investimento caiu para menos de 2,5% do PIB.

Parte desse problema tem a ver com os baixos investimentos públicos, muitas vezes destinados à infraestrutura. O Gráfico 10.2 traz a evolução da taxa de investimento público no Brasil entre 1947 e 2019, bem como sua média móvel de cinco anos. Nota-se claramente uma tendência de queda do investimento público *vis-à-vis* com o PIB desde meados da década de 1970, o que culminou com seu nível mais baixo no ano de 2017 (1,85%). Em 2018, houve um aumento do indicador para 2,43% do PIB, movimento oriundo tipicamente do ciclo eleitoral, reduzindo-se novamente em 2019 para 2,26%. No que tange à média móvel de cinco anos, o ano de 2019 marca o patamar mais baixo de toda a série histórica.

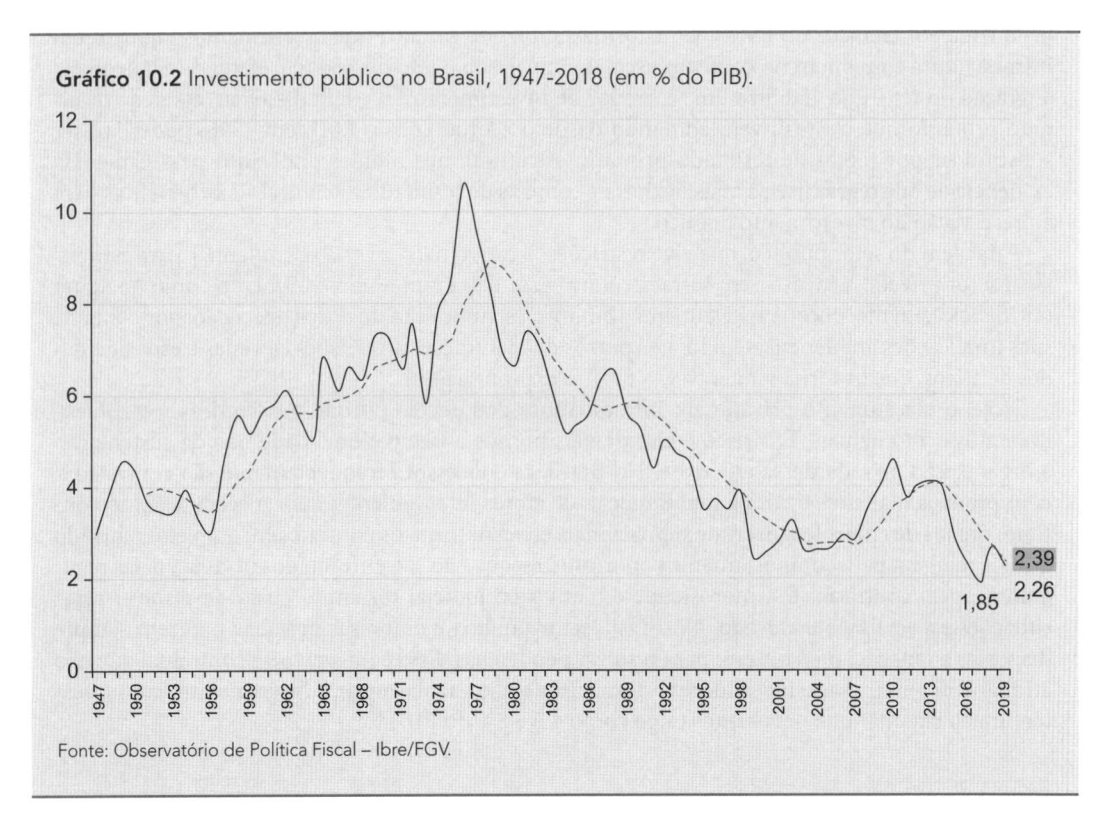

Gráfico 10.2 Investimento público no Brasil, 1947-2018 (em % do PIB).

Fonte: Observatório de Política Fiscal – Ibre/FGV.

Em comparações internacionais, com informações oriundas da OCDE e disponibilizadas pelo Observatório de Política Fiscal do Instituto Brasileiro de Economia (Ibre) da Fundação Getulio Vargas (FGV), o Brasil se destaca por ser o país com a segunda taxa de investimento público mais

---

[15] Ver Ipsos (2019).
[16] Ver Frischtak e Mourão (2017).

baixa entre mais de 40 países na média do período de 2000 a 2017. Não é à toa que o Brasil tem um estoque de capital de infraestrutura bem menor do que outros países (35% contra algo entre 50% e 70% do PIB).[17] Por que isso acontece?

Há um consenso no debate público brasileiro de que a política fiscal no país tem se caracterizado pelo sacrifício dos gastos em investimento por parte do governo. Se a prática tem sido ajustar pelo lado mais fácil, o mais fácil de ajustar é sempre o investimento público.

Politicamente, investimentos públicos são órfãos. Isto ocorre porque os investimentos públicos servem ao país como um todo, mas o grupo que é a população como um todo é muito difuso, sem expressão política. Além disso, é sempre mais fácil cortar o capital ainda não criado, atitude que vem sempre acompanhada do discurso de que um dia o investimento cortado será retomado – o que, obviamente, não passa de ilusão.[18]

Nos anos 1990, James Tobin, vencedor do Prêmio Nobel de Economia em 1981, criticou a política de redução de déficits nos EUA por meio de corte de investimentos. Para ele, *"seria tolo reduzir déficits governamentais pelo corte de investimentos públicos. A pesquisa econômica recente mostra que a negligência com o investimento público tem uma grande responsabilidade pela desaceleração no crescimento da produtividade neste país"*.[19]

Como o estoque de capital de infraestrutura (e, provavelmente, público) é muito baixo no Brasil, aumentar esses gastos pode ter um efeito multiplicador elevado, como aponta pesquisa recente produzida por técnicos do FMI.[20] Uma forma simples de garantir que investimentos públicos em infraestrutura aumentem no contexto fiscal do Brasil, sob o teto de gastos, é efetuar uma pequena alteração do teto, que viabilize um "corredor de investimentos".[21] Além disso, as regras de resultado primário que o Brasil vem adotando desde o acordo com o FMI, em 1998, poderiam ser substituídas por regras de resultado primário estrutural, nos moldes praticados pelo Chile. Há evidência de que regras fiscais mais flexíveis – como as de resultado estrutural – são benéficas para a preservação do investimento público.[22]

Para além do setor público, que vive restrições fiscais, o país deveria se empenhar para estimular o setor privado a investir em infraestrutura. Esse não é um empreendimento como qualquer outro. Basicamente, porque investimentos em infraestrutura são de difícil execução, por conta de suas implicações ambientais, têm longos prazos de maturação, dimensões elevadas e especificidades de ativos, que os torna vulneráveis a futuras expropriações.

Hoje, o investimento privado em infraestrutura não decola porque o risco desses empreendimentos é alto demais. E o risco é alto demais porque a institucionalidade não dá sustentação à organização privada dessa atividade. No Brasil, as concessões frequentemente são contratadas com projetos malfeitos e com a manifestação de atores intervenientes após a celebração do contrato: órgãos de controle, governos subnacionais etc. Isso torna os contratos incompletos, abrindo grande margem para comportamentos oportunistas, que não são enfrentados pelas agências reguladoras, pelo contrário. E a morosidade e o ativismo judicial tornam o custo de resolver essas situações especialmente elevado. No Brasil, setor público e empresas privadas parecem sempre dispostos a renegociar o contrato para resolver pendências. Essa é uma cultura contratual que não atrai grandes empresas e investidores estrangeiros e não vai alavancar o investimento em infraestrutura ao patamar que precisamos (algo como 4% a 5% do PIB).[23]

---

[17] Ver Frischtak e Mourão (2017).

[18] Ver Carvalho (2009).

[19] Citado em Cardim (2009).

[20] Ver Izquierdo *et al.* (2019).

[21] Ver proposta de Horta e Giambiagi (2019).

[22] Ver Izquierdo *et al.* (2020).

[23] Ver mais detalhes em Pinheiro (2017).

É preciso limitar o espaço para as várias possibilidades de intervenção estatal, fabricar bons projetos, produzir contratos de concessão mais completos e de alguma forma blindá-los juridicamente contra o comportamento oportunista das partes. Além disso, é preciso que as empresas de infraestrutura nacionais – afetadas pela Operação Lava Jato – voltem a ter condições de participar das oportunidades de investimento. Isso requer uma separação clara entre pessoas jurídicas e executivos das empresas, de modo a blindar as primeiras e a punir os segundos, em casos de problemas com a justiça, de modo a impedir que investimentos em infraestrutura sejam penalizados – como tem sido a norma no país.

DESENVOLVIMENTO E COMPETIÇÃO

Economistas, em geral, têm apego ao conceito de competição. Isto porque, quando os mercados são competitivos, os preços que nele vigoram são mais baixos, a produção é mais elevada, os produtos têm melhor qualidade e as empresas tendem a investir e a inovar mais. Um bom exemplo é como a Uber melhorou e barateou o mercado de transporte dentro das grandes cidades do mundo.

Esse tema às vezes causa controvérsias. Mais competição reduz preços e beneficia consumidores. Por outro lado, preços menores prejudicam produtores. Em um primeiro momento, isso pode sugerir que, do ponto de vista do bem-estar agregado, o efeito da competição dependerá do peso atribuído a consumidores e produtores. Surpreendentemente – ao menos para um não economista –, isso não é verdade em geral. Maior grau de competição tende quase sempre a aumentar o bem-estar agregado: o ganho obtido pelos consumidores é maior do que o prejuízo causado aos produtores.

Em livro recente, Thomas Philippon, professor da Universidade de Nova York, investiga a evolução de vários mercados nos Estados Unidos e na Europa.[24] O autor mostra, em análise empírica coerente e clara, como alguns mercados americanos ficaram menos competitivos e mais concentrados nas últimas duas décadas em comparação com os similares na Europa. O ponto principal do livro diz respeito à cifra simbólica de "U$ 1 trilhão".

Segundo Philippon, o processo de concentração da economia dos EUA nos últimos 20 anos aumentou o custo de uma cesta de bens e serviços de um consumidor americano típico em cerca de 5% a 10%. Se a economia americana voltasse para o ambiente de maior competição vigente ao redor do ano 2000, cada consumidor economizaria cerca de U$ 300 por mês. Isso geraria uma poupança da ordem de U$ 600 bilhões por ano. Além disso, como a competição força as firmas a investirem mais, o autor estima que os ganhos da competição poderiam chegar ao tal número de "U$ 1 trilhão". Ou seja, não dá para ignorar os efeitos de políticas pró-competição sobre o bem-estar social.

O que competição tem a ver com desenvolvimento? Mais competição pode aumentar a produtividade de várias formas. Primeiro, porque, com mais competição na provisão de bens intermediários, as empresas têm acesso a insumos mais baratos e de melhor qualidade. Segundo, porque, pressionadas pela competição, as empresas produzem mais, melhor e inovam continuamente. Terceiro, há um efeito de seleção: empresas que sobrevivem em mercados competitivos são mais produtivas que as que sucumbem. Quarto – e não menos importante –, a competição no setor financeiro faz os recursos se moverem de atividades de baixa produtividade para atividades de alta, melhorando a alocação de recursos. Os efeitos de maior competição sobre ganhos de eficiência e produtividade, portanto, não podem ser menosprezados.

No caso brasileiro, maior competição poderia ser estimulada de diversas maneiras. Por exemplo, abrindo comercialmente o Brasil, que é o segundo país mais fechado do planeta. Isso elevaria a competição entre as firmas nacionais e as empresas internacionais. Além disso, políticas que inibam a formação de cartéis são positivas para estimular a competição. Dois exemplos nesse

---

[24] Ver Philippon (2019).

sentido são: (1) a facilitação de ações coletivas para ressarcimento de danos causados por arranjos colusivos;[25] (2) a instituição de *treble damages*.[26]

Se competição importa e se estamos discutindo propostas para o Brasil, é impossível não tratar da realidade do sistema bancário no país, altamente concentrado e com o segundo *spread* mais elevado do planeta (maior, inclusive, do que o praticado nos países em guerra) – ver Gráfico 10.3. Nas contas da consultoria Economática, os quatro grandes bancos brasileiros são os mais rentáveis dentre os maiores bancos do mundo (em retorno sobre o patrimônio líquido – ROE). Além disso, o indicador CR4, que mede o grau de concentração dos quatro maiores bancos, e o Herfindahl-Hirschman Index (HHI), que também mede concentração de mercado, aumentaram muito no Brasil desde 2007, sob o ponto de vista dos depósitos, dos ativos ou das operações de crédito.[27]

Um importante estudo, publicado em 2019, mostra efeitos substanciais da baixa concorrência sobre os *spreads* bancários no Brasil.[28] O estudo explorou um conjunto abrangente de dados de empréstimos (550 milhões de operações de crédito entre 2005 e 2015) e identificou o efeito da concorrência no *spread* por meio da exposição heterogênea de Municípios a episódios de fusões e aquisições de bancos com atuação nacional.

Quando comparados a Municípios onde não houve redução no número de bancos, mostra-se que Municípios "tratados" experimentam elevação do *spread* de empréstimos e recuo do volume de empréstimos. Os resultados mostram que uma redução de quatro para três bancos no mercado local aumenta os *spreads* em 16% e reduz a quantidade de crédito em 17%. Outro resultado interessante é que, quanto maior a concentração inicial no mercado local, maior a elevação do *spread*. O estudo também estima que, se os *spreads* brasileiros caíssem para a média mundial, o volume de crédito aumentaria 40%, gerando um aumento da produção de 5%. Em resumo, o estudo mostra que a elevada concentração do mercado de crédito é um imenso determinante dos altos *spreads* no Brasil.

Como lidar com essa falta de competição do sistema bancário brasileiro? Primeiro, é importante evitar que novos atos de concentração (tal como a compra da XP pelo Itaú) sejam permitidos. Segundo, é preciso reduzir as barreiras para a entrada de novos competidores, como *fintechs*. Para se ter uma ideia, o Conselho Monetário Nacional só tratou do assunto em 2018, a nova regra para *fintechs* só foi definida em abril daquele ano. A primeira *fintech* de crédito a receber autorização do Banco Central só a conseguiu em dezembro de 2018 e, ainda hoje, demora meses para uma autorização sair. Terceiro, é importante reconhecer os méritos das Agendas BC+ e BC#, bem como a iniciativa do Banco Central de estruturar o *open banking* no Brasil. Por fim, pode-se pensar em alguma iniciativa para aumentar o número de bancos em atuação no país, ainda que via divisão dos grandes bancos em partes menores, tal como já ocorreu em outros países e em outros setores (ex.: telecomunicações nos EUA).

---

[25] Havendo probabilidade positiva de se detectar um cartel, a compensação das partes prejudicadas pelos danos causados é a forma (complementar a multas) de se reduzirem os benefícios esperados de se cartelizar. O dano é a quantidade transacionada multiplicada pelo sobrepreço do cartel, que é a diferença entre o preço que prevaleceu durante o período de cartelização – determinado pelo CADE em sua decisão de condenação – e o preço que prevaleceria na ausência do cartel. Determinar o preço na ausência do cartel é um exercício contrafactual. Qual seria o preço de equilíbrio se as firmas tivessem concorrido de forma legítima? Apesar da aparente dificuldade do exercício, a tradição americana e europeia já se mostrou bastante bem-sucedida em encontrar esse preço contrafactual.

[26] A probabilidade de um cartel ser identificado e punido é igual ou inferior a 100%. Se um cartel for detectado e condenado com certeza, na ausência de punições adicionais (como multas), o mero ressarcimento dos danos causados fará com que seus participantes não sejam efetivamente punidos – eles só "devolverão" os prejuízos causados. Sendo, como parece razoável, difícil de detectar e punir um cartel com probabilidade igual a 100%, o mero ressarcimento do dano fará com que a "devolução" esperada seja menor que o benefício obtido, o que gera um incentivo a se cartelizar. Uma forma de se reduzir esse incentivo é impor uma obrigação de repagamento maior que o dano causado. Esta é a lógica econômica que leva países como os EUA a adotarem danos triplos (*treble damages*).

[27] Ver Ribeiro (2018).

[28] Ver Joaquim e Van Doornik (2019).

Gráfico 10.3 Spread bancário por país – 2017.

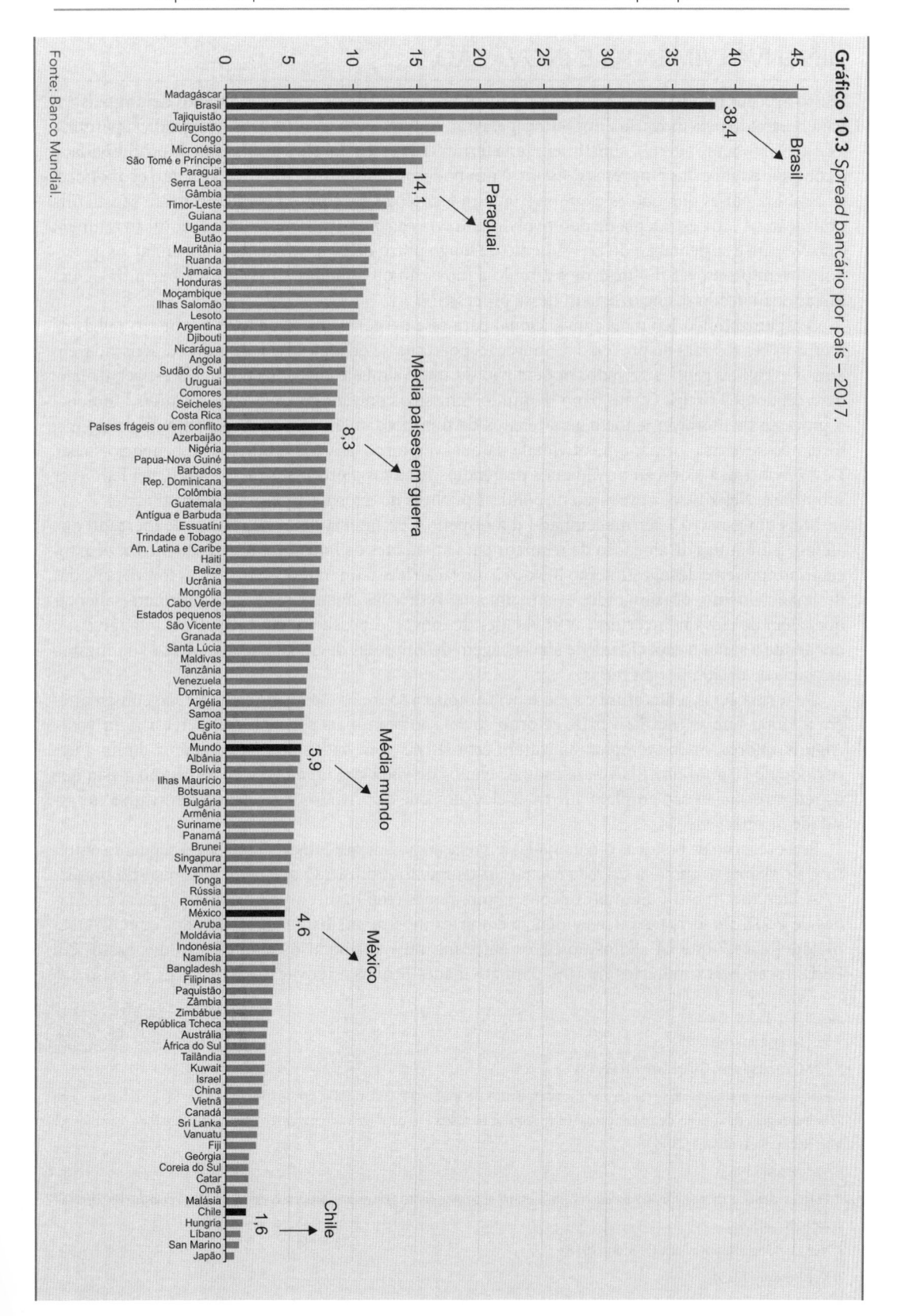

Fonte: Banco Mundial.

DESENVOLVIMENTO E INOVAÇÃO

Outro aspecto importante para o entendimento da trajetória de desenvolvimento de um país é o papel exercido pela inovação. Em outras palavras, as inovações tecnológicas, em geral via pesquisa e desenvolvimento (P&D), constituem uma ferramenta essencial para o aumento de produtividade e competitividade das empresas e, assim, é um poderoso indutor do desenvolvimento econômico.

Embora países que não estejam na fronteira tecnológica – como o Brasil – possam se valer da utilização de uma estratégia de desenvolvimento via *catching-up*,[29] o fomento à inovação também é chave para a sustentação do crescimento de longo prazo da produtividade. Mas, afinal, os governos devem promover políticas de estímulo à inovação ou a melhor alternativa é permitir que as forças de mercado se encarreguem desse processo?

O argumento teórico mais convencional para essa pergunta diz respeito às potenciais falhas de mercado[30] envolvidas no processo de inovação, pois trata-se de uma atividade bastante arriscada, em que os eventuais ganhos privados podem não ser integralmente auferidos por quem estiver, de fato, incorrendo nos riscos. Como pano de fundo, tem-se o conceito de *knowledge spillovers*,[31] no qual o processo de inovação tende a gerar efeitos de transbordamento de conhecimento na economia, tornando-se, dessa forma, uma atividade na qual o retorno privado é inferior ao benefício social. Dessa maneira, a alocação privada dos dispêndios relativos a processos de inovação, tendem a ser subótimos. Nesse caso, a execução de políticas públicas direcionadas à inovação é justificável.

Mais um aspecto a ser mencionado diz respeito à existência de outras falhas de mercado que afetam a dinâmica da alocação de recursos para atividades de inovação. A elevada incerteza associada aos projetos de investimento ligados à inovação leva a um interesse baixo das fontes privadas de financiamento, ocasionando, eventualmente, restrições financeiras.[32] É importante salientar que, além da elevada incerteza, as atividades de inovação possuem, em geral, bens intangíveis, o que tende a afetar a capacidade de alavancagem de empresas devido à baixa qualidade ou mesmo ausência de colaterais (garantias).[33]

De forma geral, a literatura e a evidência empírica sobre os efeitos de *spillover* são consistentes em apontar que as estimativas de retorno social são bem mais elevadas que o retorno privado. Alguns autores,[34] por exemplo, realizaram estimativas com dados ao nível da firma durante um período de 30 anos nos EUA para estimar efeitos de *knowledge spillovers*. A conclusão atesta que os retornos sociais são amplamente mais elevados que os privados e, portanto, reforçam a necessidade de intervenções.

Se a execução de políticas direcionadas à inovação possui sustentação, tanto teórica quanto empírica, a próxima pergunta a ser feita é: quais instrumentos utilizar? O que pode funcionar no Brasil?

A literatura mostra algumas opções, como, por exemplo, incentivos tributários para atividades de P&D. De forma geral, a evidência empírica mostra, mediante vários estudos com diversas metodologias,[35] que há efeitos positivos entre incentivos tributários e ampliação dos gastos em P&D. Incentivos tributários de 10% para atividades ligadas à inovação são capazes de gerar, no

---

[29] Ver Gerschenkron (1962).

[30] Ver Cunningham, Gök e Larédo (2016).

[31] Há algumas maneiras de se tentar medir esses efeitos de *spillover* na economia, como, por exemplo: (1) estudos de caso; (2) abordagem da função de produção; e (3) pesquisa baseada em contagem de patentes. Para mais detalhes, ver Bloom, Van Reenen e Williams (2019).

[32] Ver Arrow (1962).

[33] Para evidências de que *financial constraints* afetam negativamente gastos em processo de inovação, ver o *survey* de Hall & Lerner (2010).

[34] Ver Lucking, Bloom e Van Reenen (2018).

[35] Ver Becker (2015).

mínimo, um aumento de 10% dos gastos em P&D a longo prazo.[36] Segundo relatório da OCDE, 33 países entre 42 pesquisados sobre o tema adotavam algum tipo de incentivo tributário para atividades de P&D.[37]

Outras políticas públicas, como, por exemplo, subsídios diretos do governo como provedor de *funding*, seja para pesquisas acadêmicas ou para empresas privadas, apontam para resultados positivos no que tange à ampliação dos gastos em P&D. Além disso, o estímulo ao aumento da oferta de capital humano, em particular nos campos de conhecimento tipo ciência, tecnologia, engenharia e matemática (STEM),[38] com a maior oferta de cursos de graduação, influencia positivamente a atividade de inovação. O relaxamento de políticas de imigração de mão de obra qualificada também é destaque nas evidências empíricas positivas sobre impactos em P&D.

Qual o desempenho relativo do Brasil no que diz respeito ao tema inovação? De acordo com a edição mais recente, de 2019, do Índice Global de Inovação (IGI)[39] – que classifica 129 economias com base em 80 indicadores, os quais vão desde medidas mais tradicionais de inovação, como investimentos em P&D, pedidos de patentes e marcas internacionais, até indicadores mais recentes, como a criação de aplicativos para *smartphones* e exportações de alta intensidade tecnológica –, o Brasil ocupava apenas o 66º lugar dentre os países mais inovadores, perdendo duas posições em relação à edição do ano anterior.

Países como Suíça, Suécia, EUA, Países Baixos e Reino Unido lideram o *ranking*. Dentre os países em desenvolvimento, a Coreia do Sul (em 11º) e a China (em 14º) são os mais bem colocados. A China, inclusive, é a primeira classificada no quesito qualidade da inovação entre as economias de renda média do mundo, alcançando as primeiras posições em critérios importantes, como patentes, *design* industrial e marcas por origem. O Brasil é apenas o 4º colocado dentre as economias de renda média. Até mesmo com recorte regional, incluindo apenas América Latina e Caribe, o Brasil figura apenas na 5ª posição, ficando atrás de países como Chile, Costa Rica, México e Uruguai.

Após elencarem-se os argumentos teóricos favoráveis às intervenções em termos de política de inovação, os instrumentos mais efetivos para sua implementação e o desempenho bastante aquém do esperado do Brasil, que tipo de propostas podem ser sugeridas?

De forma geral e sem ser exaustivo, pode-se elencar: (1) ampliar as bases de conhecimento e de tecnologia, permitindo a concessão de bolsas a pesquisadores por empresas e Institutos de Ciência e Tecnologia (ICTs) privados; (2) aprimorar e disseminar instrumentos jurídicos, possibilitando, por exemplo, que órgãos financiadores utilizem contratos de fornecimento como garantia de tomada de crédito para pesquisa, desenvolvimento e inovação (P&DI); (3) aumentar o volume de fontes de financiamento com recursos públicos e privados para ciência, tecnologia e inovação (CT&I), em particular via Banco Nacional de Desenvolvimento Econômico e Social (BNDES), no qual há evidências de efeitos positivos;[40] (4) fomentar a formação de talentos, aproximando os cursos dos campos de STEM do setor produtivo por intermédio de estágios e do uso de metodologias de ensino orientadas às necessidades do mercado; e (5) criar incentivos tributários para fomentar investimentos e projetos inovadores em suas fases iniciais.

---

[36] Ver Bloom, Van Reenen e Williams (2019).

[37] Ver OCDE (2018).

[38] STEM é uma abreviação, em inglês, dos campos de conhecimento de *science, technology, engineering, mathematics*.

[39] O Índice Global de Inovação (IGI) é uma publicação realizada pela Universidade Cornell, pelo Instituto Europeu de Administração de Empresas (INSEAD), pela Organização Mundial de Propriedade Intelectual (OMPI), em parceria com a Confederação Nacional da Indústria (CNI) e com Serviço Brasileiro de Apoio às Micro e Pequenas Empresas (SEBRAE), e que estabelece um padrão global que auxilia os formuladores de políticas públicas a entender, incentivar e mensurar as atividades inovadoras. Ver Dutta, Lanvin e Wunsch-Vincent (2019).

[40] Ver Machado e Martini (2020).

É importante salientar que, para qualquer tipo de incentivo ou subsídios fornecidos, deve haver metas de desempenho a serem atingidas por parte do empresariado, de modo a criar *enforcement* entre os dispêndios a serem realizados e os objetivos de políticas públicas.

DESENVOLVIMENTO E BANCOS DE DESENVOLVIMENTO

Uma questão interessante é a seguinte: se uma economia necessita se desenvolver, ela precisa ter um banco de desenvolvimento? Não há resposta clara hoje na literatura empírica sobre esse tema, mas há alguns indícios que podem ser interessantes nessa discussão sobre como estimular o desenvolvimento do Brasil.

Primeiro, é preciso considerar que bancos de desenvolvimento já são atores tradicionais das políticas econômicas dos países. De acordo com um trabalho do Banco Mundial de 2012, existiriam, na época, 90 bancos de desenvolvimento no mundo, com atuação em 61 países.[41] Segundo, é importante considerar que bancos de desenvolvimento são cada vez mais numerosos no planeta. Em 2012, foi criado o Banque Publique d'Investissement (BPI) da França. Em 2014, foram criados o Business Bank do Reino Unido, a Instituição Financeira do Desenvolvimento de Portugal e a Strategic Banking Corporation da Irlanda. Em 2015, foi a vez do Altum Bank da Letônia. Em 2017, surgiram os bancos de desenvolvimento do País de Gales e de Malta. Em 2019, estava em debate a criação dos bancos de desenvolvimento da Grécia e do Uzbequistão.

Além disso, cabe citar que bancos de desenvolvimento multilaterais e locais também estão crescendo no mundo. A Europa, por exemplo, vem expandindo a atuação do Banco de Desenvolvimento Europeu. O grupo de países emergentes denominado BRICS, recentemente, criou o New Development Bank (NDB). Por fim, alguns Estados americanos também criaram, há pouco, seus próprios bancos de desenvolvimento. Ou seja, é possível afirmar que bancos de desenvolvimento têm sido vistos como instrumento útil para a política econômica ao redor do planeta. De onde vem essa utilidade?

Em teoria, bancos de desenvolvimento se justificam pelos ganhos de eficiência alocativa que podem promover.[42] Esses ganhos ocorreriam nas situações conhecidas como falhas de mercado. Exemplos típicos dessas situações são: quando há racionamento de crédito; quando há mercados incompletos; quando há divergência entre retorno social e retorno privado; e quando ocorrem crises financeiras. Como falhas de mercado podem ocorrer em países nos mais diversos estágios de desenvolvimento, assim se explica a presença tão disseminada desses bancos ao redor do planeta.

Na prática, quem escolhe o rumo das políticas públicas precisa conhecer a eficácia de cada instrumento ou de cada intervenção em particular. Nesse sentido, uma pergunta que se coloca sobre bancos de desenvolvimento é: o que dizem as evidências relacionadas à sua atuação? Como estamos interessados em discutir o Brasil, o que dizem as evidências sobre o BNDES?

Estudo recente faz uma resenha de 70 artigos que investigam efeitos causais envolvendo o BNDES.[43] Os estudos sugerem que o BNDES é, de fato, um instrumento de política pública com efeitos positivos no investimento, nas exportações e no PIB do Brasil, sobretudo quando seu crédito é focalizado em micro, pequenas e médias empresas (MPMEs). Os estudos também sugerem que o BNDES tem tido efeitos positivos sobre: (1) o emprego, o que é importante para um banco que é financiado por recursos do Fundo de Amparo ao Trabalhador (FAT); (2) a redução do desmatamento, via Fundo Amazônia (o que deveria reforçar a experiência dessa iniciativa). Por outro lado, os artigos sugerem efeitos nulos do BNDES na produtividade das firmas, o que é um ponto de atenção para uma política pública de desenvolvimento.

Vamos focar na evidência de que o BNDES eleva o investimento, pois a missão institucional do banco, de acordo com o seu *site*, é "*viabilizar soluções financeiras que adicionem investimentos na*

---

[41] Ver Luna-Martínez e Vicente (2012).

[42] Ver Greenwald e Stiglitz (1986).

[43] Ver Barboza *et al.* (2020).

economia brasileira". O importante para fins de política pública é quantificar que gerou cada R$ 1 desembolsado pelo banco em novos investimentos (que não ocorreriam na ausência do BNDES). Infelizmente, são poucos os trabalhos que fazem essa conta. Um deles estimou que cada R$ 1 desembolsado adicionou, em média, R$ 0,46 de novos investimentos na economia brasileira entre 2002 e 2016, sendo que, no caso da Agência Especial de Financiamento Industrial do banco (BNDES Finame), a adicionalidade foi de R$ 0,73.[44] Outro trabalho, focado na política anticíclica do BNDES em 2009 e 2010, encontrou investimentos adicionais de R$ 1,18 em 2009 e R$ 0,58 em 2010.[45]

Se cada real desembolsado gerasse R$ 1 de novos investimentos, isso sugeriria uma focalização perfeita da instituição. Qualquer valor acima de R$ 1 indicaria que o banco, além de focalizar bem seu crédito, foi capaz de mobilizar outras fontes para complementar seu investimento criado. Já qualquer valor entre R$ 0 e R$ 1 também sugere efeitos positivos do banco, mas com algum grau de substituição de fonte e/ou efeito *crowding out* por trás de sua atuação.

A existência de algum grau de substituição de fonte por trás da atuação do BNDES pode ser decorrência da forma como o BNDES atuou historicamente. Até 2018, o banco utilizava a Taxa de Juros de Longo Prazo (TJLP) como custo financeiro de referência para seus empréstimos. Como a TJLP era inferior às taxas de mercado, havia um subsídio embutido em seus empréstimos. Em alguns casos, empresas tomavam o crédito do BNDES apenas para substituir um crédito mais caro do mercado, sem mudar a quantidade investida (ou seja, sem adicionar novos investimentos). De 2018 em diante, passou a vigorar a Taxa de Longo Prazo (TLP), uma taxa de juros de mercado, que deixará de ter (até 2023) qualquer subsídio implícito para o banco.

A existência de externalidades é um caso clássico para o qual a solução de mercado não prove solução eficiente. Quando uma atividade gera externalidade positiva, o equilíbrio de mercado gera provisão subótima dessa atividade.[46] Um subsídio positivo, então, geraria incentivos para correção dessa distorção. Por outro lado, a assimetria de informação pode ocasionar falhas de mercado e, no caso do mercado de crédito, o seu racionamento. Intervenções que garantam a oferta de crédito para tomadores ou para projetos que sofram racionamento podem ser desejáveis nesse caso.[47] No entanto, nem sempre atividades que precisam de subsídio estão com seu crédito racionado, e atividades com crédito racionado não geram necessariamente externalidades positivas. Portanto, não há razão conceitual para que todo crédito direcionado seja subsidiado, nem razão para que não exista nenhum subsídio.

Nossa proposta aqui é que há casos em que subsídios são necessários. A construção de uma infraestrutura de saneamento básico é exemplo típico de externalidades positivas. Afinal, um projeto de saneamento tem consequências para a região atendida, como redução de mortalidade infantil e de diversas outras doenças, reduzindo os gastos com saúde das famílias e do governo. Outro exemplo de externalidades positivas vem dos efeitos de transbordamento da inovação, quando certa invenção por parte de uma firma reduz o custo de inovar dos concorrentes – que descobrem, por exemplo, que determinada trajetória tecnológica é factível. Aliás, há evidência de que o custo-efetividade das políticas do BNDES para inovação foi favorável.[48] Não faz sentido, pois, deixar esse tipo de intervenção sem um instrumento adequado.

Por fim, seria importante que o BNDES pudesse disputar subsídios pontuais no Congresso Nacional e aplicasse esses subsídios em casos nos quais haja externalidade positiva clara. Essa atuação tópica possibilitaria ao banco elevar sua efetividade enquanto instrumento de política pública promotora do desenvolvimento. Isso permitiria ao banco alavancar projetos com externalidade positiva (com subsídio), ao mesmo tempo em que poderia atuar em restrição de crédito (sem subsídio).

---

[44] Ver Barboza e Vasconcelos (2019).

[45] Ver Machado, Albuquerque e Grimaldi (2018).

[46] Ver Greenwald e Stiglitz (1986).

[47] Ver Stiglitz e Weiss (1981).

[48] Ver Machado e Martini (2020).

CONCLUSÕES

Diante do que foi apresentado, pode-se dizer que há muito a ser feito no Brasil. Este capítulo buscou mostrar, mediante fatos e evidências empíricas, quais políticas implementar, em diversas áreas e campos de atuação, para tentar recolocar o Brasil na rota do desenvolvimento.

Discutiu-se que regimes democráticos permitem maior desenvolvimento e que qualquer tentativa de retorno para um regime autocrático seria um enorme retrocesso. Tratou-se da importância dos investimentos em infraestrutura, tanto do setor público quanto do setor privado. Defendeu-se o aumento da competição na economia brasileira, particularmente em segmentos-chave – como o setor bancário – e a importância disso para o crescimento do país. Adicionalmente, mostrou-se que políticas de fomento à inovação têm evidências robustas amparando a sua utilização. Por fim, tratou-se de um desenho possível para o BNDES, principal banco de desenvolvimento do país.

É claro que os temas discutidos não chegam perto de esgotar o conjunto de possibilidades de "construção de novas asas" para a economia brasileira, mas certamente formam um conjunto interessante de medidas a serem debatidas com a sociedade e com os *policymakers* de plantão.

O fato é que, se o PIB *per capita* brasileiro mantiver o ritmo médio de crescimento anual observado desde 1980 (0,82% a.a.), serão necessários 169 anos para o Brasil alcançar a renda *per capita* dos EUA de 2019. Ou seja, mantido tudo como está, apenas em 2189 o Brasil alcançaria o padrão de vida que os Estados Unidos têm hoje. Essa, obviamente, não pode ser uma opção. Se começarmos a pensar nisso, como disse Robert Lucas na epígrafe, dificilmente pensaremos em outra coisa.

REFERÊNCIAS

ACEMOGLU, D.; NAIDU, S.; RESTREPO, P.; ROBINSON, J. A. Democracy does cause growth. *Journal of Political Economy*, v. 127, n. 1, p. 47-100, 2019.

ACEMOGLU, D.; ROBINSON, J. A. *Economic origins of dictatorship and democracy*. Cambridge University Press, 2005.

ARROW, K. Economic welfare and allocation of resources for invention. In: NATIONAL BUREAU OF ECONOMIC RESEARCH (org.). *The rate and direction of inventive activity*: economic and social factors. Princeton, NJ: Princeton University Press, 1962. p. 609-626.

ASCHAUER, D. A. Is public expenditure productive? *Journal of Monetary Economics*, v. 23, n. 2, p. 177-200, 1989.

BANCO MUNDIAL. *World development report*: infrastructure for development. Washington: The World Bank, 1994.

BANERJEE, A.; DUFLO, E. *Good economics for hard times*. New York: PublicAffairs, 2019.

BARBOZA, R. M.; PESSOA, S. A.; RIBEIRO, E. P.; ROITMAN, F. B. O que aprendemos sobre o BNDES. Texto para Discussão do BNDES, 2020. No prelo.

BARBOZA, R. M. VASCONCELOS, G. Measuring the aggregate effects of the Brazilian Development Bank on investment. *North American Journal of Economics and Finance*, v. 47, 2019.

BECKER, B. Public R&D policies and private R&D investment: a survey of the empirical evidence. *Journal of Economics Surveys*, v. 29, n. 5, p. 917-942, 2015.

BESLEY, T.; KUDAMATSU, M. Health and democracy. *American Economic Review*, v. 96, n. 2, p. 313-318, 2006.

BLOOM, N.; VAN REENEN, V.; WILLIAMS, H. A Toolkit of policies to promote innovation. *Journal of Economic Perspectives*, American Economic Association, v. 33, n. 3, p. 163-184, Summer 2019.

CALDERÓN, C.; SERVÉN, L. Infrastructure and economic development in Sub-Saharan Africa. *Journal of African Economies*, v. 19, n. S1, p. i13-i87, 2010.

CARDIM, F. Não confundir gasto público com déficit público. *Revista Economia & Tecnologia*, v.5, n. 2, 2009.

CARVALHO, F. J. C. Não confundir gasto público com déficit público. *Economia & Tecnologia*, UFPR, ano 5, v. 17, abr./jun. 2009.

CUNNINGHAM, P., GÖK, A.; LARÉDO, P. The impact of direct support to r&d and innovation in firms. In: EDLER, J.; CUNNINGHAM, P.; GÖK, A.; SHAPIRA, P. *Handbook of innovation policy impact*. Northampton, MA:Edward Elgar, 2016. p. 54-107.

FRISCHTAK, C. R.; MOURÃO, J. Uma estimativa do estoque de capital de infraestrutura no Brasil. *Desafios da Nação*, Ipea, p. 99, 2017.

GERSCHENKRON, A. *Economic backwardness in historical perspective*: a book of essays. Cambridge: Harvard University Press, 1962.

GREENWALD, B. C.; STIGLITZ, J. Externalities in economies with imperfect information and incomplete markets. *Quarterly Journal of Economics*, v. 101, n. 2, p. 229-264, 1986.

HALL, B. H.; LERNER, J. The financing of R&D and Innovation. *In*: HALL, B.H; ROSENBORG, N. (ed.). *Handbook of economics of innovation*. Amsterdam: Elsevier, 2010. v. 1, p. 609-639.

HJORT, J.; MOREIRA, D.; RAO, G.; SANTINI, J. F. How research affects policy: experimental evidence from 2150 Brazilian municipalities. NBER working paper, n. 25941, 2019.

HORTA, G. T. L.; GIAMBIAGI, F. O teto do gasto público: mudar para preservar. Texto para Discussão do BNDES, 2019.

DUTTA, S.; LANVIN, B.; WUNSCH-VINCENT, S. (ed.). *Índice Global de Inovação 2019*: criar vidas sadias – o futuro da inovação médica. 12. ed. Ithaca; Fontainebleau; Genebra: Cornell University: INSEAD: OMPI, 2019.

IPSOS. Global infrastructure index: public satisfaction and priorities. 2019. Disponível em: https://www.ipsos.com/en/global-infrastructure-index-public-satisfaction-and-priorities-2019.

IZQUIERDO, A.; ARDANAZ, M.; CAVALLO, E.; PUIG, J. Growth-friendly fiscal rules? Safeguarding public investment from budget cuts through fiscal rule design. IDB Working paper series, n. 1083, 2020.

IZQUIERDO, A., LAMA, R. E.; MEDINA, J. P.; PUIG, J. P.; RIERA-CRICHTON, D.; VEGH, C. A.; VULETIN, G. Is the public investment multiplier higher in developing countries? An empirical investigation. NBER Working Paper, n. 26478, 2019.

JOAQUIM, G.; VAN DOORNIK, B.; ORNELAS, J. R. Bank competition, cost of credit and economic activity: evidence from Brazil. Texto para Discussão, n. 508, Brasília: Banco Central do Brasil, 2019.

KUDAMATSU, M. Has democratization reduced infant mortality in sub-Saharan Africa? Evidence from micro data. *Journal of the European Economic Association*, v. 10, n. 6, p. 1294-1317, 2012.

LAKE, D. A.; BAUM, M. A. The political economy of growth: democracy and human capital. *American Journal of Political Science*, v. 47, n. 2, p. 333-347, 2003.

LAKE, D. A. E BAUM, M. A. The invisible hand of democracy: political control and the provision of public services. *Comparative Political Studies*, 2001.

LUCKING, B.; BLOOM, N.; VAN REENEN. Have R&D spillovers changed? NBER Working Paper, n. 24622, 2018.

LUNA-MARTÍNEZ, J.; VICENTE, C. L. Global survey of development banks. Working paper, The World Bank, 2012.

MACHADO, L.; ALBUQUERQUE, B.; GRIMALDI, D. Additionality of countercyclical credit: a cost-effectiveness analysis of the Investment Maintenance Program (PSI). Texto para discussão do BNDES, 2018.

MACHADO, L.; MARTINI, R. Additionality of BNDES loans for innovation: evidence from Brazilian Panel Data. Meide, 2020.

MAURO, P. Corruption and growth. *The Quarterly Journal of Economics*, v. 110, n. 3, Aug. 1995.

ORGANIZAÇÃO PARA A COOPERAÇÃO E DESENVOLVIMENTO ECONÔMICO – OCDE. OECD review of national R&D tax incentives and estimates of R&D tax subsidy rates. Paris: OCDE, 2018.

PEREIRA, C. Coalizão x presidencialismo plebiscitário. *O Estado de S. Paulo*, 2 jun. 2019.

PHILIPPON, T. *The great reversal*: how America gave up of free markets. Cambridge, MA: Harvard University Press, 2019.

PINHEIRO, A. C. Infraestrutura, além da privatização. *Valor Econômico*, 3 fev. 2017.

REDDY, K.; SCHULARICK, M.; SKRETA, V. Immunity. *International Economic Review*, v. 61, n. 2, p. 531-564, 2020.

RIBEIRO, E. P. O papel do BNDES no financiamento de bens de capital no Brasil: concorrência bancária e custo de empréstimos. *In*: DE NEGRI, J. A.; ARAÚJO, B. C.; BACELETTE, R. (org.). *Desafios da nação*: artigos de apoio. Brasília: IPEA, 2018.

ROMP, W.; DE HAAN, J. Public capital and economic growth: a critical survey. *Perspektiven der Wirtschaftspolitik*, v. 8, n. S1, p. 6-52, 2007.

STIGLITZ, J. E. WEISS, A. Credit rationing in markets with imperfect information. *The American Economic Review*, v. 71, n. 3, p. 393-410, 1981.

Agenda da Infraestrutura: Planejamento e Regulação

11

Fabiano Mezadre Pompermayer, Diogo Mac Cord de Faria e Gabriel Godofredo Fiuza de Bragança

INTRODUÇÃO

Tema recorrente no debate político e econômico, a carência de infraestrutura no Brasil permanece um dos principais desafios ao desenvolvimento socioeconômico do país. Mais evidente é a oferta insuficiente de serviços adequados, notadamente em transporte, mobilidade urbana e saneamento. Tal carência se materializa igualmente na forma de preços elevados, os quais inibem atividades produtivas que dependam da infraestrutura. Nesse sentido, também nos setores de energia e telecomunicações é possível encontrar oportunidades para se melhorar sua oferta.

Desde o início dos anos 1990, o investimento anual em infraestrutura no Brasil tem ficado próximo de 2% do Produto Interno Bruto (PIB) do país, o que mal conseguiria cobrir a reposição da infraestrutura já existente. Mesmo no período de bonança fiscal da década de 2000, não foi possível observar uma elevação considerável desse investimento. Aliás, nos últimos 30 anos, apenas no curto período de 1997 a 2001 se investiu na infraestrutura mais que 2,5% do PIB. Vale notar que tal período coincide com entrada em operação de diversas concessões e privatizações licitadas na época. Com a interrupção desse processo, os investimentos caíram, mesmo com a abundância de recursos públicos a partir de 2005.

Na prática, em vez de somarem ao investimento total, acabaram concorrendo contra o investimento privado (efeito de "*crowding-out*"). Os recursos públicos se materializaram a partir de várias facetas. O Banco Nacional de Desenvolvimento Econômico e Social (BNDES) e outros bancos públicos ofereciam empréstimos abaixo do custo de oportunidade; fundos de pensão de empresas públicas pagavam prêmios fora de mercado por participações em ativos; e empreiteiras selecionadas se beneficiavam disso, para dominarem os poucos negócios oferecidos ao mercado. Ao mesmo tempo, empresas estatais ampliavam suas atuações, como Eletrobras, Petrobras e Valec, muitas vezes em operações sem viabilidade financeira ou mesmo econômica.

As condições para o ensaio de retomada dos investimentos observado no final da década de 1990 indicam o caminho para, mais uma vez, se tentar desenvolver a infraestrutura, para aumentar a produtividade do país e melhorar o bem-estar dos cidadãos. Além do fato de que a absoluta falta de espaço fiscal torna proibitivo o uso de investimento público para isso, o principal motivo para se usar os recursos privados nessa nova retomada é proporcionar maior eficiência econômica, tanto produtiva quanto alocativa.

Porém, para que o investimento privado ocorra, é necessário dar os incentivos corretos ao investidor. Esses incentivos, ao contrário do que muitos acreditam, não podem ser definidos como "rentabilidade garantida": ao contrário, em uma economia de mercado, os projetos devem apenas considerar um retorno proporcional aos riscos assumidos pelo empreendedor. Por isso, a "segurança jurídica", muito citada em discussões sobre atração de novos agentes para o mercado de infraestrutura, jamais pode ser confundida com segurança de retorno, mas como a segurança de que as regras definidas no edital e no contrato não serão alteradas em nenhuma hipótese – mesmo que em uma situação de iminente colapso financeiro do empreendedor. De maneira oposta, um empreendedor que enfrente dificuldades financeiras, seja no setor de infraestrutura seja em qualquer outro setor, não deve ser ajudado pelo Estado, sob pena de criar incentivos perversos e uma futura seleção adversa no mercado. Apesar de contraintuitivo, permitir o fracasso cria o incentivo adequado para que operadores mais eficientes possam, em um segundo momento, tomar o controle de operações pouco eficientes, garantindo o sucesso no longo prazo.

Entretanto, antes de se falar em *enforcement* dos contratos, é necessário adotar uma série de medidas que melhorem a qualidade dos projetos, a fim de tanto facilitar a avaliação dos potenciais investidores como garantir maior ganho de bem-estar à sociedade. Também é preciso adequar a regulação de infraestrutura, de forma que se retirem entraves à participação de investidores dos mais variados segmentos, promovendo ampla concorrência tanto nas licitações como na prestação dos serviços.

Este capítulo irá descrever algumas propostas para isso e está organizado em cinco seções. Após esta introdução, a segunda seção traça um breve histórico do estoque e dos investimentos em infraestrutura no Brasil, além de explicar a estimativa de necessidade de investimentos futura. As duas seções seguintes apresentam as propostas agrupadas na governança do planejamento de longo prazo dos investimentos em infraestrutura e nas melhorias regulatórias, discutindo os principais problemas que cada proposta tenta resolver. A última seção conclui com os impactos esperados dessas mudanças. Especificidades de cada setor são abordadas ao longo das propostas, com exceção do setor de saneamento, que é tratado em outro capítulo específico deste livro.

HISTÓRICO, NECESSIDADES E *GAP* DE INFRAESTRUTURA NO BRASIL

É comum classificar-se a infraestrutura em "econômica" e "social". Enquanto a econômica é aquela que possibilita negócios e fomenta a atividade econômica (telecomunicações, rodovias, ferrovias, aeroportos, energia elétrica, abastecimento de água, tratamento de esgoto), a infraestrutura social é aquela que abriga serviços públicos e sociais, em geral na forma de imóveis (hospitais, escolas, delegacias e prédios públicos).[1]

Para avaliar setores tão distintos como transportes, energia e abastecimento de água e, ainda, permitir comparações internacionais, utilizam-se dois indicadores macroeconômicos para infraestrutura: o estoque como percentual do PIB e o volume anual de investimentos (fluxo) em relação ao PIB. *Grosso modo*, o valor do primeiro corresponde à agregação histórica do segundo, descontada a depreciação (devido a deterioração e perda da capacidade de produção e prestação de serviços dos ativos em questão), além de considerar o efeito do próprio crescimento do PIB. Um estudo recente publicado pelo IPEA apresenta metodologia de levantamento dos investimentos e estimativa da depreciação por setor, de modo a estimar o estoque de infraestrutura no Brasil, sendo a série de dados mais utilizada no país a esse respeito.[2]

Esse estudo infere que o estoque de infraestrutura brasileiro está em torno de 35% do PIB há pelo menos dez anos. Trata-se de patamar consideravelmente baixo em comparação tanto aos países desenvolvidos como aos demais dos BRICS.[3] Quando comparamos os valores nominais do estoque *per capita* e do fluxo anual em relação ao PIB, enxergamos com ainda mais precisão o tamanho da diferença: menos de US$ 6.000 de estoque para o Brasil, com fluxo de 2% do PIB ao ano, contra mais de US$ 33.000 e 3,6% para os EUA (economia madura, com alto estoque e fluxo relativamente baixo), e US$ 19.500 e 13% para a China (economia emergente, com estoque relativamente baixo, mas com alto fluxo).[4] Observa-se que mesmo o fluxo "baixo" dos EUA é cerca de 80% superior ao brasileiro, enquanto o estoque "baixo" da China é mais que o triplo do brasileiro.

---

[1] Ver Brasil (2019a).

[2] Ver Frischtak e Mourão (2018).

[3] Grupo de países formado pelo Brasil, Rússia, Índia, China e África do Sul.

[4] Ver The Economist (2018).

Diante desse cenário, a Secretaria de Desenvolvimento da Infraestrutura do Ministério da Economia propôs, em 2019, metas de investimentos anuais em infraestrutura para que o país amplie esse estoque em 25% do PIB até 2040.[5] O Gráfico 11.1 apresenta a evolução do estoque de infraestrutura desde 1970, assim como as metas projetadas pelo Ministério da Economia. Como se observa, o país já teve um estoque de infraestrutura próximo a 60% do PIB. Entretanto, com os baixos investimentos ocorridos desde a crise da dívida dos anos 1980, apresentados no Gráfico 11.2, o estoque caiu até o patamar de 35% do produto.

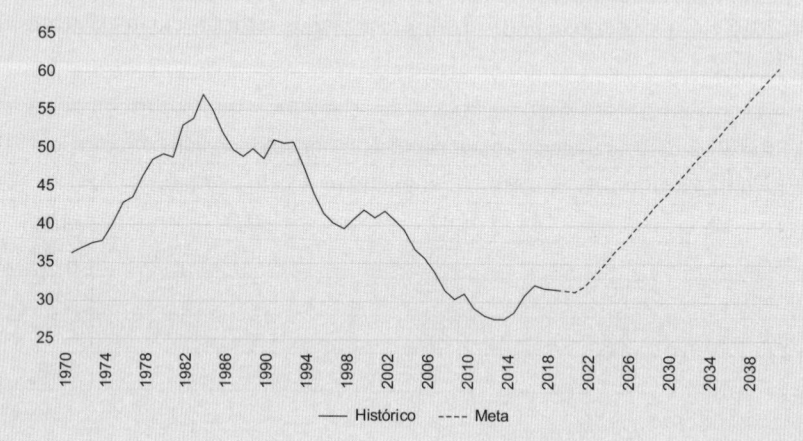

Gráfico 11.1 Estoque de infraestrutura no Brasil, histórico e metas do Ministério da Economia, em % do PIB.

Fontes: Frischtak e Mourão (2018) e Brasil (2019a).

Gráfico 11.2 Investimento em infraestrutura no Brasil, histórico e metas do Ministério da Economia, em % do PIB.

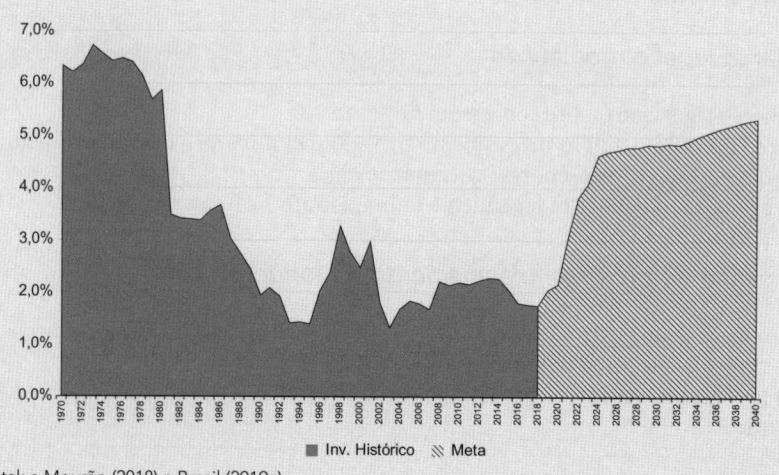

Fontes: Frischtak e Mourão (2018) e Brasil (2019a).

O Gráfico 11.2 mostra também as metas de investimento anual necessárias para recuperar o estoque de infraestrutura no Brasil. Essas metas, adotadas pelo Ministério da Economia, significam mais que

---

[5] Ver Brasil (2019a).

dobrar o investimento anual, da ordem de 2,1% (média observada entre 2007 e 2016) para cerca de 5% do PIB. É importante também notar que, dos anos 1990 até o presente, apenas no curto período de 1997 a 2001 os investimentos ficaram ligeiramente mais elevados, acima de 2,5% do PIB. Esse período coincide com o início das operações das concessões e privatizações ocorridas no final dos anos 1990, principalmente nos setores de energia elétrica e telecomunicações, que passaram por ampla liberalização e atração de investimentos privados – indicando o caminho correto para a retomada.

Setorialmente, a necessidade de ampliação do estoque é mais elevada nos setores de transportes, mobilidade e recursos hídricos e saneamento. Nos setores de telecomunicações e energia elétrica, não por acaso aqueles com maior participação privada, a quantidade e a qualidade de infraestrutura são mais adequadas. A Tabela 11.1 apresenta o levantamento feito sobre o estoque existente em 2016 e o necessário, a partir de diversos planos setoriais então existentes, por setor de infraestrutura.

Tabela 11.1 Estimativa de estoque existente e necessário por setor de infraestrutura, em % do PIB.

Estoque de infraestrutura (% do PIB)	Em 2016	Meta	Hiato
Transportes e mobilidade urbana	12,1	26,5	14,4
Energia elétrica	14,5	19,0	4,5
Telecomunicações	5,4	7,0	1,6
Recursos hídricos e saneamento	4,2	7,9	3,7
Total	36,2	60,4	24,2

Fonte: Frischtak e Mourão (2018).

Atingir essa meta não é tarefa trivial. Isso porque depende de cinco grupos de ações bem definidos – da criação de um marco legal e regulatório estável e aberto ao amplo investimento privado, até o *enforcement* do contrato:

1. Marco legal e regulatório

- Há um marco legal claro sobre concessões no setor?
- Esse marco permite o amplo investimento privado e elimina privilégios aos incumbentes ou reservas de mercado a "vencedores" selecionados?
- Há uma agência reguladora independente (administrativa e financeiramente)?

2. Pipeline de projetos (planejamento de longo prazo)

- Existe um *pipeline* de horizonte amplo (5 a 10 anos), trazendo ao investidor uma visão clara de todos os projetos que serão desenvolvidos no país?
- Os projetos "fazem sentido" – ou seja, passaram por uma avaliação de retorno econômico e financeiro?

3. Desenho dos contratos

- Os contratos são padronizados – garantindo aos investidores maior conforto sobre o que esperar?
- Há uma matriz de riscos bem definida, identificando de maneira inequívoca qual parte tem gestão sobre cada risco?
- Há uma metodologia clara de revisão tarifária, mais próxima à contratual do que à discricionária?
- Há metas e indicadores, com ações a serem executadas e consequências claras no caso de infrações?

4. Desenho do leilão

- O leilão mitiga o risco de lances excessivamente otimistas – por exemplo, cobrando ágios à vista e não diferidos no tempo?
- Foi dado tempo suficiente para o mercado compreender as regras estabelecidas (pelo menos 100 dias)?
- O volume financeiro envolvido é suficiente para gerir os riscos do negócio (por exemplo, evitando leilões de projetos *brownfield* pelo menor preço)?
- As regras permitem ampla e justa concorrência?

5. Enforcement do contrato

- A agência reguladora fiscaliza as exigências técnicas e econômico-financeiras do contrato?
- Infrações são punidas da maneira como definido no contrato?
- A caducidade é crível (sem possibilidade de renegociações de termos contratuais de maneira discricionária, como saída para competidores oportunistas que apresentaram lances inexequíveis)?

No Brasil, a respostas para essas questões são, para a maioria dos setores de infraestrutura, negativas. De modo geral, a produção de infraestrutura se caracteriza pela necessidade de se elaborarem estudos e projetos (de engenharia, ambientais, geotécnicos etc.) específicos a cada setor e local, sendo raros os casos de expansão orgânica ou modular, como nos setores de telecomunicações e distribuição de energia elétrica. Tal característica faz com que o tempo entre a tomada de decisão para criar uma nova infraestrutura e a sua efetiva disponibilização à sociedade seja longo (entre dois e três anos), mesmo que os processos envolvidos sejam executados da forma mais eficiente possível. Assim, a elaboração e a estruturação dos projetos formam uma etapa crítica na busca pelo aumento do estoque de infraestrutura.

Esse foi, aliás, o principal problema do governo Temer no setor de infraestrutura: se, por um lado, houve o inevitável corte nos investimentos públicos, diretos e indiretos, por outro não houve a devida compensação por meio do investimento privado. Mesmo considerando o legado negativo da gestão anterior, o período de dois anos e meio entre o *impeachment* em meados de 2016 e a posse do novo governo eleito com mandato a partir de janeiro de 2019 deveria ter sido suficiente para montar um *pipeline* robusto de projetos a serem repassados à iniciativa privada. No entanto, o que se observou foi um *pipeline* extremamente tímido, que foi esgotado nos primeiros meses do governo Bolsonaro. Entre a criação do Programa de Parcerias de Investimentos (PPI) e dezembro de 2019, foram licitadas apenas duas rodovias e ambas pelo modelo de menor preço de pedágio – o modelo fracassado patrocinado por Dilma Rousseff, que levou a casos extremos como o da BR 040. A única ferrovia licitada, a Ferrovia Norte Sul Tramo Sul, importou o modelo de deferimento do ágio sobre a outorga – responsável pela insolvência dos aeroportos licitados no passado, como Viracopos, já que inviabiliza a operação futura em casos de lances muito otimistas. E mesmo os leilões de geração de energia, que sempre correram de maneira independente pelo Ministério de Minas e Energia (MME), foram reduzidos em 36%,[6] quando comparados ao período antes da criação do PPI. A exceção positiva foram os aeroportos, licitados em qualidade superior à histórica.

A Tabela 11.2 apresenta, em confronto à necessidade identificada, o quanto será necessário ampliar a elaboração de novos projetos de infraestrutura. Foram estimados os investimentos (1) esperados para reposição da depreciação da infraestrutura existente conforme tendência histórica; (2) relacionados a projetos já contratados, isto é, investimentos a serem feitos por concessionárias e autorizatárias e por administrações públicas com orçamento fiscal já empenhado; (3) para estruturação de projetos já anunciados, como o programa de concessões do Ministério da Infraestrutura, e os de empresas estaduais de saneamento em estruturação no BNDES; (4) já

---

[6] Análise feita em valores nominais na data do leilão. Caso fossem atualizados os números, a diferença seria maior.

identificados em planos, mas que dependem de estruturação privada, sem interferência direta do governo, notadamente nos setores de energia elétrica e telecomunicações; (5) já identificados em planos, mas que ainda dependem de estruturação do governo federal, o que envolve alguns projetos de transportes e de recursos hídricos; (6) já identificados em planos, mas que dependem de estruturação de governos subnacionais, especialmente nos setores de saneamento e de mobilidade urbana; e, por fim, (7) o hiato (*gap*) remanescente para se alcançar a meta de investimento colocada.

Tabela 11.2 Mapeamento dos investimentos conforme o nível de estruturação dos projetos frente às metas, em % do PIB.

% do PIB	2019-2020	2021-2023	2024-2027	2028-2034	2035-2040
Reposição histórica	0,8%	0,8%	0,8%	0,8%	0,8%
Já contratado	1,0%	0,9%	0,0%	0,0%	0,0%
Em estruturação	0,0%	0,2%	0,2%	0,0%	0,0%
A estruturar privado	0,0%	0,7%	1,6%	0,4%	0,4%
A estruturar federal	0,0%	0,0%	0,1%	0,1%	0,0%
A estruturar subnacionais	0,0%	0,2%	0,4%	0,4%	0,0%
Gap para aumento do estoque	0,2%	0,8%	1,6%	3,1%	3,9%
Meta total	2,1%	3,7%	4,7%	4,9%	5,2%

Fonte: Brasil (2019b).

Observa-se que os investimentos para reposição da depreciação, somados aos empreendimentos já contratados, mal alcançam 2% do PIB, caindo a partir de 2023. Os já em estruturação pelo governo devem contribuir para que se ultrapasse ligeiramente o nível histórico de investimentos em infraestrutura observado no período de 2007 a 2016, de 2,1% do PIB. São os investimentos estruturados pelo setor privado, porém, que devem contribuir para se superar tal tendência histórica. Nessa categoria, estão mapeados os investimentos em telecomunicações, energia elétrica e alguns setores de transportes que foram identificados nos respectivos planos setoriais, mas que são de iniciativa privada, como as redes de telecomunicações, as usinas de geração de energia elétrica e os terminais portuários privativos. A queda observada a partir de 2028 se deve ao horizonte do plano de energia usado nesse levantamento – o Plano Decenal de Energia 2027 (PDE 2027).

Há uma pequena proporção de investimentos já identificados, mas que precisam de estruturação pelo governo federal. São projetos em portos, aeroportos e infraestruturas hídricas envolvendo mais de um Estado. A boa notícia é que a maioria dos projetos identificados está em processo de estruturação. Porém, dado o grande hiato remanescente, é provável que os planos até então produzidos nos setores de transportes e recursos hídricos não sejam capazes de identificar todas as oportunidades de projetos. O grupo de projetos a serem estruturados por governos subnacionais reflete basicamente os projetos de saneamento identificados no Plano Nacional de Saneamento Básico (PLANSAB). Como seu horizonte vai até o ano de 2033, há forte queda após esse ano. Nesse grupo, há alguns poucos projetos de mobilidade urbana, claramente um setor com grande carência e com pouca visibilidade sobre os projetos em desenvolvimento. Boa parte do hiato remanescente se encontra no setor de mobilidade urbana.

Saltar de 2% para 5% do PIB de investimento anual em infraestrutura significa sair de R$ 150 bilhões para mais de R$ 400 bilhões de investimentos anuais (já considerando o crescimento esperado do PIB). Como comparação, o orçamento federal para investimentos em 2020 é de cerca de R$ 20 bilhões – apenas 5% do volume necessário. O dos Estados e Municípios, em conjunto, também é dessa ordem de grandeza. Ou seja, não se está só defendendo aqui que a infraestrutura seja implantada e operada pelo setor privado para se obter maior eficiência produtiva e melhor seleção dos projetos. A absoluta falta de recursos fiscais já obrigaria o país, em qualquer circunstância, a usar o setor privado como a alternativa para se ampliar a infraestrutura nos patamares desejados. Pode-se argumentar, ainda, que seria possível emitir dívida pública para fazer os investimentos necessários. Contudo, isso traria, obviamente, outros efeitos indesejáveis à economia brasileira.

GOVERNANÇA E PLANEJAMENTO DA INFRAESTRUTURA ECONÔMICA

Diversos estudos já apontaram para a ineficiência do planejamento de infraestrutura no Brasil. Por exemplo, estudo do Banco Mundial sobre o hiato da infraestrutura apontou a necessidade de aumento da eficiência do gasto em infraestrutura, por meio do resgate da capacidade de planejamento, orçamentação e gestão de ativos. Esse estudo alertou que o fortalecimento da participação do setor privado em infraestrutura precisa ser complementado com maiores esforços do governo em planejamento, *pipeline* e gestão contratual e que o uso de concessões e parcerias público-privadas (PPPs) requer fortes capacidades no setor público.[7]

Relatório do Fundo Monetário Internacional (FMI) sobre a gestão de investimento público avalia que priorização estratégica, avaliação e seleção de projetos são áreas de deficiência significativa no governo brasileiro. Ele recomenda a implementação de um arcabouço orçamentário de médio prazo crível e um reforço a adoção e padronização de procedimentos de preparação e avaliação de projetos.[8] Estudo do IPEA também aponta falhas na elaboração e na avaliação de projetos, em conjunto com desenhos contratuais inadequados, como causas principais da baixa efetividade do investimento em infraestrutura, ao avaliar diversos casos implementados durante o período em que não havia carência de recursos fiscais.[9] Os autores apontam que problemas com licenciamento ambiental, desapropriação, atrasos e sobrecustos poderiam ser previstos nas fases iniciais do planejamento de infraestrutura.

Já um relatório da Secretaria de Assuntos Estratégicos da Presidência da República (SAE/PR) elencou os principais problemas que enfrenta uma participação maior de investimentos privados em infraestrutura no país, a partir de entrevistas com especialistas e investidores. Três das cinco recomendações mais mencionadas foram relacionadas ao planejamento e à elaboração dos projetos: aumentar a efetividade do planejamento de longo prazo; melhorar a estruturação de projetos a serem licitados; e garantir um calendário de licitações mais adequado e previsível.[10]

Diante desse diagnóstico, propõem-se aqui medidas para se institucionalizar uma governança do investimento em infraestrutura, baseada em planejamento integrado de longo prazo. Premissas e processos seriam padronizados entre os diversos planos setoriais, o que alimentaria as estruturadoras com propostas de projetos, sendo que em ambas as fases a seleção dos projetos seria baseada em métodos de avaliação custo-benefício socioeconômica. Trata-se de um modelo já bastante usado nos países desenvolvidos e, ao menos em parte, em diversos países da América Latina.

A partir do ciclo de vida de um projeto de infraestrutura, a proposta parte da uniformização dos planos setoriais de transportes, energia, recursos hídricos e saneamento básico. Trata-se de planos já produzidos no governo federal, mas que em geral seguem cronogramas e, pior, premissas de crescimento econômico distintos, que afetam muito a demanda projetada por cada setor. Com a uniformização, o Ministério da Economia passará a fornecer essas premissas econômicas. Essa padronização é de particular importância neste momento, em que aumentaram sobremaneira as

---

[7] Ver Raiser *et al.* (2017).

[8] Ver FMI (2018).

[9] Ver Gomide e Pereira (2018).

[10] Ver Brasil (2018).

incertezas do crescimento econômico em virtude da pandemia da Covid-19 (doença causada pelo novo coronavírus).[11]

Além disso, o Ministério da Economia realizará análises de efeitos induzidos pelos projetos, como o aumento do nível de atividades diretamente usuárias dos serviços de infraestrutura beneficiados. Esses efeitos induzidos retroalimentarão as projeções de atividades econômicas, alterando as projeções de demanda tanto do setor de onde o projeto é proposto como dos demais setores de infraestrutura, tornando o plano resultante mais robusto. A demanda direta de um setor sobre o outro também seria mapeada e as informações trocadas entre os diversos setores, com a intermediação do Ministério da Economia.[12]

Adicionalmente a essas melhorias no processo de elaboração dos planos setoriais, o Ministério da Economia estabelecerá os critérios de priorização dos projetos elencados nos planos. A ideia é adotar metodologia consagrada nos países desenvolvidos desde a década de 1970, de análise custo-benefício (ACB) dos projetos pela ótica socioeconômica. Essa perspectiva observa os custos e benefícios sobre toda a sociedade, considerando não só os efeitos diretos dos projetos, mas principalmente os indiretos, não capturados pelos operadores e usuários, comumente chamados de "externalidades" na literatura econômica. Além disso, busca medir sistematicamente efeitos em bens e serviços em que não há um mercado explícito, como ganhos em tempo de viagem ou de espera, ou redução do risco de mortes e emissão de poluentes, atribuindo valores monetários a tais variáveis, de forma a permitir uma comparação direta entre as alternativas de projetos.

Projetos selecionados dessa forma levam à maximização do bem-estar social, por meio de maior satisfação dos consumidores e maior eficiência produtiva, levando a uma alocação ótima dos fatores de produção. A principal dificuldade de se adotar essa metodologia está na quantificação e monetização dos impactos dos projetos, especialmente em variáveis como tempo, perda de vidas, poluição e impactos ambientais. Por esse motivo, está em desenvolvimento um catálogo de parâmetros para as principais variáveis usadas nessas análises, para padronizar e facilitar os cálculos pelos elaboradores e avaliadores de projetos. Um catálogo geral será mantido pelo Ministério da Economia e catálogos setoriais poderão ser produzidos pelos respectivos ministérios, como o já disponibilizado para projeto de transportes pela Empresa de Planejamento e Logística (EPL).[13] Além disso, tão importante quanto a ACB (análise *ex-ante*) é a institucionalização do monitoramento contínuo dos resultados alcançados (análise *ex-post*), com o objetivo de comparar o estimado e o realizado, retroalimentando o modelo em contínuo aperfeiçoamento, buscando evitar que projetos ruins acabem sendo justificados por um modelo econômico falho.

Um dos parâmetros necessários à ACB é a Taxa Social de Desconto (TSD), usada para descontar custos e benefícios futuros para o momento presente e permitir sua comparação intertemporal, inclusive entre projetos diferentes. O Ministério da Economia colocou em consulta pública os cálculos dessa taxa para o Brasil.[14] Os resultados indicaram uma taxa de 10% ao ano, considerada elevada em relação às de outros países. Tal resultado é influenciado pela baixa poupança doméstica e pelo elevado retorno bruto de projetos privados. O método considera uma visão retrospectiva da economia. Algumas contra-argumentações colocadas na consulta pública são de que a economia brasileira se encontra em um novo patamar de taxas de juros, mais baixo, que deveria se refletir na TSD, como taxa mínima exigida para se aprovar projetos pela ótica socioeconômica. Porém,

---

[11] Até o momento de finalização deste capítulo, havia pouco entendimento sobre os reais impactos econômicos da pandemia, especialmente pela incerteza quanto ao prazo necessário de isolamento social. De qualquer forma, já haviam sido iniciadas discussões sobre os possíveis cenários de recuperação econômica pós-pandemia, para subsidiar os planos setoriais de energia e de transporte.

[12] Cumpre esclarecer que, a partir de janeiro de 2019, o Ministério da Economia incorporou quatro ministérios distintos, incluindo o antigo Ministério do Planejamento.

[13] Ver EPL (2019).

[14] Ver Faria *et al.* (2019).

ainda não há dados que confirmem esse "novo normal", só sendo possível incorporá-los nas próximas revisões da TSD. A consequência dessa taxa mais elevada é que os projetos com retornos de curto prazo acabam sendo privilegiados quando comparados a projetos com ganhos de longo prazo. Com a redução esperada da TSD no futuro, muitos outros projetos se tornarão viáveis, especialmente aqueles com retorno mais distante no tempo: mais um benefício da estabilização macroeconômica e fiscal.

Com os projetos que saem dos planos sendo priorizados conforme o maior retorno socioeconômico, restaria organizar os processos das demais etapas do ciclo de investimento em infraestrutura. Na etapa seguinte, a de estruturação dos projetos, a busca por maior retorno socioeconômico permanece, mas a avaliação se diferencia daquela realizada nos planos por se apoiar em dados mais detalhados e específicos dos projetos, muitas vezes calcados em pesquisas de campo, mas com número e escopo bem mais restritos de alternativas analisadas.

Uma vez tomada a decisão de se levar um projeto adiante, existem outras decisões que precisam ser adotadas. Por exemplo, se o projeto será levado adiante como obra pública (pagamento exclusivo pelo contribuinte), concessão comum (pagamento exclusivo pelo usuário) ou como uma parceria público-privada (chamada de "concessão patrocinada", na qual há um misto entre pagamento pelo usuário e pelo contribuinte).

Uma experiência interessante (e exitosa) que pode ser aplicada no Brasil é o modelo inglês chamado de *Five Case Model* (5CM), em que cada projeto é submetido a análises em cinco dimensões: (1) estratégica; (2) (socio)econômica; (3) comercial; (4) financeira; e (5) gerencial. O Quadro 11.1 apresenta sua estrutura analítica base.

Quadro 11.1 Abordagem analítica do *Five Case Model* (5CM).

Dimensão	Questão	O que a análise deve demonstrar	
Estratégica	O projeto é necessário?	Irá atingir as metas e objetivos?	Há necessidade clara de mudança?
Socioeconômica	O projeto traz retorno do dinheiro investido?	Foi comparado com diversas alternativas?	É aquele que melhor equilibra benefícios, custos e riscos?
Comercial	O projeto é viável?	Há fornecedores que atendem nossas necessidades?	Podemos garantir um acordo com retorno adequado?
Financeira	É possível bancar ou financiar o projeto?	Os custos são realistas e suportáveis?	Os recursos financeiros necessários estão disponíveis?
Gerencial	O projeto é factível?	Somos capazes de entregar o projeto?	Temos processos e sistemas robustos para isso?

Fonte: Adaptado de http://fivecasemodel.co.uk/the-five-case-model/.

No 5CM, as alternativas de solução para um problema são avaliadas nas cinco dimensões. Entende-se por alternativa tanto a solução física proposta, como uma rodovia ou ferrovia, quanto a forma de contratação, prazo de implementação, tamanho etc.

Para sua aplicação no Brasil, propõem-se pelo menos duas etapas: preliminar e detalhada. A preliminar ocorreria nos planos, ou pelo menos antes de se começar a estruturação do projeto, quando se demandam recursos orçamentários para os estudos, projetos de engenharia, licenciamento etc. A detalhada ocorreria exatamente na fase de estruturação dos projetos, cujo resultado final indicaria a viabilidade de se abrir uma licitação de concessão ou o acesso ao orçamento fiscal, no caso de obra pública.

A proposta do Ministério da Economia para padronizar os planos de longo prazo de infraestrutura já adota a filosofia do 5CM. A dimensão estratégica já é executada pelos elaboradores do plano, identificando os problemas – em geral, gargalos – na infraestrutura existente frente à demanda futura. A dimensão socioeconômica envolve exatamente a proposta de se usar a avaliação de custos e benefícios para se priorizarem os projetos de maior retorno para a sociedade. Inclui-se ainda análise preliminar de viabilidade privada dos projetos, para, já na fase dos planos, indicar-se a possibilidade de concessão do projeto. Trata-se de obrigar à análise de alternativas de implementação dos projetos já na fase dos planos. Em alguns setores de infraestrutura, é comum se assumir que a implementação será via orçamento fiscal, presumindo a inviabilidade de exploração comercial do empreendimento, mas sem uma análise formal da alternativa.

Para a fase de estruturação, os projetos priorizados nos planos setoriais teriam aprovação automática para iniciar estudos, desde que houvesse recursos suficientes. Projetos não oriundos dos planos – como os propostos pelo setor privado ou por governos subnacionais para obter apoio público federal – teriam de apresentar uma análise preliminar das cinco dimensões do 5CM. Na fase de detalhamento, seriam obtidas informações específicas e mais confiáveis sobre cada projeto, assim como analisadas em mais detalhe as alternativas remanescentes (em número e escopo mais reduzidos que na preliminar).

Uma análise importante nessa etapa é quanto à comparação de obra pública e concessão/PPP, conhecida como *public sector comparator*,[15] em que se comparam os custos e benefícios dessas alternativas. Pelos menores riscos transferidos ao contratado privado, a obra pública tenderia a ter menor custo direto. Via concessão ou PPP, o contratado exige uma taxa de retorno sobre o investimento e cobra os custos de gerenciamento do projeto. No entanto, pelo maior alinhamento de incentivos entre as fases de construção e operação e pela maior eficiência do setor privado, a contratação via concessão ou PPP tende a sofrer menos com custos não previstos, baixa qualidade do ativo produzido e atrasos na entrega, que acabam reduzindo os custos da fase de operação da infraestrutura. Entender se a eficiência do agente privado supera sua expectativa de retorno exige a sistematização de informações de contratos já efetuados em ambas as modalidades, para servir de base aos novos projetos.

Tanto para a fase preliminar quanto para a detalhada, recomenda-se um processo de escrutínio, de preferência por um órgão independente dos proponentes dos projetos. No Reino Unido, isso é feito pelo Tesouro Britânico. No Brasil, algo semelhante é feito pelo Tribunal de Contas da União (TCU) para as concessões do Programa de Parcerias de Investimentos, mas só na fase final. Espera-se, ao menos, que a simples disponibilização das informações e análises dos projetos ao público já permita o escrutínio pela sociedade, aumentando a transparência das decisões de investimento público e a eficiência econômica da carteira de projetos selecionados.

A integração dos planos setoriais de infraestrutura com a adoção de critérios de seleção e priorização dos projetos com maior retorno socioeconômico deve garantir a qualidade dos projetos a serem estruturados. A metodologia 5CM ajuda a dar qualidade aos projetos. Porém, essas medidas podem não ser suficientes para produzir a quantidade de projetos necessários ao aumento de investimento em infraestrutura. Alguns problemas específicos na fase de estruturação precisam ser ainda sanados, como a instabilidade do orçamento público disponível. Outro problema é a dificuldade em contratar consultores por melhor técnica, ainda que se possa argumentar que o problema ocorra muito mais pela deficiência de gestão do titular dos serviços do que necessariamente pela falta de instrumentos legais.[16] Finalmente, é preciso que se defina a origem dos recursos, sejam financeiros ou humanos, na elaboração dos estudos e projetos: estimativas indicam um custo médio de projetos da ordem de 2,2% do investimento no ativo.[17] Isso quer dizer que os quase

---

[15] No Brasil, essa análise é também conhecida como *Value for Money*. Porém, a expressão *Value for Money* tem escopo mais amplo, podendo ser usada para qualquer análise de retorno do dinheiro aplicado, sendo, inclusive, sinônimo da ACB.

[16] Mesmo assim, o Ministério da Economia abriu, em abril de 2019, consulta pública para publicação de um decreto que tem por objetivo regulamentar a contratação de serviços pela melhor técnica, com o objetivo de elevar a qualidade dos trabalhos realizados.

[17] Ver Brasil (2019a).

R$ 10 trilhões necessários para elevar o padrão da infraestrutura brasileira até 2040 demandariam cerca de R$ 200 bilhões em estudos e projetos ao longo desse período, incluindo avaliações técnicas de engenharia, econômico-financeiras e ambientais.

Via de regra, os estudos necessários à estruturação de projetos de infraestrutura são custeados por orçamentos dos governos. No Brasil, entretanto, a indisponibilidade de recursos fiscais acaba limitando os montantes alocados à elaboração de projetos, direcionados, muitas vezes, para a execução de obras já em andamento. Mais grave, porém, é o recorrente uso do critério de menor preço para contratação desses estudos, ainda que se reconheça que vale a pena despender mais recursos nessas fases, pois isso permite reduzir ou, no mínimo, evitar custos muito maiores nas fases de construção e operação.[18]

Para resolver os dois problemas, de falta de recursos e de baixa qualidade dos consultores contratados, o governo federal utilizou os Procedimentos de Manifestação de Interesse (PMI), que basicamente consistem em um concurso de projetos, que serão pagos pelo contratado, para construir e operar o empreendimento, caso o projeto seja levado adiante. Apesar de, a princípio, melhorar a qualidade dos projetos, tal modalidade sofre pela perspectiva de baixa concorrência na oferta de serviços de consultoria. Como o pagamento pela elaboração do projeto é incerta – tanto pelo fato de apenas os projetos selecionados ganharem o direito a terem seus custos ressarcidos, como pelas dúvidas quanto à efetiva realização da licitação de construção e operação do projeto, já que apenas 12% dos PMIs chegam à fase de assinatura de contratos[19] –, apenas empresas diretamente interessadas em arrematar o ativo e com alta capacidade financeira se submetem a esse tipo de contratação. Não é de surpreender que empresas de consultoria com tal capacidade sejam apoiadas por grupos interessados na construção e operação do projeto, tornando-se muitas vezes, na prática, braços operacionais desses grupos. Tal configuração leva ainda a uma redução da concorrência na licitação da construção e operação do projeto pela potencial assimetria de informação a favor do grupo que elaborou o projeto.

Com isso, o uso de PMIs não será suficiente para alimentar o *pipeline* de infraestrutura na quantidade e na qualidade necessárias – ao menos para os setores que ainda dependem de licitações realizadas pelo governo.[20] A solução deveria passar pelo aprendizado de experiências anteriores na estruturação de projetos no país, como a de *facility* da Estruturadora Brasileira de Projetos (EBP), aperfeiçoando esse método para estruturação em massa. Nessa linha, uma alternativa é que os bancos de desenvolvimento contratem a estruturação dos projetos, pelo menos dos que serão colocados para concessão ou PPP, cujos custos podem ser ressarcidos pelos futuros concessionários. Além disso, os bancos de desenvolvimento dispõem de recursos financeiros suficientes para alocar em fundos de estruturação de projetos, representando uma pequena fração dos recursos disponíveis para empréstimos. E, mesmo que fosse relevante, o volume de recursos direcionado para estruturação seria mais que compensado pelo conhecimento a ser produzido sobre os projetos que os próprios bancos financiarem no futuro, com maior entendimento dos riscos envolvidos e da possível inadimplência dos empréstimos.

O impacto esperado dessas medidas é melhorar a qualidade dos novos projetos e, com isso, aumentar a produtividade da economia. Estimativas do Banco Mundial apontam que um aumento de 1% do PIB no investimento em infraestrutura provocaria uma elevação de 0,17 ponto

---

[18] Cerca de 1/3 das obras paralisadas no país estão nessa situação por algum tipo de falha na etapa de projeto (BRASIL, 2019a), causando prejuízos muito superiores à economia gerada pela contratação por menor preço de serviços técnicos especializados.

[19] Ver International Finance Corporation (2016).

[20] Não é o caso de setores como o de geração de energia ou telecomunicações. Neles, não há necessidade de um PMI, pois o investidor privado organiza diretamente seus projetos, sem interferência do governo. Por outro lado, setores como rodoviário, ferroviário, mobilidade e saneamento básico demandam maior protagonismo por parte do governo.

percentual (p.p.) na taxa de crescimento anual do PIB *per capita* do Brasil, e que, se tais investimentos fossem de melhor qualidade, a taxa de crescimento do PIB *per capita* poderia se elevar ainda mais, em 0,28 p.p.[21]

MELHORIAS REGULATÓRIAS

Além de produzir um *pipeline* de projetos interessantes ao setor privado, é preciso desatar alguns nós regulatórios para ampliar o investimento privado em infraestrutura no montante desejado. As propostas aqui envolvem liberalizar setores em que é possível a concorrência e, quando for necessária a contratualização da relação do operador privado com o governo (poder concedente), adequar os desenhos de concessões e PPPs para o mais próximo possível do conceito clássico de *project finance*, especialmente quanto à alocação de riscos e responsabilidades, deixando claros os papéis de poder concedente, regulador, desenvolvedor, construtor, operador e financiador.

Em alguns setores de infraestrutura já há concorrência, caso em que as características de monopólio natural não são tão fortes. No setor portuário, a maioria dos investimentos de maior porte ocorreram por meio de investidores privados (nos terminais privativos e nos terminais arrendados em portos públicos). A lógica no setor é que é possível a competição entre os portos e entre terminais num mesmo porto. Alguma vantagem geográfica pode ocorrer entre um porto e outro, mas isso acaba sendo pouco relevante num país com as dimensões do Brasil. O mesmo se aplica aos aeroportos: o uso de concessões para aeroportos, do ponto de vista econômico, se justificaria apenas pela necessidade de licitar a exploração de um ativo construído com recursos públicos e por ser ainda recente a experiência privada de operação aeroportuária no país, não se evidenciando a concorrência efetiva entre aeroportos. Com a maturidade desse processo, seria natural pensar na privatização efetiva dos aeroportos, como está em discussão para as Companhias Docas, que administram os portos públicos. Uma forma gradual de se fomentar participação privada, expansão e competição no setor aeroportuário seria instituir e promover o regime de autorização para aeroportos regionais.

Outro setor em que a competição está presente é o de telecomunicações. Nesse caso, não por características de abrangência geográfica, mas pela mudança tecnológica ocorrida no setor que alterou substancialmente a estrutura de custos (depreciação acelerada dos ativos fixos), diminuindo as características de monopólio natural típicas em indústrias de rede. Outro aspecto disruptivo foi a convergência entre diferentes tecnologias de comunicação (fixa, móvel, dados), expandindo o mercado relevante e trazendo competição até mesmo à última milha da telefonia fixa. De fato, a telefonia móvel e a internet alteraram também os hábitos de consumo de telecomunicação, o que tornou a telefonia fixa convencional obsoleta. Tal mudança provocou a inviabilidade do modelo regulatório implantado na década de 1990, em que a telefonia fixa, com características de indústria de rede e monopólio natural, operava sob regime de concessão e os demais serviços (telefonia móvel, TV por assinatura e transmissão de dados) sob autorização. Com o serviço de telefonia fixa perdendo atratividade ao consumidor, as receitas das concessões foram caindo. A situação chegou a tal ponto que a lei de telecomunicações foi alterada para permitir a conversão das concessões em autorização (Lei nº 13.879/2019), de forma antecipada e em negociação direta com as atuais concessionárias para se definir o valor remanescente dos bens (que seriam) reversíveis em metas de investimento em rede de banda larga. A provisão de internet passou a ser o serviço mais desejado em telecomunicações. Ainda que ele possa ser fornecido em regime de competição, não se garante a viabilidade privada em algumas cidades mais distantes, pequenas e com baixo nível de renda. Nesses casos, o retorno do investimento privado tende a ser negativo, mas o socioeconômico será positivo, motivo para ainda se manterem políticas públicas específicas nessa área.

A inovação regulatória mais forte na promoção da concorrência em serviços de infraestrutura está, porém, no setor tradicionalmente usado como exemplo de monopólio natural, o

---

[21] Ver Raiser *et al.* (2017).

ferroviário. Com alto custo de implantação da linha férrea, elevada capacidade e baixo custo operacional, as ferrovias foram dos primeiros casos em que se discutiu a inviabilidade, ou pelo menos a inadequação, de competição, dado que apenas um provedor traria maior eficiência econômica que dois ou mais.

Tal diagnóstico, entretanto, é oriundo do século 19, em que as ferrovias eram o único meio de transporte disponível, além das carroças. Com a evolução dos meios de transporte, especialmente no modo rodoviário, e o aumento dos fluxos de comércio, as ferrovias deixaram de ser a única solução adequada aos deslocamentos terrestres. Dutos passaram a ser usados no transporte de alguns produtos específicos, como petróleo, combustíveis e até minério de ferro, com capacidade e custo operacional mais baixos que os de ferrovias. A flexibilidade e a capilaridade do transporte rodoviário se mostraram mais adequadas ao transporte de carga geral em pequenas quantidades, alcançando um número muito maior de cidades. Por sua vez, o aumento do volume de mercadorias e pessoas se deslocando entre as regiões, acima da capacidade das linhas férreas, levou à necessidade de se ampliarem as opções de rotas. Isso gerou certa competição entre modos e rotas de transporte, reduzindo a possibilidade de abuso de poder de monopólio dos operadores ferroviários incumbentes, a tal ponto que há total liberalização do transporte ferroviário nos Estados Unidos da América (EUA) desde os anos 1980.

No Brasil, entretanto, a disponibilidade do transporte ferroviário é muito desigualmente distribuída entre as regiões. No Sul, Sudeste e litoral do Nordeste, há oferta de linhas férreas, que competem com diversas rodovias. Muitas rotas, porém, sequer conseguem atrair cargas, situação semelhante à dos EUA antes da liberalização. Nas demais regiões, há poucas rotas disponíveis. As ferrovias têm, sim, vantagens de custo nos corredores de exportação de *commodities* agrícolas e minerais. Contudo, de forma geral, não é possível caracterizar monopólio natural no transporte ao se considerarem os diversos modos e rotas disponíveis. Com isso, está em discussão um projeto de lei para incluir no setor ferroviário a possibilidade de autorização em novas linhas. Nesse caso, as ferrovias seriam construídas e operadas por conta e risco dos investidores privados, atendendo a regulação técnica e de segurança. No entanto, o setor ferroviário guarda diferenças importantes em relação ao setor de telecomunicações, requerendo cuidados adicionais na transição de um modelo de concessões para um regime puramente baseado em autorizações. Como os ativos envolvidos ainda terão utilidade para a prestação do serviço de transportes, a proposição geral é que os contratos de concessão atuais sejam mantidos até seu término, após o qual os bens revertidos à União seriam vendidos aos interessados em obter autorização para operar ferrovias em modelagens que garantissem contestabilidade dentro do modo ou entre modos (por exemplo, priorizando modelagem de corredores competitivos em lugar de malhas geográficas). Para tanto, há que se considerar a convivência entre os dois modelos por um tempo, sendo mais adequado o modelo de concessão, garantia de direitos de passagem e regulação mais forte de tarifas, acesso para linhas ou malhas com poder de mercado significativo e o modelo de autorização em situações tanto de contestabilidade quanto, no outro extremo, de ativos específicos (que servem para o uso de apenas uma única empresa/produto).

Para os setores em que a concorrência não é possível, a ideia é melhorar o desenho regulatório, especialmente quanto à percepção de riscos dos potenciais investidores privados. É importante que se contextualize, antes, quem tem a maior percepção de riscos hoje no país e quais riscos seriam esses. Isso porque é comum que se confunda a posição de operador com a de construtor e com a de investidor.

O que ocorreu no Brasil nos últimos anos foi a confusão absoluta dos papéis de cada parte nessa estrutura. Enquanto o usual seria que cada parte se limitasse às suas competências específicas, sendo normal apenas que o desenvolvedor (aquele que desenvolve e estrutura os negócios) tivesse uma parcela do *equity* (capital próprio), o que vimos no país foi: (1) o Estado brasileiro atuando ora como *equity*, por meio de BNDES Participações (BNDESPar), Fundo de Investimento do Fundo de Garantia do Tempo de Serviço (FI-FGTS) ou mesmo fundos de pensão controlados por empresas estatais, ora como dívida, por meio de bancos públicos, ora como desenvolvedor, com o pensamento de que sem ele os negócios simplesmente não ocorreriam; e (2) como única alternativa à participação do Estado, as grandes empreiteiras, em geral interessadas não na estruturação do negócio, e sim na garantia de que seriam as responsáveis pelas obras, no que se comprovou ser um grande esquema de cartelização entre essas empresas. Em muitos casos, as empresas estatais consorciavam-se com as empreiteiras, sempre utilizando recursos públicos de dívida, com altas alavancagens. Somando-se a dívida e o *equity* públicos, não era anormal contabilizar mais de 90% do total da estrutura de capital dos projetos.

Essa configuração de mercado esquizofrênica acabou por afastar os investidores financeiros e os grandes desenvolvedores internacionais, que não se sentem confortáveis em formar sociedade com empresas públicas e empreiteiras, principalmente em um país com o histórico brasileiro de corrupção. Esse movimento ficou conhecido como o "*crowding-out* das empreiteiras", cujo *lobby* até hoje luta para manter uma reserva de mercado baseada no que se chama de "acervos técnicos", que nada mais são que atestados de capacidade técnica assinados pelos contratantes dos serviços, com firma reconhecida, precedidos por Anotações de Responsabilidade Técnica (ARTs) e registrados ao fim do trabalho em conselhos de classe. As licitações, mesmo nas modalidades "técnicas", costumam ser baseadas na exigência de apresentação de experiências pregressas comprovadas por esse tipo de atestado, o que obviamente só existe no Brasil e não é utilizado por outros países, em especial os mais desenvolvidos.

Não obstante, mesmo que fosse o caso de exigir tais comprovações para a contratação direta de obras, o conceito de "concessão" é baseado (1) na lógica de compartilhamento de riscos, na qual o desenvolvedor assume os riscos alocados a ele no contrato, notadamente os de construção e operação, e (2) no serviço prestado, não no ativo construído. Por isso, a exigência de comprovação de experiências pregressas na construção de ativos relacionados não se aplica ao investidor financeiro, já que ele certamente subcontratará os serviços de construção e, possivelmente, de operação. No histórico de contratações de concessões no Brasil, há clara confusão entre o que é uma obra pública tradicional, na qual o único agente é a construtora, e o que é uma concessão.

Assim, mais importante que o que foi feito no passado pelo investidor é a proposta, para aquele ativo específico, que será feita para o futuro, obrigatoriamente combinada com um sistema de garantias e penalidades severas no caso do não cumprimento das responsabilidades assumidas na assinatura do contrato. A lógica de aumentar a concorrência na entrada e garantir o cumprimento rigoroso do contrato, com pouca ou nenhuma margem discricionária para evitar a saída em caso de não entrega, é o oposto do que preconiza o manual do agente oportunista, que busca sempre uma reserva de mercado na entrada e a dificuldade máxima no cancelamento do contrato. Criou-se no Brasil, inclusive, a parábola do "sequestrador de contratos", que mesmo sem entregar um bom serviço (como comprovam os abandonos de rodovias e aeroportos recentemente concessionados) cobram "resgate" (indenizações acima do valor de mercado do ativo) para liberarem os contratos. Setores inteiros, como o de rodovias, estão até hoje nas mãos de alguns grupos específicos, salvo raras exceções, justamente pela completa falta de confiança de investidores financeiros nesse mercado.

A resolução desse problema não é trivial. Por isso, o Ministério da Economia trabalhou na elaboração de uma proposta que permite o monitoramento rigoroso do contrato, com regras claras que impedem a arbitragem e o risco moral de agentes oportunistas, ao mesmo tempo em que atrai investidores não especulativos de longo prazo, pela maior clareza de regras de leilão e de sua fiscalização posterior. Essa proposta foi apresentada a diferentes investidores, tanto de *equity* quanto de dívida, a diferentes associações de usuários dos sistemas de infraestrutura e a agências reguladoras, tendo sofrido diversas alterações, até atingir maior maturidade.

De início, propõe-se uma separação mais clara entre poder concedente e agência reguladora. Essa última existe para equilibrar, de maneira independente, os interesses de poder concedente (titular dos serviços), concessionária (investidor) e usuário, o que não ocorre em diversos casos, acabando a agência por representar, oficialmente, o poder concedente, configurando-se clara captura e quebra de independência. Assim, propõe-se que, para se iniciar uma concessão, o poder concedente fique obrigado a indicar uma agência reguladora, o que evitaria casos de disputa como o VLT Carioca e a Linha Amarela, no Município do Rio de Janeiro, supervisionados diretamente pelo titular. Dessa forma, ficariam claros os papéis do titular (definição de regras no momento "zero") e da agência (aplicação das regras ao longo do contrato e resolução de conflitos, de maneira independente).

Também é importante rever o papel do Estado nas concessões. Historicamente, há uma preferência clara pela participação direta do Estado em diversos momentos do processo de concessão, tanto como dívida (com bancos públicos emprestando até 90% do capital do projeto) quanto como desenvolvedores (com contratação de fornecedores por empresas públicas que queiram concorrer nas licitações). Como visto no passado, a alta alavancagem com recursos públicos serve como uma "opção" ao investidor: se o negócio prosperar, mantém a operação; caso contrário, se o valor de mercado da empresa for inferior à alavancagem pública, ameaça abandonar a operação para o governo, que ficou com a maior parcela do risco financeiro.

Assim, propõe-se que empresas estatais só participem de concessões nos casos já previstos na Constituição Federal, quando necessário aos imperativos da segurança nacional ou a relevante interesse coletivo, entendendo esse último quando não houver interessados na operação privada daquele serviço público. Em ambos os casos, recomenda-se que o chefe do poder executivo declare, por decreto, a necessidade de atuação direta do Estado. Adicionalmente, a oferta de financiamento por meio de bancos públicos deve ser limitada a determinados tetos, tanto para evitar a opção de saída que mencionamos como para abrir espaço para o mercado de financiamento privado (*crowding-in*).

Outra fragilidade presente na maioria dos contratos de concessão no país é a falta de clareza sobre como definir o valor justo para indenizar investimentos não amortizados no prazo da concessão. Isso é particularmente danoso em casos de término antecipado. Há basicamente dois métodos para esse cálculo: (1) o do valor de reposição do ativo, descontado o tempo em que ele já foi utilizado em relação à sua vida útil; e (2) o valor presente do retorno líquido que o ativo ainda produziria. *Grosso modo*, o primeiro seria o valor contábil apontado nos balanços das concessionárias para cada investimento realizado; e o segundo seria o valor calculado a partir do fluxo de caixa futuro pela exploração do serviço de infraestrutura associado. Em algumas situações, poder-se-ia até leiloar o contrato em vias de terminar, nas mesmas condições, e o valor ofertado seria equivalente ao valor remanescente dos ativos. Entretanto, a maioria dos contratos de concessão não indica o método e premissas a serem adotadas, restringindo-se a apenas repetir o que já está nas leis de concessão e PPPs, ou seja, que investimentos não amortizados devem ser ressarcidos.

Assim, propõe-se que os novos contratos de concessão sejam mais explícitos nessas regras e que elas considerem os diferentes motivos de rescisão antecipada. No caso de caducidade, em que o concessionário foi o causador no término antecipado, o valor deve ser menor que nos casos de encampação ou rescisão judicial, de forma a evitar atuações oportunistas tanto do concessionário, que já discutimos, como do poder concedente, quando, por exemplo, tentaria retomar uma infraestrutura que está obtendo retornos ao concessionário superiores ao esperado antes da concessão. Ademais, pelo menos para os casos de caducidade, quando o concessionário não cumpre adequadamente o previsto em contrato, o valor da indenização deveria ser obtido via mercado, leiloando o contrato remanescente, algo equivalente ao que o próprio concessionário obteria se ofertasse o direito da concessão a terceiros.

Poder-se-ia argumentar que nova licitação de um contrato, cujos incentivos não estejam adequados para a efetiva realização dos investimentos, poderia atrair operadores interessados nas possibilidades de rendimentos indevidos do contrato, como provavelmente já tenha ocorrido com o concessionário anterior. Existem duas alternativas nesse caso. A primeira é seguir diretrizes tais como as apontadas pelo Tesouro Britânico e ajustar o resultado reequilibrando para diferenças significativas entre a modelagem original e a licitada (exemplo, redução do número de pistas em um aeroporto). A segunda alternativa, sempre entendida como um *second best* para atender os casos em que a primeira é inviável, seria adotar alguma forma de valoração prospectiva. Essa pode se dar a partir da aplicação efetiva de métodos de *impairment* já previstos no marco contábil brasileiro ou a partir do cálculo de Valor Presente Líquido (VPL) do fluxo de caixa estimado para o novo projeto (com toda imprecisão, subjetividade e discricionariedade que esses cálculos ensejam). A aplicação efetiva desses métodos já reduziria o valor do contrato para o investidor oportunista, pela maior incerteza em obter uma indenização superior ao valor justo do contrato.

Propõe-se, também, melhorar o desenho de penalidades e incentivos. Primeiro, vale recomendar a simplificação e automatização da forma como aplicá-los. Porém, entende-se ser mais eficaz usar os incentivos econômicos, como aumento de tarifa, do que penalidades como multas e reduções de tarifa, de difícil aplicação na maioria dos casos, com inúmeras possibilidades de recursos administrativos e judiciais.

Em rodovias, por exemplo, é comum inserirem-se obrigações de ampliação de capacidade, como duplicação da via, cujo investimento é elevado. Caso o investimento não seja realizado pelo concessionário, são aplicadas multas e reduções de tarifas. Mais efetivo, porém, poderia ser iniciar o contrato com tarifas baixas, que seriam aumentadas apenas quando os investimentos em ampliação de capacidade fossem feitos. Evita-se, com isso, que o concessionário consiga protelar a aplicação das penalidades, mantendo a arrecadação de pedágio. O usuário também se beneficia, pois só terá de pagar mais caro quando o serviço prestado tiver efetivamente melhorado.

O setor de rodovias, aliás, é dos que apresentam maiores possibilidades de aprimoramento, ao menos nas concessões federais. Por exemplo, alguns contratos são longos demais e com investimentos muito próximos ao seu término. Prazos tão longos tornam mais incerto o que será necessário investir durante os contratos. Nem mesmo a simples ampliação de capacidade (implantação de terceiras faixas e pista dupla) é de fácil previsão, pois depende de como o volume de tráfego irá aumentar. Alega-se que os prazos mais longos são necessários para permitir a recuperação dos investimentos sem que a tarifa de pedágio fique muito elevada. Porém, associado ao critério de seleção do concessionário pela menor tarifa e à pouco crível efetivação de um processo de caducidade, isso acaba gerando lances oportunistas com a perspectiva de renegociações do contrato durante sua operação. Vários foram os casos em que investimentos não previstos foram inseridos nos contratos, boa parte a pedido do governo, para atender pleitos de Municípios cortados pelas rodovias, com renegociações contratuais que elevaram bastante as tarifas de pedágio.

Outra oportunidade pouco explorada em rodovias e, potencialmente, em outros setores são as receitas acessórias. A prática vigente tem sido de que qualquer receita não tarifária que o concessionário obtiver seja revertida em favor da modicidade tarifária. Isso inibe a inovação do concessionário em buscar tais receitas alternativas. E, se o fizer, poderá tentar fazer isso por meio de outra empresa, para não contaminar a contabilidade da concessionária e provocar a revisão tarifária. Porém, com diversos contratos sendo licitados de tempos em tempos, é possível deixar que as receitas acessórias sejam totalmente capturadas pelos concessionários, pois tais ganhos serão revertidos às tarifas nos novos contratos, pelo aprendizado entre os potenciais licitantes. Aliás, essa já é a prática nas concessões aeroportuárias, com as receitas acessórias respondendo pela metade ou mais da receita total – enquanto, no caso das rodovias, não chegam a 4%.

Uma proposta específica para atrair investidores estrangeiros é tratar o risco cambial. Algumas infraestruturas estão associadas a negócios já com elevada exposição ao câmbio, como portos, aeroportos e ferrovias envolvidos no comércio exterior. Nesses casos, poderiam ser permitidos contratos bilaterais entre o concessionário e usuários em moeda estrangeira, pelos quais um usuário com receitas em dólares (por exemplo, um exportador de *commodity*) e custos em reais possa trocar parte de seu custo (logístico) para a moeda norte-americana, possibilitando ao concessionário contrair uma dívida fora do país, mais barata, já com o risco cambial mitigado.

Também problemática tem sido a alocação do risco de demanda ao concessionário, que exerce pouca gestão sobre isso. Tanto que foram recorrentes os pedidos de reequilíbrio dos contratos de rodovias e aeroportos devido à queda de demanda na crise econômica iniciada em 2015, mesmo com os contratos sendo explícitos em alocar tal risco ao concessionário. Para novos contratos, entretanto, recomenda-se que ele possa ser compartilhado, atrelando algum parâmetro da concessão a esse risco. Um dos meios propostos é que o contrato tenha duração variável conforme a receita tarifária arrecadar em relação ao valor definido na licitação (podendo ser o critério para selecionar o vencedor). Se a demanda vier acima do previsto, o contrato terminará antes do prazo. Se vier abaixo, o contrato será automaticamente prolongado. Esse mecanismo já é usado no Chile há cerca de 20 anos e pode ser acompanhado de *revenue collars*,[22] para não ser tão rígido.

Outra questão que demanda adequação diz respeito aos subsídios cruzados presentes em vários setores de infraestrutura, mas é especialmente complicado no de energia elétrica. Antes com base em hidrelétricas com grandes reservatórios, o setor teve, nos últimos anos, sua expansão fortemente baseada em fontes renováveis intermitentes, como eólica e solar; e sazonais, como as hidrelétricas a fio d'água. Isso exigiu mais dos reservatórios atuais, que acabaram sendo esvaziados em maior velocidade, para fazer frente a essa nova realidade, aumentando a dependência hidrológica a cada ano – já que os reservatórios não conseguem mais ser mantidos para a segurança plurianual. Além disso, fruto provavelmente das mudanças climáticas, houve uma alteração no regime hidrológico dos rios em que estão as grandes hidrelétricas, com redução na maioria dos casos. Isso tudo fez com que termelétricas contratadas para operar apenas em alguns momentos do ano fossem acionadas para operar "na base", impondo custo muito elevado aos consumidores.

Em complemento a essa mudança nas fontes de energia, o setor passou por uma liberalização parcial dos mercados, gerando distorções, como o abandono de encargos ao mercado regulado – em especial aqueles que garantem a expansão de potência. Na prática, o setor elétrico de hoje é uma fábrica de arbitragens regulatórias. Muitos grandes consumidores obtêm descontos de conexão a depender da fonte comprada, a potência não é corretamente valorada, o sinal locacional inexiste e fontes selecionadas recebem vantagens financeiras pelos atributos ambientais que jamais foram dimensionados, em um exercício que mistura adivinhação com muita pressão dos grupos de interesse. Um bom exemplo, recente, desse movimento de pressão foi o patrocinado pelos investidores da chamada "microgeração distribuída" – que, apesar de imporem um custo de R$ 56 bilhões aos usuários de energia entre 2020 e 2035, propagam informações de benefícios e geração de empregos, em uma argumentação baseada em equilíbrio parcial.

O Projeto de Lei do Senado (PLS) nº 232, até o momento de finalização deste capítulo ainda em tramitação, busca exatamente eliminar as arbitragens regulatórias do setor elétrico, por meio de quatro pilares principais: (1) tarifa horo-sazonal (precificação instantânea: quem produz na ponta ganha mais e quem consome na ponta paga mais); (2) sinal locacional (quem produz mais próximo do consumo tem vantagem); (3) valoração do atributo ambiental (associado ao custo de carbono, por exemplo); e (4) tarifa binômia (separação da infraestrutura fixa de transporte e distribuição da quantidade de energia consumida). A transição do modelo atual para um modelo verdadeiramente liberal requer cuidados e deve ser promovida com estudos e cautela. No entanto, é preciso garantir que a transição não se torne o fim do processo em si. É preciso que haja uma data definida para o fim do ambiente de contratação regulado (ACR), garantindo os casos especiais a partir de um supridor de última instância.

Por último, a evolução tecnológica está promovendo a digitalização das redes de infraestrutura e há a expectativa de que avanços como a conexão móvel de quinta geração (5G) possa acelerar de maneira disruptiva esse processo, na medida em que permite um fluxo de informações com velocidade e capacidade de transmissão simultânea para uma multiplicidade de sensores sem paralelo nas gerações anteriores.

Essa digitalização extrema cria a possibilidade de transformação na cadeia de valor dos setores de infraestrutura tradicionais, como os de energia e transportes. De fato, todas as infraestruturas têm hoje a possibilidade de adicionar sensores digitais capazes de coletar informações sobre detalhes do *status* e da operação, agregando inteligência à gestão da rede independentemente do que elas transportem (veículos, água, gás ou elétrons). Essa inteligência permite maior eficiência

---

[22] Limites superior e inferior de tolerância à flutuação de demanda.

e racionalização na oferta e maior capacidade de resposta para o atendimento da demanda por energia. Mais do que isso, em um ambiente de Internet das Coisas (IoT), *Big Data* e inteligência artificial cada vez mais avançados, os dados coletados sobre hábitos de consumo doméstico propiciados pelas redes de energia elétrica podem ter valor incalculável para ações de marketing e personalização de negócios. Da mesma forma, essa inteligência pode ser adaptada para redes de água e esgoto, diminuindo perdas, e para vias de transporte, possibilitando maior mobilidade, a adoção de veículos autônomos e redução de acidentes. Do ponto de vista econômico, essa convergência possibilita o ajuste mais fino e personalizado entre oferta e demanda por serviços de infraestrutura, gerando uma precificação mais eficaz e ganhos de bem-estar para a sociedade. Além disso, essa nova realidade tecnológica cria um ambiente de profunda inovação nos setores de infraestrutura, em que novos e valiosos negócios, sequer imaginados hoje, poderão ser viabilizados.

No entanto, a transformação digital das redes de infraestrutura tradicionais traz enormes desafios regulatórios. Primeiro, é preciso racionalizar tributos e licenciamentos, tendo em vista um ecossistema tecnológico com maior quantidade de antenas miniaturizadas, maior extensão de redes de fibra ótica e número cada vez maior de aparelhos e sensores.[23] Hoje, no Brasil, há valores fixos e irrealistas de taxas sendo cobradas de cada sensor, aplicando a apetrechos de R$ 1,00 o mesmo imposto idealizado para aparelhos digitais de valor adicionado centenas de vezes maior. O mesmo descompasso ocorre com o licenciamento das antenas, exigindo-se uma burocracia equivalente para antenas de grande porte para captação de sinais de satélite e os chamados VSATs,[24] que são pequenas antenas do tamanho das de TV por assinatura. Segundo, o cenário de convergência exigirá harmonização regulatória entre os diferentes setores de infraestrutura, para garantir alinhamento de incentivos necessário a um efetivo compartilhamento da rede e divisão justa das receitas acessórias associadas aos ganhos oriundos das novas funcionalidades da rede. Terceiro, há ganhos enormes de eficiência quando a infraestrutura é pensada de maneira integrada desde o início, quando projetos de criação, expansão ou renovação de infraestruturas já preveem o uso ótimo das diferentes redes. Políticas que estimulam essa prática, chamadas de políticas de escavação única (*dig once*, em inglês), são bem-vindas.

Por fim, vale citar dois exemplos de conflitos regulatórios que precisam ser resolvidos. Em primeiro lugar, com a regulação em curso hoje, distribuidoras de energia elétrica não têm interesse em compartilhar a sua infraestrutura de postes com operadoras de telecomunicações, na medida em que grande parte da receita obtida com o negócio é repassada via modicidade tarifária. Por outro lado, operadoras de telefonia querem utilizar os postes com baixo custo, desconsiderando as despesas com amortização, gestão e manutenção desses ativos por parte das distribuidoras. Esse problema tende a se agravar com o 5G e se tornar um empecilho à sua expansão.

Em segundo lugar, também não são harmoniosos os interesses de concessionárias de rodovias, distribuidoras de energia elétrica e gás e operadoras de telefonia na disponibilização de acesso à infraestrutura rodoviária. Em particular, a exploração das faixas de domínio das rodovias é sempre fruto de controvérsia técnica e jurídica, em que concessionário detentor das rodovias se vê como o proprietário irrestrito desses territórios (a despeito de eventuais problemas concorrenciais) e as demais operadoras de infraestrutura veem esses trechos como bens públicos e se sentem no direito de explorá-los gratuitamente ou, no máximo, aceitam compartilhar custos de manutenção. Em muitos contratos, a concessionária da rodovia não tem sequer incentivos econômicos a explorar de forma criativa a faixa de domínio por ser obrigada a repassar todo o ganho com receitas acessórias para a modicidade tarifária. Mesmo em casos nos quais a possibilidade de ganhos com receitas acessórias sobre a faixa de domínio é prevista no contrato, há disputas judiciais que dificultam a sua implantação para o compartilhamento de infraestruturas, o que só será resolvido com maior uniformização e entendimento da regulação.

---

[23] Ver, a propósito, o Capítulo 5 deste livro, sobre reforma tributária.

[24] Abreviatura de *Very Small Aperture Terminal*.

CONCLUSÕES

Como visto ao longo do capítulo, ampliar os investimentos em infraestrutura, tanto em quantidade quanto em qualidade, não é trivial. E fazê-lo com recursos majoritariamente privados torna-se ainda mais desafiador. No entanto, tal desafio pode ser a oportunidade para se reorganizar toda a governança de infraestrutura do país, observando os cinco grupos de ação a serem aprimorados: marco legal e regulatório; *pipeline* de projetos (planejamento de longo prazo); desenho dos contratos; desenho do leilão; e o *enforcement* do contrato.

Nesse sentido, o capítulo apresentou uma série de medidas para garantir um choque do investimento privado em infraestrutura para os próximos anos, organizado em duas frentes. A primeira envolve a implantação de uma governança do planejamento da infraestrutura, com planos mais integrados e mais bem balizados, especialmente quanto ao critério de seleção dos projetos. Com tal governança, os projetos que trarão maior retorno socioeconômico serão priorizados. Isso criará um *pipeline* de projetos com estudos robustos, facilitando o escrutínio dos potenciais investidores, aumentando o interesse pelas licitações de concessões nos setores que ainda forem necessários. Também deve produzir maior interesse nos setores já desregulados, pelo maior conhecimento geral do potencial de retorno na exploração dos serviços de infraestrutura.

A outra frente detalhou uma série de medidas regulatórias a serem implementadas, calcadas na redução da participação direta do Estado e no desenho adequado de incentivos nos contratos e leilões. Em setores nos quais a concorrência seja possível, a liberalização do mercado é a regra. Isso envolve desregular até o setor de ferrovias, mas também ampliar ao limite do possível nos setores já parcialmente liberalizados, como telecomunicações, energia elétrica, portos e aeroportos. Para tanto, subsídios existentes precisam ser racionalizados, especialmente no setor elétrico, em que a maior participação de fontes intermitentes exige o compartilhamento adequado dos custos de potência do sistema, atualmente bancados pelos consumidores do ambiente de contratação regulado.

Nos setores em que a participação do Estado ainda é necessária, propõe-se adotar o modelo de *project finance*, com clara separação de papéis entre poder concedente, regulador, desenvolvedor e fornecedores. Apesar de parecer trivial, o governo falhou repetidamente na interpretação desse modelo, atuando muito mais como desenvolvedor que como poder concedente, levando a uma quase total captura de alguns setores por empreiteiras, afugentando potenciais investidores e operadores estrangeiros.

Espera-se que tais medidas propiciem o aumento dos investimentos em infraestrutura, historicamente na faixa dos 2%, para cerca de 5% do PIB. Por si só, tal aumento provocaria elevação da demanda por insumos, capital e mão de obra, gerando efeitos em toda a economia – e num momento propício, devido à ociosidade em que se encontra. Estimativas iniciais indicam a criação de até oito milhões de empregos adicionais em 2040, quando comparado com a trajetória "*business as usual*" de igual horizonte.

Porém, mais alvissareiros são os efeitos que a melhor oferta de serviços de infraestrutura trará à economia. Menores custos de transporte, energia, água etc. tornarão mais eficientes as atividades produtivas, gerando renda e reduzindo o custo dos bens e serviços produzidos. Além disso, a ampliação da capacidade dos serviços de infraestrutura propiciará a ampliação da produção em patamares muito superiores aos atuais, especialmente em regiões com maior carência de infraestrutura. Teríamos, assim, um aumento da produtividade da economia, tanto pelo maior rendimento das atividades produtivas como pela viabilização do uso de recursos eventualmente ociosos.

Tudo isso deve ser feito com a menor participação possível do orçamento fiscal. A contratação de obras públicas deve ser minimizada, tanto pela falta de recursos públicos como, principalmente, pela maior eficiência que um contrato de concessão proporciona, alinhando incentivos entre as fases de construção e operação do ativo de infraestrutura. Isso é particularmente importante no atual momento, em que deve aumentar a pressão por se ampliar o gasto público, como forma de reativar a economia após a crise desencadeada pela pandemia da Covid-19. Entretanto, as medidas aqui propostas têm caráter permanente. Medidas anticíclicas via gasto público devem ser temporárias, o que não se adequa ao longo ciclo de vida dos projetos de infraestrutura.

REFERÊNCIAS

BRASIL. Ministério da Economia – ME. Apresentação. *In*: Pró-*Infra*, Caderno 1: Estratégia de avanço da infraestrutura. Brasília: Ministério da Economia, 2019b. Disponível em: https://www.infraestrutura.gov.br/images/2019/Documentos/competitividade/Apresentacao_Diogo_Mac_Cord_Painel_1.pdf.

BRASIL. Ministério da Economia – ME. *Pró-Infra*, Caderno 1: Estratégia de avanço na infraestrutura. Brasília: Ministério da Economia, 2019a. Disponível em: http://www.mdic.gov.br/images/REPOSITORIO/Livreto_Pro-Infra.pdf.

BRASIL. Secretaria Especial de Assuntos Estratégicos da Presidência da República – SAE-PR. Desafios ao aumento do investimento privado em infraestrutura no Brasil. Relatório de Conjuntura, n. 5. Brasília: SAE-PR, 2018. Disponível em: https://www.gov.br/secretariageral/pt-br/centrais-de-conteudo/publicacoes/publicacoes-e-analise/relatorio-de-conjuntura/desafios_ao_aumento_do_investimento_privado_em_infraestrutura_no_brasil.pdf/view.

EMPRESA DE PLANEJAMENTO E LOGÍSTICA – EPL. *Caderno de parâmetros de custo-benefício para projetos de infraestrutura de transportes*. Brasília: EPL, 2019. Disponível em: https://www.epl.gov.br/metodologia-da-analise-de-custo-beneficio.

FARIA, D. M. C.; CAETANO, S. M.; ANDRADE, R. B.; SOUZA JÚNIOR, J. R. C.; CORNÉLIO, F. M. Estimação da taxa social de desconto para investimentos em infraestrutura no Brasil. Texto para Discussão. Brasília: Ministério da Economia, 2019. Disponível em: http://www.economia.gov.br/acesso-a-informacao/participacao-social/consultas-publicas/arquivos/TDTaxaSocialdeDesconto.pdf.

FRISCHTAK, C. R.; MOURÃO, J. O estoque de capital de infraestrutura no Brasil: uma abordagem setorial. *In*: DE NEGRI, J. A.; ARAÚJO, B. C.; BACELETTE, R. (org.). *Desafios da nação*: artigos de apoio. Brasília: IPEA, 2018. v. 1.

FUNDO MONETÁRIO INTERNACIONAL – FMI. Avaliação da gestão do investimento público: Brasil. Relatório de Assistência Técnica. Washington: FMI, 2018. Disponível em: http://www.fazenda.gov.br/centrais-de-conteudos/apresentacoes/arquivos/2018/relatorio-do-fundo-monetario-internacional-sobregestao-de-investimento-publico-no-brasil-pima.pdf/view.

GOMIDE, A. A.; PEREIRA, A. K. (ed.). *Governança da política de infraestrutura*: condicionantes institucionais ao investimento. Rio de Janeiro: IPEA, 2018. Disponível em: https://www.ipea.gov.br/portal/index.php?option=com_content&view=article&id=33721.

INTERNATIONAL FINANCE CORPORATION – IFC. *Estruturação de projetos de PPP e concessão no Brasil*. Washington: IFC, 2016.

RAISER, M.; CLARKE, R. N.; PROCEE, P.; BRICENO-GARMENDIA, C. M.; KIKONI, E.; MUBIRU, J. K.; VINUELA, L. *De volta ao planejamento*: como preencher a lacuna de infraestrutura no Brasil em tempos de austeridade. Washington: World Bank Group, 2017. Disponível em: http://documents.worldbank.org/curated/en/237341502458978189/De-volta-ao-planejamento-como-preencher-a-lacuna-de-infraestrutura-no-Brasil-em-tempos-de-austeridade.

THE ECONOMIST. Is China investing too much in infrastructure? June 2018. Disponível em: http://country.eiu.com/article.aspx?articleid=866788670&Country=China&topic=Economy. Acesso em: fev. 2020.

Desafios da Educação

Teresa Cozetti Pontual Pereira e
Vitor Azevedo Pereira Pontual

INTRODUÇÃO

A revolução tecnológica da próxima década irá revolucionar o mundo do trabalho. Os bons empregos do futuro não exigirão somente as habilidades básicas de comunicação e raciocínio lógico, mas também criatividade, curiosidade, pensamento crítico, trabalho em equipe, agilidade, adaptabilidade a novas situações, resiliência e capacidade de liderança e de iniciativa.

Nossas escolas não têm conseguido desenvolver nos alunos nem as competências básicas como leitura e interpretação de textos ou o domínio das quatro operações aritméticas. Em São Paulo, nosso Estado mais rico, somente 10% dos alunos terminam o Ensino Médio tendo aprendido o que deveriam em matemática. Na Bahia, este índice é de menos de 5%.[1] Mesmo que a desigualdade socioeconômica explique parte dessa diferença, a educação pública deveria ser a força motora para reduzi-la e não reproduzi-la resignadamente.

Os baixos níveis de aprendizagem de norte a sul do país, constatados pelas avaliações nacionais, são corroborados pelos resultados do Programa Internacional de Avaliação de Estudantes (PISA, na sigla em inglês), aplicado a cada três anos pela Organização para a Cooperação e Desenvolvimento Econômico (OCDE). Desde 2000, o Brasil participa da avaliação, sempre figurando nas últimas colocações entre os países e economias participantes.

A década que estamos iniciando trará inúmeros desafios. Seja na forma que convivemos, toleramos e aprendemos com as pessoas diferentes, como preservamos nosso imenso patrimônio natural e cultural, como defendemos nossas instituições e como podemos aprofundar nossa jovem democracia. Tudo isso pode e deve ser objeto de uma educação transformadora, sem a qual o país nunca poderá sonhar em se desenvolver. No longo prazo, será impossível crescer de forma sustentável, eliminando a pobreza e diminuindo a desigualdade, sem que tenhamos um enorme salto de qualidade da educação oferecida às nossas crianças e jovens. Felizmente, estudos e experiências nacionais e internacionais mostram que é possível darmos este salto. Com uma mobilização coletiva pela educação, poderemos reverter o atual cenário que condena nossos jovens e, junto com eles, o nosso país a um futuro medíocre.

Este capítulo está organizado em mais cinco seções, além dessa introdução e da conclusão. Inicialmente, fazemos um breve apanhado dos indicadores educacionais ressaltando a situação inaceitável na qual nos encontramos. Na seção seguinte, exploramos possíveis causas para nosso estado atual. Em seguida, falamos da complexa relação entre gasto e qualidade. Na quinta seção, mostramos que o fracasso não é determinado *a priori*, destacando alguns casos de sucesso dentro do Brasil. Na sexta seção, propomos um programa de ação para a próxima década. As considerações finais resumem as principais mensagens.

---

[1] Todos pela Educação (2019).

SITUAÇÃO ATUAL

Nesta seção, mostramos primeiro o quanto avançamos na garantia do acesso à educação no Brasil. Em seguida, tratamos do desafio da qualidade por etapa da Educação Básica: Educação Infantil (creche e pré-escola), Ensino Fundamental (1º ao 9º ano) e Ensino Médio (1ª à 3ª série).

O copo meio cheio: avanço na garantia do acesso à educação

O Brasil conseguiu ampliar significativamente o acesso à educação e universalizar o Ensino Fundamental tardiamente, no final dos anos 1990. Ampliamos também o gasto com educação. Dobramos o investimento, que era de 2,7% do Produto Interno Bruto (PIB) em 1985, primeiro ano de governo democrático, para próximo a 6% do PIB nos últimos anos.[2] Neste mesmo período, saímos de 18% das crianças de 7 a 14 anos fora da escola, para menos de 1%.[3]

Em 2009, o ensino obrigatório passou a abranger também as crianças de 4 e 5 anos, que cursam a pré-escola (parte da Educação Infantil, junto com a creche) e os adolescentes de 15 a 17 anos, que deveriam cursar o Ensino Médio.[4] Na pré-escola, saímos de 79% de crianças de 4 e 5 anos matriculadas em 2007 para 93% em 2017. Avançamos também na inclusão de jovens no Ensino Médio. Hoje, 95% dos jovens de 15 anos estão matriculados, embora muitos ainda fora da série adequada para sua idade. De acordo com dados do PISA de 2018, o salto de inclusão brasileiro desde 2003 é apenas ultrapassado pelo da Turquia.

Quando ampliamos a janela etária até os 17 anos, temos 91% dos alunos matriculados, frente a 82% em 2003. Contudo, a inclusão desses jovens no Ensino Médio, que seria a etapa correta para esta faixa etária, ainda é baixa: a taxa líquida de matrícula da etapa foi de 69% em 2018.[5]

A grande maioria dos alunos brasileiros é atendida pelas Redes Públicas de Ensino, responsáveis por 81% das matrículas da Educação Básica, sendo a maior parte pelas Redes Municipais (48%), seguida pelas Estaduais (32%). A creche é o segmento com a maior participação da rede particular, chegando a 34% das matrículas. A menor participação da rede particular acontece no Ensino Médio, onde seu alcance se limita a 13% das matrículas.[6]

Tais dados mostram que o Brasil apresentou grandes avanços em inclusão de alunos na educação básica nas últimas décadas, começando pelo Ensino Fundamental e, em seguida, ampliando para a Educação Infantil e para o Ensino Médio, mesmo que as desigualdades socioeconômicas e regionais ainda não tenham sido superadas. Diretrizes nacionais de obrigatoriedade da matrícula, acompanhadas por regras de financiamento por aluno, contribuíram para esse resultado.

Os desafios à frente serão mais árduos. Na próxima década, para proporcionarmos mais qualidade de vida a todos os brasileiros, precisaremos garantir a permanência dos alunos na escola até a sua conclusão, garantindo o aprendizado adequado para cada etapa de ensino. Nestes dois quesitos – permanência e aprendizagem –, ainda temos muito que avançar.

Educação infantil

O desafio de atender as crianças de 0 a 3 anos em creches passou definitivamente para as Redes Municipais de Ensino quando a Lei de Diretrizes e Bases de 1996 definiu a educação infantil como primeira etapa da Educação Básica.[7] Anteriormente, as creches eram responsabilidade da área de Assistência Social. Diante desta migração, as creches ainda mantêm rastros do foco

---

[2] Secretaria do Tesouro Nacional (2018).
[3] Dados da PNAD de 1985 e da PNAD Contínua de 2018, 2º trimestre (IBGE).
[4] Brasil (1988), artigo 208 alterado pela Emenda Constitucional nº 59, de 2009.
[5] Todos pela Educaçao (2019).
[6] Inep (2019).
[7] Brasil (1996).

exclusivo no cuidado com a higiene, alimentação e proteção das crianças, em detrimento do desenvolvimento cognitivo, emocional e psicossocial. No entanto, inúmeros estudos e os avanços da neurociência têm reforçado a importância do investimento na primeira infância para o desenvolvimento ao longo da vida.[8]

Infelizmente, apesar das evidências científicas, o Brasil caminha lentamente nessa direção. Um passo importante foi a criação do programa Criança Feliz em 2016 pelo governo Federal, atualmente o maior programa de visitação domiciliar do mundo. Inspirado na experiência de um bem avaliado programa da Jamaica, o programa é voltado ao fortalecimento do vínculo entre pais e filhos e à promoção de atividades lúdicas e estimuladoras do desenvolvimento da criança.[9]

No entanto, a incorporação desses preceitos à política educacional ainda é tímida. A política educacional tem focado única e exclusivamente no atendimento em creches, ignorando o desenvolvimento infantil das crianças que estão fora dos estabelecimentos de ensino. Mesmo para aquelas que conseguem ser atendidas nas creches, a garantia da qualidade é uma incógnita, já que ainda há grande resistência à avaliação do desenvolvimento infantil nesta etapa. A proposta de Avaliação Nacional da Educação Infantil, prevista no Plano Nacional de Educação, não contempla a aferição do desenvolvimento da criança, ficando restrita a medidas de insumos escolares.[10] A correlação entre medidas de insumo e o desenvolvimento da criança é baixa.[11]

A educação infantil de qualidade é crucial para aumentar o retorno dos investimentos subsequentes, mas, sem um sistema de avaliação coerente, corremos o risco de implementar programas ruins que podem trazer mais prejuízos do que benefícios.[12] A adaptação local de instrumentos de avaliação já existentes e consolidados no contexto internacional é fundamental para garantirmos que a ampliação do acesso à educação infantil servirá para promover o desenvolvimento integral e enfrentar as desigualdades, em vez de acirrá-las ainda mais.[13]

Ensino fundamental

Os Anos Iniciais compreendem do 1º ao 5º ano do Ensino Fundamental, atendendo crianças dos 6 aos 10 anos (na progressão ideal). Resultados do Sistema de Avaliação da Educação Básica (SAEB) mostram uma evolução significativa dos ganhos de aprendizagem no 5º ano do Ensino Fundamental. O percentual de alunos no nível adequado de aprendizado saltou de 28% em 2007 para 61% em 2017 em língua portuguesa e de 24% para 49% em matemática.[14]

Mais recentemente, em 2013, incluímos no SAEB uma avaliação do nível de alfabetização das crianças em leitura, escrita e matemática ao final do 3º ano do Ensino Fundamental. Na última avaliação, aplicada em 2016, constatamos que a maioria dos alunos brasileiros (55%) não sabe ler nem fazer contas básicas.[15] As diferenças regionais são gritantes, ficando as regiões Norte e Nordeste com somente cerca de 30% das crianças alfabetizadas e as regiões Sul e Sudeste com mais de 55%.

Como a aprendizagem é cumulativa, não surpreende que os resultados dos Anos Finais (que compreendem do 6º ao 9º ano, quando as crianças deveriam ter de 11 a 14 anos) sejam ainda piores e apresentem as mesmas desigualdades regionais e socioeconômicas dos Anos Iniciais. No 9º ano, apesar de a evolução também ter sido expressiva entre 2007 e 2017, o resultado é desastroso.

---

[8] Heckman *et al.* (2010) e Heckman, Pinto e Savelyev (2013).
[9] Gertler *et al.* (2014).
[10] Brasil (2014).
[11] Araújo *et al.* (2016).
[12] Cunha e Heckman (2007) e Rosero e Oosterbeek (2011).
[13] Raikes *et al.* (2017).
[14] Todos pela Educação (2019).
[15] Todos pela Educação (2019).

Em língua portuguesa, saímos de 21% para 40% dos alunos com aprendizagem adequada, e em matemática, de 14% para 22%.[16] Houve evolução, mas a fotografia ainda é péssima.

Ensino médio

O que já não ia bem fica ainda pior na transição dos Anos Finais do Ensino Fundamental para o Ensino Médio. Um quarto dos estudantes são reprovados na 1ª série do Ensino Médio. A reprovação nessa série é tão grande que há mais matrículas na 1ª série do Ensino Médio do que no 9º ano do Ensino Fundamental. O acúmulo de déficits de aprendizagem e de repetências acaba desestimulando o aluno. A consequência é o abandono da escola ao longo do Ensino Médio.

Comparados aos outros países que participam do PISA, temos uma das mais altas taxas de reprovados entre jovens de 15 anos: 31% dos alunos avaliados na edição de 2018 informaram ter repetido de ano ao menos uma vez ao longo da sua trajetória escolar. É a 7ª maior taxa, acima de países como Peru, Chile, Costa Rica e México.

O abandono dos estudos nessa etapa acarreta uma série de problemas, com consequências para o resto da vida, como menor probabilidade de emprego, menor renda, menor riqueza ao longo da vida, maior chance de consumo de tabaco e álcool, maior probabilidade de envolvimento com o crime e menor expectativa de vida.[17] Ao levar-se em conta o custo adicional que esse jovem carrega para o sistema de saúde e o sistema prisional, estima-se que o país perca 150 bilhões de reais ao ano por causa da evasão no Ensino Médio.[18]

Mesmo para os jovens que conseguem obter o diploma, este não significa o que deveria em termos de aprendizagem. Além de corroborar a estagnação revelada pelo PISA – no qual o Brasil não apresenta avanços desde 2009 –, os resultados das avaliações nacionais mostram quão falho é o nosso Ensino Médio. Ao final da 3ª série, somente 29% dos alunos apresentaram nível de aprendizagem adequado em língua portuguesa e ínfimos 9% em matemática.[19]

CAUSAS DA ESTAGNAÇÃO

Como o diagnóstico deixa claro, apesar dos avanços no acesso à educação, em termos de permanência e aprendizagem vamos de mal a pior. As pesquisas corroboram o que educadores vivenciam no seu dia a dia: o principal mecanismo de melhoria da aprendizagem dos alunos é a qualidade do professor. Bons professores adicionam aprendizado mensurável por meio de testes, como também são capazes de motivar os alunos e fortalecer suas competências socioemocionais.[20] No longo prazo, isso faz a diferença: um aluno que passou por um bom professor em determinado ano tem maior chance de cursar a universidade e ter salário maior quando adulto.[21]

No entanto, as pesquisas também demonstram que o bom professor não é identificado por meio de características facilmente aferíveis, como anos de experiência e diplomas, e sim pelo resultado de aprendizagem que ele consegue alcançar.[22] Ou seja, para identificá-lo, precisamos de bons sistemas de avaliação de aprendizagem. Outra estratégia envolve atrair nosso melhor capital humano para a profissão, tornando a carreira mais atrativa, como fazem países do topo do *ranking* do PISA, como a Finlândia.

---

[16] Todos pela Educação (2019).

[17] Oreopoulos (2007), Jensen e Lleras-Muney (2012), Lochner e Moretti (2004), Lleras-Muney (2005) e Fundação Brava *et al.* (2017).

[18] Fundação Brava *et al.* (2017).

[19] Todos pela Educação (2019).

[20] Chetty, Friedman e Rockoff (2016) e Jackson *et al.* (2020).

[21] Hanushek (2010) e Chetty, Friedman e Rockoff (2016).

[22] Rockoff *et al.* (2011).

Infelizmente, fazemos justo o oposto. Em 2015, apenas 2% dos jovens de 15 anos demonstraram interesse em se tornar professores.[23] Dos que optam por ingressar no curso de Pedagogia, 70% obtiveram notas no ENEM abaixo da média nacional.[24] Razões para a baixa atratividade da carreira são os baixos salários, a falta de uma carreira que premie o sucesso e o baixo prestígio da profissão. Na média, nossos professores recebem 53% do rendimento médio dos demais profissionais com ensino superior completo.[25]

Além da baixa atratividade, os cursos de Pedagogia não preparam adequadamente seus alunos para os desafios da sala de aula. Seus currículos dão maior ênfase à teoria do que à prática, com pouco investimento nos estágios supervisionados.[26] Como resultado, os professores brasileiros passam somente 64% do tempo de aula lecionando. O restante do tempo é gasto com tarefas administrativas ou disciplinando os alunos. Em contraste, entre os melhores professores, 85% do tempo é dedicado a lecionar a matéria.[27]

Os concursos públicos para professores são majoritariamente compostos por provas objetivas, que dão maior peso ao conhecimento teórico e à legislação educacional do que à prática de sala de aula. A maioria sequer inclui uma prova de aula como etapa da seleção. Tampouco, as redes aproveitam os três anos de estágio probatório para avaliar e efetivar na carreira somente os melhores professores. Na ausência de sistemas de avaliação do desempenho docente, praticamente todos são efetivados.

Os Planos de Carreira do Magistério, que poderiam ser mais um instrumento de indução de melhoria do desempenho ou retenção dos melhores quadros, tendem a ser achatados e privilegiar exatamente as características que não estão correlacionadas com mais aprendizagem: anos de experiência e titulação. Finalmente, a política de formação continuada, necessária para compensar as lacunas da formação inicial, ou inexiste ou replica a mesma dissociação com a prática da sala de aula.

Além do professor, a equipe gestora da escola também exerce grande poder de influência sobre a aprendizagem dos alunos. Afinal, o gestor escolar é o responsável por conduzir o processo pedagógico, combater resistências, mobilizar e envolver a comunidade escolar para que todos aprendam. A correlação entre o desempenho dos alunos e as boas práticas de gestão é bem documentada.[28] No entanto, gestores nem sempre são escolhidos por meio de processos seletivos técnicos. De fato, 74% dos Municípios brasileiros ainda escolhem seus diretores por indicação política.[29] Outra prática comum é a eleição para o cargo.

A maioria das redes de ensino no Brasil enfrenta os desafios de ter baixos salários, baixa atratividade e da falta de qualificação profissional dos gestores de políticas educacionais. Os principais cargos das secretarias de educação são geralmente ocupados por professores concursados. Sem preparação específica ou experiência prévia, passam a ser gestores de recursos humanos, infraestrutura, logística, orçamento, finanças, ou o que a secretaria precisar. Adicionem-se a isso outras deficiências básicas de formação, como parca capacidade de leitura em língua inglesa, e temos um quadro no qual pouquíssimos gestores são capazes de compreender a evidência empírica sobre eficácia de políticas educacionais e usar dados de forma eficiente em sua gestão.

Poucos são os gestores que se debruçam atentamente sobre o diagnóstico dos problemas que desejam atacar utilizando dados, assim como é raro ver gestores elaborando projetos com apoio de marcos lógicos ligando suas ações a resultados concretos e mensuráveis. O planejamento dos

---

[23] Todos pela Educação (2018).

[24] Todos pela Educação (2018).

[25] IBGE (2016).

[26] Gatti (2010).

[27] Bruns e Luque (2015).

[28] Bloom *et al.* (2015), Fryer (2017) e Lemos e Scur (2016).

[29] Todos pela Educação (2018).

programas educacionais é precário na maioria das redes e a cultura de avaliação de impacto dos programas ainda engatinha. Programas ruins acabam se perpetuando com base em impressões pessoais, subjetivas e enviesadas, enquanto bons programas muitas vezes acabam sendo descontinuados, devido à falta de cultura de avaliações. O desperdício de recursos públicos pode ser enorme.

Há, ainda, um problema de atribuição de responsabilidades e coordenação advindo da forma de organização da Educação Básica brasileira. De acordo com a Constituição Federal de 1988, a Educação Infantil é de responsabilidade exclusiva dos Municípios, o Ensino Médio é incumbência exclusiva dos Estados e o Ensino Fundamental é de responsabilidade tanto dos Municípios quanto dos Estados, que acabam não colaborando entre si, mas disputando por matrículas e recursos do Fundeb.[30]

QUALIDADE DO GASTO

Apesar de se gastar em torno de 6% do PIB em educação, as escolas brasileiras possuem uma série de deficiências, que as deixam muito longe da realidade das escolas dos países com melhor desempenho educacional. Uma em cada cinco de nossas escolas, por exemplo, não possui infraestrutura mínima para funcionar, como água tratada, esgoto, energia elétrica e banheiro.[31] Faltam quadras de esporte. O transporte escolar é deficiente e irregular. O dinheiro para a merenda nem sempre é suficiente para garantir uma alimentação de qualidade. Faltam computadores e acesso à internet.

A introdução do Fundef em 1996 (substituído pelo Fundeb em 2006) e a Lei do Piso em 2008 asseguraram aumento dos gastos por aluno, diminuíram as disparidades de financiamento da educação entre Municípios e permitiram a elevação dos salários dos professores. Os impactos do Fundef e do Fundeb foram analisados por diversos autores, que mostraram que a criação dos dois fundos serviu para aumentar a contratação de professores, elevar o salário docente, melhorar a qualificação dos professores, aumentar a frequência escolar e diminuir a distorção idade-série.[32]

Os resultados são consistentes com a literatura recente que estuda impactos de aumentos do financiamento da educação. Nos EUA, foram feitas várias reformas de financiamento educacional nos anos 1970 e 1980, muitas delas induzidas por decisões judiciais. Como consequência, o aumento dos recursos educacionais gerou aumento da escolaridade média dos estudantes mais pobres. Depois de terminarem os estudos, esses estudantes tiveram melhores salários e menor chance de estarem em condição de pobreza.[33] Pesquisas semelhantes analisando reformas de financiamento educacional posteriores, nos anos 1990 e 2000, também encontraram resultados positivos, com aumento da probabilidade de conclusão do Ensino Médio, aumentos nas notas de estudantes e de salários posteriores.[34]

Outra lição dessa literatura é que a qualidade do gasto é fundamental. Onde e como gastar podem fazer toda a diferença. Gastos com professores aposentados, por exemplo, obviamente não deveriam ter qualquer efeito sobre o aprendizado dos alunos. No Brasil, por exemplo, o dinheiro extra para melhorar a infraestrura escolar transferido pelo programa Dinheiro Direto na Escola teve efeito nulo sobre o aprendizado, aprovação ou abandono escolar.[35] O mesmo é verdade para o aumento do gasto em atividades no contraturno, por meio do programa Mais Educação.[36]

---

[30] Fundeb é o Fundo de Manutenção e Desenvolvimento da Educação Básica e de Valorização dos Profissionais da Educação criado pela Lei nº 11.494, de 20 de junho de 2007. Ele é uma evolução do Fundo Nacional para Valorização do Magistério e Desenvolvimento do Ensino Fundamental (Fundef), criado pela Emenda Constitucional nº 14/1996, operacional a partir de janeiro de 1998, e que atendia exclusivamente o Ensino Fundamental.

[31] Inep (2017).

[32] Gordon e Vegas (2005), Menezes-Filho e Pazello (2007), Cruz e Rocha (2018) e Cruz (2018).

[33] Jackson, Johnson e Persico (2015).

[34] Candelaria e Shores (2019) e Lafortune, Rothstein e Schanzenbach (2018).

[35] de Melo Costa (2013).

[36] Embora tenha diminuído a criminalidade no entorno das escolas. Ver Batista de Oliveira e Terra (2016) e Fagundes de Carvalho (2019).

Bons professores são o insumo chave no processo educacional e a folha de pagamento dos professores é o item mais pesado nos orçamentos das secretarias de educação. No Brasil, é disseminado o raciocínio segundo o qual a melhor forma de melhorar o desempenho do professor é aumentando seu salário.

Infelizmente, a literatura empírica mostra que isso não é necessariamente verdade quando o conjunto de professores que estão lecionando permanece inalterado. Na Indonésia, por exemplo, escolas foram escolhidas por sorteio e seus professores tiveram o salário dobrado. Após dois anos, não houve qualquer melhoria de aprendizado dos alunos.[37] Isso não quer dizer, entretanto, que o aumento na remuneração dos professores seja um desperdício. É possível e provável que melhores salários melhorem a atratividade da carreira de professor. Porém, num sistema rígido com estabilidade docente, o enorme tempo que se leva até que o aumento salarial tenha efeito sobre todo o conjunto da força docente acaba por diminuir o custo-efetividade dos aumentos salariais.

Os dois grandes vetores de valorização da carreira docente no Brasil são o Fundeb e a Lei do Piso, que prevê um piso salarial para a categoria e aumentos desse piso de acordo com o valor mínimo por aluno definido pelo Fundeb.[38] Embora os mecanimos sejam bem intencionados, podem gerar uma série de distorções. Ao se aumentar o piso, por exemplo, as carreiras dentro das secretarias de educação podem se tornar mais achatadas, diminuindo paulatinamente o incentivo de professores a se tornarem diretores e dirigentes de educação. A Lei do Piso também estende os aumentos concedidos aos aposentados. Diante de um aumento do piso, um Município pequeno e pobre, recebedor líquido do Fundeb, precisa arcar com o aumento do gasto com aposentados, mediante arrecadação própria. E pode quebrar com isso.

A concessão de regras especiais para a aposentadoria de professores é um grande equívoco. Não há justificativa alguma para que professores tenham regras de aposentadoria diferentes das de outras profissões. Pouquíssimos professores devem ser atraídos para a carreira pela expectativa de se aposentar mais cedo.

Por outro lado, as aposentadorias mais precoces acabam onerando os cofres públicos, dificultando a concessão de aumentos salariais e, consequentemente, a atração da carreira. A Lei do Piso fala apenas do vencimento base do professor, excluindo quaisquer gratificações e bonificações. Isso exacerba disputas entre sindicatos e secretarias de educação, que preferem conceder aumentos via subsídios e outras remunerações mais flexíveis, evitando onerar a folha de inativos.

Mesmo diante dessas restrições, algumas redes de ensino têm conseguido resultados extraordinários. Essas tranformações passaram necessariamente pela valorização dos profissionais destas redes e demonstram ser possível melhorar o aprendizado dos alunos, mesmo com poucos recursos e em circunstâncias adversas.

CASOS BRASILEIROS DE SUCESSO

Esta seção analisa os casos de sucesso, especificamente do Município de Sobral e dos Estados de Ceará e Pernambuco. Ao final da seção, são apresentados possíveis fatores por trás dos bons resultados dos três casos.

O Município de Sobral

O Brasil tem o ônus e o bônus de ser uma república federativa composta por 5.570 Municípios, 26 Estados e o Distrito Federal. Na riqueza dessa diversidade existem lugares que decidiram escolher a educação pública como prioridade número um. O principal exemplo entre eles vem de um Município não tão pequeno, mas relativamente pobre, no interior do Ceará, a 230 km de

---

[37] De Ree *et al.* (2018).
[38] Brasil (2008).

Fortaleza.³⁹ Sobral iniciou sua tão citada reforma educacional há mais de 20 anos, em 1997, com a eleição do Prefeito Cid Gomes.

A situação encontrada era de "terra arrasada": escolas caindo aos pedaços, que serviam como cabides de emprego e atendiam poucos alunos, além de serem dirigidas por pessoas sem preparo algum, inclusive analfabetas.⁴⁰ O primeiro mandato de Gomes buscou "colocar a casa em ordem", acabando com indicações políticas, instituindo um plano de cargos e salários, contratando professores por concurso público, construindo e reformando escolas e ampliando a matrícula, que, com o advento do Fundef, passou a corresponder a mais recursos financeiros. No entanto, uma avaliação da aprendizagem dos alunos realizada ao final desses quatro anos, em 2001, constatou que 60% dos alunos que estavam iniciando o 3º ano, 40% dos alunos do 4º ano e 20% do 5º ano não sabiam ler.⁴¹

A partir desse diagnóstico desolador, a prefeitura traçou metas de priorização absoluta da alfabetização. A Secretaria de Educação elaborou matrizes pedagógicas com atividades de alfabetização e orientações para a rotina de sala de aula, que passaram a ser apresentadas aos professores alfabetizadores em formações mensais para toda a rede. A aprendizagem dos alunos do Ensino Fundamental passou a ser avaliada pela Secretaria semestralmente. Os resultados das avaliações passaram a ser utilizados para premiar as escolas e os professores alfabetizadores. Indo além, os dirigentes da política educacional de Sobral entenderam que era necessário melhorar a qualidade da pré-escola para alcançar bons resultados na alfabetização. A educação infantil passou a ter currículo e materiais estruturados, avaliação do desenvolvimento dos alunos ao final da pré-escola e formação continuada para os professores.

As mudanças na gestão escolar também foram fundamentais para a melhoria dos resultados. Os diretores das escolas foram selecionados por um processo meritocrático e ganharam autonomia para escolher seus coordenadores pedagógicos e gerir seus próprios recursos. A Secretaria atrelou uma parte dos recursos ao alcance de metas de prestação de contas, cumprimento de regras e aprendizagem dos alunos, entre outras medidas. Toda a autonomia delegada aos gestores escolares de Sobral foi acompanhada por metas claras e apoio da Secretaria de Educação. A permanência no cargo passou a depender da sua capacidade de cumprir atribuições.⁴²

Em 2004, Sobral já demonstrava avanços claros em relação ao alcance das metas traçadas, com 92% dos alunos alfabetizados ao final do 2º ano (contra 49% em 2001), 8% dos alunos do 3º ao 5º ano analfabetos (contra 36% em 2001), 14% dos alunos do 1º ao 5º ano em distorção idade-série (contra 29% em 2001) e abandono escolar do 1º ao 5º ano do Ensino Fundamental abaixo de 1% (contra quase 4% em 2001).⁴³

A consolidação dos resultados e os saltos de qualidade vieram anos depois, com a continuidade da liderança política e o aprimoramento constante das políticas educacionais adotadas desde 2001 para garantir a aprendizagem de todos os alunos. Não surpreende, portanto, que quase 20 anos depois Sobral seja a rede municipal de maior Ideb, tanto nos Anos Iniciais, com nota 9,1, quanto nos Anos Finais, com 7,2, numa escala de 0 a 10.⁴⁴

---

[39] População estimada pelo IBGE, em 2016, de 203.682 habitantes.

[40] Becskéhazy (2018).

[41] Inep (2005).

[42] Becskéhazy (2018).

[43] Inep (2005).

[44] O Índice de Desenvolvimento da Educação Básica (Ideb) é o principal indicador da qualidade da Educação Básica Brasileira. Ele foi criado em 2007 pelo MEC/Inep e é calculado nos anos ímpares a partir do desempenho em língua portuguesa e matemática no Sistema de Avaliação da Educação Básica (Saeb) do 5º ou 9º ano do Ensino Fundamental ou 3ª série do Ensino Médio e das taxas de aprovação da etapa correspondente ao ano/série avaliado (Ensino Fundamental Anos Iniciais – 1º ao 5º ano, Ensino Fundamental Anos Finais – 6º ao 9º ano ou Ensino Médio – 1ª à 3ª série).

Estado do Ceará

A política de alfabetização de Sobral foi replicada em nível estadual. A Assembleia Legislativa criou, em 2004, o Comitê Cearense para a Eliminação do Analfabetismo Escolar. O Comitê conduziu uma avaliação amostral de 8 mil alunos do 3º ano do Ensino Fundamental, em 48 Municípios do Estado e constatou que apenas 16% deles eram capazes de escrever, ler e compreender um texto.

O relatório final do Comitê analisou também as condições e formas do trabalho dos professores alfabetizadores e fez uma série de recomendações baseadas nos diagnósticos levantados. Entre elas, podemos destacar a inclusão das crianças de 6 anos no Ensino Fundamental, o acesso à pré-escola, a escolha meritocrática dos profissionais da educação, a elaboração de Planos Municipais da Educação com metas claras, monitoramento e controle social, a instituição de um sistema de avaliação da aprendizagem dos alunos dos anos iniciais do Ensino Fundamental e a lotação dos melhores professores nesses primeiros anos.[45]

A partir dessas recomendações, prefeitos cearenses organizados na seção local da União Nacional dos Dirigentes Municipais de Educação (Undime/CE) e na Aprece[46] criaram, em 2005, o Programa Alfabetização na Idade Certa (Paic), por meio do qual 60 dos 184 Municípios cearenses se comprometeram a priorizar a alfabetização das crianças até os 7 anos. Dois anos depois, a Secretaria de Educação do Estado do Ceará assumiu a gestão do Paic e passou a oferecer, entre outras ações, apoio à gestão municipal, formação continuada para os professores da educação infantil ao 2º ano do Ensino Fundamental, livros de literatura infantil para as salas de aula e materiais didáticos para professores e alunos.

Outro aspecto fundamental do Paic foi a mudança na regra de distribuição da cota-parte do Imposto sobre Circulação de Mercadorias e Serviços (ICMS) repassado aos Municípios. Segundo a Constituição Federal, até 6,25% da arrecadação do ICMS pode ser repassada aos Municípios de acordo com leis próprias de cada Estado. Desde 1996, essa cota-parte era distribuída de acordo com a proporção dos gastos educacionais de cada Município em relação à sua receita. Em 2007, uma nova Lei substituiu a lógica de incentivos por insumos de incentivo por resultados, vinculando os repasses do ICMS aos Municípios com base no seu desempenho nas avaliações externas.[47] Tal medida contribuiu para a melhoria do desempenho dos Municípios e para a diminuição da desigualdade educacional entre eles.[48] O Ceará se destaca em relação ao restante do Brasil na alfabetização das crianças de 8 anos. Em 2017, todos, exceto dois, dos 184 Municípios do Ceará alcançaram o nível desejável de alfabetização no 2º ano.[49]

Além do ICMS, o governo cearense também implementou outras políticas de indução e incentivos à melhoria dos indicadores educacionais. Por meio do programa Escola Nota 10, a secretaria estadual junta as melhores e as piores escolas em pares e promove o compartilhamento de boas práticas ao premiar as melhores com base no avanço das piores. Escolas adotadas melhoraram o índice agregado de qualidade e o efeito é maior quanto mais próximas as escolas estão fisicamente do seu par.[50] Uma análise de custo-aluno em relação ao desempenho no Ideb realizada pelo Banco Mundial revela a eficiência do gasto educacional cearense. Os Municípios do Ceará atingem níveis relativamente altos de Ideb com gastos acumulados relativamente baixos, destoando dos demais

---

[45] Aguiar, Gomes e Campos (2006).

[46] Associação dos Municípios do Estado do Ceará (Aprece), com o apoio técnico e financeiro do Fundo das Nações Unidas para a Infância (Unicef).

[47] Ceará (2007).

[48] Brandão (2014).

[49] Conforme medido pela Avaliação de Alfabetização do Sistema Permanente de Avaliação da Educação Básica do Estado do Ceará (Spaece-Alfa).

[50] Goldenberg (2019).

Municípios brasileiros, que ou gastam pouco e obtêm baixos resultados ou gastam muito, sem que seus resultados acompanhem o aumento no investimento.[51]

Estado de Pernambuco

Outro caso de sucesso, cuja história começa há 20 anos, vem também do Nordeste brasileiro: a experiência das Escolas de Ensino Médio em Tempo Integral da Rede Estadual Pernambucana. Em 1999, o empresário Marcos Magalhães se sensibilizou com o estado de abandono completo em que se encontrava seu antigo colégio e buscou reunir outros ex-alunos para recuperá-lo. No entanto, em vez de entregar o prédio para o Estado e correr o risco de encontrá-lo na mesma situação de abandono em alguns anos, eles decidiram entregar um novo modelo de escola, replicável em larga escala.

O novo modelo de escolas foi chamado de Escolas de Referência e tem seus pilares no protagonismo juvenil e projeto de vida dos adolescentes. O tempo integral adotado nessas escolas, por exemplo, parte das demandas dos próprios jovens, como forma de diversificar o currículo e compensar os déficits de aprendizagem acumulados até o ingresso no Ensino Médio com aulas de reforço. As escolas dão forte ênfase ao desenvolvimento de habilidades socioemocionais dos alunos, especialmente a capacidade do jovem de traçar metas para sua própria vida e se responsabilizar por seu alcance.

Junto ao novo modelo pedagógico, o grupo de empresários trouxe também um modelo de gestão baseado em indicadores e metas claros, constantemente monitorados. O modelo de gestão é marcado pela responsabilização da gestão escolar pelo desempenho dos alunos e forte liderança do diretor. As escolas de referência possuem melhor índice de gestão do que outras escolas de Ensino Médio em Pernambuco.[52]

A expansão das Escolas de Referência em Pernambuco se deu a partir de 2007, com a eleição do Governador Eduardo Campos. Apesar de na época ser adversário político do seu antecessor, ele optou por ampliar o modelo, garantindo que todos os 184 Municípios do Estado tivessem pelo menos uma Escola de Referência. A rede de Educação em Tempo Integral passou de um pequeno grupo de 20 centros, em 2007, a 388 escolas em 2018 – aproximadamente 50% da rede estadual de Ensino Médio.[53]

Em três anos, os estudantes das Escolas de Referência aumentaram o desempenho de matemática em 50% e de língua portuguesa em 35%.[54] Mais do que isso, as escolas têm produzido um fenômeno até então inédito no Brasil, que é o retorno da classe média à escola pública. A conversão de uma escola regular de Ensino Médio para o modelo de tempo integral aumenta em 50% a migração de estudantes de escolas particulares para escolas públicas, o que, por sua vez, aumenta em 10% a chance de fechamento das escolas particulares da região.[55] O modelo de escola está hoje em expansão por todos os Estados do país, por meio da Política Nacional de Fomento à Implementação de Escolas de Ensino Médio em Tempo Integral (EMTI) do governo federal.[56]

Além da expansão das Escolas de Referência, a Secretaria de Educação de Pernambuco também implementou um sistema de gestão por resultados. Retomou a avaliação da aprendizagem, criou um plano de metas e um programa de remuneração por desempenho para professores. Ainda como parte do eixo de gestão por resultados, a Secretaria criou um bônus para premiar equipes gestoras que conseguissem manter uma relação equilibrada de alunos por professor. Aumentando apenas 4% o gasto total da folha, o Estado conseguiu dar aos professores um reajuste de 35%,

---

[51] Banco Mundial (2017).

[52] Bloom *et al.* (2015).

[53] Center for Public Impact (2019).

[54] Rosa *et al.* (2020).

[55] Rosa (2019).

[56] Brasil (2016).

graças à redução do número de professores temporários.[57] Esse conjunto de medidas contribuiu para elevar o Ideb de Pernambuco no Ensino Médio de um dos piores do Brasil, com 2,7 em 2007, para o 3º lugar, com 4,0 em 2017.

Elementos em comum

A gestão por resultados, o monitoramento das ações e a avaliação periódica dos alunos são elementos presentes nos casos de sucesso Brasil afora. Assim como Sobral e os Estados de Ceará e Pernambuco, também os Estados de Goiás e Espírito Santo e o Município de Teresina apresentaram grandes avanços nos anos recentes.[58] Em comum, podemos observar a existência de uma base pedagógica sólida, com integração entre currículo, materiais pedagógicos, planejamento de aulas, formação de professores e avaliações de aprendizagem, cujos resultados retroalimentam toda essa cadeia.

Outro fator importante, que não pode ser subestimado, é a continuidade das políticas educacionais. Sobral e o Ceará se beneficiaram de um ambiente de longa continuidade do mesmo grupo político no poder. Já em Pernambuco, a troca de poder político não gerou descontinuidade da política de escolas de tempo integral, que foi disseminada por todo o Estado. Coalizões da sociedade civil em prol da educação podem contribuir para que uma política pública sobreviva a mudanças políticas extremas.

PROGRAMA DE AÇÃO PARA A DÉCADA DE 2020

Como os casos explicados deixam claro, a melhoria da qualidade educacional de um Estado, Município, ou até mesmo de um país não reflete ações isoladas e dependentes de uma única e exclusiva ação. E não há reforma educacional que produza resultados sem que a liderança do processo possua respaldo político na sociedade. É apenas o conjunto integrado de medidas coerentes entre si, apoiado por ampla base de atores, que permitirá às redes de ensino implementar mudanças significativas e sustentáveis.

É fundamental efetivar a implementação da Base Nacional Comum Curricular (BNCC) já em andamento. O currículo é a expressão da nossa visão de sociedade. Um currículo bem elaborado, que defina claramente o que os alunos devem aprender em cada disciplina, a cada ano ou etapa, é fundamental para termos uma base pedagógica sólida. Os Estados precisam liderar esse esforço junto aos seus Municípios.

O investimento na primeira infância é basilar. Estratégias multisetoriais devem promover o desenvolvimento integral da criança. Precisamos aumentar a oferta de vagas em creches. A Avaliação Nacional da Educação Infantil precisa ser implementada de fato, medindo o desenvolvimento das crianças fora e dentro de creches e pré-escolas. Finalmente, o programa Criança Feliz deve ser expandido, fortalecido e aprimorado, para garantir o pleno desenvolvimento das crianças que permanecem em casa.

A alfabetização na idade correta deverá ser uma das prioridades brasileiras na próxima década. Garantindo que toda criança consiga ler e escrever até o fim do 2º ano do Ensino Fundamental, nossos desafios de aprendizagem diminuirão significativamente. As agendas de primeira infância e alfabetização precisam do apoio da União e dos Estados para serem realizadas pelos Municípios de menor porte.

No caso do Ensino Médio, onde nossos desafios de acesso, aprendizagem e conclusão ainda são significativos, precisamos implementar a Reforma do Ensino Médio, que tornou o currículo mais flexível.[59] Será preciso pensar também em programas de combate à evasão escolar nesta etapa.

---

[57] Elacqua, Soares e Brant (2019).

[58] Instituto Unibanco (2019a e 2019b) e Comunitas e CEIPE (2017).

[59] Brasil (2016).

Programas bem-sucedidos de poupança escolar, atrelados à conclusão do Ensino Médio, como o Renda Melhor Jovem do Rio de Janeiro, podem ser escalados em âmbito nacional, combinando combate à pobreza e incentivo educacional.[60] Ainda sabemos muito pouco sobre como o jovem toma decisões. Precisamos avançar muito nesse campo com pesquisas rigorosas, possibilitando assim que se desenhem políticas realmente eficazes para a juventude.

No entanto, talvez a medida mais fundamental de todas seja a ressignificação da carreira e da formação docentes. Países que deram saltos educacionais, como a Finlândia, fizeram do prestígio da carreira docente uma prioridade nacional. Na América Latina, o Chile, o Equador, a Colômbia e o Peru têm promovido diversas reformas na carreira dos professores, aumentando a seletividade da carreira e vinculando mais as promoções ao talento e ao esforço do professor.[61]

Para seguirmos caminho semelhante, precisamos aumentar a seletividade dos cursos de graduação em Pedagogia e das licenciaturas. A introdução de notas mínimas no Enem para o ingresso nesses cursos poderá aumentar a qualidade média dos professores. Além de notas de corte, será necessário definir padrões rigorosos de qualidade da formação do professor, com redesenho dos cursos, dando mais ênfase à prática de sala de aula. Os primeiros anos de prática docente deverão se tornar uma residência supervisionada, exatamente nos moldes dos cursos de Medicina. O estágio probatório precisa se tornar um filtro rigoroso nas redes públicas.

Por um lado, revalorizar a carreira de professores certamente implica diminuir a distância da remuneração entre professores e outros profissionais com Ensino Superior. Isso, porém, pode ser feito com mecanismos bem desenhados que liguem o pagamento de professores à *performance* dos alunos, ou que incentivem bons professores a subir na carreira mediante gratificações por desempenho. É o conjunto de todas as remunerações que determina a atratividade da carreira. Para que aumentos salariais se convertam em maior aprendizado e não configurem desperdício de recursos no curto prazo, é importante que a carreira, as promoções e os planos de cargos e salários levem em conta o desempenho do professor.[62]

Tudo isso facilita a gestão de recursos humanos na escola. Futuras reformas escolares deverão empoderar o diretor, para que ele tenha maior poder de decisão sobre a escolha dos professores com quem trabalha. A seleção de diretores precisará ser profissionalizada. As indicações políticas para cargos de diretor deverão ser substituídas por processos técnicos de escolha. Diretores de escolas cujos alunos apresentarem baixo desempenho, deverão ser substituídos, mesmo nos casos em que tiverem sido escolhidos por meio de eleições.

As boas práticas de gestão presentes nos casos de sucesso apresentados precisam ser incorporadas ao dia a dia de todas as redes de ensino. A efetivação do Regime de Colaboração entre União, Estado e Municípios precisa apoiar essa disseminação. A criação de um Sistema Nacional de Educação capaz de formalizar as instâncias de coordenação e decisão para tratar de temas como plano de cargos e salários, calendários, merenda, transporte, currículos, materiais pedagógicos, formação de professores e avaliação de alunos, para citar alguns prioritários, é essencial para a melhoria da gestão das redes. Sem isso, será difícil superar os desafios apresentados no diagnóstico.

O uso da tecnologia precisa estar a serviço de todas estas ações. Os avanços em algoritmos de aprendizado de máquinas e o processamento cada vez mais veloz de grandes massas de dados permitirão às redes fazerem a alocação mais rápida e eficiente da grade de aulas e de professores e alunos entre escolas, além de ajudar a prever precocemente quais alunos apresentam maior chance de abandono.[63] A gestão das redes de ensino, incluindo fatores como compra de materiais, merenda, gestão financeira e prestação de contas, entre outros, deverá ser facilitada pelo uso da tecnologia.

---

[60] Pereira (2016).

[61] Bruns e Luque (2015).

[62] Uma reforma da carreira dos professores nesses moldes foi feita em Washington, capital dos EUA, permitindo que professores fossem promovidos ou rebaixados de posição de acordo com seu desempenho. Segundo Dee e Wyckoff (2015), a reforma levou a notáveis melhorias na qualidade docente em apenas três anos. Desde a implementação da reforma, Washington foi o distrito americano com maiores saltos nas avaliações de aprendizado dos estudantes.

[63] Chung e Lee (2018).

Será importante fazer com que tais avanços não só cheguem às capitais, mas alcancem principalmente as redes pequenas e mais remotas do país. O ensino mediado por tecnologia permitirá preencher lacunas de alocações de professores em localidades remotas nas quais faltam professores de disciplinas específicas. Isso já é feito nos Estados do Amazonas e do Piauí, por exemplo. Dentro da sala de aula, Recursos Educacionais Digitais alinhados ao currículo e aliados a conectividade, infraestrutura e formação de professores adequados podem ser parceiros potenciais na melhoria da aprendizagem. Acompanhando esses avanços, o ensino de linguagens de programação deverá ser introduzido no Ensino Fundamental e oferecido até o Ensino Médio a fim de preparar nossas crianças para o mercado de trabalho da próxima década.[64]

Finalmente, o financiamento da educação deverá ser capaz de garantir a elevação da qualidade da educação e de reduzir as enormes desigualdades entre as redes de ensino. A redução do número de crianças em idade escolar nos próximos anos, por si só, já ajudará a aumentar o gasto por aluno. Mesmo assim, um aumento do financiamento da educação nos próximos anos é bem-vindo, desde que acompanhado de reformas que aumentem a eficiência do gasto. Isso poderia ser feito, por exemplo, com um aumento da complementação da União de 10% para 20% no novo Fundeb. Os *royalties* do pré-sal podem ajudar a financiar esse aumento.[65]

As transferências do Fundo Nacional de Desenvolvimento da Educação (FNDE) cobertas pelo salário-educação deverão priorizar a garantia de uma merenda nutritiva para as crianças, infraestrutura mínima com água potável, banheiros, tratamento de esgoto e quadra de esportes, além de transporte escolar regular e sem interrupções. As regras de transferências podem se tornar menos discricionárias e desencorajar a existência de várias escolas muito pequenas em determinada localidade. A consolidação de várias pequenas escolas em poucas escolas médias ou grandes ajuda a diluir os custos fixos da operação de uma escola e reduz o número de turmas multisseriadas.

Para diminuir ainda mais a desigualdade de financiamento entre diferentes redes, a complementação de um novo Fundeb poderá ser distribuída entre os Municípios com menor receita por aluno, em vez de ser feita entre Estados. Isso fará com que os Municípios que mais precisam gastem um valor mínimo nacional por aluno. Por sua vez, Estados e Municípios devem ser incentivados a adotar boas práticas, como avaliação anual de todos os alunos, de todos os anos e séries, ou a adoção de regimes de colaboração entre Estados e Municípios com o objetivo de melhorar a alfabetização. A fórmula de divisão do novo Fundeb poderá premiar Estados e Municípios pela adoção dessas boas práticas.

O aumento da eficiência do gasto só virá com fortes incentivos para que prefeitos e governadores saiam do marasmo e tomem as dores de assumir o custo político de implementar reformas educacionais. A exemplo do Ceará, parte da divisão do ICMS de cada Estado brasileiro pode ser feita com base na evolução dos índices educacionais de cada Município. Além do ICMS, é possível também introduzir mecanismos de incentivos semelhantes entre as regras do novo Fundeb.

CONCLUSÕES

Para conseguir superar os atrasos históricos e realizar o sonho de oferecer uma educação transformadora que responda às demandas dos avanços tecnológicos que prometem revolucionar a forma com que trabalhamos, o Brasil precisa levar a cabo reformas educacionais profundas. A agenda proposta neste capítulo faz coro às sete medidas propostas pela Iniciativa Educação Já, elaborada

---

[64] Aulas de programação já são conteúdo obrigatório em muitas escolas particulares e na rede estadual de São Paulo, por exemplo. África do Sul, Austrália, Cingapura, Finlândia, Itália, Reino Unido e algumas províncias canadenses, como as de British Columbia, Nova Scotia e New Brunswick, já incluem aulas de programação no currículo oficial do Ensino Fundamental.

[65] Levando em conta as projeções demográficas e um cenário otimista de crescimento de 2,5% ao ano ao longo da década, o aumento da complementação da União de 10% para 20% elevaria o gasto total acumulado na Educação Básica de 38 mil dólares para US$ 50 mil, ao custo adicional de 16 bilhões de reais por ano. Isso equivaleria a igualar o gasto por aluno brasileiro em 2030 ao do Chile em 2018.

por um grupo suprapartidário de especialistas sob a liderança do movimento Todos pela Educação.[66] Uma estratégia sistêmica de transformação da nossa educação consiste em:

- Investir na primeira infância de forma intersetorial, garantindo mais para os mais vulneráveis – o que requer deslocar mais investimentos para esta fase da vida.
- Garantir a alfabetização das nossas crianças até os 7 anos de idade. Sobral e o Ceará mostraram como. Outros Estados já estão seguindo o mesmo caminho, mas precisamos universalizar e apertar o passo.
- Implementar a BNCC em todo o país, o que significa alinhar os currículos de todas as redes às competências e habilidades que ela estabelece. Esta ação é fundamental para alinhar as demais políticas, como as de materiais didáticos, formação de professores e avaliação de alunos.
- Implementar uma escola de Ensino Médio mais conectada com os jovens, que de fato promova o *"pleno desenvolvimento da pessoa, seu preparo para o exercício da cidadania e sua qualificação para o trabalho,"* como preconiza nossa Constituição.[67] Pernambuco, Goiás e Espírito Santo lideram o país neste sentido, mas precisamos inovar e ousar ainda mais, como nossos resultados no PISA deixam claro.

Não teremos como fazer nenhuma dessas quatro ações se não tomarmos algumas medidas transversais que mexam no sistema como um todo:

- Ressignificar a carreira e a formação docente. Os casos de sucesso mostram alguns caminhos possíveis, mas podemos e devemos fazer mais por meio de uma estratégia nacional.
- Melhorar a gestão das secretarias, garantindo gestão para resultados, monitoramento e avaliação, dando continuidade somente a políticas efetivas. Além disso, precisamos melhorar a governança do sistema, implementando um regime de colaboração entre Estados e seus Municípios e promovendo modelos de consórcio entre Municípios.
- Aumentar nosso investimento em educação, reduzindo as diferenças regionais, promovendo ao mesmo tempo o aumento da efetividade do gasto com esquemas de incentivos que premiem as redes com maiores avanços.

A chave para a adoção das medidas aqui propostas está na qualidade das lideranças políticas que governam nosso país. Líderes comprometidos e que se baseiem em evidências na sua tomada de decisões são fundamentais para levar a todo o Brasil o que algumas poucas redes de ensino já demonstraram ser possível: garantir a aprendizagem dos seus alunos e um Brasil menos desigual no futuro.

REFERÊNCIAS

AGUIAR, R. R.; GOMES, I. F.; CAMPOS, M. O. C. (org.). *Educação de qualidade começando pelo começo*: relatório final do Comitê Cearense para a Eliminação do Analfabetismo Escolar. Fortaleza: Assembleia Legislativa do Estado do Ceará: Unicef: Secretaria de Educação Básica do Estado do Ceará: Undime/CE: Inep, 2006.

ARAÚJO, M. C.; CARNEIRO, P.; CRUZ-AGUAYO, Y.; SCHADY, N. Teacher quality and learning outcomes in kindergarten. *The Quarterly Journal of Economics*, v. 131, n. 3, 2016.

BANCO MUNDIAL. *Um ajuste justo*: análise da eficiência e equidade do gasto público no Brasil. Washington: World Bank, nov. 2017.

BATISTA DE OLIVEIRA, L. P.; TERRA, R. Impacto do Programa Mais Educação em indicadores educacionais. *Working Paper*, n. 147, Centro Internacional de Políticas para o Crescimento Inclusivo (IPC-IG) PNUD. Brasília: ago. 2016.

BECSKÉHAZY, I. Sobressaltos ou fortuna: as idas e vindas para tentar tirar a educação da idade das cavernas em uma terra desolada. *In*: DALMON, D.; SIQUEIRA, C.; BRAGA, F. (org.). *Políticas educacionais no Brasil*: o que podemos aprender com casos reais de implementação? São Paulo: Edições SM, 2018.

BLOOM, N.; LEMOS, R.; SADUN, R.; VAN REENEN, J. Does management matter in schools? *The Economic Journal*, v. 125, n. 584, p. 647-674, May 2015.

---

[66] Todos pela Educação (2018).

[67] Brasil (1988).

BRANDÃO, J. B. O rateio de ICMS por desempenho de municípios no Ceará e seu impacto em indicadores do sistema de avaliação da educação. 2014. Dissertação (Mestrado) – Escola Brasileira de Administração Pública e de Empresas, Rio de Janeiro, 2014.
BRASIL. Medida Provisória nº 746. Novo Ensino Médio. 22 de setembro de 2016.
BRASIL. Lei nº 13.005. Plano Nacional de Educação. 25 de junho de 2014.
BRASIL. Lei nº 11.738. Lei do Piso. 16 de julho de 2008.
BRASIL. Lei nº 9.394. Diretrizes e Bases da Educação Nacional. 20 de dezembro de 1996.
BRASIL. Constituição da República Federativa do Brasil de 1988.
BRUNS, B.; LUQUE, J. Great teachers: how to raise student learning in Latin America and the Caribbean. Washington: World Bank, 2015.
CANDELARIA, C. A.; SHORES K. A. Court-ordered finance reforms in the adequacy era: heterogeneous causal effects and sensitivity. *Education Finance and Policy*, v. 14, n. 1, p. 31-60, 2019.
CEARÁ. Lei nº 14.023, de 17 de dezembro de 2007. Modifica regra de repasse do ICMS, Fortaleza, 17 dez. 2007. Disponível em: https://www.al.ce.gov.br/legislativo/legislacao5/leis2007/14023.htm.
CENTER FOR PUBLIC IMPACT. A política de educação de tempo integral no estado brasileiro de Pernambuco. Case Study, Mar. 2019.
CHETTY, R.; FRIEDMAN, J. N.; ROCKOFF, J. Using lagged outcomes to evaluate bias in value-added models. NBER Working Paper, n. 21961, Feb. 2016.
CHUNG, J.; LEE, S. Dropout early warning systems for high school students using machine learning. *Children and Youth Services Review*, v. 96, p. 346-353, nov. 2018.
COMUNITAS; CENTRO DE EXCELÊNCIA E INOVAÇÃO EM POLÍTICAS EDUCACIONAIS (CEIPE). *Como melhorar o Ideb*: experiências que funcionam. 2017.
CRUZ, G.; ROCHA, R. Efeitos do Fundef/B sobre frequência escolar, fluxo escolar e trabalho infantil: uma análise com base nos censos de 2000 e 2010. *Estudos Econômicos*, v. 48, p. 39-75, mar. 2018.
CRUZ, T. S. Teacher hiring decisions: how do governments react to an exogenous redistribution of education funds? *Economics of Education Review*, v. 67, p. 58-81, Dec. 2018.
CUNHA, F.; HECKMAN, J. The technology of skill formation. *American Economic Review*, v. 97, n. 2, p. 31-47, 2007.
DEE, T. S.; WYCKOFF, J. Incentives, selection, and teacher performance: evidence from IMPACT. *Journal of Policy Analysis and Management*, v. 34, n. 2, p. 267-297, 2015.
DE MELO COSTA, J. S. Decentralization and school quality: evidence from Brazil's direct cash to school program. 2013. Tese (Doutorado) – PUC-Rio, Departamento de Economia, Rio de Janeiro, 2013.
DE REE, J.; MURALIDHARAN, K.; PRADHAN, M.; ROGERS, H. Double for nothing? Experimental evidence on an unconditional teacher salary increase in Indonesia. *The Quarterly Journal of Economics*, v. 133, n. 2, p. 993-1039, May 2018.
ELACQUA, G.; SOARES, S.; BRANT, I. Em busca de maior eficiência e equidade dos recursos escolares: uma análise a partir do gasto por escola em Pernambuco. Washington: Bando Interamericano de Desenvolvimento, 2019. Nota Técnica, n. 1775.
FAGUNDES DE CARVALHO, E. 2019. School time and crime: incapacitation effects in Brazil. 2019. Dissertação (Mestrado) – PUC-Rio, Departamento de Economia, Rio de Janeiro, 2019.
FRYER, R. G. Management and student achievement: evidence from a randomized field experiment. NBER Working Paper, n. 23437, May 2017.
FUNDAÇÃO BRAVA; INSTITUTO UNIBANCO; INSPER; INSTITUTO AYRTON SENNA. *Políticas públicas para redução do abandono e evasão escolar de jovens*. Gesta: Galeria de Estudos e Avaliações de Iniciativas Públicas, 2017. Disponível em: http://gesta.org.br/wp-content/uploads/2017/09/Politicas-Publicas-para-reducao-do-abandono-e-evasao-escolar-de-jovens.pdf.
GATTI, B. A formação de professores no Brasil: características e problemas. *Educação & Sociedade*, Campinas, v. 31, n. 113, 2010.
GERTLER, P., HECKMAN, J.; PINTO, R.; ZANOLINI, A.; VERMEERSCH, C., WALKER, S.; CHANG, S. M.; GRANTHAM-MCGREGOR, S. Labor market returns to an early childhood stimulation intervention in Jamaica. *Science*, v. 344, n. 6187 p. 998-1001, May 2014.
GOLDENBERG, D. Peer mentoring for school turnaround: a Brazilian case study. Working Paper, 2019.
GORDON, N.; VEGAS, E. Education finance equalization, spending, teacher quality and student outcomes: the case of Brazil's FUNDEF. *In*: VEGAS, E. *Incentives to improve teaching*: lessons from Latin America. Washington: World Bank, 2005.
HANUSHEK, E. The economic value of higher teacher quality. NBER Working Paper, n. 16606, Dec. 2010.
HECKMAN, J.; MOON, S. H.; PINTO, R.; SAVELYEV, P. A.; YAVITZA, A. The rate of return to the High/Scope Perry Preschool Program. *Journal of Public Economics*, v. 94, n. 1-2, p. 114-128, Feb. 2010.
HECKMAN, J., PINTO, R.; SAVELYEV, P. Understanding the mechanisms through which an influential early childhood program boosted adult outcomes. *American Economic Review*, v. 103, n. 6, p. 2052-86. Oct. 2013.

INSTITUTO BRASILEIRO DE GEOGRAFIA E ESTATÍSTICA – IBGE. Pesquisa Nacional por Amostra de Domicílios: síntese de indicadores 2015. Rio de Janeiro: IBGE, 2016.
INSTITUTO NACIONAL DE ESTUDOS E PESQUISAS EDUCACIONAIS ANÍSIO TEIXEIRA – INEP. Censo Escolar 2017. Disponível em: portal.inep.gov.br.
INSTITUTO NACIONAL DE ESTUDOS E PESQUISAS EDUCACIONAIS ANÍSIO TEIXEIRA – INEP. Censo Escolar 2019. Disponível em: portal.inep.gov.br.
INEP. *Vencendo o desafio da aprendizagem nas séries iniciais*: a experiência de Sobral/CE. Brasília: INEP, 2005. (Série Projeto Boas Práticas na Educação, n. 1.)
INSTITUTO UNIBANCO. Como Goiás superou meta do Ideb no ensino médio. *Boletim Aprendizagem em Foco*, n. 45, jan. 2019a.
INSTITUTO UNIBANCO. Gestão foi chave para avanço do Espírito Santo no Ideb. *Boletim Aprendizagem em Foco*, n. 46. jan. 2019b.
JACKSON, C. K.; JOHNSON, R. C.; PERSICO, C. The effects of school spending on educational and economic outcomes: evidence from school finance reforms. *Quarterly Journal of Economics*, v. 131, n. 1, Oct. 2015.
JACKSON, C. K., PORTER, S. C.; EASTON, J. Q.; BLANCHARD, A.; KIGUEL, S. School effects on socio-emotional development, school-based arrests, and educational attainment. NBER Working Paper, n. 26759, Feb. 2020.
JENSEN, R.; LLERAS-MUNEY, A. Does staying in school (and not working) prevent teen smoking and drinking? *Journal of Health Economics*, v. 31, n. 4, p. 644-657, 2012.
LAFORTUNE, J.; ROTHSTEIN J.; SCHANZENBACH, D. W. School finance reform and the distribution of student achievement. *American Economic Journal: Applied Economics*, v. 10, n. 2, p. 1-26, Apr. 2018.
LEMOS, R.; SCUR, D. Developing management: an expanded evaluation tool for developing countries. RISE Working Paper series, n. 16/007, Mar. 2016.
LLERAS-MUNEY, A. The relationship between education and adult mortality in the United States. *The Review of Economic Studies*, v. 72, n. 1, p. 189-221, 2005.
LOCHNER, L.; MORETTI, E. The effect of education on crime: evidence from prison inmates, arrests, and self-reports. *American Economic Review*, v. 94, n. 1, p. 155-189, Mar. 2004.
MENEZES-FILHO, N.; PAZELLO, E. Do teachers' wages matter for proficiency? Evidence from a funding reform in Brazil. *Economics of Education Review*, v. 26, n. 6, p. 660-672, 2007.
OREOPOULOS, P. Do dropouts drop out too soon? Wealth, health and happiness from compulsory schooling. *Journal of Public Economics*, v. 91, p. 2213-2229, Feb. 2007.
PEREIRA, V. From early childhood to high school: three essays on the economics of education. 2016. Tese (Doutorado) – Departamento de Economia, PUC-Rio, Rio de Janeiro, 2016.
RAIKES, A.; TAWIL, S.; KITSIONA, M.; DEVERCELLI, A.; BASSETT, L.; ANDERSON, K.; ATINC, T. M.; LARA, F.; BRITTO, P.; NIETO, A. Overview MELQO, Measuring Early Learning Quality and Outcomes. Paris; New York; Washington: UNESCO: UNICEF: Brookings Institution: Banco Mundial, 2017.
ROCKOFF, J.; JACOB, B. A.; KANE, T. J.; STAIGER, D. O. Can you recognize an effective teacher when you recruit one? *Education Finance and Policy*, v. 6, n. 1, p. 43-74, Jan. 2011.
ROSA, L. The unintended consequences of public school subsidies on educational markets. Working Paper, Oct. 2019.
ROSA, L., BETTINGER, E.; CARNOY, M.; DANTAS, P. The effects of public high school subsidies on student test scores: the case of a full-day high school program in Pernambuco, Brazil. Working Paper, Feb. 2020.
ROSERO, J.; OOSTERBEEK, H. Trade-offs between different early childhood interventions: evidence from Ecuador. *Tinbergen Institute Discussion Paper*, 11-102/3, July 2011.
SECRETARIA DO TESOURO NACIONAL. Aspectos fiscais da educação no Brasil. Brasília: STN, jul. 2018.
TODOS PELA EDUCAÇÃO. *Anuário Brasileiro da Educação Básica 2019*. São Paulo: Moderna, 2019.
TODOS PELA EDUCAÇÃO. *Educação Já*: uma proposta suprapartidária de estratégia para a educação básica brasileira e prioridades para o governo federal em 2019-2022. 3. ed. São Paulo: Todos pela Educação, 2018.

A Saúde na Década de 2020: Navegar é Preciso

13

Rudi Rocha

INTRODUÇÃO[1]

A união faz a força em saúde num momento, como em 2020, de nos protegermos de um vírus que não escolhe cor ou bandeira; de organizarmos uma fila de transplantes e monitorarmos a qualidade do sangue e dos medicamentos; de construirmos um hospital de referência ou desenvolvermos um tratamento que possa beneficiar a população em larga escala; e de transferirmos recursos de pessoas saudáveis para aquelas que precisam de ajuda. Estes são apenas alguns exemplos que fazem dos sistemas de saúde bastiões não apenas da solidariedade, como também da eficiência, em um setor tão sensível.

Neste capítulo, o principal objetivo é gerar um debate sobre algumas questões importantes para a saúde no Brasil na década de 2020. Há dois pontos básicos. Primeiro, o nosso sistema de saúde, uma construção que nos tomou tantos anos de tanto trabalho, navegará por águas turbulentas à frente. Segundo, se nós, como sociedade, não nos mobilizarmos agora para participar desta travessia e contribuir para a contínua construção deste sistema, quem o fará? A saúde no Brasil se aproxima de tempos difíceis e, como muitas vezes acontece no país, se deixarmos a história correr sozinha e decidir por nós, o futuro que nos aguarda poderá ser mais desigual e com mais distorções na alocação de recursos.

Para suscitarmos tal debate, iniciamos por uma discussão e caracterização de alguns dos principais modelos de financiamento e de provisão de saúde existentes no mundo, descrevendo o funcionamento dos sistemas de saúde. Na sequência, é descrito o modelo adotado no Brasil em perspectiva comparada – um modelo muito segmentado, cheio de problemas, mas também de virtudes.

Mapeada a linha de base, destacamos então algumas tendências que já estamos enfrentando no país e que ganharão ainda mais força adiante, pressionando o nosso atual modelo. Em particular, destacam-se as necessidades crescentes de financiamento da saúde e o enfraquecimento do papel do governo como segurador e financiador do sistema. Em conjunto com sérias restrições fiscais e graves ineficiências não apenas no setor público como também no setor privado, essas tendências poderão se converter em disputas cada vez maiores por recursos escassos e em graves tensões: entre gerações; entre pobres; entre os menos pobres e os que não se acham ricos; entre entes da federação; entre entidades de classe e grupos de interesse; entre Judiciário e Executivo; entre operadoras/seguradoras de saúde, provedores e consumidores; e entre empregados e empregadores. Sob custos e necessidades crescentes, qual será a resultante de tudo isso? Não menos importante, quem afinal pagará a conta, cada vez mais cara? E sobre quem recairão as consequências mais sérias de nossas escolhas ou, como parece ser o caso, de nossa inércia? Com uma conta saindo cada vez mais cara, continuaremos minimamente solidários na saúde, como surpreendentemente temos sido? Ou a inequidade aumentará, com qualidade e acesso a bens e serviços de saúde crescentes apenas para os que poderão pagar mais e, por isso, viver mais? Não é preciso lembrar que

---

[1] Agradeço a Fernando Falbel e Michel Szklo pela ótima assistência de pesquisa, e a Helena Ciorra pela assistência na revisão do texto.

somos muito talentosos na geração e perpetuação de inequidades no Brasil. Na saúde, como agravante, inequidades de qualidade e acesso se refletem imediatamente em inequidades em alguns dos momentos mais sensíveis da vida – e, eventualmente, no fim da vida.

Como será discutido, o nosso sistema de saúde enfrenta inúmeros problemas e desafios, mas tem virtudes e é funcional, tanto no caso do SUS como no marco regulatório do segmento privado. Chegamos ao ponto atual com o acúmulo de muito trabalho, realizado ao longo de muitos anos. Apesar da grande segmentação entre público e privado, o que não é surpresa no Brasil, o sistema é minimamente solidário e consegue conter desigualdades em saúde, o que é surpreendente no país. Neste sentido, as conquistas devem ser preservadas, os problemas enfrentados e espera-se que o sistema continue a evoluir e seja capaz de atravessar as tensões que virão à frente.

O capítulo segue com uma discussão de alguns pontos relevantes e que deveriam fazer parte de uma agenda de discussões sobre a saúde nos anos 2020. Em particular, destaca-se que precisaremos alocar mais recursos no setor e de forma cada vez mais eficiente. Precisaremos também aprimorar uma série de regras que regulam o financiamento, o pagamento e o acesso a serviços de saúde.

Por fim, o balanço sobre como será a saúde nos anos 2020 não estaria completo sem a contextualização do nosso sistema de saúde e da agenda de discussões sobre o futuro, em meio à pandemia da Covid-19 que tomou conta do mundo já nos primeiros meses do ano 2020. Haverá consequências estruturais? Qual será o legado da pandemia? Destaco dois pontos que me parecem relevantes. Em primeiro lugar, a Covid-19 nos ensina muito sobre o funcionamento de sistemas de saúde: a opinião pública se deu conta de como são caros e complexos. Em segundo lugar, a pandemia nos mostra a importância da ação coletiva e revela inequidades. A Covid-19, portanto, pode ser capaz de mudar escolhas sociais e, eventualmente, antecipar a agenda de discussões necessárias para garantir o futuro da saúde no país. Sobretudo, pode ser capaz de consolidar junto à opinião pública a importância do SUS, bem como revelar seus problemas a serem enfrentados e suas virtudes a serem preservadas.

À luz dessas ideias centrais, este capítulo está organizado em mais cinco seções, além desta introdução. A próxima seção tem como objetivo caracterizar os sistemas de saúde no mundo e o modelo adotado no Brasil. Na sequência, discutem-se as grandes tendências e as tensões que deverão se consolidar à frente. Na quarta seção, sugerem-se e discutem-se alguns elementos de uma agenda para o futuro da saúde no país. A quinta seção revisita desafios e contextualiza os anos 2020 à luz da Covid-19. A última seção traz os comentários finais.

SISTEMAS DE SAÚDE: BREVE PANORAMA

Compreender o funcionamento de sistemas de saúde não é tarefa fácil. Muito pelo contrário, são muitos detalhes, específicos de cada país. Apesar disso, é possível passarmos por alguns elementos básicos que serão úteis para a discussão à frente. A Figura 13.1 nos ajuda nesta tarefa.

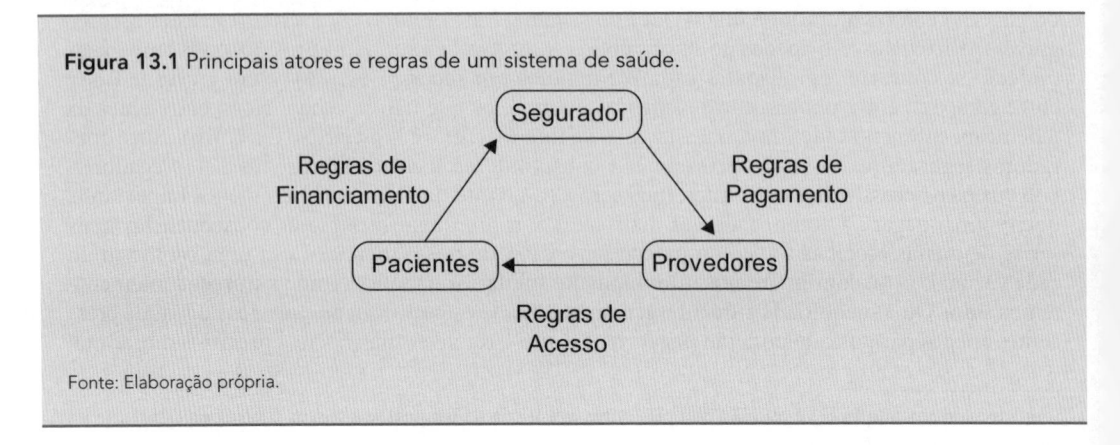

Figura 13.1 Principais atores e regras de um sistema de saúde.

Fonte: Elaboração própria.

Existem três atores na Figura 13.1: pacientes, seguradores (por exemplo, o próprio governo ou seguradoras/operadoras privadas) e provedores de bens e serviços de saúde (por exemplo, médicos e hospitais). Existem também as regras que regulam a relação entre eles: de financiamento, de pagamento e de acesso.

Adicionam-se aqui dois ingredientes importantes, que complicam um pouco mais a figura. Primeiro, ao contrário do que ocorre em um mercado de bens e serviços mais simples (por exemplo, de laranjas ou bananas), em saúde precisamos do segurador. Na ausência deste ator, pacientes comprariam diretamente bens e serviços de provedores, pagando diretamente do próprio bolso por tal. Isso raramente acontece em sistemas nacionais de saúde desenvolvidos, para a maior parte de bens e serviços (por exemplo, diárias de UTI). Ao contrário, em geral a relação entre pacientes e provedores é intermediada pelo segurador, que assume a cobertura financeira do risco da doença, em troca de um pagamento por este serviço.

Segundo, nenhum dos atores sabe muito bem como os demais se comportam, porque as informações correm de modo assimétrico entres eles: seguradores não sabem muito bem o que se passa em hospitais, que não sabem como se comportam os médicos, que não sabem como se comportam os pacientes, que muitas vezes tampouco sabem por que se comportam de determinada maneira ou quando precisarão do seguro, de médicos e de hospitais. Quando precisarem, no entanto, acessarão provedores, cujos serviços serão pagos por seguradores, que então de alguma forma cobrarão a fatura de seus pacientes. Seja como for, esses três atores vivem tensionados, brigam constantemente entre si – e brigam, sobretudo, pela própria sobrevivência, física e/ou financeira. O desenho das citadas regras de financiamento, de pagamento e de acesso é fundamental para o equilíbrio entre eles.

O conjunto de atores e de regras determina então o desenho de um sistema de saúde. Diferentemente de outros sistemas que integram a seguridade social de um país (como é o caso da previdência, da assistência social e da educação), as possibilidades de desenho institucional na saúde são muito diversas. Qualquer alteração nas regras pode ter grandes repercussões – não apenas com relação a quem pagará a conta, mas também sobre qual será o tamanho desta, sobre a qualidade da saúde ofertada e sobre quem terá ou não acesso e sob que condições. Em particular, alterações das regras geralmente trazem grandes implicações em termos de equidade e eficiência. De fato, o que se observa mundo afora é muita variação em desenhos de sistemas. Uma tipologia muito utilizada consiste em caracterizar três modelos principais, a partir dos quais fica mais fácil compreender as variações existentes. A seguir, é feita uma breve descrição de cada um dos três modelos. A partir desta descrição, chegaremos ao caso brasileiro.

Modelo beveridgeano: baseia-se em um seguro público universal; o governo é o segurador e único pagador e é financiado com tributos gerais (pagos pela sociedade). A prestação de serviços é muitas vezes pública e gerida pelo governo. O acesso é universal e gratuito no momento de uso. A cobertura de bens e serviços em geral é definida com o apoio de uma avaliação de custo-efetividade. Dado que o acesso é universal e o seguro é único para todos, a regulação do acesso se dá na forma de filas de espera para os serviços. A referência deste modelo é o *National Health Service* (NHS) do Reino Unido, o primeiro sistema do gênero, implementado no pós-guerra em 1948. Outros países com sistemas de saúde próximos ao beveridgeano são Canadá, Suécia e Espanha. Este modelo implica a maior equidade possível, pois o acesso é para todos e todos entram na mesma fila. As implicações em termos de eficiência são mais complicadas. Por um lado, bens e serviços não têm preço no momento do uso e, por isso, pode haver sobreutilização de recursos, eventualmente aumentando os custos totais. Por outro lado, o compartilhamento solidário do financiamento diminui custos e viabiliza a existência do seguro. Tente imaginar um sistema no qual apenas as pessoas que mais precisassem de saúde pagassem sozinhas a conta. Ou no qual apenas essas pessoas comprassem seguro. Este caso não tem precedentes no mundo desenvolvido: o preço teria que ser tão alto que o seguro simplesmente não existiria.[2]

---

[2] O modelo beveridgeano tem origem em relatório elaborado durante a Segunda Guerra Mundial pelo economista liberal William Beveridge. As propostas do relatório, importantes para a definição dos pilares do Estado de Bem-Estar Social no Reino Unido, foram adotadas no pós-guerra e fundamentaram a criação do NHS britânico em 1948.

Modelo bismarckiano: baseia-se em um seguro compulsório universal, com seguradores geralmente privados, prestação de serviços também privada e muita regulação pública. Não estamos acostumados a pensar em um seguro compulsório no Brasil, mas este modelo existe em vários países: as pessoas são obrigadas a ter algum seguro. O fato de ser compulsório, mais uma vez, torna o financiamento solidário, esquema no qual pessoas saudáveis ajudam a pagar a conta de pessoas não saudáveis. Neste modelo, as pessoas tendem a ter maior liberdade de escolha entre seguros – o que envolve, por exemplo, escolha sobre redes credenciadas e sobre compartilhamento de custos (dedutíveis, copagamentos etc.). Um dos países de referência é a Alemanha. Outros países com sistemas de saúde próximos ao bismarckiano são Suíça, Japão e França. Neste modelo, o governo gasta com subsídios, pagando por aqueles que não têm emprego e condições de cobrir os custos do seguro, de modo a minimizar as inequidades que existem. A eficiência tem que ser garantida por meio de uma regulação forte sobre regras e o comportamento dos atores do sistema.[3]

Modelo norte-americano: o caso dos EUA é único entre os países desenvolvidos. Neste modelo, tanto o mercado de seguros como o de provisão de bens e serviços são formados por firmas privadas. O compartilhamento dos custos, em geral, ocorre ao nível de contratos corporativos. A liberdade de escolha sobre contratos é bastante grande, negociada entre seguradores/operadores e empresas, que então cobrem seus trabalhadores. Ao contrário do modelo bismarckiano, o seguro não é compulsório. Como esperado, em comparação aos casos anteriores, a inequidade no modelo norte-americano é muito grande e cerca de 30 milhões de pessoas não são cobertas por qualquer seguro no país – embora o governo subsidie parte do seguro da população mais idosa e dos mais pobres. É importante mencionar também que muitos dos indicadores de saúde dos EUA são os piores dentre os indicadores de países da OCDE, apesar de o gasto em saúde ser o mais alto do mundo. Isso sugere que, em certa medida, a eficiência do sistema é relativamente menor em comparação com países desenvolvidos.

Naturalmente, não existe um sistema nacional de saúde com desenho ótimo ou perfeito. Cada conjunto de regras pode ter consequências distintas em termos de eficiência, equidade, cobertura, gastos e necessidades de financiamento. Por sua vez, as escolhas de cada sociedade, refletidas no desenho do sistema de saúde, podem variar a depender de preferências sociais, percepções e atitudes da sociedade sobre justiça distributiva e restrições de recursos, bem como da atuação de grupos de interesse. O caso dos EUA é emblemático: embora o sistema seja reconhecidamente problemático, desigual e muito caro, qualquer reforma enfrenta grande resistência da população.

No Brasil, temos um sistema nacional de saúde particularmente complexo. Por um lado, temos o Sistema Único de Saúde (SUS), de inspiração beverigdeana, de caráter universal, integral, gratuito no momento de uso e com financiamento administrado pelo governo via impostos e contribuições. Por outro, temos aproximadamente um quarto da população coberta por seguros de saúde privados, mercado que é regulado pela Agência Nacional de Saúde Suplementar (ANS). Este segmento se aproxima do modelo norte-americano. Com relação à provisão de bens e serviços, temos uma combinação de instituições públicas, privadas e sem fins lucrativos, com interseções complicadas. Por exemplo, o SUS contrata parte da sua assistência na rede privada, enquanto pacientes cobertos por planos de saúde podem acessar tratamentos em estabelecimentos públicos. Em última instância, temos no país um sistema de saúde fragmentado em dois segmentos – o SUS e o privado – regidos por formas de financiamento e provisão de serviços bastante diferentes entre si e com interseções complexas.

Os princípios constitucionais que estabeleceram o atual desenho de nosso sistema de saúde se refletiram em inovações no campo das políticas públicas, com expansão do acesso a serviços públicos e do arcabouço regulatório do segmento privado. A provisão de serviços públicos preexistentes era "hospitalocêntrica", com uma rede de serviços concentrada em grandes centros urbanos e

---

[3] O modelo bismarckiano ganha este nome a partir da iniativa do chanceler Otto von Bismarck, que estabeleceu a base e implementou medidas de bem-estar social como parte do processo de unificação da Alemanha, no século 19.

sobrecarregada por todo tipo de demanda. O novo sistema moveu-se então em direção à descentralização e ao foco sobre prevenção e expansão da atenção primária. É muito importante destacar a criação, em meados dos anos 1990, do Programa Saúde da Família (hoje denominado Estratégia Saúde da Família – ESF), atualmente o maior programa comunitário de assistência básica em saúde do mundo. A cobertura de seguros privados também se expandiu, mas particularmente de maneira concentrada em centros urbanos mais prósperos e, principalmente, por meio de planos corporativos. A ANS é criada e passa a regular a saúde suplementar a partir dos anos 2000.

Tudo isso dito, como tem sido então a evolução recente do nosso sistema de saúde e indicadores demográficos e sociais? A Tabela 13.1 apresenta uma série de indicadores para dois pontos no tempo: os anos ao redor da Constituição de 1988 e de 2018.[4] O Painel A descreve as principais tendências demográficas e indicadores de saúde ao longo destes últimos 30 anos. A população brasileira aumentou, a taxa de fecundidade caiu e a população envelheceu. A expectativa de vida ao nascer avançou quase dez anos, enquanto a taxa de mortalidade infantil diminuiu em 70%, de aproximadamente 44 para 13 óbitos de crianças de até um ano por mil nascidas vivas.

O avanço nos indicadores ocorreu simultaneamente a mudanças na oferta de serviços e no financiamento. No Painel B, vemos que, como estabelecido pelas diretrizes fundadoras do SUS, ocorre forte expansão da infraestrutura associada à atenção primária, via crescimento no número de postos de saúde e consolidação do Programa Saúde da Família (PSF). O programa atualmente cobre cerca de 60% da população brasileira. Houve também ampliação de recursos humanos, como mensurado pelo número de médicos e enfermeiros *per capita*. Por outro lado, diminuiu o número de leitos hospitalares *per capita* – não no setor público, mas na esfera privada. Estes dados sugerem, portanto, expansão de infraestrutura física pública e de recursos humanos e movimento de transição de um sistema "hospitalocêntrico" em direção a um modelo baseado no cuidado preventivo e na atenção básica.

O Painel C apresenta indicadores de financiamento do sistema. Observa-se uma expansão dos gastos em saúde. O gasto total em saúde como proporção do PIB aumenta em aproximadamente quatro pontos percentuais. O gasto público *per capita* praticamente dobra em 30 anos, e sua composição se altera significativamente. Mais uma vez de forma consistente com as diretrizes do SUS, observamos uma descentralização dos gastos, em direção a entes estaduais e municipais. Já o gasto privado *per capita* também aumenta expressivamente e continua superior ao gasto público *per capita*.

Por fim, as duas últimas linhas do Painel C sugerem uma ampliação da segmentação no setor de saúde. Houve crescimento tanto na cobertura da atenção básica pública como na cobertura de beneficiários de planos de saúde privados. Isso revela uma segmentação na provisão e no financiamento de saúde no Brasil. O setor público, financiado com recursos públicos e procurado principalmente pelos mais pobres; e o setor privado, utilizado pelos – relativamente – mais ricos e financiado via seguro privado. É importante destacar que a universalização da saúde instituída em 1988 parece ter alterado em parte o tipo de segmentação existente no país e, potencialmente, ampliado a divisão da população em dois estratos diferentes. Antes de 1988, a cobertura do seguro privado era relativamente menor, e a segmentação no financiamento e no acesso aos serviços públicos era vinculada ao emprego e à contribuição previdenciária. Cabia aos mais pobres a caridade e as poucas portas de acesso ao sistema público de saúde. Passados 30 anos da Constituição de 1988, vivemos ainda em um país extremamente segmentado. A universalização do direito à saúde veio juntamente com a ampliação da cobertura privada e da segmentação no financiamento e na provisão de serviços de saúde por estratos de renda. Não à toa, a última linha do Painel C indica o que aconteceu em termos relativos com o financiamento da saúde no país. Apesar da universalização *de jure*, o percentual do gasto público em saúde sobre o total permaneceu relativamente estável e inferior a 50%. Isso contrasta com evidências internacionais. Em países que adotaram modelos beveridgeanos, o gasto público em saúde atinge pelo menos 70% do total. Mesmo nos EUA, o gasto público é superior ao privado.

---

[4] Para uma descrição mais detalhada da evolução desses indicadores, ver Rocha (2019).

Tabela 13.1 Indicadores de saúde, infraestrutura e financiamento: panorama geral antes vs. depois da Constituição de 1988.

	Em torno de 1988	Em torno de 2018	Variação (em % ou absoluta)
Painel A – Indicadores Demográficos e de Saúde			
População (em milhões)[a]	146,8	209,2	42%
Taxa de fecundidade[a]	2,89	1,69	-1,20
Proporção de crianças (<15 anos)[a]	34,7%	21,8%	-12,9
Expectativa de vida ao nascer em anos[b]	66,03	75,77	9,74
Taxa de mortalidade infantil (por 1.000 nascidos)[b]	44,72	13,30	-70%
Painel B – Infraestrutura de Saúde (por 1.000 habitantes)[b-e]			
Leitos hospitalares[c]	3,454	2,092	-39%
% Público	20,9%	38,3%	17,0
Postos de saúde[d]	0,043	0,574	1245%
% Público	97,8%	99,8%	0,02
Médicos[d]	1,492	2,069	39%
Enfermeiros[d]	0,240	1,131	371%
Equipes ESF[e]	-	32373	-
Painel C – Financiamento[f-g]			
Gasto total em saúde com relação ao PIB[f]	4,7%	9,1%	4,4
Gasto público em saúde (*per capita* em valores constantes de 2018)[f,g]	687,2	1316,3	92%
Federal	439,8	579,2	32%
Estadual	130,6	342,2	162%
Municipal	116,8	394,9	238%
Gasto federal sobre total público	64,0%	44,0%	-20,0
Gasto privado em saúde (*per capita* em valores constantes de 2018)[f]	907,5	1789,4	97%
% População coberta por plano de saúde[g]	19,4%	24,5%	5,1
População coberta por plano de saúde (em milhões)[g]	28,5	51,3	75%
% Gasto Público sobre Total[f]	43,0%	42,4%	-0,6

Fontes: (a) IBGE, Censo Demográfico; (b) IBGE, DPE e DEPIS; (c) DATASUS, AMS; (d) Ministério da Saúde, CNES; (e) MS/SAS/DAB e IBGE; (f) Servo et al. (2012), Paim et al. (2011), Castro et al. (2019), Rocha (2019) e Conta-Satélite da Saúde 2010-2015; (g) DATASUS, Sistema de Informação de Beneficiários/ANS/MS, IBGE; para cobertura de plano de saúde em torno de 1988: Cohen e Elias (1998).

Independentemente dos termos relativos, o fato é que a criação do SUS foi acompanhada pelo crescimento do gasto público em saúde e por alterações significativas na composição desses gastos entre esferas de governo, bem como por alterações na maneira de se proverem bens e serviços de saúde no setor público. Como vemos pelos indicadores da Tabela 13.1, existe forte correlação entre essas mudanças e avanços em indicadores de saúde básicos, como expectativa de vida ao nascer e mortalidade infantil. Em grande medida, tais ganhos ocorreram relativamente mais entre os mais pobres.[5]

LINHA DE BASE, TENDÊNCIAS E TENSÕES À FRENTE

Quais são os principais elementos que caracterizam o estado atual de nosso sistema de saúde? Um dos mais marcantes é a segmentação público/privado, que acabou por consolidar dois sistemas que duplicam bens e serviços, intersecionam-se e separam-se de forma complexa, ao mesmo tempo concorrendo e complementando-se entre si. Chegamos a esse ponto de forma bastante orgânica, a partir da simples manifestação de nosso DNA. No Brasil, universalização *de jure* gera segmentação *de facto* entre pobres e não pobres: é assim no acesso à educação, à segurança e à moradia. Assim fizemos também na saúde e dificilmente faremos diferente nas próximas décadas. Como mencionado anteriormente, somos muito talentosos na geração e na perpetuação de inequidades no país.

Pelo lado público, no entanto, impressiona o fato de que conseguimos montar no país o maior sistema de seguro público universal do mundo, mesmo sob restrições típicas de um país em desenvolvimento – com restrição de recursos, baixa capacidade do Estado em implementar políticas públicas, enorme heterogeneidade entre regiões e entre populações e múltiplas cargas de doenças, além de ciclos políticos e choques econômicos muito adversos. Podemos listar muitos problemas e ineficiências do SUS, bem como vitórias importantes. Sobretudo, podemos dizer que o sistema é funcional e consegue conter desigualdades em saúde, apesar das dificuldades.[6] Pelo lado privado, impressiona o fato de que conseguimos montar um arcabouço regulatório também funcional, apesar das dificuldades em estabelecer regras relativamente homogêneas para um conjunto tão heterogêneo de seguradores, operadoras, provedores e mercados relevantes. Apesar da grande fragmentação e de tantas ineficiências, o segmento aumentou a sua participação no setor ao longo do tempo, principalmente em momentos de crescimento econômico e aumento do emprego formal.

Temos, portanto, um sistema com muitos problemas, mas funcional. É fundamental reconhecer o mérito do trabalho realizado ao longo das últimas décadas, tanto para o desenvolvimento do SUS como na montagem do arcabouço regulatório da saúde suplementar. Isso dito, estamos preparados para o que virá à frente? A linha de base resistirá? Dentre as tendências que já estamos enfrentando no país – e que ganharão ainda mais força adiante – pressionando o nosso atual modelo, destacam-se duas mais relevantes: as necessidades crescentes de financiamento e o enfraquecimento do governo como segurador e financiador do sistema.

As necessidades de financiamento da saúde têm aumentado e deverão aumentar ainda mais. Isso ocorre não apenas no Brasil: é um fenômeno mundial. Pelo lado da oferta, os custos aumentam com novas tecnologias, tratamentos e suas patentes, que muitas vezes geram aumento do número de procedimentos, cada vez mais caros, em vez da substituição de antigos por novos. Pelo lado da demanda, temos o envelhecimento populacional e o avanço das doenças crônicas. Ao envelhecerem, as pessoas tendem a demandar serviços de saúde com cada vez mais frequência e cada vez mais sofisticados e caros – para tratar condições latentes e crônicas. Embora a literatura técnica ainda seja inconclusiva com respeito à importância relativa do envelhecimento no

---

[5] Ver Paim *et al.* (2011) e Bhalotra, Rocha e Soares (2016).

[6] Para uma avaliação recente do desempenho do SUS e da importância do financiamento público para a saúde, ver Castro *et al.* (2019).

aumento de gastos, esta pressão de demanda será crescente nas próximas décadas. No Brasil, de acordo com dados do IBGE, havia em 2000 aproximadamente 18 milhões de crianças de 0 a 4 anos de idade (10% da população). Em 2060, estima-se que apenas 5% estarão nesse grupo, ou cerca de 11 milhões de crianças. Por outro lado, observa-se um crescimento do grupo de pessoas com 65-79 anos, e também de pessoas com 80 anos ou mais. Em 2000, cerca de 5% da população tinha entre 65 e 79 anos e 1% tinha mais de 80 anos. Isso representava pouco mais de 10 milhões de pessoas. Estima-se que, em 2060, 17% da população, ou 39 milhões de pessoas, terão entre 65 e 79 anos, enquanto a proporção de pessoas especificamente com mais de 90 anos, que era de apenas 212 mil indivíduos no Brasil no ano 2000, chegará a quase 5,1 milhões em 2060.

Os gastos públicos têm sido a principal fonte de financiamento da saúde nos países mais desenvolvidos. Isso é ilustrado no Gráfico 13.1. A importância do papel dos governos no setor decorre de alguns aspectos peculiares à saúde. Por um lado, o mercado privado de bens e serviços de saúde, em particular o de seguros, é reconhecidamente sujeito a falhas informacionais, o que justifica a presença do governo como regulador, em busca de mais eficiência em torno do bom funcionamento das regras de financiamento, pagamento e acesso. Por outro lado, o acesso à saúde consolidou-se como um direito de todos, justificando então a expansão de cobertura universal e a presença de governos em busca de equidade.[7] De fato, observamos que, nos países desenvolvidos, o gasto público tende a ser de 2,5 a 3 vezes superior ao privado, enquanto em países mais pobres, com baixa capacidade de atuação do Estado, essa razão cai para 1,5 a 2 vezes. O Brasil destoa desse padrão. Como mostra o Gráfico 13.1, o gasto total como proporção do PIB é similar à média para os países da OCDE. No entanto, assim como no caso na África subsaariana, gastos *per capita* privados são maiores que públicos. Esse fato chama ainda mais atenção por termos no Brasil um sistema único de saúde público, de acesso gratuito e universal.

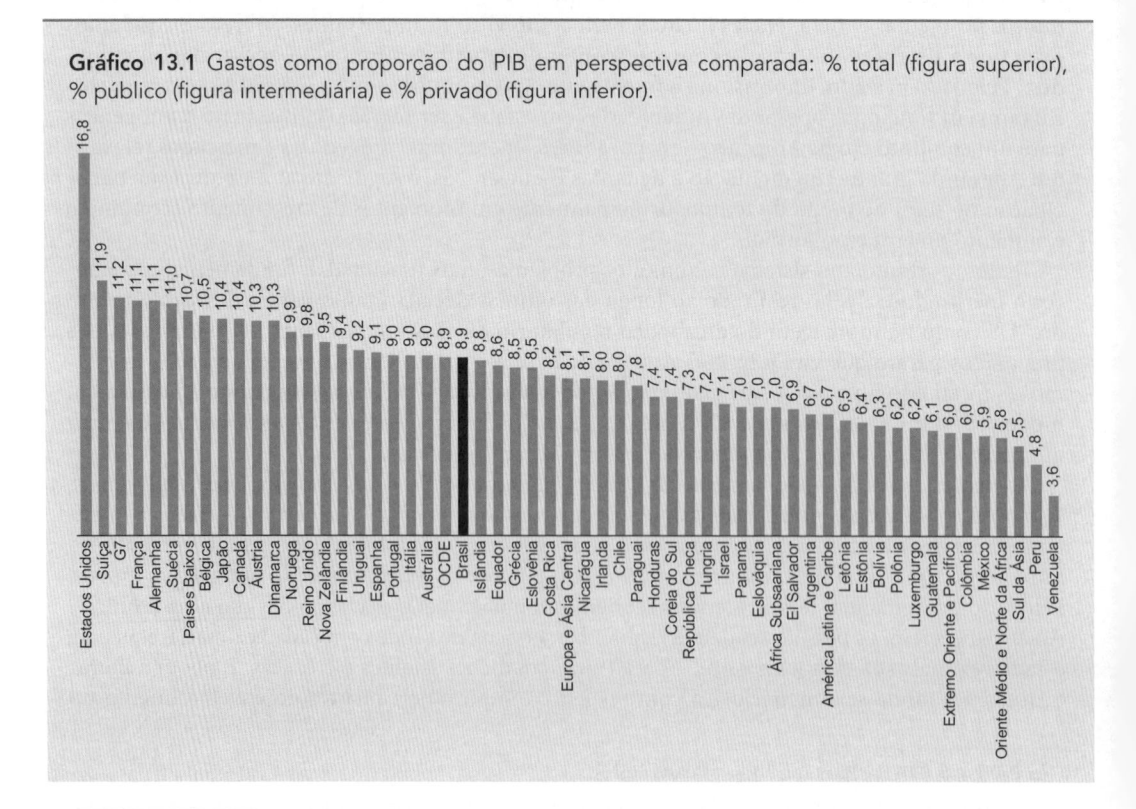

Gráfico 13.1 Gastos como proporção do PIB em perspectiva comparada: % total (figura superior), % público (figura intermediária) e % privado (figura inferior).

---

[7] Ver Anand, Peter e Sen (2004) para uma discussão normativa sobre equidade e direito à saúde.

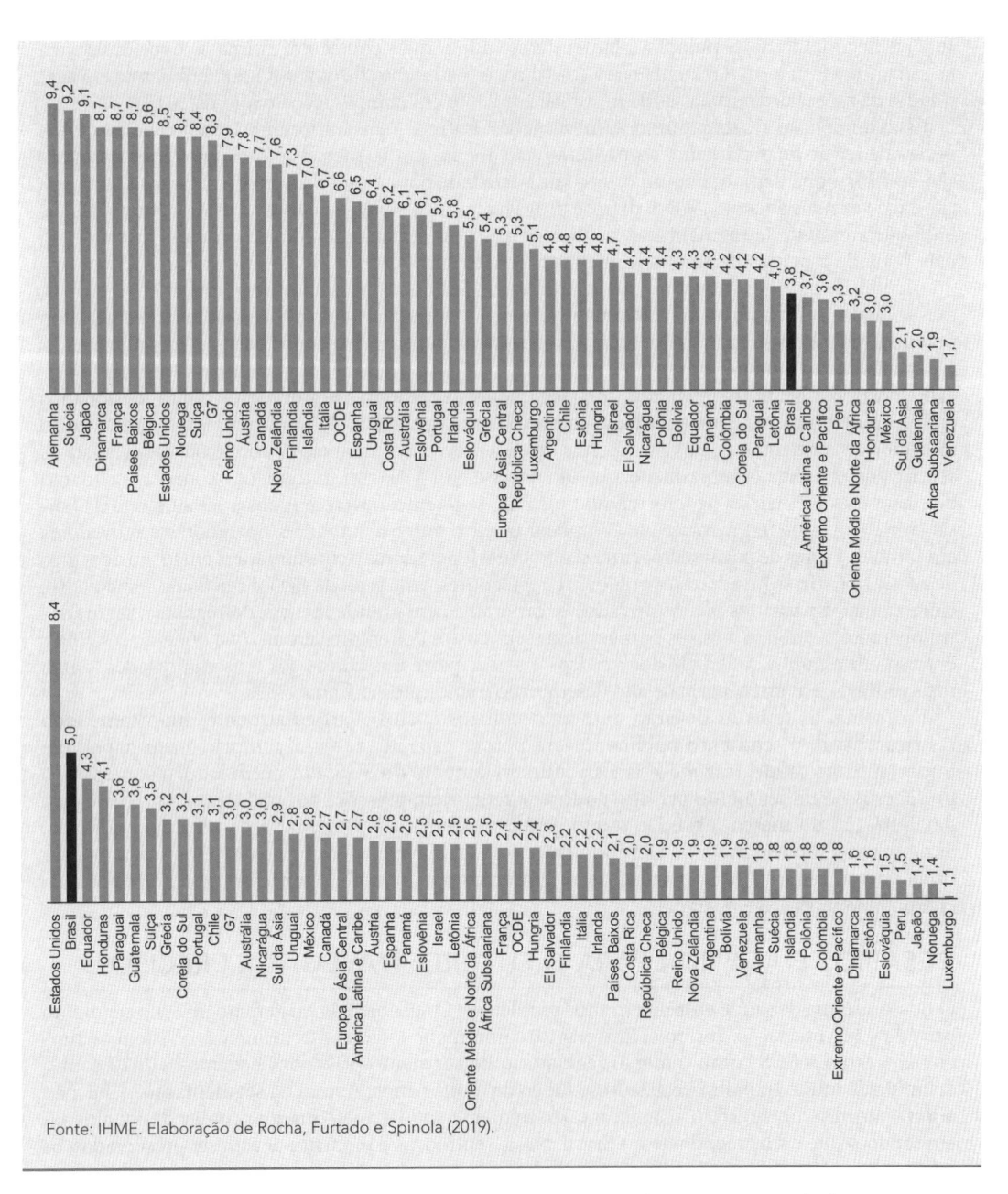

Fonte: IHME. Elaboração de Rocha, Furtado e Spinola (2019).

    Quais serão as repercussões do envelhecimento e das necessidades crescentes de financiamento em um cenário no qual o governo gasta relativamente pouco e, além disso, enfrenta uma das mais graves crises fiscais de sua história, agravada em 2020 pelas consequências do enfrentamento do coronavírus? De acordo com projeções recentes, as necessidades de financiamento da saúde no país chegariam a pouco menos de 13% do PIB em 2060.[8] Isso equivale a um crescimento de quase quatro pontos percentuais do PIB com relação a 2015. Desse total, em torno de 45% corresponderia às necessidades adicionais do setor público. Uma parte importante do incremento será devida

---

[8] Todos os resultados e as discussões dessas projeções têm como fonte o estudo de Rocha, Furtado e Spinola (2019).

ao envelhecimento da população. Mantendo-se tudo o mais constante, estima-se que a mudança na estrutura etária populacional levará sozinha a um aumento de quase R$ 300 bilhões nas necessidades de financiamento da saúde no Brasil em 2060, em comparação ao ano de 2015.[9]

Essas tendências trazem inúmeras implicações. Entre as mais importantes, está o fato de que as necessidades de financiamento aumentarão não apenas em termos absolutos, mas como proporção do PIB, o que demandará um esforço da sociedade para a mobilização de recursos e para seu uso cada vez mais eficiente. Além disso, é provável que um cenário de restrições de gastos públicos implique aumento da segmentação público-privada no financiamento e na provisão da saúde no país, levando a perdas de equidade, além de tensões entre entes da federação com respeito à responsabilidade que lhes caberá no financiamento do SUS. Sob pressão de demanda e sem recursos, tensões entre o Judiciário e o Executivo tenderão a aumentar, com processos judiciais gerando potencialmente ainda mais realocação de recursos na ponta da execução das políticas públicas.

As tendências também trazem inúmeras implicações para a saúde suplementar. O segmento privado é extremamente fragmentado, com seguradores/operadoras e provedores muito tensionados em busca de margem. A fragmentação implica baixa capacidade do setor em ofertar um cuidado integrado aos pacientes, que os acompanhe desde a prevenção e manejo de condições crônicas até os serviços de mais alta complexidade, quando necessários. Mais especificamente, com o crescimento de custos e as assimetrias de informação típicas do segmento, deveremos observar aumento da tensão entre os vários fragmentos que compõem o setor: entre seguradores/operadoras e provedores em torno de regras de pagamento; entre seguradores/operadoras e consumidores em torno de regras de acesso; e entre seguradores/operadoras e reguladores, em torno da flexibilização do marco legal. Como a maior parte dos planos privados é corporativa, em grande medida desregulada, seguradores/operadoras terão incentivos para repassar seus custos aos empregadores, que poderão restringir o acesso, diminuir a qualidade dos serviços e passar parte dos custos aos seus empregados – algo mais provável, em um cenário de alto desemprego e sindicatos enfraquecidos.

Em suma, as tensões deverão aumentar com os custos. Particularmente importante, sob restrição fiscal, o segmento público deverá perder capacidade para cumprir o seu papel, tão importante em saúde, trazendo riscos ao funcionamento do SUS. Por outro lado, o aumento do protagonismo do segmento privado poderá se refletir em pressões por mais fragmentação e pela flexibilização do marco legal. De modo geral, o sistema se aproximaria de uma encruzilhada. Sempre estivemos no meio do caminho entre o modelo beveridgeano e o norte-americano. Essa linha de base resistirá? Ou, aos poucos, migraremos para o modelo norte-americano – reconhecidamente mais caro e desigual?

DESAFIOS E AGENDA PARA O FUTURO: NAVEGAR É PRECISO

O nosso sistema de saúde enfrenta muitos problemas. Os problemas existem no SUS, no segmento privado e na interseção dos dois. Entretanto, como mencionado anteriormente, o sistema é funcional – tanto o SUS como o marco regulatório do segmento privado. Chegamos a 2020 com o acúmulo de muito trabalho, realizado ao longo de muitos anos. Apesar da segmentação, o que não é uma surpresa no Brasil, o sistema é razoavelmente solidário e consegue conter desigualdades em saúde, o que é surpreendente no Brasil. Neste sentido, as conquistas devem ser preservadas, os problemas enfrentados e espera-se que a linha de base resista e possa continuar evoluindo. Descrevem-se abaixo três pontos, dentre muitos, que parecem relevantes para tanto e que deveriam fazer parte de uma agenda de discussões sobre a saúde nos anos 2020, deixando claro que a saúde será cada vez mais importante no país, demandando mais recursos.

O primeiro ponto, portanto, é que teremos de **alocar mais recursos no setor, de forma cada vez mais eficiente**, ao menos para recompor o hiato entre gastos e necessidades crescentes de financiamento e, assim, evitar retrocessos. Isso é possível e está ao alcance de nossas escolhas, em particular com relação ao SUS. De acordo com as projeções descritas na seção anterior, as necessidades de financiamento do setor público requerem aumento de gastos em torno de 1,6 ponto do

---

[9] Estimados em reais, a valores de 2015.

PIB em 2060. Neste sentido, não existem evidências de que a trajetória do SUS seja insustentável. Devido à sua escala, pela capacidade de coordenação da prevenção e promoção da saúde por meio da atenção básica e pelo enorme potencial para ganhos de eficiência, o SUS poderia contribuir para a sustentabilidade do sistema, mesmo sob um espaço fiscal restrito. Com relação ao setor privado, o marco legal deverá continuar evoluindo de tal modo que permita a proteção aos beneficiários e o incentivo a inovações e ganhos de eficiência das firmas, sem premiar a ineficiência e a sobrevivência daquelas que não tenham escala ou capacidade para operar no setor.

O segundo ponto refere-se à **priorização pelo aprimoramento das regras**. A escolha sobre alocação de recursos é, em última instância, uma escolha social. Deve ficar claro, em particular, que a alocação de mais recursos em saúde, principalmente no setor público, demandará recursos de outras áreas do governo ou da sociedade, na forma de mais impostos ou menos subsídios e renúncias fiscais. Por outro lado, existe grande potencial para ganhos de eficiência a partir de ajustes tópicos em regras de pagamento, de financiamento e de acesso. Nesse contexto, destaca-se a importância das regras de acesso. É fundamental aprofundar o papel da atenção básica como vetor de coordenação ao longo de todo o cuidado, da prevenção ao acesso a serviços de mais alta complexidade. Em particular no SUS, o primeiro ponto de contato entre pacientes e o sistema deve preferencialmente ocorrer por meio de equipes da atenção básica, cujo trabalho deve ser o mais resolutivo possível – e a quem deveria caber a coordenação da referência a serviços de mais alta complexidade. Como em todo sistema de seguro público universal, é fundamental racionalizar esse fluxo de acesso por meio de filas de espera – integradas, transparentes e eficientes. Informações sobre filas são especialmente relevantes para o diagnóstico de gargalos do sistema nos níveis local e nacional. No segmento privado, o regulador pode criar incentivos para que seguradores/operadoras de saúde estruturem serviços nesta direção e fortaleçam ações de prevenção e promoção da saúde. Tanto no caso público como no privado, a integração de fluxos, serviços e informações é absolutamente chave. Cabe destacar também a necessidade de ajustes das regras de pagamento e financiamento, com o aprimoramento de incentivos na remuneração por serviços prestados – por exemplo, convertendo contratos de pagamento por serviços em pagamento baseado em condição clínica e *performance*. Com relação a regras de financiamento, em tempos de recursos escassos, é preciso priorizar a captação, de modo a preservar o máximo possível a equidade. Neste sentido, seria importante rever o quadro de renúncias fiscais e converter subsídios ao setor privado em investimentos no setor público.

Por fim, o terceiro ponto é a **racionalização do rol de bens e serviços** de saúde coberto no país, com particular atenção ao custo-efetividade de novos medicamentos e à judicialização crescente. A Constituição de 1988 prevê integralidade na atenção à saúde, que se reflete na garantia de acesso a bens e serviços de saúde em todos os níveis de atenção. A interpretação do Judiciário, no entanto, muitas vezes entende o conceito de integralidade como um direito de acesso a todos os bens e serviços de saúde.[10] Estima-se que o gasto do Ministério da Saúde com demandas judiciais tenha aumentado 13 vezes em sete anos, até atingir um valor da ordem de grandeza de R$ 2 bilhões em 2017.[11] Esta tendência, se mantida, poderá levar a uma contestação do princípio da integralidade. A preservação deste princípio, por outro lado, dependerá da capacidade de Executivo e Judiciário firmarem parcerias de modo a subsidiar tecnicamente as decisões e em conformidade com o que é ou pode ser ofertado no SUS. De modo geral, no entanto, como ocorre em sistemas de seguro público universal, a decisão sobre a atualização do rol de bens e serviços de saúde coberto pelo sistema deve ser a mais técnica possível, levando em conta o custo e o benefício que novas drogas ou procedimentos trazem para a população. Muitas inovações têm benefícios marginais ou ainda não consolidados para a saúde dos pacientes. Particularmente importante é discutirmos em que medida o Judiciário, na ponta, deve afetar a alocação de recursos do Executivo ao determinar a execução da entrega de bens e serviços de saúde. Por um lado, o Judiciário pode corrigir falhas de execução e garantir direitos da população não atendidos. Por outro, em particular se o princípio da integralidade é interpretado de modo irrestrito, a judicialização pode trazer uma carga de ineficiência sistêmica e um ônus fiscal bastante grandes.

---

[10] Ver discussão em Andrade *et al.* (2018).

[11] Ver estatísticas e discussão em Azevedo e Aith (2019) e Iunes, Cubillos-Turriago e Escobar (2012).

COVID-19: FOI DADA A LARGADA PARA OS ANOS 2020

Como será a saúde nos anos 2020? A pandemia da Covid-19 tomou conta do mundo já nos primeiros meses de 2020. Pouco mais de três semanas após o primeiro caso de infecção por coronavírus ter sido registrado no Brasil, o Ministério da Saúde declarou, em 20 de março, o reconhecimento da transmissão comunitária do vírus em todo o território nacional. Menos de um mês depois, o número de óbitos no país chegava a 1.000, muito provavelmente sub-registrado. Como todo evento de magnitude global e profunda, espera-se que marque e altere o curso da história. Haverá consequências estruturais? Qual será o legado da pandemia?

Em primeiro lugar, a Covid-19 nos ensina muito sobre sistemas de saúde e mostra à sociedade como estes são caros, complexos, requerem recursos físicos e humanos altamente especializados, elevada coordenação e são muito mais do que médicos e hospitais – envolvem vigilância, sistemas de informação, de pagamentos, de transferências de recursos. Particularmente para o caso brasileiro, a Covid-19 revela, de maneira súbita e por uma inundação de informações mais ou menos acuradas na mídia convencional e digital, o que temos a oferecer em termos de seguro e infraestrutura de saúde. Por exemplo, observamos que em aproximadamente 30% das regiões de saúde do Brasil inexistem leitos de internação em unidades de terapia intensiva (UTI) disponíveis pelo SUS. Em 72% das regiões, o número de leitos de UTI pelo SUS é inferior ao considerado adequado em um ano típico, sem a influência da Covid-19. A Figura 13.2 ilustra uma grande heterogeneidade geográfica por trás desses números.

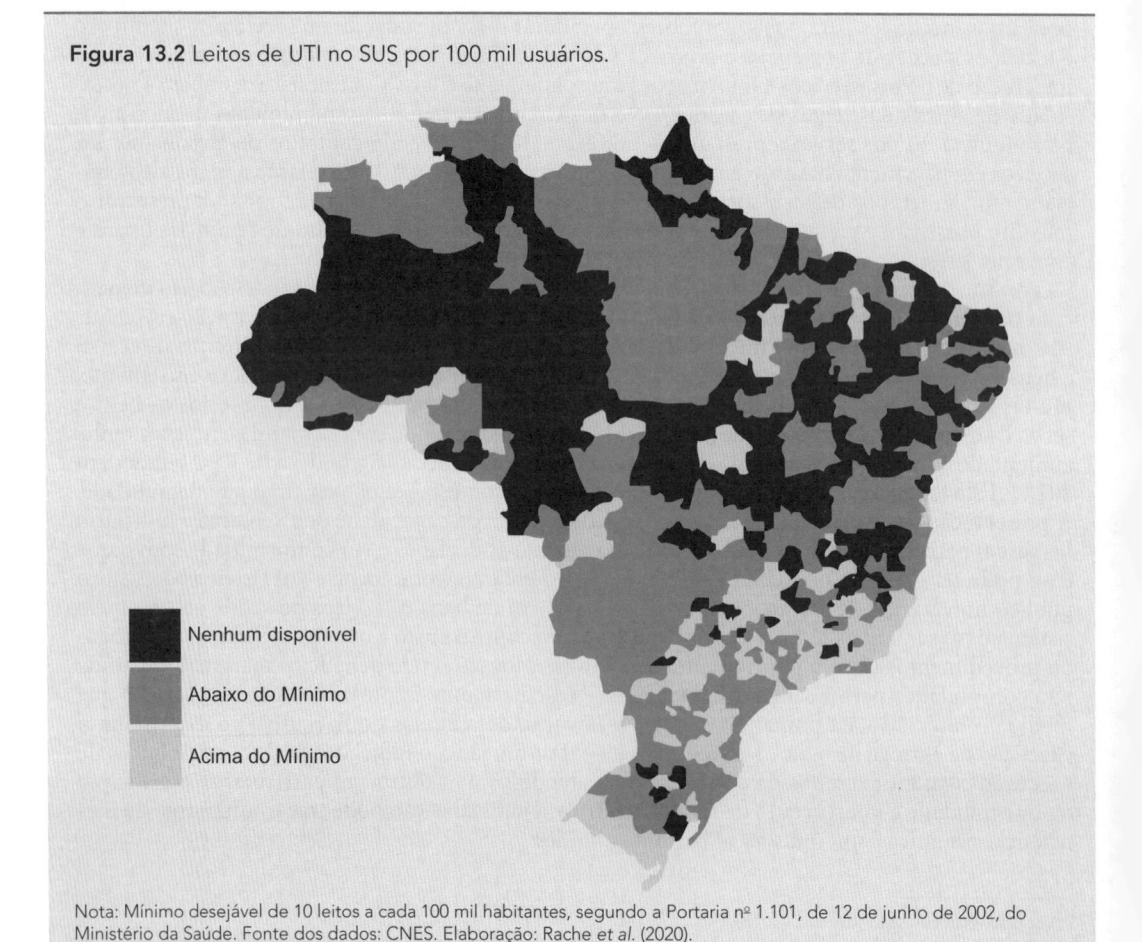

Figura 13.2 Leitos de UTI no SUS por 100 mil usuários.

Nota: Mínimo desejável de 10 leitos a cada 100 mil habitantes, segundo a Portaria nº 1.101, de 12 de junho de 2002, do Ministério da Saúde. Fonte dos dados: CNES. Elaboração: Rache et al. (2020).

Por outro lado, com a Covid-19, a sociedade também se dá conta de que existe um sistema de saúde, com gestores, recursos humanos, estabelecimentos de saúde e equipamentos, com capacidade de reagir à crise com vigilância, informação, prevenção, coordenação e alocação de recursos emergenciais. Por mais que esse sistema seja deficiente em vários aspectos, a população, particularmente a mais vulnerável, pode recorrer ao SUS. A realidade no país antes da Constituição de 1988 era bem diferente, muito mais precária – ainda uma realidade em inúmeros países em desenvolvimento.

Em segundo lugar, a Covid-19 nos mostra a importância da ação coletiva e revela inequidades. Por mais que a atenção primária tenha avançado muito no país, a Figura 13.2 ilustra um mapa de desigualdades com respeito ao acesso a serviços e equipamentos de mais alta complexidade. Esse mapa refere-se apenas a equipamentos disponíveis pelo SUS, e esconde inequidades ainda maiores ao compararmos os segmentos público e privado. De acordo com o Cadastro Nacional de Estabelecimento de Saúde (CNES), consultado no início de 2020, existiam no Brasil cerca de 16 leitos de UTI por 100 mil habitantes, sendo a média no SUS de 7, abaixo do recomendado pelo próprio governo federal.

Neste contexto, a Covid-19 pode ser capaz de mudar escolhas sociais e eventualmente antecipar a agenda de discussões necessárias para garantir o futuro da saúde no país. A pandemia tem nos mostrado, de modo súbito e acelerado, algo que demoraríamos muito a perceber – a importância do SUS, seus problemas e suas virtudes; bem como a importância de contarmos com um sistema de saúde resiliente e que garanta o acesso à saúde de qualidade para todos. Tal choque de informação e expectativas pode ser capaz de antecipar discussões importantes sobre a saúde no país. Essa antecipação poderá ser fundamental para a sustentabilidade do setor. Há um dado da realidade com o qual todos os governos deverão lidar de agora em diante: a demanda por gastos de saúde será maior que a existente até 2019 – e essa demanda será legitimada, social e politicamente.

CONCLUSÕES

Depois de 1988, seguiram-se 30 anos de grandes conquistas após a definição de nosso sistema de saúde na Constituição daquele ano. Não obstante, a universalização prevista *de jure* no texto constitucional – e continuamente expandida *de facto* ao longo do tempo – foi acompanhada por dificuldades no financiamento e na provisão de serviços pelo SUS e por um aprofundamento da segmentação público-privada. Estes problemas podem se agravar no futuro, em particular devido às necessidades crescentes de recursos e à grave restrição fiscal que o país enfrenta. Quanto mais tempo o governo federal e os governos locais estiverem sob restrição fiscal, maior a pressão sobre o segurador público e maior a chance de nosso sistema se mover em direção à predominância do seguro privado.

O que esperar da saúde no país nos anos 2020? Como discutido neste capítulo, o nosso sistema de saúde, uma construção que nos tomou tantos anos de tanto trabalho, deverá navegar por águas turbulentas à frente. A saúde no Brasil, de fato, se aproxima de tempos cada vez mais difíceis e, como muitas vezes acontece no país, se deixarmos a história correr sozinha e decidir por nós, o futuro que nos aguarda poderá ser mais desigual e com mais distorções na alocação de recursos. A década de 2020 poderá ser para a saúde uma década de retrocesso se as demandas não forem adequadamente endereçadas.

Apesar da grande segmentação entre público e privado, de problemas de acesso, qualidade e eficiência, o sistema de saúde brasileiro é minimamente solidário e consegue conter desigualdades. Neste sentido, as conquistas devem ser preservadas, os problemas enfrentados e espera-se que o sistema continue a evoluir e seja capaz de atravessar as tensões que virão à frente. Em particular, está claro que precisaremos alocar mais recursos no setor e de forma cada vez mais eficiente, evitando retrocessos. Precisaremos também aprimorar uma série de regras que regulam o financiamento, o pagamento e o acesso a serviços de saúde. Chama-se a atenção para a necessidade de racionalizar a atualização do rol de bens e serviços de saúde cobertos pelo nosso sistema, sem descuidar do princípio constitucional da integralidade no SUS e da proteção aos beneficiários da saúde suplementar, mas atentos ao custo-efetividade de novos medicamentos e procedimentos, bem como à crescente judicialização da saúde.

Enfim, a sociedade brasileira precisará refletir sobre o sistema de saúde que deseja para os próximos anos e décadas. Talvez este seja o principal legado da Covid-19 para nós: a antecipação de um importante debate sobre o sistema de saúde que temos hoje e o que queremos dele no futuro. É fundamental ter claro que, cedo ou tarde, precisaremos identificar e compreender os conflitos, planejar respostas, proteger os interesses difusos e mitigar as iniquidades que poderão surgir com as disputas por recursos e pelo marco legal. Em suma, devemos nos preparar da melhor forma possível para o que está por vir, pois navegar é preciso. Para tanto, seguramente precisaremos cada vez mais de informação, conhecimento, discussão e solidariedade. Por ora, é o que mais tem nos demandado a pandemia da Covid-19.

REFERÊNCIAS

ANAND, S.; PETER, F.; SEN, A. *Public health, ethics, and equity*. Oxford University Press, 2004.

ANDRADE, M.; NORONHA, K.; DE SÁ, E.; PIOLA, S.; VIEIRA, F.; VIEIRA, R.; BENEVIDES, R. Desafios do sistema de saúde brasileiro. *In*: DE NEGRI, J.; ARAÚJO, B.; BACELETTE, R. (org.). *Desafios da nação*: artigos de apoio Brasília: Ipea, 2018. v. 2.

AZEVEDO, P.; AITH, F. *Judicialização da saúde no Brasil*: perfil de demandas, causas e propostas de solução. São Paulo: Insper, 2019.

BHALOTRA, S.; ROCHA, R.; SOARES, R. R. Can universal health coverage work? Evidence from health systems restructuring and maternal and child health in Brazil. *ISER Working Paper Series*, 2016-16, 2016.

CASTRO, M. C.; MASSUDA, A.; ALMEIDA, G.; MENEZES-FILHO, N. A.; ANDRADE, M. V.; NORONHA, K. V. M. S.; ROCHA, R.; MACINKO, J.; HONE, T.; TASCA, R.; GIOVANELLA, L.; MALIK, A. M.; WERNECK, H.; FACHINI, L. A.; ATUN, R. Brazil's unified health system: the first 30 years and prospects for the future. *The Lancet*, v. 394, n. 10195, 2019.

COHEN, A.; ELIAS, P. Saúde no Brasil: políticas e organização de serviços. São Paulo: Cortez, 1998.

IUNES, R.; CUBILLOS-TURRIAGO, L.; ESCOBAR, M. Universal health coverage and litigation in Latin America. *En Breve*, Washington: World Bank, n. 178, 2012.

PAIM, J.; TRAVASSOS, C.; ALMEIDA, C.; BAHIA, L.; MACINKO, J. The Brazilian health system: history, advances, and challenges. *The Lancet*, v. 377, n. 9779, 2011.

RACHE, B.; ROCHA, R.; NUNES, L.; SPINOLA, P.; MALIK, A. M.; MASSUDA, A. Necessidades de infraestrutura do SUS em preparo à covid-19: leitos de UTI, respiradores e ocupação hospitalar. Nota Técnica n. 3. São Paulo: Instituto de Estudos para Políticas de Saúde, 2020.

ROCHA, R. A saúde na Constituição de 1988. *In*: MENEZES-FILHO, N.; SOUZA, A. P. (org.) *A carta*: para entender a Constituição brasileira. São Paulo: Todavia, 2019. p. 173-202.

ROCHA, R., FURTADO, I.; SPINOLA, P. *Garantindo o futuro da saúde no Brasil*: necessidades de financiamento e projeção de gastos. São Paulo: Instituto de Estudos para Políticas de Saúde, 2019. (Estudos Institucionais, n. 1).

SERVO, L.; PIOLA, S.; SÁ, E.; PAIVA, A. Financiamento da saúde no Brasil. *In*: *Brasil em desenvolvimento 2011*: estado, planejamento e políticas públicas. Brasília: Instituto de Pesquisa Econômica Aplicada, 2012. v. 1.

Segurança Pública: uma Agenda Baseada em Evidências

14

Joana C. M. Monteiro[1]

INTRODUÇÃO

O Brasil enfrenta altos níveis de insegurança e violência, que têm impactos negativos na acumulação de capital físico e humano, comprometendo o desenvolvimento social e econômico. Assim, é mais que oportuno o questionamento sobre o que pode ser feito para reduzir a violência no país. A resposta a essa indagação é bastante polarizada. Parcela da população credita a insegurança aos nossos níveis de desigualdade e pobreza, não enxergando espaço para o desenho de políticas dedicadas a melhorar a Segurança Pública. Por outro lado, muitos brasileiros acreditam que nossos níveis de criminalidade são resultado da alta impunidade, chegando a defender abertamente que criminosos sejam executados. O antagonismo entre os dois polos impede a discussão sobre as diversas ineficiências que atingem o setor. Essas ineficiências vão desde um sistema de informações precário a uma baixa capacidade investigativa, que dificulta a resolução de crimes, passando pela má formação de policiais, a ausência de sistemas de governança que estimulem diferentes entes de governo a trabalharem em prol do mesmo objetivo, a quase inexistência de políticas de prevenção e o baixo controle e valorização da atividade policial.

Para melhorar a Segurança Pública, é fundamental entender o papel dos atores responsáveis pela provisão desse serviço e ter dados que nos permitam mensurar e acompanhar o problema. Este capítulo irá discutir o papel dos diferentes entes federativos e poderes na provisão desse serviço, de forma a mostrar que a governança da área de Segurança Pública é especialmente desafiadora. Esses desafios são potencializados pelo fato de o governo federal não ter até hoje assumido um papel de fomentador de políticas e regulamentador da provisão desse serviço.

O capítulo discute também algumas linhas de ação para controlar a criminalidade. Dada a abordagem econômica do livro, os temas selecionados foram aqueles que oferecem melhoras incrementais, considerando os cenários institucional e legal vigentes, assim como o montante de recursos já alocado para o setor. Assim, o capítulo sugere ações voltadas para o aprimoramento dos sistemas de gestão e governança, que buscam definir prioridades de política pública e que se baseiam em forte uso de dados. Dessa forma, não se discutem aqui questões que exigem reformas constitucionais ou mudanças do marco legal e regulatório, como reformas das polícias e controle de armas de fogo. Esses são temas importantes e amplamente discutidos por outros autores, mas que não serão abordados neste texto.

As sugestões feitas aqui são baseadas em evidências de políticas que já foram implementadas em outros países e Estados brasileiros e obtiveram resultados positivos. Países como Estados Unidos e Colômbia são exemplos de como é possível promover reduções expressivas de criminalidade,

---

[1] A autora agradece os comentários de Eduardo Fagundes, Julia Guerra, Laura Silva, Rafael Aquino, Ramon Chavez e Tatiana Pereira e a assistência de pesquisa de Graciele Aguiar.

por meio de um grande investimento para tornar as polícias mais científicas e para avaliar a efetividade das políticas implementadas. No Brasil, alguns Estados como Rio de Janeiro, Minas Gerais e Pernambuco também já foram palco de iniciativas de graus variados de sucesso, que ocorreram, sobretudo, quando os governos estaduais resolveram liderar um sistema de gestão por resultados e fomentaram o investimento no aperfeiçoamento das polícias.

Este capítulo está organizado da seguinte forma. Além desta introdução, a segunda seção descreve o contexto institucional da Segurança Pública, os principais atores e os desafios de atuação integrada. A terceira apresenta o contexto nacional a partir da evolução regional das mortes violentas intencionais — principal métrica da área. A quarta seção destaca quatro linhas de ação selecionadas sob uma ótica econômica, ou seja, baixo custo envolvido e evidências de elevada efetividade na redução criminal. Por fim, tem-se a seção de conclusões.

PAPÉIS DOS DIFERENTES ENTES FEDERATIVOS E PODERES NA PROVISÃO DA SEGURANÇA PÚBLICA

Os objetivos e órgãos responsáveis pela Segurança Pública no Brasil são regidos pelo artigo 144 da Constituição Federal, que estabelece:

> A segurança pública, dever do Estado, direito e responsabilidade de todos, é exercida para a preservação da ordem pública e da incolumidade das pessoas e do patrimônio, através dos seguintes órgãos: I – polícia federal; II – polícia rodoviária federal; III – polícia ferroviária federal; IV – polícias civis; V – polícias militares e corpos de bombeiros militares.

Assim, os governos estaduais são os agentes centrais na provisão da Segurança Pública no Brasil, concentrando recursos e competências. Eles são os responsáveis pelas polícias militares e pelas polícias civis, que detêm os maiores contingentes policiais[2] e financiam mais de 80% das despesas de Segurança Pública realizadas no país.[3] Os Estados também são os responsáveis pela administração de grande parcela do sistema prisional e socioeducativo, que sofrem com problemas de superlotação.

Os Municípios têm tido um papel crescente na Segurança Pública, o que é feito principalmente por meio da constituição de guardas municipais, destinadas à proteção de seus bens, serviços e instalações. Em 2015, havia 1.081 guardas municipais no Brasil.[4] Os Municípios são ainda responsáveis pelo cumprimento de medidas do meio aberto do sistema socioeducativo, serviço esse prestado por organizações não governamentais (ONG) que estabelecem convênios com os Municípios. Há Municípios que desenvolvem também ações de prevenção, seja via políticas sociais de prevenção de violência ou de intervenções de controle do espaço urbano, mas isso é ainda mais exceção que regra.

Desde a redemocratização, o governo federal teve um papel discreto e limitado, no que concerne à Segurança Pública. O governo federal não liderou a construção de um marco regulatório da área, capaz de fomentar a cooperação entre os entes da Federação (União, Estados e Municípios) e os poderes da República (Executivo, Legislativo e Judiciário) como o fez nas áreas de Educação, Saúde e Assistência Social. Até 2018, não existia algo parecido com a Lei de Diretrizes e Bases da Educação (LDB), a Lei do Sistema Único de Saúde (SUS) e a Lei Orgânica da Assistência

---

[2] Em 2014, a polícia militar tinha 425.143 pessoas e as polícias civis somavam 114.320 policiais. Fonte: Cunha e Soares (2019).

[3] Em 2015, os Estados arcaram com 83% das despesas da área, seguidos pela União (11%) e Municípios (6%). Essa distribuição de despesas pouco se alterou entre 2000 e 2015. Fonte: Peres, Bueno e Tonelli (2016).

[4] Costa (no prelo).

Social (LOAS). Com isso, temas como cofinanciamento, sistema de informações, formação e treinamento, participação social e controle da atividade policial seguem sem regulamentação.[5]

O governo federal é ainda o responsável pelas polícias federal e rodoviária federal, além de organizar a Força Nacional, que é um programa de cooperação criado em 2004, que mobiliza profissionais de Segurança Pública dos Estados. Estes profissionais ficam à disposição da União no Distrito Federal e, além dos salários em seus respectivos Estados, recebem diárias do governo federal.[6] Outra importante instituição é o Departamento Penitenciário Nacional (DEPEN), que administra cinco presídios federais dedicados a presos de alta periculosidade e é o órgão executivo da política penitenciária do país.

Embora não estejam listadas entre as instituições diretamente responsáveis pelo tema, as Forças Armadas, particularmente o Exército, foram mobilizadas frequentemente, em períodos de crise, na história recente. Constitucionalmente, as Forças Armadas têm como missão prover a Defesa Nacional, ou seja, garantir a segurança da República, dos seus cidadãos e a ordem constitucional vigente em caso de ameaça estrangeira ou deterioração civil-social extrema. Na prática, as Forças Armadas atuam em operações de Garantia da Lei e da Ordem (GLO), dispositivo jurídico que concede provisoriamente aos militares a faculdade de atuar com poder de polícia, até o restabelecimento da normalidade, de forma episódica, em área restrita e por tempo limitado.[7] O caso mais simbólico de uso das Forças Armadas na Segurança Pública desde a redemocratização foi a intervenção federal no Estado do Rio de Janeiro em 2018, quando o Exército atuou ali por dez meses, assumindo a gestão das pastas da Segurança Pública, Defesa Civil e Administração Penitenciária.

A capacidade do Estado em dissuadir e punir o crime depende ainda de duas instituições que não fazem parte do Poder Executivo, mas que compõem o Sistema de Justiça Criminal: os Ministérios Públicos e os Tribunais de Justiça. Ambas instituições também são divididas em esferas estaduais e federais, mas o grande volume do trabalho fica a cargo dos órgãos de competência estadual, cabendo ao nível federal a persecução penal de crimes federais, como tráfico internacional de drogas e corrupção contra instituições federais.

Os Ministérios Públicos estaduais tiveram, historicamente, duas funções principais: fiscalizar a aplicação da lei e iniciar a ação penal pública. Além dessas, a Constituição Federal de 1988 acrescentou outras funções ao Ministério Público, como o controle externo da atividade policial, a supervisão da execução da pena privativa de liberdade e a proteção e garantia dos direitos difusos. Se comparado com outros países de tradição do *civil law*, o Ministério Público brasileiro é extremamente poderoso, posto que possui enorme autonomia face ao Poder Executivo, com garantias e prerrogativas típicas da magistratura e funções que extrapolam a alçada da ação penal.[8]

Portanto, a provisão da Segurança Pública depende da articulação de diferentes esferas de governo e de poderes, que precisam trabalhar de forma articulada para conseguir prevenir e controlar o delito. Essa multiplicidade de instituições gera um grande desafio de governança. No Brasil, esse desafio é ampliado pelo fato de a provisão do serviço estar concentrada nas mãos dos Estados, que têm sob sua responsabilidade duas polícias que não operam em ciclo completo e pelo fato de, até hoje, o governo federal não ter estabelecido diretrizes e objetivos estratégicos para a

---

[5] Costa (no prelo).

[6] Costa (no prelo).

[7] Desde 1991, a Presidência da República autorizou 140 operações de GLO, das quais 24 para atuar no combate à violência urbana, 25 devido a greves das polícias militares, 22 para garantia de votação e apuração em eleições, 39 em eventos, além de 30 outras circunstâncias. Dados disponíveis em: https://www.defesa.gov.br/exercicios-e-operacoes/garantia-da-lei-e-da-ordem.

[8] Costa (no prelo).

área. A próxima seção discute a evolução das mortes violentas e demonstra que os Estados brasileiros tiveram trajetórias muito díspares nas últimas três décadas. Em seguida, serão discutidas linhas de ação que buscam fomentar a coordenação entre agências.

EVOLUÇÃO DAS MORTES VIOLENTAS INTENCIONAIS NO BRASIL (1980-2019)

O sistema de informação e estatísticas da área de Segurança Pública no Brasil ainda é muito incipiente, sobretudo quando comparado a outras áreas centrais de provisão de serviços públicos, como Saúde e Educação. Os sistemas dessas duas áreas foram criados como forma de controle e prestação de contas das transferências do governo federal, que financiam grande parte do custeio das áreas de Educação e Saúde, além da Assistência Social. Como contraste, o financiamento da área de Segurança Pública depende majoritariamente dos Estados e, em menor grau, dos repasses do Fundo Nacional de Segurança Pública, que não exigem contrapartidas em termos de diagnóstico e compartilhamento de dados.

Em tese, há três fontes de informação que podem nos fornecer dados sobre o setor: (i) o Sistema de Informações de Mortalidade do Ministério da Saúde (SIM/MS), que registra as mortes violentas; (ii) as estatísticas com base nos boletins de ocorrência das polícias civis, que informam a incidência de diversos crimes que foram registrados; e (iii) as pesquisas de vitimização feitas por instituições de pesquisa primária. Essas últimas buscam informar os tipos de crime e violência que mais vitimam a população e as circunstâncias em que eles ocorrem, mas envolvem um custo elevado e ainda são muito raras no Brasil. Os dados das polícias estaduais são reunidos pelo Sistema Nacional de Informações de Segurança Pública (SINESP), gerenciado pelo Ministério da Justiça e Segurança Pública (MJSP). O SINESP, entretanto, ainda é um sistema que exige aprimoramento, em especial no que se refere a padronização e validação dos dados.[9]

A principal métrica internacionalmente utilizada para medir a Segurança Pública é a taxa de mortes violentas intencionais (MVI) por 100 mil habitantes. Esse indicador pode ser obtido por meio dos dados de agressões e intervenções legais registrados no SIM/MS ou somando-se os registros de homicídios dolosos, latrocínio, lesão seguida de morte e mortes por intervenção de agentes do Estado, registradas pelas polícias civis.[10]

O Gráfico 14.1 apresenta a série histórica de mortes violentas intencionais (MVI) no Brasil entre 1980 e 2019.[11] É possível observar que as décadas de 1980 e 1990 foram marcadas por forte crescimento da taxa de MVI, que saíram de 12 mortes por 100 mil habitantes, em 1980, para 22

---

[9] O SINESP é alimentado com base nos dados das polícias estaduais, que têm regras distintas para contabilizar delitos. O SINESP começou a ter destaque como referência de consulta apenas em 2019, quando passou a divulgar dados em uma plataforma *online*. O SINESP informa apenas nove indicadores e somente a partir de 2015, sendo bem mais limitado que o conjunto de indicadores divulgados por Estados como o Rio de Janeiro, que divulga desde 2003, mensalmente, mais de 40 títulos criminais.

[10] Ver Monteiro e Caballero (2020) para detalhes sobre a contabilidade de mortes violentas e as diferentes fontes de dados sobre crime e violência no Brasil.

[11] A fonte de dados de 1980 a 2018 dos Gráficos 14.1 e 14.2 e da Tabela 14.1 (Sistema de Informações de Mortalidade do Ministério da Saúde) inclui os códigos X85–Y09 + Y35-Y36 para o período de 1996 a 2018 e os códigos E960-E999 para o período de 1980 a 1995. Como o sistema de saúde opera com dois anos de defasagem, é necessário complementar essa informação com outras fontes de dados que têm atualização mais recente. O dado de 2019 equivale ao número de mortes violentas intencionais publicado no Anuário do Fórum Brasileiro de Segurança Pública (FBSP, 2020). Dados populacionais para calcular as taxas se referem às estimativas utilizadas pelo Tribunal de Contas da União (TCU) para determinação das cotas do Fundo de Participação dos Municípios (FPM). Dados de 1980 a 2000 obtidos no Datasus, e de 2001 a 2019 obtidos na página da internet do Instituto Brasileiro de Geografia e Estatística (IBGE). Não foram utilizados nessa análise os

em 1990, chegando a 26 em 2000. A taxa permaneceu em torno desse patamar nos anos 2000 e voltou a subir na década de 2010, atingindo seu ápice em 2017, quando alcançou 32 por 100 mil. Como os dados da Saúde só estão disponíveis até 2018, foi necessário agregar outras fontes de dados para obter as taxas de 2019. As estimativas indicam que houve uma forte reversão do número de mortes violentas em 2018, caindo 10% frente a 2017. Essa queda continuou e se acentuou em 2019, ano que registrou mais 18% de redução. Caso os números para 2019 se confirmem, a taxa de mortes violentas terá voltado em 2019 ao nível de 1995, representando a maior reversão da taxa de mortes violentas registrada na série histórica.

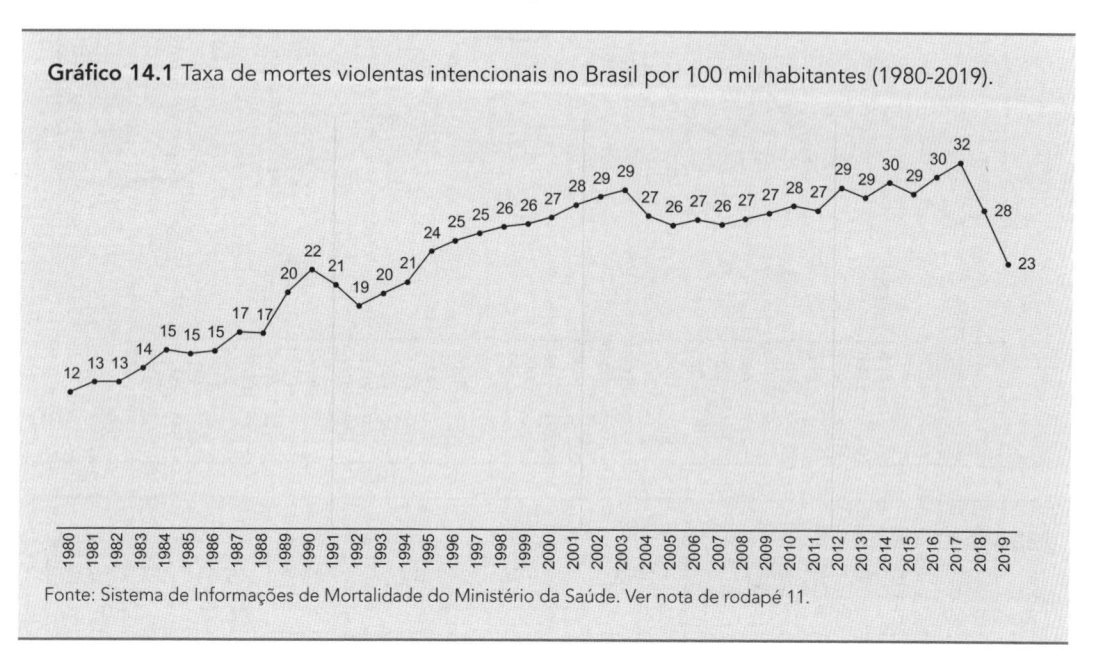

Gráfico 14.1 Taxa de mortes violentas intencionais no Brasil por 100 mil habitantes (1980-2019).

Fonte: Sistema de Informações de Mortalidade do Ministério da Saúde. Ver nota de rodapé 11.

O Gráfico 14.2 compara as diferentes regiões do país e mostra que a estabilidade verificada nos anos 2000 esconde uma grande heterogeneidade regional. As regiões Norte, Nordeste e Centro-Oeste experimentaram aumento elevado do número de mortes violentas, que mais que dobraram no período, enquanto a região Sudeste caminhou no sentido contrário. A Tabela 14.1 apresenta os números por Estado. A queda ocorrida na região Sudeste foi puxada principalmente pelo Estado de São Paulo, mas o Rio de Janeiro e o Espírito Santo também apresentaram reduções significativas. Nos anos 2010, as regiões Norte e Nordeste seguiram em um processo de aceleração da violência, chegando a registrar taxa de 48 mortes violentas por 100 mil habitantes. A Tabela 14.1 compara ainda os anos de 2018 e 2019, cujos indicadores, embora baseados em fontes de dados distintas, conseguem indicar a significativa inflexão ocorrida em 2018. Todos os Estados registraram reduções no número de mortes em 2019 em comparação a 2018, sendo que a redução registrada em apenas um ano nas regiões Norte e Nordeste foi de 24%.

---

dados do SINESP porque eles só contabilizam os Crimes Letais Violentos e Intencionais (CVLI), ignorando as mortes por intervenção de agentes de Estado, que entram no cômputo do total de mortes por agressões da área de Saúde.

Gráfico 14.2 Evolução da taxa de mortes violentas intencionais por 100 mil habitantes por região geográfica (1980-2019).

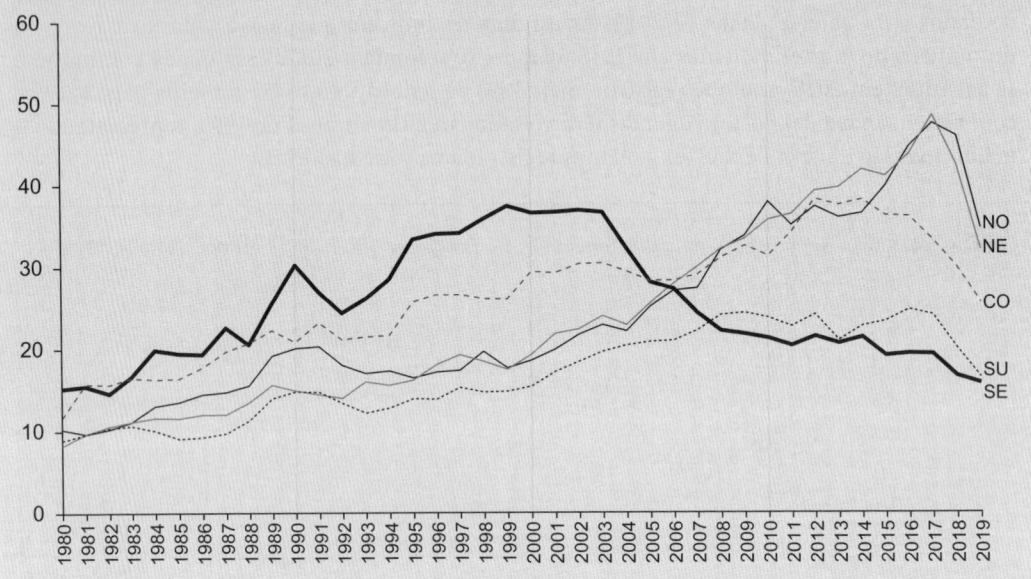

Fonte: Sistema de Informações de Mortalidade do Ministério da Saúde. Ver nota de rodapé 11.

Tabela 14.1 Taxas de mortes violentas intencionais por 100 mil habitantes, por Estado da Federação.

UF	1980	1990	2000	2010	2018	2019*
Região Norte	**10,3**	**20,1**	**18,6**	**37,2**	**46,0**	**34,7**
RR	13,9	61,3	39,5	26,7	72,3	35,0
AP	4,0	16,5	32,5	37,6	51,1	49,1
PA	8,9	15,5	13,0	46,4	53,5	40,5
AC	8,3	15,8	19,4	22,5	47,3	33,6
AM	9,6	18,1	19,8	29,9	37,5	27,8
TO	-	5,9	15,6	22,2	35,6	24,2
RO	24,2	51,3	33,8	32,8	27,2	25,9
Região Nordeste	**8,2**	**14,9**	**19,3**	**34,8**	**42,4**	**32,1**
RN	8,9	8,6	9,0	25,0	52,4	40,7
CE	8,3	8,8	16,6	31,4	54,1	26,2
SE	7,2	10,1	23,4	32,5	49,9	42,1
AL	14,3	29,2	25,6	64,5	43,9	34,2
PE	18,2	39,1	54,0	38,4	44,3	36,3
BA	3,3	7,5	9,4	39,6	45,6	39,2
PB	10,8	13,7	15,1	38,1	30,7	23,4
MA	2,7	9,1	6,1	22,6	27,5	22,1

Continua >>

Continuação >>

PI	2,4	4,5	8,2	13,7	19,5	17,8
Região Sudeste	**15,2**	**30,3**	**36,6**	**20,8**	**16,7**	**15,8**
RJ	26,1	56,1	51,1	35,3	37,7	34,6
ES	15,1	35,3	46,9	48,5	29,1	26,2
MG	8,7	7,5	11,5	18,0	16,0	13,4
SP	13,8	30,8	42,2	14,1	8,1	8,9
Região Sul	**8,9**	**14,8**	**15,4**	**23,2**	**20,1**	**16,5**
RS	8,1	18,7	16,3	18,9	23,7	16,8
PR	10,8	14,1	18,6	33,7	21,5	19,4
SC	6,7	8,4	8,1	12,8	12,3	11,4
Região Centro-Oeste	**11,6**	**20,9**	**29,4**	**30,8**	**30,0**	**25,6**
GO	12,3	16,9	20,2	30,8	39,2	32,6
MT	3,1	21,0	39,8	32,1	28,4	26,0
MS	16,5	20,3	31,0	26,1	20,9	19,1
DF	12,2	31,1	37,5	33,9	18,9	15,0
Brasil	**11,7**	**22,2**	**26,8**	**27,8**	**27,8**	**22,7**

Fonte: Sistema de Informações de Mortalidade do Ministério da Saúde. Ver nota de rodapé 11.

Portanto, as trajetórias muito díspares dos Estados nas últimas décadas ilustram a importância de entender as políticas e dinâmicas criminais no nível local. Os dados indicam que existe grande variação em um mesmo Estado ao longo dos anos. Em alguns casos, as taxas de mortes violentas variam em mais de dois dígitos entre anos — o que é impressionante, uma vez que estamos lidando com perda de vidas. Essas variações sugerem o tamanho do potencial de impacto que ações da área de segurança podem gerar, visto que a magnitude das variações de mortes é bem superior às oscilações nas condições econômicas e sociais verificadas no período analisado.

O entendimento das causas dessa redução repentina e vertiginosa recente requer que políticas públicas e intervenções específicas sejam avaliadas com técnicas estatísticas que permitam identificar uma relação de causa e efeito – não apenas de correlação. Infelizmente, essa é uma prática ainda rara no Brasil e precisaremos de muitos estudos para encontrar explicações. Além disso, essa prática depende da existência de sistemas de informações que contemplem dados detalhados e robustos sobre as políticas implementadas e sobre a criminalidade no nível local, o que, como já foi mencionado, ainda é incipiente na área de Segurança Pública no Brasil.

Nesse sentido, cabe destacar outras experiências no enfrentamento do crime e da violência. Os EUA, por exemplo, a partir de 1991 começaram a experimentar fortes reduções de criminalidade. A queda ocorreu em muitas cidades, notadamente nas maiores, perdurou por mais de dez anos e não foi antecipada pelos maiores criminologistas da época, que demoraram a reconhecer que se tratava de uma situação duradoura.[12] Pesquisas que analisaram a experiência dos EUA indicam que não houve fórmula mágica, uma intervenção específica ou um fator único responsável pela queda dos índices. Muitas ações foram empreendidas concomitantemente no país para reduzir a criminalidade. Dentre as possíveis explicações, há evidências de que o aumento do efetivo policial e do

---

[12] Levitt (2004).

encarceramento, a redução da epidemia de *crack*, a diminuição do consumo de álcool e a queda do desemprego contribuíram de forma significativa para essa queda.[13] A próxima seção apresenta algumas linhas de ação possíveis no contexto brasileiro, considerando essas e outras evidências de políticas bem-sucedidas na área de segurança tanto no nível nacional quanto no internacional.

O QUE PODE SER FEITO: ALGUMAS LINHAS DE AÇÃO PARA CONTROLAR A CRIMINALIDADE

Esta seção apresenta algumas propostas de ação para a área de Segurança Pública no Brasil. Optou-se, aqui, por discutir quatro eixos de ação considerados fundamentais para receber atenção pública e prioridade política dos governos estaduais e federal. São eles: (1) governança e gestão da área de segurança; (2) treinamento e a avaliação dos resultados da ação policial; (3) eficácia da Justiça; e (4) prevenção e repressão qualificada em territórios com índices elevados de criminalidade. Esses eixos não devem ser vistos como os únicos relevantes na área. Optou-se por destacá-los aqui por envolverem ações que não necessitam de revisões da legislação e exigirem investimentos financeiros relativamente baixos.

1. Investir em modelos de governança e sistemas de gestão por resultados

O Brasil tem uma organização rara das estruturas policiais, pela qual duas polícias dividem o trabalho de patrulhamento ostensivo e investigação e nenhuma exerce o chamado ciclo completo, que seria trabalhar em prevenção e elucidação de um crime. Muitos especialistas consideram esse um problema insolúvel no atual marco formal em que operam as polícias e, por isso, defendem a revisão da Constituição.[14] Enquanto não se faz a revisão constitucional, porém, é necessário trabalhar com métodos de gestão que facilitem a cooperação policial. Um exemplo são os sistemas de gestão para resultado, que já foram implementados e incluem o modelo de Integração e Gestão em Segurança Pública (MG), o Pacto pela Vida (PE), o Viva Brasília (DF), o Sistema Integrado de Metas (RJ), o Estado Presente (ES) e o RS Seguro (RS). Os aspectos centrais desses programas são: definição de crimes prioritários; definição de metas de redução desagregadas localmente, por Municípios ou Áreas Integradas de Segurança Pública (AISP);[15] e reuniões periódicas de gerenciamento feitas nos níveis estratégico, tático e operacional, para acompanhar indicadores e discutir ações. Os casos e momentos de maior sucesso desses sistemas ocorreram quando governadores comandavam as reuniões pessoalmente, integrando as diversas áreas de governo, para além das polícias.[16]

Tais programas são cruciais para tornar a redução de mortes violentas uma prioridade na área de Segurança Pública. Isso é necessário porque muitos operadores de segurança não consideram que a redução de mortes violentas seja prioridade ou algo em que eles consigam ter muito impacto.[17]

Outro ponto importante desses sistemas de gestão por resultado é que eles valorizam a análise de dados criminais. A partir do momento que os policiais passam a ter metas de redução de crime, é quase natural buscar informações sobre onde o crime ocorreu e como pode ser evitado. Em muitos Estados, como Rio de Janeiro, Minas Gerais e Pernambuco, o sistema de gestão de resultados criou incentivos até então inexistentes para policiais analisarem as ocorrências criminais. Esse é o conceito por trás do Compstat, o sistema de gerenciamento de resultados criado em Nova York e levado para

---

[13] Levitt (2004) e Roeder *et al.* (2015).

[14] Sapori (2016).

[15] As Áreas Integradas de Segurança Pública são delimitações geográficas que compatibilizam a área de atuação dos batalhões de polícia militar e delegacias de polícia civil.

[16] Instituto Sou da Paz (2015).

[17] Willis (2015).

a maioria dos departamentos de polícia americanos, que consiste em monitorar o crime, entender a dinâmica do local onde ocorreu e evitar sua repetição. Esses sistemas são essenciais, pois têm poder de tornar o acompanhamento de dados uma prioridade política.[18]

Outro ganho de Sistemas de Gestão por Resultados é criar uma rotina de prestação de contas para a sociedade. As estatísticas de registros de ocorrência devem ser disponibilizadas para o público. Isso permite aumentar o controle social dos indicadores criminais e viabilizar a avaliação das políticas públicas na área de segurança. O governo federal deu um importante passo nessa direção, ao começar a divulgar os dados do SINESP trimestralmente em 2019. Porém, a liderança, nesse sentido, continua sendo dos Estados. Nessa linha, destaca-se o trabalho do Instituto de Segurança Pública do Rio de Janeiro (ISP), autarquia estadual dedicada à transparência e análise de dados de crime e violência. O ISP tem espaço para ser replicado em outros Estados e ser fortalecido como órgão estratégico, coordenando um sistema unificado de informação sobre violência e delinquência que fomente políticas de segurança multissetoriais. Isso emularia, de certa forma, o que é feito em Nova York pelo Mayor's Office for Criminal Justice e em Bogotá pelo Sistema de Información Estadístico, Delincuencial Contravencional y Operativo de la Policía Nacional (SIEDCO).

Por fim, nenhum sistema de gestão de resultados estará completo se não envolver o Ministério Público (MP). Essa parece ser uma tarefa politicamente mais ambiciosa, visto que o Ministério Público não responde ao Executivo. Entretanto, o Sistema de Justiça Criminal funciona de forma articulada, com o trabalho de um ente dependendo do que o antecede e do que o sucede. Assim, é difícil acreditar que algo possa funcionar se as diferentes instituições, no mínimo, não compartilham as mesmas prioridades.

O argumento aqui não é advogar que polícias, MP e TJ realizem planejamentos estratégicos de forma conjunta. Uma ideia simples, porém revolucionária para nosso *status quo*, é que as diferentes instituições se comprometessem com metas de investigação e persecução penal de homicídios. Um dos desafios reside no fato de que as garantias constitucionais que promotores possuem, especialmente a inamovibilidade e a independência funcional, limitam os mecanismos de cobrança que possam ser aplicados nessas instituições. É necessário, portanto, pensar em mecanismos de incentivos não financeiros, especialmente aqueles pautados pela transparência de indicadores de desempenho. Nesse sentido, uma experiência para se acompanhar é a introduzida pelo Ministério Público do Rio de Janeiro, que redesenhou a atribuição das promotorias de investigação penal e passou a mensurar periodicamente o desempenho de suas promotorias.[19]

Concluindo, sistemas de gestão por resultados alicerçados no compartilhamento de informações devem ser encarados como um mecanismo de cooperação, articulação e coordenação interinstitucionais disponíveis dentro das estruturas institucionais vigentes no Brasil.[20]

2. *Investir em treinamento e avaliação do trabalho policial*

Países que experimentaram fortes reduções de crime, como EUA e Colômbia, fizeram também fortes investimentos em formação e treinamento policial, a fim de tornar a polícia mais científica e usar pesquisa, avaliação e análise de dados para apoiar a tomada de decisão. No Brasil, observa-se um interesse crescente de parte das polícias em realizar investimentos em tecnologia para ajudar no combate ao crime. De fato, ferramentas tecnológicas e a ciência de dados podem ajudar os policiais a alocar recursos nas áreas com maior chance de ocorrerem crimes, a supervisionar de forma eletrônica se os policiais estão cumprindo suas ordens de serviço, a identificar pessoas

---

[18] Instituto Sou da Paz (2015) apresenta as experiências brasileiras.
[19] Monteiro, Silva e Fernandes (2020).
[20] Instituto Sou da Paz (2019).

dentre grupos vulneráveis que têm maior risco de vitimização e a mostrar a existência de vínculos entre criminosos, além de muitas outras soluções.

Entretanto, a capacidade da tecnologia em impactar a eficiência da polícia e promover reduções de criminalidade depende de muitos fatores. Primeiro, contratar o desenvolvimento de tecnologia é sempre um desafio, devido às restrições impostas pela Lei de Contratos e Licitações.[21] Segundo, é preciso planejar como a tecnologia será utilizada pelos policiais. É necessário ter protocolos de uso e sistemas de gestão que garantam os incentivos corretos e a medição de seus resultados.

Entendendo o grande desafio que é implementar uma política que de fato gere impacto em termos de redução de criminalidade, muitos departamentos de polícia de outros países já "compraram" a agenda do policiamento baseado em evidências, que defende o uso de pesquisa científica para apoiar o policiamento de duas formas: (1) apontando práticas que tenham evidências de sucesso e potencial de serem aplicadas; e (2) avaliando práticas policiais para averiguar se os objetivos almejados foram alcançados.[22]

A força dessa agenda pode ser comprovada pela multiplicação de portais que buscam divulgar estudos sobre o que funciona e não funciona para reduzir a criminalidade, como o movimento *WhatWorks*, CrimeSolutions.org e instituições dedicadas a financiar e/ou executar esse tipo de pesquisa, como a Police Foundation e o Chicago Crime Lab nos EUA. Embora essa seja uma agenda mais forte nos EUA e na Inglaterra, polícias de países latino-americanos têm investido fortemente nesse caminho. Por exemplo, nos últimos cinco anos, a Secretaria de Segurança de Bogotá fez várias parcerias com acadêmicos para conduzir experimentos. Os objetos de análise incluíram os impactos de câmeras de rua sobre crime, de um novo esquema para montar equipes de investigação criminal, da alocação do policiamento em "manchas" criminais[23] e sua complementaridade com políticas de redução da desordem urbana. Ao mesmo tempo, a polícia uruguaia desenvolve um projeto de cooperação há cinco anos com o Banco Interamericano de Desenvolvimento (BID) e a University College London para desenvolver o Programa de Alta Dedicación Operativa (PADO) em pontos críticos de criminalidade e de treinamento de suas forças policiais em torno do método de policiamento orientado ao problema.

Esse é um esforço que exigirá investimento em formação e pesquisa, duas dimensões ainda negligenciadas pelos governos no Brasil. O governo federal pode dar uma grande contribuição nessa seara, tornando-se uma fonte de financiamento e estímulo à formação policial e à realização de avaliações de impacto.

Por fim, a avaliação do trabalho policial deve envolver não apenas a identificação de ações que reduzam o crime. É possível usar tecnologia e analisar dados para exercer maior controle da atividade policial e reduzir casos de desvio de conduta. Pesquisa de vitimização realizada pela Secretaria Nacional de Segurança Pública (SENASP) em 2013, a mais recente feita em escala nacional, aponta diversos problemas em relação a desvios de conduta da polícia. Por exemplo, 7% dos entrevistados do Rio de Janeiro declaram terem sido extorquidos ou terem recebido pedido de pagamento de propina, o maior índice do país, enquanto 5% da população do Acre, Amazonas, Pará e Sergipe declaram já ter sido agredida fisicamente pela polícia.[24] Algumas polícias brasileiras têm ainda um forte problema relacionado ao uso excessivo da força. No Rio de Janeiro, Estado que tem o maior número absoluto de pessoas mortas pela polícia, as mortes por intervenção policial

---

[21] Alguns Estados têm conseguido avançar nesse aspecto, seja desenvolvendo tecnologia internamente, como é o caso de São Paulo; fazendo parcerias com a Universidade, como é o caso do Ceará; celebrando parcerias público-privadas, como no Rio de Janeiro; ou realizando projetos em conjunto com empresas de inovação, como em Santa Catarina.

[22] Lum and Koper (2015).

[23] O patrulhamento de manchas criminais busca priorizar o policiamento ostensivo em áreas e horários de maior incidência para dissuadir o crime.

[24] CRISP (2013).

representaram 30% do total de mortes violentas intencionais do Estado em 2019, o que equivale a uma taxa de 10 por 100 mil habitantes.[25]

A supervisão do trabalho policial da rua pode ser muito potencializada com uso de tecnologia que supervisione os trajetos realizados via GPS de veículos e rádios e compare com as ordens de serviço planejadas. Isso pode ser feito para supervisão em tempo real, mas também para analisar padrões de forma retrospectiva e identificar quais policiais ou grupamentos têm percentual baixo de cumprimento de ordens. É possível também analisar dados de uso de munição e ocorrências para identificar policiais que abusam do uso da força, e analisar dados de formulários de abordagem para identificar o perfil de pessoas que são sistematicamente inspecionadas.

Ser capaz de identificar policiais que cometem desvios, puni-los e afastá-los é fundamental para aumentar o nível de legitimidade e confiança das polícias, que é muito baixo no Brasil.[26] Além disso, essa é uma ação que ajuda indiretamente a valorizar os bons policiais.

3. Aumentar a eficácia da Justiça

A teoria de dissuasão defende que as pessoas serão desencorajadas a cometerem crime se a punição for rápida, certa e severa.[27] Muito do debate hoje no Brasil se concentra em aumentar a severidade das penas, mas as poucas evidências disponíveis sugerem que a Justiça no Brasil é lenta e incerta. Os dados disponíveis sobre o funcionamento da Justiça Criminal são baseados em estudos que analisaram, retrospectivamente, a duração de fases do processamento de homicídios em diferentes capitais brasileiras, a qual revela que o tempo entre o registro do crime e a sentença do júri varia entre seis e nove anos.[28] Estudo feito pelo Centro de Pesquisa do Ministério Público do Rio de Janeiro (CENPE/MPRJ) aponta que, dos 4.916 homicídios dolosos registrados em 2017, apenas 10% haviam sido denunciados no fim de 2019 e em somente 1% dos casos o réu já tinha recebido uma sentença.[29] O Instituto Sou da Paz, em um esforço para mensurar taxas de denúncias de homicídios dolosos entre Estados brasileiros, só conseguiu encontrar informações para 12 Estados e revelou uma enorme disparidade entre os mesmos: enquanto a taxa de denúncias de crime contra a vida em São Paulo era de 39%, no Rio de Janeiro foi de 12% e no Pará, de 4%.[30]

Esses números mostram que é urgente aumentar a celeridade da Justiça e a capacidade investigativa das polícias, para aumentar a probabilidade de responsabilização pelos crimes cometidos. Investimentos em perícia e análise de dados para investigação são incipientes ainda no Brasil e têm grande potencial para ajudar na identificação de criminosos.

Entretanto, é difícil pensar em ter um processo penal mais rápido, com o grande volume de casos que tramitam todos os anos nas promotorias e tribunais. Nesse sentido, urge começar a pensar em priorizar a investigação de alguns tipos penais que não podem passar impunes, como os crimes contra a vida. Por mais que priorizar crimes possa parecer uma ideia absurda para alguns operadores da lei, é importante salientar que na prática as investigações priorizam alguns crimes específicos, visto que não há capacidade para investigar tudo. O que se defende aqui é que a prioridade dada a alguns crimes seja objeto de uma escolha estratégica e não de fatores como a facilidade na obtenção de provas ou a exposição na mídia.

---

[25] Monteiro, Fagundes e Fernandes (2019).

[26] CRISP (2013) indica que apenas 18% da população brasileira confiava muito na polícia militar, com índices que chegavam a atingir 8% nos piores Estados (Amazonas e Pará).

[27] Chalfin e McCrary (2017).

[28] Nunes *et al.* (2016) e Ribeiro, Machado e Silva (2012).

[29] Instituto Sou da Paz (2019) e Monteiro *et al.* (2020).

[30] A taxa de denúncias de crimes contra a vida ocorridos em 2015 foi calculada considerando o número de casos registrados em 2015 (denominador) e os casos cujos autores foram denunciados à Justiça até a data do estudo. Mais informações em Instituto Sou da Paz (2019).

Outro ponto que deve ser objeto de debate é o enorme esforço despendido no combate ao comércio ilegal de drogas. No Brasil, 18% dos presos respondem a crimes de associação ao tráfico ou tráfico de drogas, ficando atrás apenas do crime contra o patrimônio, que é o tipo penal mais representativo no sistema carcerário (50% dos presos). Esse cenário se agravou após a promulgação da Lei de Drogas de 2006,[31] que buscou diminuir a punição para os casos de posse de drogas e, como compensação, aumentou a punição por tráfico.[32] A população carcerária cumprindo pena por tráfico de drogas aumentou 316% entre 2005 e 2012, enquanto a população carcerária total cresceu 102% (de 254 mil para 514 mil).[33] O problema foi que a Lei não criou um critério objetivo para distinguir usuários de traficantes, deixando a tipificação penal sob sugestão dos policiais e posterior arbítrio do juiz.[34] Isso provocou uma situação em que, muitas vezes, uma pessoa é considerada traficante em razão do local onde foi abordada, mesmo estando sozinha e com pequena quantidade de droga.[35] Além disso, a Lei não descriminalizou a posse de drogas, mas apenas impediu a prisão dos usuários de drogas, que continuam podendo ser penalizados.[36] Isso significa que a polícia segue tendo que dar prosseguimento a esses casos, o que representa um enorme gasto de tempo. Uma estratégia para desafogar o Sistema de Justiça passará necessariamente pela revisão penal dos crimes envolvendo drogas ilícitas.

4. Prover prevenção e repressão qualificada em territórios com elevados índices de criminalidade

Os altos índices de violência de muitas cidades brasileiras, vistos de maneira agregada, a princípio podem sugerir que podemos ser vítimas de um crime em qualquer lugar da cidade. No entanto, a incidência criminal não é distribuída de maneira aleatória no espaço: há locais onde a probabilidade de um crime ocorrer é imensamente maior do que em outros. A evidência de que o crime é altamente concentrado no espaço é tão ampla que se cunhou uma Lei de Concentração do Crime no Espaço, a qual estabelece que 50% do crime ocorre entre 2% e 6% dos segmentos de rua de uma cidade.[37] O mesmo padrão foi confirmado em estudo feito para o Rio de Janeiro, que dividiu as principais cidades do Estado em células de 150 m × 150 m e indicou que 50% do roubo de rua ocorreu em 3,5% das células da cidade do Rio.[38] Locais com alta concentração de roubos são pontos que têm elevadas oportunidades para o crime ocorrer, devido à intensa movimentação de pessoas e veículos, e por isso devem ser o foco da atenção do policiamento. Essa é a lógica do patrulhamento de "manchas" criminais, uma das políticas de segurança com maior evidência de sucesso.[39] As mesmas áreas podem e devem ser priorizadas para receber intervenções urbanas, como aumento de iluminação, que visem dificultar o cometimento de crimes.

---

[31] Lei nº 11.343.

[32] Rapizzo (2018).

[33] Levantamento Nacional de Informações Penitenciárias (Infopen), dezembro de 2005, dezembro de 2012 e dezembro de 2019.

[34] Estudos feitos pelo Instituto de Segurança Pública no Rio de Janeiro apontam que entre 60% e 80% das ocorrências policiais registradas relacionadas a posse ou tráfico de drogas não deveriam ocorrer, se tivéssemos uma legislação nos moldes de países como Portugal ou Espanha, respectivamente. Fonte: ISP (2016).

[35] Haber e Maciel (2018) analisam os dados de sentença de varas criminais no Rio de Janeiro e mostram que a maioria das pessoas condenadas pela Lei de Drogas na cidade e na Região Metropolitana não têm antecedentes criminais (77%), foram abordadas sozinhas (50%) em flagrantes decorrentes da operação regular da polícia (57%), em lugar dito conhecido pela venda de drogas (42%), portando consigo uma única espécie de droga (48%), majoritariamente até 10 g cocaína (47%) ou até 100 g de maconha (50%).

[36] De acordo com o artigo 28, a pena pode ser uma advertência sobre os efeitos das drogas, prestação de serviços à comunidade ou medida educativa de comparecimento a programa ou curso educativo.

[37] Weisburd (2015).

[38] Chainey e Monteiro (2020).

[39] Braga *et al.* (2019).

Crimes violentos, notadamente o homicídio, também são altamente concentrados no espaço,[40] mas no caso costumam prevalecer em áreas pobres da cidade, marcadas pelo baixo acesso a serviços públicos e pela presença de gangues e facções. Em algumas cidades, como o Rio de Janeiro, a presença de grupos criminosos armados eleva a dimensão do problema. Esses grupos estão frequentemente envolvidos em disputas pelo controle do território, circulam armados, regulam a conduta da população, restringem o uso coletivo do espaço público e dos ativos imobiliários, influenciam as regras sociais e exploram uma série de atividades econômicas, notadamente o tráfico de drogas. Tal problema pode às vezes parecer circunscrito ao Rio de Janeiro, mas não é. Muitos centros urbanos do país e da América Latina têm bairros pobres e áreas periféricas que compartilham as mesmas características.[41]

Houve poucas iniciativas públicas até hoje que buscaram levar proteção à população de territórios marginalizados. A mais notória foram as Unidades de Polícia Pacificadora implementadas no Rio de Janeiro, explicadas no Boxe 1. Minas Gerais também desenvolveu o programa Fica Vivo, com importante impacto inicial e desenho bastante interessante, conforme apresentado no Boxe 2. Em algumas cidades, a promessa de solução foi trazida por milicianos, que chegam prometendo segurança aos moradores e cobrando taxas por esse serviço, mas aos poucos começam a extorquir a população e exercer o controle sobre diversas atividades econômicas.

Áreas com elevado índice de homicídios e violência armada requerem investimentos dedicados e que atuem em duas dimensões: (1) prevenção do envolvimento dos jovens com o crime; e (2) repressão qualificada sobre os criminosos que exerçam mais violência. Esses são os dois eixos do programa Fica Vivo.

Em relação à primeira frente, os territórios com alto índice de mortes violentas devem ser locais prioritários para receber programas sociais, como, por exemplo, a busca ativa de alunos para reduzir a evasão escolar, escola em tempo integral e oficinas voltadas para ocupar jovens. Essa lógica já foi utilizada no Programa Estado Presente no Espírito Santo e, mais recentemente, no Programa RS Seguro. Além disso, na linha de aprender com a experiência de sucesso de outros países, cabe testar no Brasil a terapia cognitivo-comportamental. Esse tipo de terapia já existe há mais de 20 anos e busca ensinar jovens com histórico de mau comportamento a lidar com comportamentos automáticos e raiva. Essa terapia começou a ser apontada como promissora para prevenir a violência, depois de ter sido submetida a uma avaliação rigorosa em contextos distintos como escolas de Chicago, um centro de detenção de jovens na mesma cidade e ex-combatentes na guerra civil da Libéria.[42] No Brasil, o programa está sendo estudado para ser aplicado em São Paulo, sob o financiamento de uma emenda parlamentar da deputada federal Tabata Amaral (PDT).

Para atuar na segunda frente, na repressão do comportamento violento, é possível inspirar-se na abordagem de dissuasão focada (*focused deterrence*). A abordagem foi criada em Boston em meados dos anos 1990, sob o nome de *Operation Ceasefire*, para lidar com o crescente número de homicídios cometidos entre gangues. Na altura, a análise de dados revelou que a maioria dos homicídios era cometida por um pequeno número de indivíduos organizados em grupos, respondendo a processos de revanche. Com isso, buscou-se uma estratégia de priorização do esforço do sistema de Justiça sobre os grupos que cometessem mais homicídios. Especial atenção foi dada a comunicar a estratégia para os grupos, de forma a tentar dissuadir seu comportamento. A abordagem já foi replicada em 84 cidades americanas, incluindo Chicago, Baltimore e New Orleans, com ampla evidência de sucesso.[43] O potencial dessa abordagem em ambientes mais desafiadores, como as periferias de grandes cidades brasileiras, depende sobretudo de quais são as motivações por trás dos homicídios,

---

[40] Chainey *et al.* (2019).

[41] Ver Paiva (2019) para uma discussão sobre Fortaleza, Ceará; Couto (2018) sobre Belém, Pará; Blattman *et al.* (2019) sobre Medellín, Colômbia; e Sviatschi (2020) sobre San Salvador, em El Salvador.

[42] J-PAL Policy Bulletin (2017).

[43] Braga, Weisburd e Turchan (2018) compilaram os resultados de 24 avaliações de impacto desses programas e mostraram que programas inspirados nessa abordagem geraram reduções de até 30% no número de homicídios.

algo que ainda não entendemos bem no Brasil. De qualquer forma, ela traz uma nova perspectiva, ao propor o foco no grupo criminoso em vez de se preocupar com prender os chefes e líderes dos grupos, que são tipicamente o alvo das ações policiais e que têm impacto limitado, uma vez que os líderes são rapidamente substituídos.[44] O programa Fica Vivo de Minas Gerais tem elementos dessa abordagem e, atualmente, o Estado do Ceará tem uma parceria com a National Network for Safe Communities para avaliar a viabilidade dessa estratégia em Fortaleza.

Boxe 1 – Unidades de Polícia Pacificadora (UPPs)

O Rio de Janeiro é um dos Estados brasileiros apontados como mais violentos, embora tenha deixado de figurar entre os Estados com maiores índices de mortes violentas no final dos anos 2000. A história da Segurança Pública no Estado é marcada por dois períodos de inovações na área. Primeiro, em 1999, foram criadas as Áreas Integradas de Segurança Pública, o Programa Delegacia Legal e o Instituto de Segurança Pública. A gestão de José Mariano Beltrame, que assumiu o cargo de Secretário de Segurança em 2007, iniciou uma nova fase de políticas de segurança. Sua gestão ficou marcada pela criação das Unidades de Polícia Pacificadora (UPPs), que representaram a primeira política implementada em escala no Estado visando à recuperação de territórios que viviam sob o controle de grupos criminosos violentos. As UPPs foram rapidamente multiplicadas entre 2009 e 2014, chegando a atingir diretamente uma população de 600 mil pessoas e 198 favelas. Avaliações de impacto indicam que a ocupação de áreas de favelas com UPP está associada a fortes reduções de crimes nas delegacias com áreas beneficiadas. Entretanto, a política não conseguiu sustentar seus resultados positivos e, a partir de 2013, os índices de criminalidade começaram a subir. Em 2018, durante a intervenção federal, a política foi revista e cerca de dez das 38 unidades foram extintas. A política segue em funcionamento, mas sem a importância que tinha nos seus primeiros anos e já bastante desfigurada.

Fonte: Ferraz, Monteiro e Ottoni (2016).

Boxe 2 – Programa Fica Vivo

O "Fica Vivo" foca em comunidades com os maiores índices de homicídios em Minas Gerais (a maioria em Belo Horizonte) e está estruturado em dois grandes eixos: o Grupo de Intervenção Estratégica e o Grupo de Mobilização Comunitária. O Grupo de Intervenção Estratégica é composto por representantes das polícias civil, militar e federal, do Ministério Público Estadual e do Poder Judiciário e tem como objetivo coordenar esforços para dissuadir e punir os homicídios relacionados a gangues e ao tráfico de drogas. O grupo se reúne regularmente para: (1) identificar os principais criminosos que atuam na área, (2) estudar formas de acelerar os processos relacionados aos alvos, (3) trocar informações entre os órgãos a fim de construir elementos para expedir mandados de prisão, (4) organizar operações policiais para cumprir os mandados de prisão e (5) direcionar as operações policiais para os locais da intervenção. A atividade central da polícia militar, no contexto do Fica Vivo, é estruturada em torno de um grupamento especializado em prevenção de áreas de risco (GEPAR), que é uma unidade de policiamento preventivo permanente e exclusivamente alocado nos aglomerados sob intervenção. Os policiais aderem voluntariamente ao programa, têm que ter experiência de pelo menos um ano em atividades operacionais, não podem ter nenhuma transgressão de natureza grave e recebem treinamento básico em policiamento comunitário. O Grupo de Mobilização Comunitária, também chamado de Grupo de Proteção Social, é encarregado de realizar a interface com as comunidades atingidas e busca desenvolver ações de proteção social para jovens já envolvidos com gangues ou em situação de risco de envolvimento. O grupo atua com base em quatro eixos: educação, inclusão produtiva, apoio a jovens e comunicação.

Fonte: Beato (2008).

---

[44] Phillips (2015).

CONCLUSÕES

Este capítulo elencou alguns eixos que merecem atenção pública e que podem gerar melhoras incrementais no setor, sem permear as discussões mais estruturais que envolvem reformas constitucionais como mudanças na divisão das polícias. Os pontos apresentados são baseados em evidências sobre falhas do nosso sistema e inspiradas em experiências de sucesso no Brasil e no exterior.

Um grande desafio no nível estadual é implementar mecanismos para garantir a integração entre os diferentes atores. Nesse sentido, a criação de sistemas de gestão por resultado calcados em metas e indicadores de avaliação de desempenho tem se mostrado um mecanismo poderoso para articular e coordenar iniciativas de prevenção e repressão da violência em territórios com altos índices de criminalidade.

Esses mecanismos ajudam a fomentar novas práticas policiais e fomentar uma nova cultura de trabalho de prevenção, transparência e priorização de crimes contra a vida. As polícias mais modernas do mundo passaram por processos de transformação de um modelo reativo, calcado em atendimentos de emergência e na prisão de criminosos, para um modelo preventivo, com base na análise de dados que indica onde agir de forma a prevenir a ocorrência do crime. Prevenção é importante não só por reduzir a criminalidade, mas também por ser uma alternativa mais barata e eficiente do que o encarceramento, cujos custos econômicos e sociais são enormes e muitas vezes não consegue interromper as carreiras criminais.

Um modelo mais preventivo requer obrigatoriamente investimento na construção de sistemas de informação, no treinamento de policiais e na promoção de transparência de dados. A transparência é um fator crucial para a prestação de contas do trabalho policial e precisa ainda ser abraçada pelos outros órgãos do Sistema de Justiça Criminal, que podem ter uma ação mais proativa no sentido de divulgar suas métricas de desempenho.

Por fim, a coordenação entre órgãos e poderes requer alinhamento em objetivos estratégicos prioritários, como a preservação da vida. A prioridade em reduzir homicídios já foi a tônica de algumas políticas estaduais, mas o governo federal deveria se posicionar mais forte nessa agenda, liderando a construção de um plano nacional de redução de homicídios, que já foi ensaiado em algumas oportunidades, mas, nunca saiu do papel.

Os desafios da área de segurança são enormes, assim como o espaço para melhora. O que é preciso ter claro, por mais que a violência seja reflexo de inúmeros problemas sociais, é que a área requer políticas específicas que fortaleçam as polícias, fomentem a cooperação entre poderes e governos e foque na prevenção e repressão qualificada em territórios com elevados índices de criminalidade. Também é necessário ressaltar que não há evidências de que o aumento de penas e, no caso mais dramático, a execução de criminosos ajudem a reduzir o crime. O objetivo central de uma política de segurança deve ser a preservação da vida. As linhas aqui discutidas podem ajudar a preservar uma quantidade grande de vidas no Brasil.

REFERÊNCIAS

BEATO, C. Projeto Fica Vivo em Belo Horizonte. *In*: VELOSO, F.; FERREIRA, S. G. (org.). *É possível*: gestão da segurança pública e redução da violência. Rio de Janeiro: Contracapa: Instituto de Estudos de Política Econômica: Casa das Garças, 2008.

BLATTMAN, C.; DUNCAN, G.; LESSING, B.; TOBÓN, S. Gangs of Medellin: how organized crime is organized. Working paper, 2019.

BRAGA, A.; TURCHAN, B.; PAPACHRISTOS, A.; HUREAU, D. Hot spots policing of small geographic areas effects on crime. Campbell Collaboration, 2019.

BRAGA, A.; WEISBURD, D.; TURCHAN, B. Focused deterrence strategies and crime control: an updated systematic review and meta-analysis of the empirical evidence. *Criminology & Public Policy*, v. 17, n. 1, 2018.

CHAINEY, S. P.; MONTEIRO, J. The dispersion of crime concentration during a period of crime increase. *Security Journal*, v. 32, n. 3, p. 324-341, 2020.

CHAINEY, S.; PEZZUCHI, G.; ROJAS, N. O. G.; RAMIREZ, J. L. H.; MONTEIRO, J.; VALDEZ, E. R. Crime concentration at micro-places in Latin America, *Crime Science*, v. 8 n. 1, 2019.

CHALFIN, A.; MCCRARY, J. Criminal deterrence: a review of the literature. *Journal of Economic Literature*, v. 55, n. 1, p. 5-48, 2017.
COSTA, A. T. M. *Segurança pública, redes e governança*. Madrid: Bosch. No prelo.
COUTO, A. C. A periferia de Belém sob vigilância e controle: o narcotráfico por uma perspectiva miliciana. *Geografares*, out./dez. 2018.
CRISP. Pesquisa nacional de vitimização. Relatório técnico, 2013.
CUNHA, L. A.; SOARES, V. A. L. Pesquisa Perfil das Instituições de Segurança Pública anos-base 2014-2015-2016. Brasília: Ministério da Justiça e Segurança Pública, Secretaria Nacional de Segurança Pública, 2019.
FERRAZ, C.; MONTEIRO J.; OTTONI, B. Monopolizing violence in stateless spaces: evidence from the pacification of Rio de Janeiro's favelas. Working paper, 2016.
FÓRUM BRASILEIRO DE SEGURANÇA PÚBLICA. *Anuário brasileiro de segurança pública*. São Paulo: Fórum Brasileiro de Segurança Pública, 2020.
HABER, C. D.; E MACIEL, N. C. A. As sentenças judiciais por tráfico de drogas na cidade e região metropolitana do Rio de Janeiro. *Cadernos de Segurança Pública*, ano X, n. 10, ago. 2018.
INSTITUTO DE SEGURANÇA PÚBLICA – ISP. Panorama das apreensões de drogas no Rio de Janeiro. Rio de Janeiro: ISP, 2016.
INSTITUTO SOU DA PAZ. *Onde mora a impunidade?* Porque o Brasil precisa de um indicador nacional de esclarecimento de homicídios. São Paulo: Instituto Sou da Paz, 2019.
INSTITUTO SOU DA PAZ. Balanço das políticas de gestão para resultado na segurança pública. São Paulo: Instituto Sou da Paz, 2015.
J-PAL POLICY BULLETIN. Practicing choices, preventing crime. Cambridge, MA: Abdul Latif Jameel Poverty Action Lab, 2017.
LEVITT, S. Understanding why crime fell in the 1990s: four factors that explain the decline and six that do not. *Journal of Economic Perspectives*, v. 18, p. 163-190, 2004.
LUM, C.; KOPER, C. S. Evidence-based policing. *In*: Dunham, R.; Alpert, G. (ed.). *Critical issues in policing*. 7. ed. Longrove, IL: Waveland Press, 2015.
MONTEIRO, J.; CABALLERO, B. Crime e violência. *In*: MONASTERIO, L.; NERY, P.; SHIKIDA, C. (ed.). *Guia brasileiro de análise de dados*. Brasília: ENAP, 2020.
MONTEIRO, J.; FAGUNDES, E.; FERNANDES, J. G. Letalidade policial e criminalidade violenta., 2019. Manuscrito não publicado.
MONTEIRO, J.; COUTO, M. E. L; SILVA, A. B. C.; SANTOS, G. C. A.; CARVALHO, E. F. *Entre a rua e o tribunal*: uma análise do processamento de casos de homicídio no estado do Rio de Janeiro. Relatório de Pesquisa n. 1. Rio de Janeiro: CENPE/MPRJ, 2020.
MONTEIRO, J.; SILVA, L. A. M; FERNANDES, J. G. O redimensionamento das promotorias de investigação penal do Ministério Público do Rio de Janeiro. Relatório de Pesquisa n. 2. Rio de Janeiro: CENPE/MPRJ, 2020.
NUNES, M.; LANGEANI, B.; TRECENTI, J.; POLLACHI, N. O. Processamento de homicídios no Brasil e a estratégia nacional de justiça e segurança pública em três estados: Alagoas, Santa Catarina e São Paulo. São Paulo: Associação Brasileira de Jurimetria: Instituto Sou da Paz, 2016.
PAIVA, L. F. S. Aqui não tem gangue, tem facção: as transformações sociais do crime em Fortaleza, Brasil. *Caderno CRH*, Salvador, v. 32, n. 85, p. 165-184, jan./abr. 2019
PERES, U. D; BUENO, S.; TONELLI, G. M. Os municípios e a segurança pública no Brasil: uma análise da relevância dos entes locais para o financiamento da segurança pública desde a década de 1990. *Revista Brasileira de Segurança Pública*, v. 10, n. 2, p. 36-56, 2016.
PHILLIPS, B. How does leadership decapitation affect violence? The case of drug trafficking organizations in Mexico. *The Journal of Politics*, v. 77, n. 2, p. 324-336, 2015.
RAPIZZO, E. O esforço policial nas ações de posse ou uso de drogas. *Cadernos de Segurança Pública*, ano X, n. 10, ago. 2018.
RIBEIRO, L.; MACHADO, I.; SILVA, K. Tempo na ou da justiça criminal brasileira: uma discussão metodológica. *Opinião Pública*, v. 18, nov. 2012.
ROEDER, O. K.; EISEN, L. B.; BOWLING, J.; E CHETTIAR, I. M. *What caused the crime decline?* Brennan Center for Justice at NYU School of Law, 2015.
SAPORI, L. Como implantar o ciclo completo de polícia no Brasil? *Revista Brasileira de Segurança Pública*, v. 10, p. 50-58, 2016.
SVIATSCHI, M. M. *Making a gang*: exporting US criminal capital to El Salvador. Working paper. 2020.
WEISBURD, D. The law of crime concentration and the criminology of place. *Criminology*, v. 53, p. 133-157, 2015.
WILLIS, G. D. *The killing consensus*: police, organized crime, and the regulation of life and death in urban Brazil. University of California Press, 2015.

Saneamento: Agenda do Século 20 para o País do Século 21

15

Gabriel Godofredo Fiuza de Bragança,
Cíntia Leal Marinho de Araujo e Diogo Mac Cord de Faria

INTRODUÇÃO

A situação do saneamento básico no Brasil demonstra o atraso que nosso país apresenta, quando se fala em acesso igualitário a serviços públicos de qualidade para toda a população. Os números do setor de saneamento básico no Brasil são internacionalmente constrangedores e são fruto de uma combinação perversa de falta de prioridade no atendimento desses serviços básicos, especialmente para esgotamento sanitário, com uma política que mistura o fato de a competência legal pela prestação do serviço ser municipal, com empresas públicas operadoras do serviço que são estaduais e que, por sua vez, são altamente dependentes de recursos federais.

De acordo com dados da Organização Mundial de Saúde (OMS) e Unicef,[1] em 2015, apenas 39% da população brasileira tinha acesso a instalações de saneamento consideradas seguras, com condições mínimas de tratamento dos dejetos. Este número faz com que o Brasil figure na posição 64 entre 84 países analisados. Ainda mais impactante é o fato de que, no Brasil, cerca de 13% da população não tem acesso a banheiros minimamente estruturados. Em pleno século 21, aproximadamente 4 milhões de brasileiros defecam a céu aberto, experimentando condições sanitárias medievais.

A Lei nº 14.026, sancionada em 15 de julho de 2020, procura superar esse cenário ao atualizar as regras de saneamento básico, estabelecendo um novo marco legal, com maior segurança jurídica e estabilidade institucional. O fundamento do projeto é o de superar os entraves mencionados e garantir a universalização do saneamento básico.

Atualmente, o esgoto de aproximadamente 150 milhões de brasileiros é lançado em lagos e rios sem tratamento, o que vem se apresentando como um dos maiores problemas ambientais do país. Porém, a pior face dessa situação está relacionada à saúde pública: milhares de recém-nascidos morrem todos os anos vítimas de doenças relacionadas à falta de saneamento básico, especialmente em comunidades mais pobres, que, apesar de já terem acesso a luz elétrica e celular com internet, ainda convivem com valas que levam o esgoto a céu aberto, trazendo diversas doenças a essa população. Estudos comprovam que *"1% de redução na incidência de coliformes leva a uma redução de 0,12 mortes em crianças com menos de 1 ano de idade, para cada mil nascidos vivos"*.[2]

Com a liberalização do setor proposta pelo novo marco legal, são estimados investimentos na ordem de R$ 700 bilhões para o setor até 2033,[3] o que seria suficiente para gerar cerca de 700 mil empregos na construção civil ao longo dos próximos 14 anos. No entanto, o sucesso do marco dependerá da firmeza dos passos que estão sendo dados depois da sua aprovação. A Agência Nacional de Águas (ANA) será a protagonista dessa etapa, estabelecendo diretrizes gerais para o

---

[1] Ver Ritchie e Roser (2019).

[2] Ver Teixeira, Mattos e Pinto (2011).

[3] Ver KPMG/Abcon (2019).

setor. Complementarmente, o apoio federal à ação dos entes municipais e estaduais e a estruturação eficiente dos projetos serão de grande importância para a implementação das novas regras advindas da lei, contribuindo para o avanço esperado no setor.

Objetivando abordar todos esses pontos, o presente capítulo busca analisar o serviço de saneamento pela ótica dos componentes de abastecimento de água e esgotamento sanitário, apesar de o setor também englobar os componentes de manejo de resíduos sólidos e drenagem de águas pluviais, por se tratar dos objetos centrais da reforma regulatória atualmente em curso.

O capítulo será dividido em seis seções, incluindo esta introdução. A segunda seção traçará um diagnóstico do setor, tanto em termos de histórico quanto de cobertura, eficiência e análise do arcabouço regulatório. A terceira discutirá em detalhes as características do novo marco regulatório para o setor. A quarta seção abordará a experiência internacional e discutirá os impactos econômicos da universalização. A quinta discutirá os próximos passos mais importantes e o papel dos principais agentes, e a sexta e última seção apresentará a conclusão e as perspectivas do setor.

DIAGNÓSTICO DO SETOR E A QUESTÃO FEDERATIVA

Esta seção faz um diagnóstico da situação do setor sob a ótica federativa. Após um breve histórico, apresentam-se indicadores-chave para avaliar a situação do saneamento e aborda-se o panorama regulatório.

Breve histórico

O histórico do setor é turbulento e permeado por incertezas regulatórias, precariedade de contratos e falta de articulação entre os diferentes entes federativos. Até os anos 1950, o setor era formado por empresas públicas e privadas, que atuavam predominantemente na esfera municipal.[4] Não havia subsídio, as tarifas eram reais e havia garantia de rentabilidade mínima pelo governo às concessionárias. Em particular, o Código das Águas de 1934 estabeleceu um regime de concessões associado ao de regulação econômica pela taxa de retorno. No decorrer dessa década, surgiram as primeiras iniciativas de gestão centralizadas no nível estadual, por meio de concessões feitas pelo poder municipal a empresas estaduais.

Durante o regime militar, o setor passou por uma fase de maior centralização política na esfera federal, com a criação em 1968 do Sistema Financeiro de Saneamento (SFS) e a implantação do Plano Nacional de Saneamento (Planasa) em 1971. O Plano determinava uma regulação tarifária baseada em custos (*cost-plus*) com adequação dos níveis tarifários à capacidade de pagamento da população. Em 1978, a Lei nº 6.528, regulamentada pelo decreto nº 82.567, definiu uma sistemática de fixação tarifária, com forte protagonismo federal. As propostas tarifárias dos Estados tinham que seguir critérios definidos pelo Ministério do Interior, eram submetidas à análise do Banco Nacional da Habitação (BNH) e somente autorizadas após aprovação pelo Conselho Interministerial de Preços (CIP). Embora o plano fosse calcado na sustentabilidade econômico-financeira das empresas de saneamento, com meta de rentabilidade de 12% ao ano, as tarifas foram reajustadas sistematicamente abaixo da inflação, gerando dificuldade financeira para as companhias e comprometendo o investimento em expansão da rede. Logo no início dos anos 1990, o Decreto nº 82.587/1978 foi revogado e o Planasa foi extinto. A partir de então, se por um lado as companhias de saneamento estaduais passaram a ter mais liberdade na definição de suas tarifas, por outro, as políticas direcionadas ao setor se tornaram novamente fragmentadas e com baixo nível de coordenação entre os entes federativos.

Em 2007, a promulgação da Lei nº 11.445 (Lei Nacional do Saneamento Básico – LNSB) foi cercada de otimismo e trouxe a perspectiva de um marco regulatório mais moderno para o saneamento básico. De fato, foi uma lei baseada em bons princípios, tais como: (1) defesa de maior tecnicidade e objetividade das decisões; (2) estabelecimento de padrões para a adequada prestação

---

[4] Ver Araújo e Bertussi (2018).

de serviços; (3) possibilidade de regulação tarifária por incentivos; (4) instituição de um plano nacional de saneamento básico (Plansab); e (5) exigência de que o titular do serviço defina uma entidade responsável por sua regulação e fiscalização e que também se responsabilize pelo seu planejamento mediante o Plano Municipal de Saneamento Básico (PMSB).

No entanto, apesar da preocupação da lei em garantir melhor planejamento e um ambiente regulatório mais propício aos investimentos no setor, ela teve pouca efetividade. As metas de universalização, quando existem, têm sido sistematicamente descumpridas – pela completa falta de incentivos às empresas estaduais e aos gestores públicos para atendê-las – e os indicadores do setor continuam muito ruins tanto em termos de cobertura quanto de eficiência e qualidade na prestação dos serviços. Esse resultado não é surpreendente, haja vista que se trata de um setor caracterizado por contratos precários, regulação dispersa e heterogênea, predominância de estatais estaduais ineficientes e malgovernadas e necessidade frequente de conciliar conflitos interfederativos.

Indicadores e cobertura

Hoje, apesar das recentes mudanças no marco regulatório introduzidas pela Lei nº 11.445/2007, e de alguns avanços terem sido alcançados, a população brasileira ainda enfrenta graves problemas de acesso aos serviços públicos de saneamento básico.

O Gráfico 15.1 mostra que, segundo os dados do Sistema Nacional de Informações sobre Saneamento (SNIS), o percentual da população atendida por abastecimento de água ficou praticamente inalterado desde a aprovação da LNSB. O indicador oscilou entre 81% em 2007, e 84%, em 2018. Isso significa que cerca de 34 milhões de pessoas vivem sem água no Brasil. Para se ter uma ideia, o Brasil ainda se encontra atrás de países como Argentina, China e Índia no acesso à água.[5]

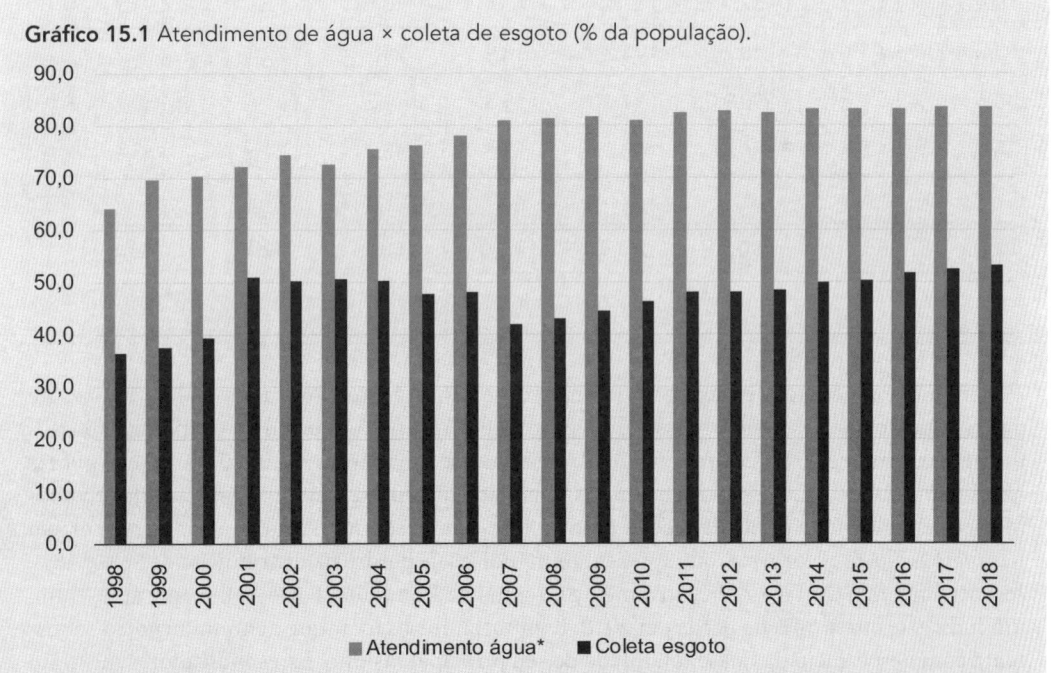

Gráfico 15.1 Atendimento de água × coleta de esgoto (% da população).

* Os anos de 1998 a 2006 foram calculados dividindo o total de atendimento de água fornecido pelo Diagnóstico dos Serviços de Água e Esgoto pela população anual estimada pelo Banco Mundial.

Fonte: SNIS. Diagnóstico dos Serviços de Água e Esgoto, Ministério do Desenvolvimento Regional, Banco Mundial.

---

[5] Ver Reiser *et al.* (2017).

O quadro da cobertura de esgotamento sanitário é ainda mais desolador. Apesar do aumento de 11 pontos percentuais na população com acesso à coleta de esgoto desde a promulgação da LNSB, a cobertura de atendimento do serviço encontra-se extremamente baixa, com 53% da população desassistida – ou seja, quase 100 milhões de pessoas no Brasil não têm acesso a serviços básicos de coleta de esgoto. A situação é ainda pior quando se avalia o tratamento desse esgoto coletado: apenas 46% do volume gerado é tratado antes de ser despejado em rios, lagos ou mesmo no oceano.

Quando se analisa o serviço de saneamento de forma regionalizada, é possível perceber que a grande disparidade entre as regiões do Brasil se manteve desde a criação da Lei nº 11.445/2007.[6] Conforme a Tabela 15.1, a região Norte possui déficit de 89% de coleta de esgoto e 43% de água tratada, enquanto que o Sudeste, apesar de ser a região com os melhores níveis e atendimento, ainda tem déficit de 21% de coleta de esgoto e 9% da população ainda não é atendida com água tratada.[7]

Tabela 15.1 Níveis de atendimento com água e esgoto dos Municípios cujos prestadores de serviços são participantes do SNIS em 2008 e 2018, segundo macrorregião geográfica e Brasil.

Regiões	Índice de atendimento (%)				Índice de tratamento dos esgotos gerados (%)	
	Água		Coleta de esgotos			
	2007	2018	2007	2018	2007	2018
Norte	52,9	57,1	5,1	10,5	9,6	21,7
Nordeste	68,7	74,2	18,9	28	29,8	36,2
Sudeste	90,9	91	65,3	79,2	33,8	50,1
Sul	86,2	90,2	31,5	45,2	29,5	45,4
Centro-Oeste	87,7	89	43,9	52,9	41,8	53,9
Brasil	**80,9**	**83,6**	**42,0**	**53,2**	**32,5**	**46,3**

Fonte: Diagnóstico de Serviços de Água e Esgotos 2008 e 2018 – SNIS, MDR.

Somam-se ao baixo atendimento do serviço de saneamento no Brasil os altos índices de perdas operacionais. Como é possível observar no Gráfico 15.2, o índice de perdas é atualmente o mesmo de 20 anos atrás: em 2018, observou-se uma média nacional de 39% de perdas na distribuição de água. Essas ineficiências operacionais representam desperdícios de recursos hídricos e também de perda de receita para o prestador de serviço. As perdas maiores ocorrem nas regiões Norte e Nordeste, que apresentaram índices de perdas na distribuição de 56% e 46%, respectivamente. Destaca-se negativamente a capital de Rondônia, Porto Velho, que apresentou um índice de quase 80% de perda em 2018. É importante observar que nenhum negócio se sustenta com desperdício da quase totalidade de seu principal insumo. Esses indicadores mostram quão longe o Plansab está de atingir os seus objetivos de universalização da cobertura de água (99%) e esgoto (90%) até 2033.

---

[6] Os indicadores de atendimento de água e coleta de esgoto por Estados da Federação e Distrito Federal constam no Apêndice.
[7] Ver Trata Brasil (2018).

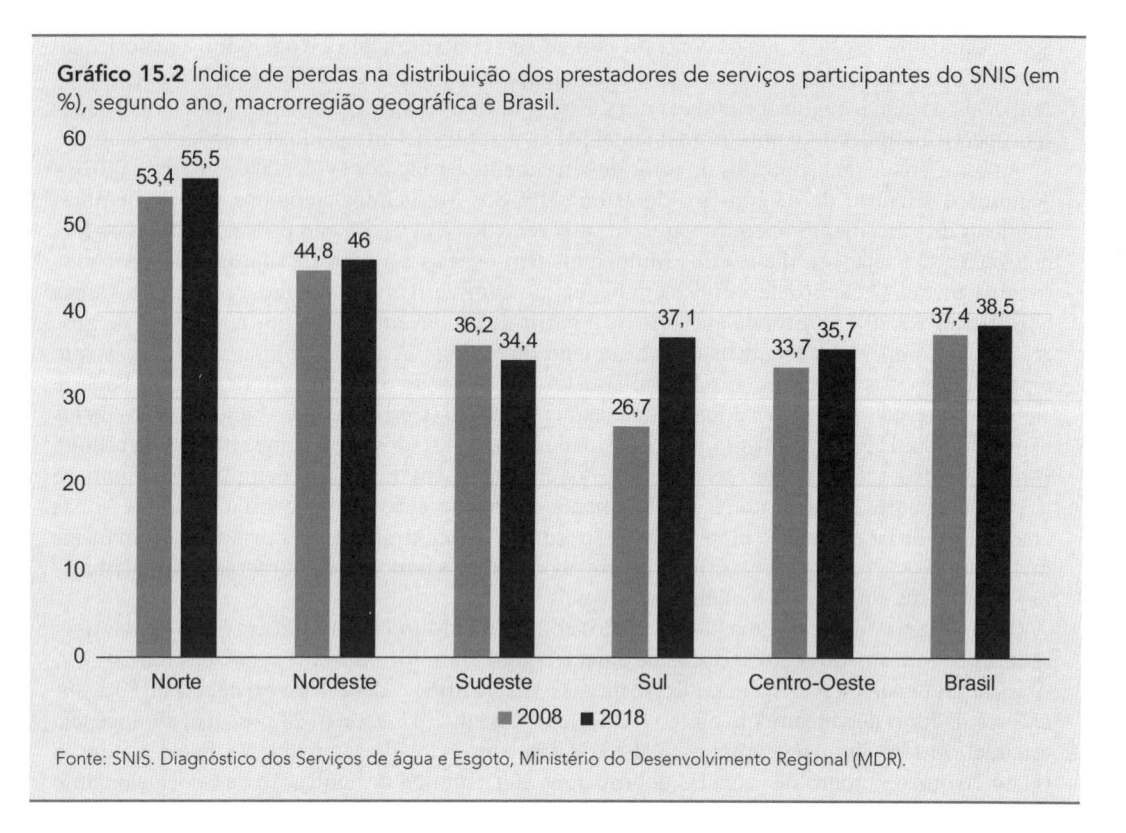

Gráfico 15.2 Índice de perdas na distribuição dos prestadores de serviços participantes do SNIS (em %), segundo ano, macrorregião geográfica e Brasil.

Região	2008	2018
Norte	53,4	55,5
Nordeste	44,8	46
Sudeste	36,2	34,4
Sul	26,7	37,1
Centro-Oeste	33,7	35,7
Brasil	37,4	38,5

Fonte: SNIS. Diagnóstico dos Serviços de água e Esgoto, Ministério do Desenvolvimento Regional (MDR).

A Secretaria de Desenvolvimento da Infraestrutura (SDI) do Ministério da Economia (ME) conduziu um estudo usando dados do Sistema Nacional de Informações sobre Saneamento sobre a prestação de serviço das 25 prestadoras estaduais de saneamento básico. Na ocasião do estudo, havia dados disponíveis do SNIS somente até 2017.

Os resultados observados fornecem um cenário desolador. Para o ano de 2017, um total de 18 companhias apresentou índice de coleta de esgoto inferior a 50%. Mais da metade das companhias apresentaram perdas superiores a 40% nesse ano. Apesar do baixo aumento de qualidade e cobertura dos serviços, mais da metade das empresas aumentaram as tarifas de água e esgoto acima da inflação entre 2010 e 2017. No entanto, considerando esse período, não faltaram recursos para um aumento real de despesas com pessoal próprio na quase totalidade das companhias (exceto Companhia Estadual de Águas e Esgotos – Cedae –, do Rio de Janeiro, Companhia de Saneamento de Minas Gerais – Copasa – e Companhia de Saneamento do Amazonas – Cosama). Avaliando os 25 Estados que possuem operadores estaduais de saneamento básico, verifica-se que no ano de 2017 havia 20 empresas tendo gastos com pessoal próprio médio anual superior a 100 mil reais por ano. Verificou-se ainda uma evolução crescente dos salários dessas companhias, que apresentaram média salarial de R$ 158 mil, contra R$ 66 mil para as empresas privadas. Esses números sugerem que grande parte das empresas públicas priorizou o aumento salarial dos seus próprios quadros, em detrimento da modicidade tarifária e da universalização dos serviços, exemplificando uma das causas dos baixos níveis de investimento nesse setor.

Panorama regulatório

Com relação ao ambiente institucional do setor de saneamento, pode-se dizer que ele é caracterizado por um grande número de empresas operando irregularmente, muitas vezes sem contrato assinado, regulação fragmentada e muitos Municípios ainda sem planejamento. Verifica-se ainda que, mesmo nos casos em que há contrato assinado entre o Município e o operador, a maioria não possui metas para universalização e tampouco é amparado por um (PMSB). Muitos também carecem de uma agência reguladora supervisora. Esse conjunto de metas, consequências claras e agência supervisora independente é fundamental para a garantia de entrega do serviço à população.

A precariedade dos contratos no setor de saneamento básico fica evidenciada no SNIS (2018). Segundo o relatório de diagnóstico do setor,[8] 21% dos Municípios atendidos por companhias estaduais de saneamento operam com contratos vencidos e mais 5% não possuem contratos formalizados. Ou seja, um quarto dos Municípios tem os seus serviços de saneamento prestados irregularmente. O Centro de Estudos em Regulação e Infraestrutura da Fundação Getulio Vargas (CERI/FGV (2020)[9] aprofunda essa análise a partir de um levantamento dos contratos[10] de programa das companhias estaduais de saneamento do Sudeste. A partir de uma amostra bastante representativa dos contratos, o relatório conclui que cerca de 55% dos Municípios do Sudeste atendidos por companhias estaduais de saneamento básico (Cesb) possuem contratos sem metas bem definidas. Há ainda uma grande disparidade entre os Estados. Conforme critérios do estudo, Espírito Santo e São Paulo têm cerca de 20% dos contratos sem metas bem definidas. Esse número já é preocupante. No entanto, é absolutamente alarmante constatar que Estados como Minas Gerais e Rio de Janeiro apresentam cerca de 80% e 98% dos contratos, respectivamente, com metas mal definidas. Se na região mais rica e desenvolvida do país temos esses números, é difícil imaginar que encontremos cenário melhor nas demais regiões.

Texto recente[11] parte de uma base de dados com 3.397[12] Municípios e mostra que 64% das operadoras de saneamento com serviços de água e esgoto eram formalmente reguladas em 2015. A Associação Brasileira das Agências Reguladoras (Abar) (2015)[13] identifica a existência de 50 agências reguladoras de saneamento básico (ARSB) no país em 2015. Destas, 23 possuem abrangência estadual, 24 têm abrangência municipal e três são consórcios de Municípios. Chama a atenção o fato de que o número de agências dobrou após 2007, ano de promulgação da Lei Nacional do Saneamento Básico. O cenário de planejamento não é distinto:[14] em 2016, apenas 43% dos Municípios tinham o PMSB, após quase dez anos de implantação da LNSB.

Dessa maneira, observa-se que, mesmo depois de vários anos desde a vigência da LNSB, o percentual de Municípios que adotam instrumentos formais de supervisão regulatória e planejamento ainda é muito baixo. Apesar da carência de estudos mais aprofundados, a baixa qualidade de grande número de agências reguladoras, que operam sem independência, estrutura ou regramentos mínimos, é notória.

O modelo vigente no Brasil nas últimas décadas é uma combinação perversa de regulação fragmentada e mal desenhada, planejamento ineficaz, desarticulação entre entes federativos e predominância de empresas estatais ineficientes. Esse ambiente de inoperância institucional está na raiz do baixo investimento feito no setor, mesmo quando comparado a outras áreas de infraestrutura. A Tabela 15.2 mostra que, desde os anos 1970, o saneamento é o "lanterninha" em termos de investimentos, quando comparado aos demais setores de infraestrutura no Brasil. Mantendo-se o quadro atual, com o ritmo de investimentos observados, a situação permanecerá inalterada. Cumpre lembrar que os setores de energia elétrica e de telecomunicações são quase totalmente

---

[8] Ver Brasil (2018).

[9] Ver Dutra *et al.* (2020).

[10] O estudo levantou contratos de prestação de serviços de água e esgoto nos Municípios atendidos pelas seguintes companhias: Cedae, Companhia Espírito Santense de Saneamento (Cesan), Copasa e Companhia de Saneamento Básico do Estado de São Paulo (Sabesp). O percentual de contratos obtidos foi de, respectivamente, 94%, 75%, 96% e 98%.

[11] Araújo e Bertussi (2018).

[12] Pela lei atual, Municípios com prestação direta do serviço não têm obrigatoriedade de se vincularem a uma agência reguladora.

[13] Ver Abar (2015).

[14] Ver Brasil (2017).

privatizados. Além disso, o item "transportes" possui enorme disparidade nacional, sendo que o Estado de São Paulo, com rodovias predominantemente operadas pelo setor privado, representa a maior parcela dos investimentos nacionais. Assim, o fator "domínio estatal" pode explicar a razão da falta de investimentos em saneamento.

Tabela 15.2 Evolução da taxa de investimento anual (fluxo) em infraestrutura, em % do PIB.

Setor	1970-1980	1981-1990	1991-2000	2001-2010	2011-2016	2017-2018
Telecomunicações	0,93	0,38	0,71	0,63	0,47	0,45
Energia	2,47	1,26	0,68	0,57	0,68	0,65
Saneamento	0,53	0,20	0,15	0,17	0,19	0,20
Transportes	2,36	1,26	0,57	0,59	0,85	0,47
Total	6,29	3,10	2,11	1,96	2,19	1,77

Fontes: Série de 1970-2016 de Ipea (2018); Série 2017-2018 de Ministério da Economia (2019).

NOVO MARCO LEGAL DO SANEAMENTO

Esta seção analisa o novo marco legal do saneamento, destacando o papel do órgão regulador, a importância da redução das barreiras ao capital privado e da universalização dos serviços e a necessidade de observar alguns pontos críticos, em perspectiva.

O papel da ANA

A alteração do marco legal do saneamento básico inclui a atualização de sete dispositivos legais, que em conjunto têm o objetivo geral de promover maior segurança jurídica para os investimentos no setor, por meio do estabelecimento de um ambiente regulatório mais seguro, aperfeiçoando a legislação de gestão de recursos hídricos e saneamento básico. As principais atualizações trazidas pelo novo marco serão abordadas a seguir.

O primeiro ponto encaminha esse objetivo, na medida em que altera a Lei nº 9.984/2000 e adiciona entre as competências da Agência Nacional de Águas a de instituir normas de referência nacionais para a prestação dos serviços públicos de saneamento básico.

Essa centralização das diretrizes para o setor de saneamento na ANA segue o preconizado pelas boas práticas de governança, com vistas a fortalecer a coerência de normas e promover a coordenação, além de fortalecer a confiança nas instituições públicas.[15] Esse item vem ao encontro dos anseios do setor sobre a importância de se desenvolver harmonia regulatória para o saneamento no Brasil.

Essas normas de referência irão incentivar a padronização regulatória em um setor que, conforme mencionado, conta com mais de 50 agências reguladoras locais. Caberá à ANA estabelecer normas sobre: (1) governança das entidades reguladoras, (2) regras de regulação tarifária, (3) contabilidade regulatória, (4) metodologia de indenizações devidas em razão dos investimentos realizados e ainda não amortizados ou depreciados, (5) parâmetros para a determinação de caducidade na prestação dos serviços, (6) metas de universalização, padrões de qualidade e (7) redução de perdas de água, além de (8) prever mediação entre os entes para a solução de conflitos.

O atendimento às normas de referência pelas agências locais é facultativo, devido à competência municipal do serviço de saneamento básico. Portanto, para garantir a adesão às diretrizes

---

[15] Ver Peci e Sobral (2011).

estabelecidas da ANA pelas agências locais, o novo marco cria um sistema de incentivos com base em três aspectos. Primeiro, dá liberdade para que os titulares, sob determinados critérios, deleguem a regulação do serviço às agências reguladoras de sua escolha. Segundo, determina que a ANA publique a relação das agências que adotam as normas de referência nacionais para regulação dos serviços públicos de saneamento básico. Terceiro, vincula o acesso a recursos públicos federais e financiamentos com recursos da União pelas empresas reguladas à adoção dessas normas de referência pelo seu regulador (*spending power*).

Essa prática possibilita uma competição por padrão entre as agências reguladoras locais, garantindo maior coerência regulatória e busca por excelência. Além disso, permite ao titular aderir a uma agência reguladora em outra unidade da federação, desde que seja uma agência credenciada pela ANA, o que incentiva a competição entre agência, evita a criação de agências e localidades que não tenham capacidade econômico-financeira e técnica para isso, colaborando para um ambiente regulatório mais competitivo e sadio.

Prestação regionalizada e redução das barreiras ao capital privado

O primeiro ponto que merece destaque se refere ao incentivo à prestação regionalizada do serviço de saneamento e permite incluir na lei o entendimento já consagrado pelo Supremo Tribunal Federal (STF). Isto é, prevê que, em caso de interesse comum, a titularidade deve ser exercida pelo conjunto de Municípios envolvidos, incluindo o Estado. Essa regra garante o atendimento a toda a região, uma vez que possibilita viabilizar possíveis subsídios cruzados a Municípios que não seriam sustentáveis individualmente. E, caso o Estado não se manifeste nesse sentido no tempo previsto, a União poderá estabelecer blocos de referência como forma de garantir que os Municípios possam melhor se organizar por meio de gestão associada.

A lei visa também reduzir o ambiente hostil ao investidor privado existente no setor. Ela incentiva as privatizações, ao acabar com a regra em vigência que estabelece a extinção automática dos contratos de programa nos casos de alteração de controle acionário de uma Cesb. Essa regra drena o valor da empresa e virtualmente impede a privatização, pois o real valor dessas empresas está configurado pela sua carteira de clientes e garantido pelos contratos que ela possui. A manutenção dos contratos em casos de desestatização dá garantias para o ente privado que assumir a operação e mantiver a prestação do serviço, bem como der continuidade às obrigações previstas, como metas de atendimento e qualidade do serviço prestado, garantindo o princípio da continuidade do serviço público.

Outra melhoria diz respeito à proibição da assinatura de novos contratos de programa. Como o serviço de saneamento possui características de monopólio natural,[16] a solução encontrada será incentivar a concorrência pelo mercado. Essa situação se verifica quando há economias de escala em decorrência de duas características principais: custos médios decrescentes e função de custos subaditiva, sendo essa a característica de uma indústria em que produzir com mais de uma firma é mais dispendioso do que com apenas uma.

Universalização e maior qualidade na prestação dos serviços

Outras alterações buscam ainda corrigir as dificuldades que a LNSB teve na aplicação (*enforcement*) de suas diretrizes, sobretudo em relação à universalização. As alterações na Lei nº 11.445/2007 preconizadas pelo novo marco regulatório preveem que os contratos de saneamento básico deverão conter: (1) metas claras de expansão dos serviços, redução de perdas, qualidade e eficiência da prestação do serviço; (2) possíveis fontes de receitas alternativas, complementares ou acessórias; (3) metodologia de cálculo de eventual indenização relativa aos bens reversíveis não amortizados por ocasião da extinção do contrato; e (4) regra objetiva de repartição de riscos entre

---

[16] Ver Baumol (1977).

as partes. Mais explicitamente, o projeto estabelece que esses contratos devem definir metas de universalização que garantam o atendimento de 99% da população com água potável e de 90% da população com coleta e tratamento de esgotos até 31 de dezembro de 2033, alinhando-se com as metas do Plansab. Conforme visto anteriormente, isso é muito importante, em razão da absoluta precariedade institucional explicada na seção anterior.

O estabelecimento dessas metas causou debate intenso sobre a viabilidade de se atingir a universalização nas datas previstas. No entanto, não podemos esquecer que a data de 2033 que consta no projeto é a mesma estabelecida no Plansab e já flexibiliza o compromisso firmado pelo Brasil para atingir os Objetivos de Desenvolvimento Sustentável (ODS) das Nações Unidas, que era de 2030. Para tratar as possíveis divergências, previu-se a possibilidade de ampliar esses prazos para 2040, caso se comprove a inviabilidade econômico-financeira da universalização, após esgotadas as alternativas de modelagem, incluindo a prestação regionalizada do serviço para ganho de escala. Cumpre ressaltar que estudo da Confederação Nacional da Indústria (CNI)[17] calcula o prazo de universalização, mantido o ritmo atual, para 2060 – ou seja, as metas estabelecidas buscam antecipar este cenário em, no mínimo, 20 anos. Tais metas deverão ser verificadas em um intervalo dos últimos cinco anos, com necessidade de cumprimento a cada três, para que o prestador do serviço esteja cumprindo o pactuado. Caso as metas não sejam atingidas nesse intervalo, a agência reguladora deve iniciar um procedimento administrativo para providências com possível declaração de caducidade da concessão.

A necessidade de elaboração de metas claras para a universalização do serviço está relacionada diretamente com a realização de um diagnóstico também claro. O PMSB está previsto como uma ferramenta de diagnóstico e planejamento para os Municípios estabelecerem seus objetivos e metas de modo a alcançar o acesso universal ao saneamento. Por se tratar de um processo denso, que conta com a participação de diversos setores da sociedade, a elaboração desse plano muitas vezes é dificultada, especialmente em Municípios pequenos. Para isso, o novo marco legal prevê a possibilidade de que um plano regional de saneamento básico supra a necessidade do plano municipal, caso o Município seja atendido por uma prestação regionalizada. Também foi incluída uma dilação de prazo para revisão do plano, que passa a ser a cada dez anos em vez de a cada quatro, além da previsão de um plano simplificado para Municípios com população inferior a 20 mil habitantes.

Por fim, vale mencionar mais alguns pontos que garantem expressamente mais eficiência e melhor qualidade da prestação do serviço. Primeiro, a exigência de segregação contábil para a prestação do serviço contribui para a transparência, possibilitando a definição mais clara da tarifa, evidenciando os casos específicos que necessitam.[18] Segundo, a determinação de que todos os prestadores estejam vinculados a uma agência reguladora, mesmo quando o serviço for prestado diretamente, e de que toda a prestação de serviço deverá necessariamente ser cobrada, visa garantir maior sustentabilidade do serviço. Terceiro, a possibilidade de utilização e cobrança de métodos alternativos de abastecimento de água e coleta/tratamento de esgoto viabiliza a prestação do serviço em muitas localidades. Quarto, a exigência de verificação da capacidade econômico-financeira da empresa contratada nos casos de aditivos, renovações e licitações busca garantir que a empresa tenha condições de prestar um serviço adequado e de qualidade.[19]

Pontos de atenção

Apesar de todos os avanços trazidos pelo novo marco, alguns pontos podem ser elencados como destaques negativos do projeto, como a possibilidade de o Congresso derrubar o veto ao art. 16,

---

[17] Ver CNI (2018).

[18] Esse tipo de *accountability* possibilita focar nos pontos mais críticos de melhoria de eficiência na prestação do serviço, por meio da identificação das causas e abordando soluções específicas para os problemas mapeados.

[19] Esse aumento de eficiência na prestação do serviço poderá se transformar em expansão no atendimento da população, ampliando os investimentos de forma a atingir as metas de universalização estabelecidas.

que previa a renovação por até 30 anos de contratos vigentes e o reconhecimento contratual de prestação de fato ou com contratos com a vigência expirada para prestações por contrato de programa, até 31 de março de 2022. Essas renovações, mesmo com a inclusão de metas e obrigatoriedade de verificação da capacidade financeira da empresa, postergam possíveis ganhos de eficiência que poderiam decorrer de uma licitação do serviço e revertidos ao usuário final.

Além disso, deve-se acompanhar com cuidado o processo de regulamentação, tanto das normas de referência da ANA quanto da metodologia para comprovação da capacidade econômico-financeira da contratada, que será regulamentada por decreto do Poder Executivo. Outros temas também devem ser regulamentados pelo Executivo federal, como o apoio técnico da União, a adesão à prestação regionalizada, a estruturação de sua governança e a modelagem da prestação regionalizada.

Se a ausência de regulamentação causa insegurança jurídica e afasta investimentos, regulamentos ruins podem causar um dano ainda maior e impedir que o objetivo da universalização do saneamento seja alcançado.

EXPERIÊNCIA INTERNACIONAL E IMPACTOS DA UNIVERSALIZAÇÃO

Esta seção foca a experiência internacional no setor de saneamento, com o debate acerca da participação relativa do Estado e do setor privado na provisão do serviço; e avalia os possíveis impactos da universalização.

Experiência internacional

O marco do saneamento trouxe à tona um debate sobre se esse serviço público seria mais bem prestado por um operador público ou por um operador privado. Os defensores de que o serviço do saneamento seria mais bem gerido por um prestador público argumentam que, por se tratar da provisão de um bem essencial, com características de monopólio natural e altos custos afundados de capital, ele seria melhor ofertado por um prestador público que, como teria o objetivo de maximizar o bem-estar social, entregaria o serviço para toda a população a um custo menor.

No entanto, na prática essa situação não é verificada no Brasil. Hoje, metade da população brasileira não é atendida com serviço de coleta de esgoto e exatamente as áreas mais carentes são aquelas que não são atendidas por prestação do serviço, que atualmente é 95% público.

Estudo do Ministério da Economia,[20] realizado com os dados do SNIS, mostrou que, apesar de as tarifas médias de abastecimento de água terem crescido nos últimos anos em ritmo muito superior à inflação do período, os investimentos têm caído, enquanto os salários dos empregados dessas companhias públicas aumentaram. Essa é uma de que regras mais claras de governança precisam ser implementadas no setor para evitar esse tipo de captura.

Os serviços de saneamento são politicamente sensíveis e o envolvimento político excessivo na gestão de serviços públicos quase sempre conduz a ineficiências. Exemplo disso são tarifas excessivamente baixas que privam o prestador dos recursos necessários para realizar a manutenção e a expansão das redes.[21]

Estudo do Banco Mundial[22] em países do Caribe mostra que economias nas quais a prestação do serviço é realizada em sua maioria por empresas públicas contam com problemas típicos

---

[20] Disponível em: http://www.economia.gov.br/central-de-conteudos/apresentacoes/2019/cesbes-e-ipo-minoritario.pdf/view. Acesso em: 18 mar. 2020.

[21] Ver Balbotín e Bonifaz (2014).

[22] Ver Berg (2013).

relativos a esses prestadores, como a preferência por expandir o atendimento em detrimento da redução de ineficiências. O estudo enfatiza ainda que isso corrobora o fato de que os prestadores públicos mostram elevadas perdas de água, tanto técnicas como de faturamento, que muito comumente são superiores a 50%, além de apresentar problemas de intermitência do serviço.

O estudo citado também apresenta como solução para o problema a necessidade de se aumentar a eficiência na prestação do serviço público de saneamento, por meio da introdução de um parceiro privado, como fizeram alguns países analisados no artigo, como Trinidad e Tobago, Guiana, Barbados e República Dominicana. Esses países, além de incentivarem a criação de uma agência reguladora, também agiram no sentido de permitir a entrada do parceiro privado na prestação do serviço de saneamento básico.

Vale citar também um tema que ganhou destaque nesse último ano de debate do novo marco regulatório, que iremos chamar de "o mito das reestatizações". O argumento contra a alteração na lei do saneamento, que propicia a participação do setor privado na prestação do serviço, advoga que a operação de saneamento básico tem sido reestatizada ao redor do mundo, o que seria uma evidência do fracasso da prestação pública.

No entanto, quando avaliamos a fundo os casos em que a prestação do serviço passou de volta das mãos do operador privado para o público,[23] verifica-se que, na maioria dos casos, ou se trata de uma licitação malfeita com um ambiente regulatório ruim – como no caso da Argentina – ou de uma estratégia política com viés ideológico, como no caso de Paris, em que a prestação foi retomada pelo poder público após o serviço já ter sido universalizado.

Por outro lado, no caso do Chile, um ambiente regulatório estabelecido de forma estruturada no período que antecedeu a privatização do setor, com a criação de uma agência reguladora, possibilitou ao país alcançar a universalização do serviço.

Impactos da universalização

Se não houver mudanças no cenário atual, a universalização do saneamento será muito custosa e demorada. Se os níveis históricos de investimentos forem mantidos no ritmo atual e os avanços observados nos níveis de atendimento se mantiverem, a universalização dos serviços de água e esgoto ocorreria apenas em 2055, a um custo total de R$ 798 bilhões.[24]

A exposição da população à falta de água tratada e a carência de serviços de coleta e tratamento de esgoto aumentam a incidência de infecções e afasta as pessoas do trabalho, acarretando custos de horas não trabalhadas, além do aumento de despesas públicas e privadas para tratamento dessas doenças. A falta de saneamento básico tem ainda correlação com a taxa de mortalidade infantil. Os mais pobres são os mais afetados pela falta de saneamento e, consequentemente, por todo esse flagelo.

O instituto Trata Brasil[25] mostra que 43% das pessoas afastadas do trabalho apresentaram como causa doenças gastrointestinais, fato que reduz a produtividade do trabalhador exposto à situação de falta de saneamento básico. Ele terá desempenho produtivo menor, devido a uma saúde mais precária. A educação também é afetada, pois infecções recorrentes afastam as crianças e jovens de suas atividades escolares, prejudicando o desempenho educacional e, consequentemente, suas oportunidades no mercado de trabalho.

O Quadro 15.1 apresenta alguns dos benefícios econômicos e sociais gerados pelos investimentos realizados em saneamento no período de 2004 a 2016.

---

[23] Ver Schiffler (2015).

[24] Ver KPMG(Abcon) (2019).

[25] Ver Trata Brasil (2018).

Quadro 15.1 Benefícios dos investimentos em saneamento de 2004 a 2016.

Econômicos	Sociais
Taxa de crescimento de 10% das receitas operacionais das empresas de saneamento Renda de operação do saneamento: R$ 18 bilhões	Criação de empregos: • 69 mil empregos diretos; • 33 mil empregos indiretos; • 39 mil empregos induzidos na construção.
Expansão do faturamento das empresas de saneamento em 3,3% a.a.	135 mil empregados ocupados na operação do setor
Impostos sobre investimentos e operação do setor: R$ 9 bilhões	População sem acesso à água caiu de 118 milhões de brasileiros para 39 milhões
Benefícios de R$ 590 bilhões, sendo R$ 488 de benefícios diretos e R$ 102 bilhões devidos à redução das externalidades negativas	População sem serviço de esgoto caiu de 65% para 49%
Economia com as condições de saúde da população de R$ 1,737 bilhão	Número de internações por problemas gastrointestinais caiu de 538 mil para 275 mil
Aumento da produtividade: R$ 2,581 bilhões anuais	
Turismo: R$ 8,232 bilhões	
Valorização imobiliária: R$ 58 bilhões	

Fonte: Trata Brasil (2018).

O estudo do Trata Brasil fez uma análise custo-benefício dos investimentos realizados no setor do saneamento de 2004 a 2016, considerando todos os desembolsos realizados e benefícios diretos e indiretos gerados. O resultado do estudo aponta para um saldo positivo de R$ 201 bilhões. Esse valor decorre de um benefício socioeconômico total de R$ 590 bilhões, reduzido de um custo total de R$ 389 bilhões em investimentos e aumento de despesas das famílias. Também foi feita uma análise prospectiva que estimou os efeitos dos benefícios potenciais gerados pela universalização do saneamento para o período de 2016-2036. Segundo o relatório, os benefícios diretos da universalização seriam de R$ 1,5 trilhão em todo o país em 20 anos. Cerca de R$ 800 bilhões seriam advindos de benefícios diretos, como a geração de emprego e renda e recolhimento de impostos. Por sua vez, em torno de R$ 700 bilhões viriam de benefícios indiretos associados a externalidades positivas, como a redução de custos com saúde, aumento da produtividade, valorização imobiliária e expansão do turismo.

Todos esses valores correspondem a estimativas realizadas, mas que mostram como investimentos no setor extravasam para várias outras atividades da economia. Apenas uma priorização do saneamento, acompanhada de mudanças da situação atual, será capaz de proporcionar avanços e a apropriação de todos esses benefícios estimados pela economia brasileira.

OS MESES SEGUINTES À APROVAÇÃO DO NOVO MARCO REGULATÓRIO DO SETOR

O sucesso do novo marco regulatório dependerá dos próximos passos que serão dados em seguida. Vale destacar a importância que a ANA desempenhará nesse sentido. É necessário que se estabeleça uma mudança no ambiente institucional, de forma a garantir que as regras sejam cumpridas e o prestador seja efetivamente regulado.

Nesse sentido, o estabelecimento de uma governança adequada para o setor é essencial para que se garanta o cumprimento das regras estabelecidas. Além disso, em um país de dimensões continentais como o Brasil, faz-se necessário repensar o tipo de regulação que teremos para o setor. Nessa linha, a ANA terá o trabalho de identificar o que pode ser feito para melhorar as regras já estabelecidas, sempre em diálogo com as agências estaduais, e induzir melhor prestação do serviço. Vários são os desafios, mas destacam-se duas ações da ANA que são consideradas como as mais prioritárias se o projeto for aprovado: definir normas de referência para a regulação tarifária; e estabelecer uma metodologia clara de indenização de bens reversíveis não amortizados, em caso de extinção antecipada dos contratos.

Merece reflexão o tipo de regulação que o setor de saneamento tem utilizado, muito inspirada na regulação do setor elétrico, que submete o operador a alterações nas regras de revisão tarifária a cada ciclo. As alterações incluem, inclusive, mudanças metodológicas, o que contribui para a insegurança jurídica, em razão de envolver uma grande dose de discricionariedade por parte do regulador. Por conta disso, a literatura denomina esse tipo de ajuste de "Regulação Discricionária" em contraponto à "Regulação Contratual" (*Non Cost-Based*), em que os preços são independentes do custo de prestação do serviço regulado.[26]

Na regulação por contrato, se busca especificar *ex-ante*, nos contratos, as principais regras da prestação do serviço, com preço do serviço determinado na partida para todo o período do contrato, sujeito a uma regra predeterminada de reajuste anual e nível de investimentos obrigatórios. Esse tipo de regulação dá maior estabilidade à prestação do serviço, sem estar sujeita a alterações de metodologia para revisão de tarifa pelo custo do operador. É possível haver revisão tarifária, desde que com regra predeterminada estabelecida na assinatura do contrato.

A regulação contratual contribui para a estabilidade regulatória e a segurança jurídica da prestação do serviço, uma vez que não altera nenhuma metodologia e todas as regras estão pactuadas *a priori*, na assinatura do contrato. Dado que os contratos são por princípio incompletos,[27] não é possível prever todas as intercorrências que podem surgir durante sua vigência. Caso alguma situação não prevista venha a se materializar, é possível um reequilíbrio extraordinário do contrato. Cabe ressaltar que, em qualquer dos casos, uma matriz de riscos bem definida contribui para assegurar a estabilidade contratual e minimizar problemas futuros.

A padronização e a definição de uma metodologia apropriada de indenização para os ativos de saneamento básico garantem maior estabilidade e segurança jurídica ao setor. A incerteza atualmente existente sobre os valores de indenização devidos atrapalha tanto os Municípios quanto as operadoras. Uma metodologia de indenização objetiva e apropriada permite que Municípios se desvinculem de contratos ruins, de maneira justa para o concessionário. Em casos limites, ela torna mais críveis e viáveis eventuais processos de caducidade. Uma metodologia indenizatória clara e adequada também protege as companhias. Nos casos de encampação por parte dos titulares, muitas vezes motivada por uma agenda política, ela garante um reembolso justo aos operadores sérios pelos seus ativos.

Vale apontar que outras instituições também têm um papel-chave após a aprovação do marco. O Executivo precisará regulamentar a lei com celeridade e garantir que os vários mecanismos de incentivo existentes no marco regulatório para universalização e prestação de serviços de qualidade sejam efetivos e eficientes. O Programa de Parcerias de Investimentos (PPI) e o Banco Nacional de Desenvolvimento Econômico e Social (BNDES) terão a responsabilidade de garantir que as primeiras concessões estaduais leiloadas sob o novo marco legal sigam os seus princípios e criem uma referência que impulsionará os demais Estados a seguir esse caminho. Os governos estaduais precisarão cumprir todos os passos legislativos para criar regiões metropolitanas funcionais, com estrutura de governança bem definida e viabilidade econômico-financeira. Por fim, o Ministério de Desenvolvimento Regional (MDR) zelará pela efetividade das políticas públicas e pelo planejamento do setor, garantindo que as metas estabelecidas no Plansab sejam de fato cumpridas.

---

[26] Ver Gomez-Ibáñez (2003).

[27] Ver Holmstrom (1979) e Hart e Moore (1988).

CONCLUSÕES

A prestação de serviço de saneamento básico ainda é precária em nosso país. Os indicadores mostram que metade da população brasileira não tem acesso à coleta de esgoto e falta abastecimento de água tratada para quase 35 milhões de brasileiros. A cobertura insuficiente do serviço prejudica a população em diversas áreas, seja contribuindo para um baixo rendimento escolar, seja acentuando a perda de produtividade no trabalho, e tem como a pior consequência a morte de mais de seis mil crianças por ano no Brasil.

Este é o resultado perverso da combinação de três fatores. Primeiro, o vácuo legal deixado pela Constituição de 1988, que atribuiu aos Municípios a titularidade de todos os "serviços de natureza local", sem definir quais serviços seriam esses. Até então, os Estados eram os responsáveis principais pela oferta do serviço, principalmente pela estratégia definida pelo Planasa, do final da década de 1960. Com isso, de 1988 até a publicação da LNSB, uma enorme discussão se seguiu com relação às atribuições de cada ente federativo nesse processo[28]. Segundo, a completa falta de vontade política em se resolver tal problema no país, com o famoso bordão de que "obra enterrada não dá voto". E, por último, a tradicional preferência dos políticos brasileiros por empresas públicas, em detrimento do investimento privado. Essas estatais, criadas na época do Planasa, costumam ser as maiores empresas públicas dos Estados (portanto, com muitos cargos em comissão e alto faturamento), estando muitas envolvidas em denúncias de corrupção e todas gozando de enorme ineficiência operacional.

As alterações trazidas pelo novo marco legal do saneamento se apresentam com alternativas para mudar esse panorama, proporcionando a abertura do setor ao parceiro privado, como forma de aumentar os investimentos e buscar atingir as metas de universalização pactuadas. Como foi apresentado, apenas a prestação do serviço por operadores públicos não fará com que o Brasil alcance as metas de universalização pactuadas. Isso pôde ser verificado ao longo do texto, fato que decorre tanto da má gestão dessa operação como da falta de uma regulação adequada, de uma fiscalização inoperante e até mesmo da captura política desses entes.

Assim, espera-se que uma regulação mais uniforme, juntamente com a retirada de barreiras à entrada do ente privado, proporcione condições mais adequadas, estáveis e maior segurança política para que seja possível alcançar a universalização do saneamento básico no país.

---

[28] Em verdade, esta discussão seguiu até 2019, quando foi publicado pelo STF o acórdão da Ação Direta de Inconstitucionalidade (ADI) 1.842, sobre as regiões metropolitanas.

APÊNDICE

Evolução da taxa de investimento anual (fluxo) em infraestrutura, em 2018, em % do PIB

Estado	Atendimento com rede (%)				Tratamento dos esgotos (%)	
	Água		Coleta de esgotos		Esgotos	Esgotos
	Total	Urbano	Total	Urbano	gerados*	coletados
Acre	47,1	62,9	10,1	13,9	18,8	100,0
Amapá	34,9	38,3	7,1	8,0	14,8	95,0
Amazonas	81,1	89,3	10,0	11,2	29,7	97,4
Pará	45,6	57,2	5,2	7,0	8,0	43,7
Rondônia	49,4	62,9	4,9	6,0	9,6	77,8
Roraima	81,5	99,8	51,7	65,1	70,2	97,3
Tocantins	79,3	97,6	26,4	34,0	33,5	98,3
Alagoas	74,6	88,6	21,4	28,1	16,2	81,6
Bahia	81,6	95,1	39,5	52,0	52,4	86,8
Ceará	59,0	74,3	25,5	33,0	38,8	90,5
Maranhão	56,4	76,4	13,8	19,2	13,5	42,8
Paraíba	74,3	91,8	36,1	45,6	47,2	88,1
Pernambuco	80,5	91,8	27,5	32,2	31,5	75,6
Piauí	75,9	96,3	14,4	20,7	13,8	94,6
Rio Grande do Norte	87,1	95,9	23,9	30,3	32,2	96,1
Sergipe	86,9	94,6	25,5	32,4	32,0	91,4
Espírito Santo	81,2	92,2	54,9	62,7	46,3	74,2
Minas Gerais	82,1	93,4	72,1	81,1	39,0	42,4
Rio de Janeiro	90,5	92,4	65,4	66,8	31,3	60,1
São Paulo	96,2	98,6	89,8	92,7	64,5	80,3
Paraná	94,4	100,0	71,4	81,7	73,2	99,6
Rio Grande do Sul	86,4	97,5	32,1	37,0	26,2	82,5
Santa Catarina	89,1	97,6	23,7	27,5	27,8	98,4
Distrito Federal	99,0	99,0	89,3	89,3	85,4	100,0
Goiás	85,6	92,8	46,4	50,9	49,6	88,9
Mato Grosso do Sul	89,3	97,6	35,6	42,3	36,8	87,6
Mato Grosso	86,4	99,4	49,5	57,7	43,8	99,8
Brasil	**83,6**	**92,8**	**53,2**	**60,9**	**46,3**	**74,5**

* Estima-se o volume de esgoto gerado como sendo igual ao volume de água consumido.

Fonte: Sistema Nacional de Informações sobre Saneamento.

REFERÊNCIAS

ARAÚJO, F. C. DE; BERTUSSI, G. L. Saneamento básico no Brasil: estrutura tarifária e regulação. *Planejamento e Políticas Públicas*, n. 51, p. 165-202, 2018.

ASSOCIAÇÃO BRASILEIRA DAS AGÊNCIAS REGULADORAS – ABAR. *Saneamento básico*: regulação 2015. Brasília: Abar, 2015.

BALBOTÍN, P. R.; BONIFAZ, J. L. Notas sobre la teoría de la empresa pública de servicios de infraestructura y su regulación. Santiago: Comisión Económica para América Latina y el Caribe, 2014. (Recursos naturales e infraestructura, n. 165.

BAUMOL, W. J. On the proper cost tests for natural monopoly in a multiproject industry. *American Economic Review*, v. 67, n. 5, p. 809-822, 1977.

BERG, S. V. *Best practices in regulating state-owned and municipal water utilities*. 2013, 65.

BRASIL. Ministério do Desenvolvimento Regional – MDR. *Diagnóstico dos serviços de água e esgoto*. Brasíla: MDR, 2018.

BRASIL. Ministério das Cidades. Diagnóstico dos serviços de água e esgoto. Brasília: Ministério das Cidades, 2017.

CONFEDERAÇÃO NACIONAL DA INDÚSTRIA – CNI. *Saneamento básico*: uma agenda regulatória e institucional. Brasília: CNI, 2018.

DUTRA, J.; SMIDERLE, J.; CAPODEFERRO, M.; CYTRYN, P. Análise dos contratos de programa: Teaser dos resultados. Relatório. Rio de Janeiro: Centro de Estudos em Regulação e Infraestrutura, Fundação Getulio Vargas, 2020.

GOMEZ-IBÁÑEZ, J. A. *Regulating infrastructure*: monopoly, contracts and discretion. Cambridge, MA: Harvard University Press, 2003.

HART, O.; MOORE, J. Incomplete contracts and renegotiation. *Econometrica*, v. 56, n. 4, p. 755, 1988.

HOLMSTROM, B. Moral hazard and observability. *The Bell Journal of Economics*, v. 10, n. 1, p. 74, 1979.

INSTITUTO DE PESQUISA ECONÔMICA APLICADA – IPEA. *Desafios da nação*: artigos de apoio. Brasília: Ipea, 2018. v. 1.

KPMG(Abcon). Universalização do saneamento no Brasil Sumário: Estimativa preliminar de universalização do saneamento básico no Brasil, 2019.

MINISTÉRIO DA ECONOMIA. *Pró-Infra - Caderno 1*: Estratégia de Avanço na Infraestrutura. 2019, p. 12. Disponível em: https://www.gov.br/pt-br/centrais-de-conteudo/publicacoes/notas-informativas/2019/livreto_pro-infra.pdf. Acesso em: 27 out. 2020.

PECI, A.; SOBRAL, F. Regulatory impact assessment: how political and organizational forces influence its diffusion in a developing country. *Regulation and Governance*, v. 5, n. 2, p. 204-220, 2011.

REISER, M.; CLARKE, R. N.; PROCEE, P.; BRICENO-GARMENDIA, C. M.; KIKONI, E.; MUBIRU, J. K.; VINUELA, L. De volta ao planejamento: como preencher a lacuna de infraestrutura no Brasil em tempos de austeridade. Relatório. Washington: Banco Mundial, 2017.

RITCHIE, H.; ROSER, M. Sanitation. *Our World in Data*, Sept. 2019. Disponível em: https://ourworldindata.org/sanitation#access-to-safe-sanitation. Acesso em: 13 mar. 2020.

SCHIFFLER, M. *Water, politics and money*. Berlin: Springer, 2015.

TEIXEIRA, L.; MATTOS, E.; E PINTO, C. Empirical evidence of the effect of sanitation policies on health indicators for Brazilian municipalities. Texto para discussão. São Paulo: EESP/FGV, 2011.

TRATA BRASIL. Benefícios econômicos e sociais da expansão do saneamento no Brasil. São Paulo: Ex Ante Consultoria Econômica, 2018.

Política Social: Pensando em 2030

16

Maína Celidonio e Paula Pedro

INTRODUÇÃO

De forma estrita, a pobreza é definida como a insuficiência de renda para custear um nível de consumo mínimo. Logo, de maneira mais imediata, o combate à pobreza pode se restringir à complementação de renda. No entanto, no longo prazo, o combate à pobreza implica o desenvolvimento da autonomia do indivíduo de gerar e manter renda suficiente que lhe garanta tais condições mínimas. No campo da política pública, isso se traduz em políticas que tenham como objetivo final aumentar a produtividade do indivíduo.

Nas últimas décadas, o Brasil diminuiu consideravelmente o nível de pobreza e obteve avanços significativos no desenvolvimento humano.[1] Tal avanço se deve ao crescimento econômico do país, às condições conjunturais favoráveis e à adoção de políticas de proteção social eficazes. Em especial, destaca-se a criação do Programa Bolsa Família (PBF), que atende, hoje, quase 14 milhões de famílias.[2]

Programas de transferência de renda com o objetivo de proteção social, como é o caso do PBF, não são uma invenção brasileira. Hoje, grande quantidade de países têm programas de transferência de renda.[3] Embora passíveis de aperfeiçoamentos, a literatura mostra que esses programas são uma tecnologia eficiente de combate à pobreza no curto prazo. No entanto, ainda não há evidência clara de aumento da produtividade no longo prazo. O conjunto de evidências de programas similares aponta para um aumento sistemático na quantidade de educação das crianças, mas os impactos em produtividade e aprendizagem são mistos.[4]

Em outras palavras, o desafio para os próximos dez anos é promover a autonomia das famílias beneficiárias e quebrar a transmissão intergeracional da pobreza. Com isso em mente, como podemos pensar o combate à pobreza no Brasil, olhando para 2030? O objetivo deste capítulo é analisar os últimos 30 anos de história, identificar os desafios da próxima década e propor caminhos possíveis. Depois desta introdução, a segunda seção traz uma análise do histórico de combate à pobreza no Brasil. A terceira seção discute caminhos para o avanço. No fim, há uma seção de conclusões.

---

[1] No momento em que este capítulo estava sendo concluído, o Brasil e o mundo estavam sendo sacudidos pelo fenômeno do coronavírus, diante do qual se imagina que as formas de combate a essa pandemia acarretarão problemas econômicos e sociais expressivos. À luz disso, é válido registrar que a análise feita se refere ao quadro vigente no Brasil até o começo de 2020.

[2] Informações disponíveis em: http://www.caixa.gov.br/programas-sociais/bolsa-familia/paginas/default.aspx.

[3] Por exemplo, o Programa de Asignación Familiar (PRAF) em Honduras, o Programa Chile Solidário, o Programa Famílias en Acción na Colômbia, ou o Programa Minhet El-Osra no Egito, entre muitos outros.

[4] Molina Millán *et al.* (2019).

COMBATE À POBREZA NO BRASIL[5]

Nas últimas décadas, o Brasil diminuiu consideravelmente o nível de pobreza e de extrema pobreza e obteve avanços significativos no Índice de Desenvolvimento Humano (IDH). O Gráfico 16.1 mostra essa redução expressiva, de acordo com as linhas de pobreza adotadas pelo Banco Mundial. Para o Brasil, o Banco indica a adoção das linhas de pobreza e extrema pobreza de 5,5 e 1,9 dólar por dia, equivalentes, em 2018, à renda mensal *per capita* de, aproximadamente, R$ 420 e R$ 145, respectivamente.[6]

De acordo com esses critérios, passamos de quase 22% da população considerada extremamente pobre, em 1990, para 3% em 2014. Devido à recente crise econômica, houve aumento da extrema pobreza nos últimos anos. Atualmente, 21% da população é considerada pobre e 5% extremamente pobre, ou seja, temos, aproximadamente, 44 milhões de pobres, dos quais 10 milhões são extremamente pobres.

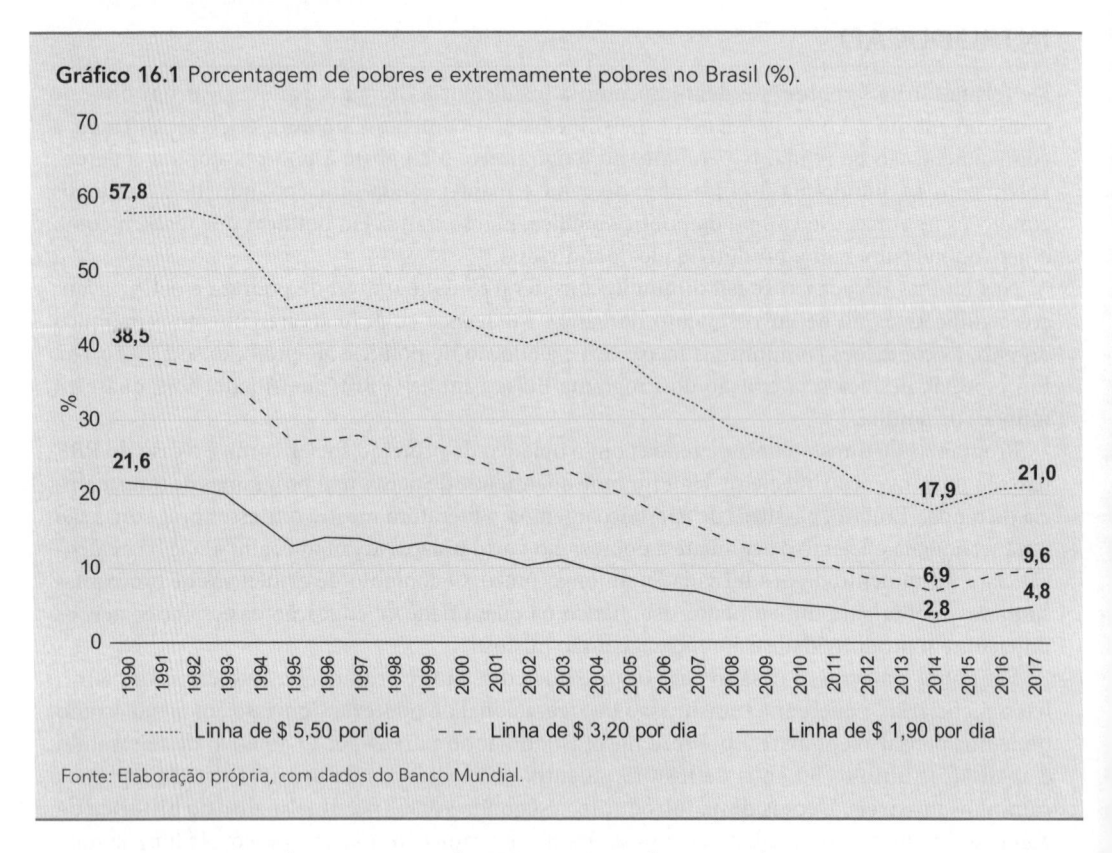

Gráfico 16.1 Porcentagem de pobres e extremamente pobres no Brasil (%).

Fonte: Elaboração própria, com dados do Banco Mundial.

Ao mesmo tempo, houve aumento do IDH, no agregado, para todos os componentes e regiões do país (Gráficos 16.2 e 16.3). O IDH é um indicador multidimensional composto por índices de renda, saúde e educação. Entre 1990 e 2018, o IDH aumentou de 0,613 para 0,761, crescimento de 24,2%. O resultado de 2018 coloca o país na categoria de alto desenvolvimento humano,

---

[5] No âmbito deste capítulo, não trataremos do tema de mitigação dos choques para todas as faixas de renda. Logo, programas como seguro desemprego e FGTS fogem ao nosso escopo. Em particular, tais programas formam o sistema de proteção social do trabalhador formal. À luz do tamanho da informalidade no Brasil e sua sobreposição com a pobreza, o sistema de proteção do trabalhador formal deveria ser visto como um sistema próprio.

[6] IBGE (2019).

posicionando-o em 79º lugar entre os 189 países considerados. Encontra-se na mesma posição da Colômbia, mas atrás de outros países da América Latina, como México, Argentina, Peru e Chile.

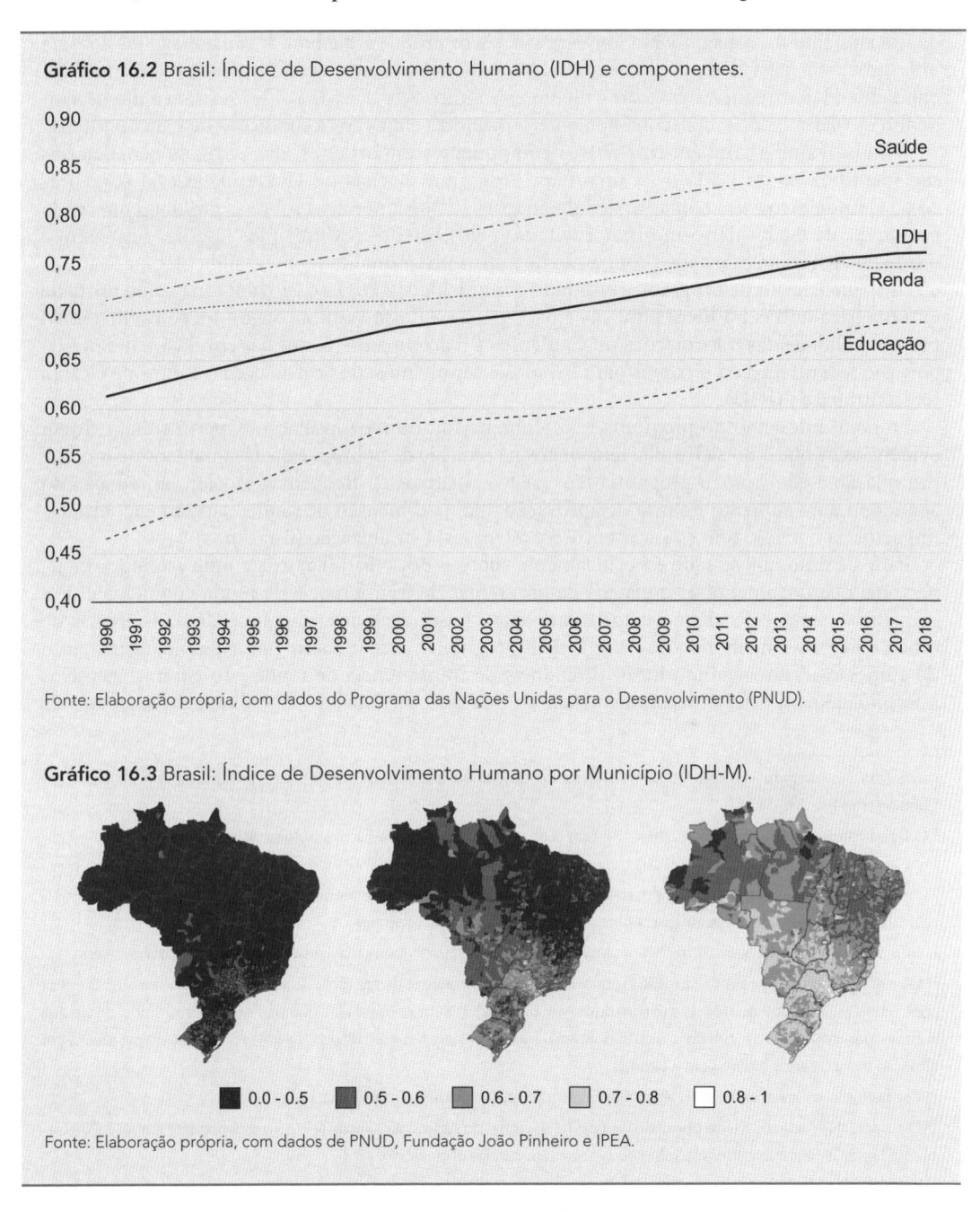

Gráfico 16.2 Brasil: Índice de Desenvolvimento Humano (IDH) e componentes.

Fonte: Elaboração própria, com dados do Programa das Nações Unidas para o Desenvolvimento (PNUD).

Gráfico 16.3 Brasil: Índice de Desenvolvimento Humano por Município (IDH-M).

Fonte: Elaboração própria, com dados de PNUD, Fundação João Pinheiro e IPEA.

Nos anos 2000, programas de transferência de renda foram concebidos como uma boa solução para resolver os diversos desafios ligados ao combate à pobreza. Criado em 2003, o Bolsa Família é um programa de transferência de renda direta com condicionalidades na saúde (vacinação, pré-natal e acompanhamento de peso e altura das crianças) e na educação (frequência escolar) para famílias em situação de pobreza e de extrema pobreza.[7,8] Atualmente, a linha adotada pelo programa é de renda mensal *per capita* de R$ 89 para a extrema pobreza e R$ 178 para a pobreza.

No curto prazo, o programa tem como objetivo combater a privação das famílias por meio de um aumento no consumo. No longo prazo, ele se propõe a quebrar a transmissão da pobreza intergeracional, pela acumulação de capital humano nas crianças, via cumprimento das condicionalidades. Maior frequência escolar e melhores condições básicas de saúde levariam a um desempenho escolar melhor e, consequentemente, a melhores empregos e condições de vida no futuro.[9]

O Bolsa Família também traz outros componentes importantes. Primeiro, os beneficiários são identificados no Cadastro Único para Programas Sociais do Governo Federal (CadÚnico).[10] O CadÚnico é um conjunto de informações socioeconômicas sobre as famílias com renda *per capita* até meio salário-mínimo, coletadas pelos Estados e Municípios.[11] Hoje, o cadastro é usado obrigatoriamente para a concessão de outros programas federais, assim como para a seleção de beneficiários de programas estaduais e municipais.[12] Por isso, ele funciona como porta de entrada para outras políticas públicas e não apenas o Bolsa Família. Segundo, como incentivo para a qualidade das informações no CadÚnico e o acompanhamento das condicionalidades, o governo federal repassa recursos para Estados e Municípios, de acordo com o Índice de Gestão Descentralizada (IGD).[13,14]

Embora o desenho do programa não tenha permitido uma avaliação experimental, existem evidências de que o Bolsa Família tem efeitos na redução da pobreza e da desigualdade de renda.[15] Em relação à educação, o programa tem efeitos positivos na frequência escolar, na redução do abandono e no aumento da taxa de aprovação.[16] Já na dimensão de saúde, não são encontrados impactos na nutrição (em crianças entre 6 e 60 meses) e imunização (0 a 6 anos).[17]

Para além do que se sabe especificamente sobre o Bolsa Família, existe uma literatura internacional que documenta os impactos de programas de transferência de renda condicional. Em primeiro lugar, parece sólida a evidência de que a focalização dos programas de transferência de renda tende a ser melhor do que a de outros programas sociais como, por exemplo, distribuição de alimentos.[18] Em segundo lugar, programas de transferência de renda não geram incentivos à fertilidade nem desencorajam a entrada no mercado de trabalho.[19] Finalmente, programas de

---

[7] Informações disponíveis em: http://www.desenvolvimentosocial.gov.br/Portal/servicos/bolsa-familia/gestao-do-programa-1/condicionalidades.

[8] O Bolsa Família resulta da fusão de três programas preexistentes – o Bolsa Escola, o Bolsa Alimentação e o Auxílio-Gás. Para mais informações, ver Bichir (2010).

[9] Cabe ressaltar que as condicionalidades só afetam a acumulação de capital humano nas crianças. Para afetar a produtividade da primeira geração, é necessário contar com programas complementares.

[10] Informações disponíveis em: http://www.cidadania.gov.br/Portal/servicos/cadastro-unico/o-que-e-e-paraque-serve-1.

[11] Os seguintes grupos podem se cadastrar: famílias com renda mensal de até meio salário-mínimo por pessoa; famílias com renda mensal total de até três salários-mínimos; ou famílias com renda maior que três salários-mínimos, desde que o cadastramento esteja vinculado à inclusão em programas sociais nas três esferas do governo; pessoas que vivem em situação de rua – sozinhas ou com a família.

[12] Por exemplo, a Tarifa Social de Energia Elétrica e o programa Minha Casa Minha Vida.

[13] O repasse dos recursos é feito por meio do Fundo Nacional de Assistência Social (FNAS), está previsto em lei e é diretamente ligado ao atendimento às famílias. O repasse tem caráter obrigatório.

[14] Lei nº 10.836, de 9 de janeiro de 2004.

[15] Ver Paes de Barros, Carvalho e Franco (2006 e 2007) e Soares e Sátyro (2009).

[16] Ver Glewwe e Kassouf (2012); Ferro, Kassouf e Levison (2010); e Ferro e Nicolella (2007).

[17] Ver Andrade, Chein e Ribas (2007) e Andrade, Rodrigues de Souza e Chein (2007).

[18] Ver Lindert, Skoufias e Shapiro (2006); Grosh *et al.* (2008).

[19] Ver Banerjee *et al.* (2017).

transferência de renda condicionada permitem alimentação mais farta e variada, ajudam a manter uma proporção maior de crianças (principalmente meninas) nas escolas e promovem maior e melhor utilização dos serviços básicos de saúde.[20]

Sobre os efeitos no longo prazo e o impacto na acumulação de capital humano, há autores que fazem uma revisão da literatura analisando tanto os resultados escolares de crianças expostas a programas de transferência de renda no útero ou na primeira infância, quanto os resultados de jovens expostos ao programa durante a idade escolar.[21] A maioria dos estudos encontra impactos de longo prazo na escolaridade (anos de estudo e diploma), mas poucos encontram impactos na aprendizagem ou em habilidades socioemocionais. Em relação ao tema emprego e renda, vários estudos documentam efeitos nulos, mas é cedo para precisar se isso reflete de fato ausência de impactos ou limitações dos dados. Assim, a despeito dos impactos positivos de longo prazo na escolaridade, estar na escola *per se* não parece sistematicamente significar que isto afetará a produtividade dessa geração, uma vez no mercado de trabalho.

O desafio do país é, portanto, duplo. Primeiro, aperfeiçoar o combate à pobreza no curto prazo, ampliando a cobertura do Bolsa Família. Ainda temos 44 milhões de pessoas em situação de pobreza, das quais 10 milhões são extremamente pobres. Segundo, avançar nas outras dimensões que contribuem para o aumento da produtividade, quebrando a transmissão intergeracional da pobreza. Dados longitudinais de duas gerações ilustram a "armadilha de pobreza": somente 2% dos jovens de 18 anos cursam ensino superior se a mãe tem até quatro anos de escolaridade![22]

PENSANDO OS PROGRAMAS SOCIAIS

Enquanto Estados e Municípios têm capilaridade e conhecem a realidade de suas populações em maior profundidade, o governo federal tem a capacidade de coordenar esforços e de gerar os incentivos corretos para o aumento da efetividade da política social. Dessa forma, discutimos quatro possíveis caminhos de como avançar: (1) melhorias na focalização; (2) aprimoramentos no desenho do PBF; (3) incentivos para a melhora da qualidade dos serviços públicos; e (4) identificação e escalagem de novas ideias. A seguir, discutimos cada uma dessas iniciativas.

Melhorias na focalização dos recursos

O gasto com proteção social no Brasil é uma colcha de retalhos, apesar de não ser exatamente um cobertor curto.[23] Vários estudos mostram que tal rede possui sobreposições e, consequentemente, não apenas falhas de cobertura, como também diferentes níveis de benefícios para famílias com mesmo nível de vulnerabilidade.[24] Há autores que estimam que, anualmente, são gastos 15% do Produto Interno Bruto (PIB) em proteção social, o que inclui programas de renda mínima, previdência e programas de mitigação de choques (como seguro-desemprego).[25] Desse total, aproximadamente, R$ 30 bilhões (0,5% do PIB) são dedicados ao Bolsa Família.[26]

Em relação a programas de renda mínima, em linhas gerais, temos o seguinte quadro: para todas as famílias, o Bolsa Família garante renda mínima de R$ 89 *per capita*. Os benefícios variam

---

[20] Ver Akresh, De Walque e Kazianga (2012); Baird, McIntosh e Özler (2011); De Brauw e Hoddinott (2011); Schady *et al.* (2008).

[21] Molina Millán *et al.* (2019).

[22] Ver Anazawa *et al.* (2016).

[23] Ver Soares, Bartholo e Osório (2019).

[24] Ver Banco Mundial (2017) e Soares, Bartholo e Osório (2019).

[25] O conceito de proteção social abrange diversos tipos de programas: renda mínima, mitigação de choques e previdência. Enquanto o público-alvo de programas de renda mínima é, por definição, a parcela mais vulnerável da população, os programas de mitigação de choques e a previdência atendem a todas as faixas de renda.

[26] Soares, Bartholo e Osório (2019).

de acordo com o número de filhos, de forma que a transferência média é de R$ 190 por família.[27] Para idosos e pessoas com deficiência, com renda mensal *per capita* de até R$ 260, como benefício previdenciário sem exigência de contribuição, o Benefício de Prestação Continuada (BPC) garante um salário-mínimo mensal (R$ 1.045).[28] Para trabalhadores formais, além de inúmeros programas de mitigação de choques (como o seguro-desemprego e o auxílio-doença), existem programas de complementação de renda: o abono salarial e o salário-família.

Garantido pela Constituição Federal de 1988, o abono salarial é um benefício anual aos trabalhadores formais com remuneração entre um e dois salários-mínimos (R$ 1.045 e R$ 2.090).[29] O valor do benefício é proporcional ao número de meses trabalhados no ano anterior. Por exemplo, se o período trabalhado foi de 12 meses, o benefício é R$ 1.045. Se foi de apenas um mês, o benefício é de R$ 87. Já o salário-família, criado em 1991, é um benefício mensal de R$ 48, por criança, para trabalhadores formais cujos salários sejam de até R$ 1.425.[30] As crianças devem ter até 14 anos de idade e o benefício pode ser recebido por ambos os pais.

Na prática, famílias com idosos e trabalhadores formais recebem mais benefícios do que famílias em situação de pobreza e pobreza extrema, cujos trabalhadores são informais. O quadro se torna ainda mais distorcido, na medida em que hoje existe 1 milhão de famílias na fila de espera para o Bolsa Família. Ou seja, famílias pobres e extremamente pobres que não recebem nenhum recurso.[31]

Esse sistema gera consequências para o combate à pobreza no curto e no longo prazos. Em relação ao curto prazo, tal sistema tem má focalização, uma vez que, além da parcela de população sem assistência, trabalhadores com mais renda recebem benefícios maiores. Logo, as transferências aumentam a desigualdade entre a população mais pobre. Em relação ao combate à pobreza no longo prazo, temos um problema de menor cobertura e benefícios para as crianças pobres.

Os dados da PNAD Contínua 2018 retratam essa situação. Considerando a linha de pobreza igual a R$ 250 de renda domiciliar *per capita*, temos 26 milhões de pobres no Brasil. Do universo de pobres, a renda domiciliar *per capita* em domicílios só com trabalhadores informais é de R$ 128, enquanto a dos domicílios com trabalhadores formais é de R$ 214. Mais importante, do universo das crianças pobres, 90% moram em domicílios somente com trabalhadores informais.

Hoje, haja vista o valor do salário-mínimo e o tamanho da informalidade (quase metade dos trabalhadores[32]), é difícil justificar a existência de programas como abono salarial e o salário-família. Tais programas foram criados antes da existência do Cadastro Único. Logo, como já existe uma tecnologia mais eficiente de combate à pobreza, tais programas deveriam ser extintos gradualmente e ter seus orçamentos incorporados ao PBF. Considerando os dados de 2019, o somatório dos três programas fica em R$ 50,3 bilhões (0,69% do PIB), o que significaria um acréscimo de 70% no orçamento do Bolsa Família.[33] Como será detalhado na próxima seção, esse novo

---

[27] Relatório de Informações Sociais do Ministério da Cidadania, disponível em: https://aplicacoes.mds.gov.br/sagi/RIv3/geral/relatorio.php#Estimativas.

[28] Embora os benefícios concedidos pelo BPC tenham consequências para o perfil da pobreza no Brasil, o programa deve ser debatido em outro escopo. O benefício tem características distintas, uma vez que é destinado a uma população que, teoricamente, não tem capacidade de gerar renda fora do mercado de trabalho.

[29] Constituição Federal, art. 239.

[30] Lei Federal nº 8.213 de 1991.

[31] Informação disponível em: https://cps.fgv.br/destaques/fgv-social-comenta-os-cortes-no-bolsa-familia-e-o-aumento-da-extrema-pobreza-no-brasil.

[32] Informação disponível em: https://agenciabrasil.ebc.com.br/economia/noticia/2019-10/informalidade-no-mercado-de-trabalho-e-recorde-aponta-ibge.

[33] Dados do Portal da Transparência para o Abono Salarial (R$ 18,6 bilhões executados em 2019) e da Agência Senado para o Bolsa Família (R$ 29,5 bilhões executados em 2019). No caso do salário-família, foi utilizada a estimativa do valor do programa como proporção do PIB, segundo Soares, Bartholo e Osório (2019). Os dados do PIB de 2019 são do IBGE.

orçamento permitiria o reajuste das linhas de pobreza do Bolsa Família e a cobertura para toda a população elegível.

Vale ressaltar alguns pontos importantes sobre a proposta de fusão dos programas. Primeiro, trabalhadores formais poderão receber os benefícios do Bolsa Família se estiverem dentro do critério de elegibilidade. Segundo, para não gerar choques abruptos de renda, propomos que os beneficiários do abono salarial e do salário-família não elegíveis recebam recursos decrescentes. Logo, todos os beneficiários desses programas devem ser incluídos no CadÚnico para receberem o benefício do Programa Bolsa Família ou entrarem na modalidade de transição.

Terceiro, a extinção dos programas provoca diminuição da atratividade do trabalho formal. No entanto, o trabalhador formal conta com uma série de outros benefícios e dispositivos de mitigação de choques, como o seguro-desemprego, o FGTS, o auxílio-doença, a licença-maternidade, o auxílio-reclusão e as férias remuneradas. Logo, embora razoável (e desejável) que o sistema de proteção social do trabalhador formal seja mais generoso, é essencial extinguir distorções de um sistema claramente regressivo.

Melhorias no desenho do Programa Bolsa Família

Conforme descrito na seção anterior, o Programa Bolsa Família é eficaz no combate à pobreza no curto prazo. No entanto, a existência de fila de espera e a diminuição dos valores reais do benefício demonstram as fragilidades do programa para garantir, de fato, um nível mínimo de consumo a todas as famílias. Para tornar o programa mais efetivo, é importante implementar algumas melhorias.

Primeiro, o valor das linhas de pobreza e extrema pobreza, assim como os benefícios, devem ser reajustados. A linha de extrema pobreza deve ser atualizada de R$ 89 para R$ 100 de renda mensal domiciliar *per capita*. Adicionalmente, a linha de pobreza deve ser definida em R$ 250 de renda domiciliar *per capita*. Dessa forma, as linhas estariam compatíveis com o padrão internacional de 1,9 e 5,5 dólares por dia, respectivamente.[34]

Por conseguinte, o benefício básico deve ser reajustado para R$ 100 e o benefício variável para R$ 50. Para evitar variação no valor dos benefícios de acordo com a idade dos filhos, o benefício variável para criança e nutriz (hoje em R$ 41) e o benefício jovem (hoje em R$ 48) devem ser unificados para um único valor de benefício variável. Adicionalmente, permanece o benefício de superação da extrema pobreza: a renda necessária para atingir renda domiciliar *per capita* de R$ 100.

Mais importante, para que os benefícios mantenham seu valor real, é necessário definir regras claras de atualização. Nesse sentido, a linha e os benefícios devem ser reajustados a cada dois anos, vedados para anos eleitorais, pela média da inflação nos últimos dois anos.

Outro ponto relevante é a forma de saída do programa. Atualmente, comprovado que a família se encontra fora do critério de elegibilidade, os benefícios são inteiramente retirados. Como tal descontinuidade pode gerar incentivos perversos para a inclusão produtiva ou mesmo para a declaração de renda, sugerimos que a saída seja gradual, com benefícios decrescentes e garantia de retorno automático.

Atualmente, em resposta ao crescimento da fila de espera e, antes, devido ao uso eleitoral do Bolsa Família, existe um acalorado debate sobre a constitucionalização do benefício. Por um lado, a garantia de renda mínima deveria ser um direito básico do cidadão e, portanto, a constitucionalização seria o tratamento correto. Dessa forma, a fila de espera seria ilegal e ameaças eleitorais de cortes não seriam críveis. Por outro lado, a constitucionalização implica vinculação do orçamento e definição dos critérios de elegibilidade, benefícios e modalidades na Carta Magna. Logo, a constitucionalização tira flexibilidade da política social de se adaptar a mudanças demográficas e conjunturais. O próprio abono salarial é um direito constitucional, tornando sua extinção um processo político e jurídico mais custoso.

---

[34] Considerando a cotação do dólar PPP 2011, de aproximadamente 1,66 reais por dólar.

Dessa forma, para garantir flexibilidade e efetividade da política social, propomos duas medidas com o objetivo de gerar incentivos para que o programa se torne um mecanismo anticíclico. Primeiro, para fortalecer a responsabilização do político, além dos dados do programa já publicados, como número de beneficiários e benefício médio, o total de famílias na fila de espera, distribuição regional e perfil dessas famílias deveriam ser publicados mensalmente. Segundo, o incentivo monetário para cadastramento de novas famílias (feito por meio do IGD) deveria ser sensível ao aumento da pobreza. Por exemplo, se mediante a PNAD Contínua fosse apurado crescimento de 10% da pobreza do Estado do Rio de Janeiro, o valor pago por novos cadastros deveria aumentar proporcionalmente no ano subsequente. Dessa forma, haveria incentivos para que o CadÚnico respondesse a crises aumentando o número de potenciais beneficiários e, ao mesmo tempo, a transparência sobre a cobertura do programa.

Todas as propostas sugeridas respeitam o princípio de responsabilidade fiscal. Considerando o número de beneficiários atual, o reajuste dos benefícios teria um custo anual de R$ 6 bilhões (desconsiderando o abono natalino).[35] Já a inclusão de novos beneficiários, supondo o dobro da fila atual, custaria R$ 5,6 bilhões por ano. Logo, o orçamento total do programa seria de, aproximadamente, R$ 42 bilhões, valor abaixo do orçamento conjunto do Bolsa Família, abono salarial e salário-família (R$ 50,3 bilhões).

Incentivos para a melhora da qualidade dos serviços públicos

O sucesso de uma política de combate à pobreza no longo prazo requer necessariamente dois ingredientes. Primeiro, é preciso garantir o acesso e a qualidade dos serviços sociais. Segundo, é preciso ter visão multidimensional da qualidade de vida, pois muitos fatores concorrem para a formação do capital humano e existe complementaridade entre fatores. Ou seja, uma escola de alta qualidade poderia ter impacto maior em crianças, que também teriam acesso a alimentação balanceada.

Idealmente, para enfrentar esses desafios, teríamos como ferramenta um banco de dados multidimensional, com informações individuais e integradas sobre renda, educação, saúde, assistência social e características do entorno. De acordo com essas informações, seria possível fazer um diagnóstico das demandas e dar os programas específicos para quem precisa. Na prática, o Brasil possui muitas bases de dados, várias de alta qualidade, porém não integradas.[36]

Na ausência desse banco de dados, o Brasil calcula o IDH-M, uma metodologia de IDH adaptada para todos os Municípios usando os dados dos Censos Populacionais (como no Gráfico 16.3). Ou seja, temos um índice que mede renda *per capita*, anos de escolaridade e expectativa de vida ao nascer, a cada dez anos, para todos os Municípios.

Adicionalmente, seria um avanço significativo a construção de um índice multidimensional que incluísse indicadores de qualidade do atendimento de saúde e educação em todos os Municípios, com maior frequência. Isso já é possível. De fato, o Sistema de Avaliação da Educação Básica (Saeb), um conjunto de avaliações externas, é aplicado a cada dois anos em todas as escolas do país. As provas medem o aprendizado em matemática e leitura para os alunos do 5º e do 9º anos do ensino fundamental e 3º ano do ensino médio. Já o DataSUS registra anualmente o número de óbitos, inclusive aqueles por causas evitáveis por idade, em todo o território nacional.

Indicadores de qualidade e outros sintéticos auxiliam tanto no diagnóstico quando na identificação de boas práticas e casos de sucesso. Além de aumentar o grau de transparência e informação para todos os cidadãos, indicadores sintéticos permitem o desenvolvimento de um sistema de incentivos, no qual recursos são distribuídos de acordo com a *performance* no indicador. Dessa

---

[35] O benefício médio do programa com as linhas atualizadas foi calculado com a PNAD 2018. Foi considerado o número de beneficiários declarados no CadÚnico.

[36] A discussão sobre um identificador único (CPF, NIS ou carteira de motorista) é antiga e, certamente, um passo necessário para alcançarmos outro patamar de focalização e qualidade na política social.

forma, os incentivos têm como objetivo uma mudança de comportamento do agente que leve a serviços de melhor qualidade. Por exemplo, a publicação bianual do Índice de Desenvolvimento da Educação Básica (Ideb), um indicador sintético da qualidade da educação, deu visibilidade aos bons resultados do Ceará. Consequentemente, hoje existe um debate sobre as causas desse avanço e como replicá-lo em outras regiões.

Sistemas de financiamento baseados em *performance* têm sido cada vez mais adotados no Brasil e no mundo.[37] Existem diversos modelos: baseados em indicadores de acesso (por exemplo, número de vacinas aplicadas) ou de resultado (taxa de mortalidade infantil); de acordo com a *performance* do provedor (médicos) ou de políticos (prefeitos).

No Brasil, já houve diversas experiências com sistema de incentivos. Em particular, alguns Estados implementaram mudanças na divisão dos recursos do Imposto sobre Circulação de Mercadorias e Serviços (ICMS) entre Municípios de acordo com o desempenho.[38] Em 2014, pelo menos vinte Estados tinham incorporado indicadores sociais, econômicos, financeiros e/ou ambientais na fórmula de repartição, não necessariamente com resultados positivos.[39]

O caso mais emblemático é, certamente, do Estado do Ceará. O primeiro critério, adotado em 1996, usava como parâmetro de transferência a proporção do gasto municipal com educação e o segundo, adotado em 2008, repartia os recursos de acordo com o desempenho em avaliações externas. Estudos mostram que houve melhora nos resultados educacionais a partir de 2008, porém é difícil distinguir a contribuição do sistema de incentivo em relação a uma série de mudanças concomitantes na política educacional.[40]

Nesse sentido, é importante ressaltar que o financiamento baseado em resultados é uma das ferramentas que ajudam a mudar o foco do produto para o resultado, mas não é uma panaceia. O financiamento fortalece a responsabilização e fornece incentivos para o desempenho. No entanto, a falta de incentivos não é o único fator que enfraquece o desempenho. Por exemplo, se o agente não tiver a capacidade necessária para implementar um programa, um sistema de incentivos não fornecerá a solução necessária. Na prática, os programas financiados com base em resultados não são implementados no vácuo e servem para acelerar o ritmo dos programas existentes.[41]

Dessa forma, o Fundo de Incentivos para a Qualidade dos Serviços Públicos seria composto por recursos públicos e privados, repartidos a cada dois anos de acordo com a melhora em um índice de qualidade dos serviços públicos. Esse sistema de incentivo deve ser visto como uma mudança cultural na forma que entendemos política social: mudando o foco da produção para a qualidade do serviço. É importante que esse mecanismo seja complementar aos programas e financiamento setorial, assim como atividades adicionais de capacitação e assistência técnica.

A literatura internacional sobre o sucesso de sistemas de incentivos sugere boas práticas. Primeiro, é preciso consultar as partes envolvidas sobre o desenho de incentivos, maximizando apoio e mitigando resistência. Segundo, as regras devem ser simples e claras. Terceiro, é preciso definir indicadores e metas sobre os quais o provedor tenha direta influência e capacidade de melhorar. Quarto, é preciso que a gestora tenha flexibilidade e autonomia para responder aos incentivos. Por fim, é essencial monitorar, avaliar, aprender e revisar, gerando conhecimento sobre políticas e programas eficientes em termos de custo.

---

[37] Ver Banco Mundial (2018).

[38] O artigo 158 da Constituição Federal permite aos Estados definir seus próprios critérios de repasse de parte da arrecadação do ICMS aos Municípios. Em geral, a quota-parte do ICMS representa de 10 a 30% da receita corrente dos Municípios. Informação disponível em: https://caen.ufc.br/wp-content/uploads/2013/06/melhorando-a-qualidade-da-educacao-por-meio-do-incentivo-orcamentario-aos-prefeitos-o-caso-da-lei-do-icms-no-ceara.pdf.

[39] Carneiro e Irffi (2018).

[40] Carneiro e Irffi (2018).

[41] Informações disponíveis em: https://www.oecd.org/dac/peer-reviews/technicalworkshoponresultsbasedfunding.htm.

Identificação e escala de novas ideias de maneira rigorosa

Além da construção de um sistema de incentivos financeiros para que Estados e Municípios possam melhorar a qualidade de seus serviços, o governo federal tem um papel a desempenhar quanto à identificação de boas práticas e inovações. Para tal, é necessário construir um sistema de avaliação que, recorrendo a metodologias de pesquisa confiáveis, seja capaz de identificar e medir o impacto de intervenções inovadoras.

A avaliação de impacto por meio de randomização é considerada a melhor solução para essa demanda.[42] Com origem na literatura médica, esses estudos conseguem isolar o efeito de um programa, mesmo quando outros fatores afetam simultaneamente a vida do beneficiário. O uso dessa metodologia está cada vez mais estabelecido ao redor do mundo. Organizações multilaterais, como o Banco Mundial e o Banco Interamericano de Desenvolvimento (BID), assim como governos de outros países, a utilizam com frequência.[43] No Brasil, programas como o Criança Feliz e as Cisternas de Segunda Água estão sendo avaliados com essa metodologia.[44]

As avaliações de impacto trazem três contribuições importantes para o debate sobre políticas públicas. Primeiro, permitem confirmar e quantificar o impacto de programas já existentes. Esta é uma ferramenta útil para a tomada de decisão orçamentária do governo, privilegiando políticas efetivas. Segundo, ao identificar intervenções de maior impacto com o menor custo, podem auxiliar o processo de desenho (e redesenho) de programas. Terceiro, o conhecimento gerado por um conjunto de avaliações permite identificar tecnologias sociais de impacto replicáveis em outros contextos.

Hoje, no Brasil, muitos programas não são avaliados e, portanto, os impactos desses programas (que podem ser positivos, negativos ou nulos) são desconhecidos. Existem também casos de sucesso que, em geral, são uma combinação de muitas intervenções diferentes. Mesmo que o resultado final seja positivo, não fica claro quais intervenções específicas causaram o resultado. Nesse sentido, a criação de um sistema de avaliação, responsável pela identificação de mecanismos inovadores e pela demonstração de tais mecanismos em diferentes contextos, é essencial.

É importante que um sistema de avaliação reconheça Estados e Municípios com os melhores resultados e replique experiências de sucesso em outros contextos. Primeiro, os entes federativos com melhor desempenho relativo à qualidade dos serviços públicos devem ser reconhecidos por meio de um prêmio não financeiro. Ademais, devem ser criados espaços para compartilhamento de suas experiências exitosas. Nesse sentido, a elaboração de estudos de caso, assim como a organização de grupos de trabalho e debates, são ferramentas essenciais para a promoção de boas práticas.

Segundo, devem-se desenhar programas pilotos, para posterior implementação e avaliação em distintos contextos. Os pilotos devem ser intervenções nas áreas de integração de políticas públicas, inovações no desenho de programas, melhorias de processos e de gestão. Estados e Municípios serão selecionados para participarem do piloto e da avaliação, mediante adesão voluntária ao sistema de avaliação.

Para atingir esses objetivos, é necessário criar um conselho e um fundo de avaliação. O conselho seria responsável pela definição dos Municípios premiados; pela elaboração dos estudos de caso; pelo desenho dos pilotos e respectivas avaliações; e pela alocação dos recursos necessários. Espelhado no modelo do Conselho Superior da Coordenação de Aperfeiçoamento de Pessoal de

---

[42] Para mais detalhes, Gertler *et al.* (2018).

[43] O Banco Mundial conta com uma unidade chamada Development Impact Evaluation (DIME), enquanto o BID conta com o Office of Evaluations and Oversight (OVE). Em relação aos governos, DIPRES no Chile: http://www.dipres.gob.cl/598/w3-channel.html; The Lab @ DC nos Estados Unidos: https://thelab.dc.gov/; MinEdu Lab no Ministério da Educação peruano: http://www.minedu.gob.pe/minedulab/.

[44] Para a avaliação do Criança Feliz, ver: https://desenvolvimentosocial.gov.br/noticias/programa-crianca-feliz-passa-por-avaliacao-cientifica-inedita-no-mundo. Para a avaliação do Programa de Cisternas, acesse: https://www.bndes.gov.br/wps/portal/site/home/imprensa/noticias/conteudo/bndes-aprova-r-100-milhoes-paraconstruir-cisternas-na-regiao-do-semiarido.

Nível Superior (Capes), o conselho seria composto por pesquisadores de distintas áreas do conhecimento, representantes do governo, da sociedade civil e do terceiro setor.[45]

O fundo de avaliação, responsável por 50% dos custos de implementação e 100% dos custos de avaliação, contaria com recursos da ordem de R$ 400 milhões por ano. Tal orçamento permite executar cinco programas piloto concomitantemente, em diferentes contextos, concluídos em um ciclo de avaliação de três anos. Desse orçamento, 85% seriam dedicados ao custo de implementação dos pilotos, 12% para os custos de avaliação e 3% para a elaboração dos estudos de caso.[46]

CONCLUSÕES

Nos últimos 30 anos, o Brasil fez avanços consideráveis no que diz respeito ao combate à pobreza. Passamos de 22% da população considerada extremamente pobre, em 1990, para 5% em 2017. Além disso, houve expansão do acesso a serviços de educação e saúde, gerando grande aumento do IDH em todas as regiões do país. A criação do Programa Bolsa Família (PBF), como parte de uma rede de proteção social abrangente, foi um instrumento chave para essa mudança. No entanto, a recessão econômica dos últimos anos exacerba fragilidades já existentes na nossa política social. Há problemas de cobertura, distorções de focalização e baixa qualidade dos serviços públicos.

Para avançar, é preciso entender as limitações do modelo atual. Como sociedade democrática, devemos assegurar condições mínimas de vida para todos. Programas de transferência de renda são uma tecnologia eficaz tanto em relação ao combate à pobreza quanto à mitigação de choques. Neste sentido, o CadÚnico é uma ferramenta poderosa, uma vez que identifica a parcela da população mais vulnerável, em sua maioria, sem acesso à rede de proteção social do trabalhador formal.

Hoje, a rede de proteção social brasileira não garante esse mínimo: mais de um milhão de famílias formam a fila de espera do PBF. Em relação ao combate à pobreza de longo prazo, a literatura também mostra que programas de transferência de renda não são uma ferramenta suficiente para promover a autonomia das famílias beneficiárias. O Brasil enfrenta, então, um desafio duplo. Além da necessidade de aprimorar a rede de proteção social, é preciso uma mudança cultural que possibilite a implementação de políticas públicas eficientes, voltadas para o aumento da qualidade dos serviços públicos.

Primeiro, é importante identificar e corrigir, de maneira fiscalmente responsável, as falhas na focalização e na cobertura dessa rede. O abono salarial e o salário-família são programas com objetivos similares aos do Bolsa Família, mas que contam com pior focalização. A fusão desses programas permitiria o financiamento da rede de maneira mais eficiente e equânime. Segundo, é possível aprimorar o desenho do PBF: ajustar os valores dos critérios de elegibilidade e benefícios; eliminar a fila de espera; e implementar uma regra transição, suavizando a saída do programa.

---

[45] A figura de um Conselho não é novidade no Brasil. Além da Capes, existem, por exemplo, o Conselho Deliberativo do Fundo de Amparo ao Trabalhador (Codefat) e o Conselho de Acompanhamento e Controle Social (CACS) do Fundo de Manutenção e Desenvolvimento da Educação Básica (Fundeb). Para mais informações: http://www.capes.gov.br/conselho-superior, https://portalfat.mte.gov.br/codefat/ e https://www.fnde.gov.br/fnde_sistemas/cacs-fundeb.

[46] A avaliação do programa Criança Feliz é uma avaliação recente, aleatorizada e executada pelo governo federal. Para a linha de base da avaliação, o governo descentralizou pelo menos R$ 2,4 milhões em 2018. A pesquisa conta com uma linha de base e três coletas subsequentes de 4.000 crianças em 30 Municípios. Sem incluir aportes privados e pressupondo que os acompanhamentos custarão o mesmo que a linha de base, a pesquisa custará R$ 10 milhões. Para mais informações, ver: http://www.in.gov.br/en/web/dou/-/extrato-de-execucao-descentralizada-4196537?inheritRedirect=true; http://www.in.gov.br/en/web/dou/-/extrato-de-execucao-descentralizada-6293549?inheritRedirect=true; http://www.in.gov.br/en/web/dou/-/extrato-de-execucao-descentralizada-3341641?inheritRedirect=true; http://www.in.gov.br/web/dou/-/extrato-de-convenio-27952052?inheritRedirect=true; http://www.in.gov.br/en/web/dou/-/extrato-de-termo-aditivo-67796784?inheritRedirect=true; https://institucional.ufpel.edu.br/projetos/id/p8369.

Por fim, o governo federal deve exercer um papel de coordenação dos Estados e Municípios na melhoria da qualidade dos serviços públicos. Para tal, deve ser criado um sistema que gere incentivos financeiros e que seja capaz de avaliar políticas, disseminando boas práticas e identificando programas efetivos. O desenvolvimento de tais instrumentos viabiliza uma mudança cultural na política social brasileira, passando de uma lógica de entrega de produto para uma lógica de qualidade dos serviços.

Reconhecendo o notável avanço do Brasil no acesso à educação e à saúde, é possível, com políticas factíveis, alcançar um novo patamar de desenvolvimento humano. Dessa forma, será possível quebrar o ciclo de pobreza, possibilitando o aumento da produtividade e promovendo a autonomia da população mais vulnerável.

REFERÊNCIAS

AKRESH, R.; DE WALQUE, D.; KAZIANGA, H. Alternative cash transfer delivery mechanisms: impacts on routine preventative health clinic visits in Burkina Faso. Policy Research Working Paper 5958. Washington: World Bank, 2012.

ANAZAWA, L.; GUEDES, M.; KOMATSU, B.; MENEZES-FILHO, N. A loteria da vida: examinando a relação entre a educação da mãe e a escolaridade do jovem com dados longitudinais do Brasil. Policy Paper 22. São Paulo: Insper, Centro de Políticas Públicas, 2016.

ANDRADE, M.; CHEIN, F.; RIBAS, R. Políticas de transferência de renda e condição nutricional de crianças: uma avaliação do Bolsa Família. Textos para Discussão Cedeplar 312. Belo Horizonte: Centro de Desenvolvimento e Planejamento Regional, Universidade Federal de Minas Gerais, 2007.

ANDRADE, M.; RODRIGUES DE SOUZA, L.; CHEIN, F. Política de transferência de renda e impactos na imunização das crianças: o programa Bolsa Família. Textos para Discussão Cedeplar 313. Belo Horizonte: Centro de Desenvolvimento e Planejamento Regional, Universidade Federal de Minas Gerais, 2007.

BAIRD, S.; MCINTOSH, C.; ÖZLER, B. Cash or condition? Evidence from a cash transfer experiment. *The Quarterly Journal of Economics*, v. 126, n. 4, p. 1709-1753, 2011.

BANCO MUNDIAL. A guide for effective results-based financing strategies. Washington: BIRD/World Bank, 2018.

BANCO MUNDIAL. Um ajuste justo: análise da eficiência e equidade do gasto público no Brasil. Washington: BIRD/Banco Mundial, 2017.

BANERJEE, A.; HANNA, R.; KREINDLER, G.; Olken, B. Debunking the stereotype of the lazy welfare recipient: evidence from cash transfer programs. *Research Observer*, Washington: World Bank, v. 32, n. 2, p. 155-184, 2017.

BICHIR, R.; O Bolsa Família na berlinda? Os desafios atuais dos programas de transferência de renda. *Novos Estudos CEBRAP*, v. 87, p. 115-129; 2010.

CARNEIRO, D.; IRFFI, G. Políticas de incentivo à educação no Ceará: análise comparativa das leis de distribuição da cota-parte do ICMS. *In*: SACHSIDA, A. (ed.). *Políticas públicas*: avaliando mais de meio trilhão de reais em gastos públicos. Brasília: Instituto de Pesquisa Econômica Aplicada, 2018. Cap. 10.

DE BRAUW, A.; HODDINOTT, J. Must conditional cash transfer programs be conditioned to be effective? The impact of conditioning transfers on school enrollment in Mexico. *Journal of Development Economics*, v. 96, n. 2, p. 359-370, 2011.

EDMONDS E.; NICOLELLA, A. The impact of conditional cash transfer programs on household work decisions in Brazil. *In*: IZA/WORLD BANK CONFERENCE EMPLOYMENT AND DEVELOPMENT, 2007, Bonn. Proceedings...

FERRO, A., KASSOUF, A. L. E LEVISON, D.; The impact of conditional cash transfer programs on household work decisions in Brazil. *In*: Randall K.; Edmonds E.; Tatsiramos K. (ed.). *Child labor and the transition between school and work*. Bingley, UK: Emerald, 2010. v. 31, p. 193-218.

GERTLER, P.; MARTINEZ, S.; PREMAND, P.; RAWLINGS, L.; VERMEERSCH, C. *Avaliação de impacto na prática*. 2. ed. Washington: Banco Mundial, 2018.

GLEWWE, P.; KASSOUF, A. L. The impact of the Bolsa Escola/Familia conditional cash transfer program on enrollment, dropout rates and grade promotion in Brazil. *Journal of Development Economics*, v. 97, n. 2, p. 505-517, 2012.

GROSH, M.; DEL NINNO, C.; TESLIUC, E.; OUERGHI, A. *For protection and promotion*: the design and implementation of effective safety nets. Washington: World Bank, 2008.

INSTITUTO BRASILEIRO DE GEOGRAFIA E ESTATÍSTICA – IBGE. Síntese de indicadores sociais: uma análise das condições de vida da população brasileira. *Estudos e Pesquisas de Informação Demográfica e Socioeconômica*, n. 40, 2019.

LINDERT, K.; SKOUFIAS, E.; SHAPIRO, J. Redistributing income to the poor and the rich: public transfers in Latin America and the Caribbean. Discussion Paper 0605, Washington: World Bank, 2006. (Social Safety Nets Primer Series).

MOLINA MILLÁN, T.; BARHAM, T.; MACOURS, K.; MALUCCIO, J.; STAMPINI, M. Long-term impacts of conditional cash transfers: review of the evidence. *The World Bank Research Observer*, Washington: World Bank, v. 34, n. 1, p. 119-159, May 2019.

PAES DE BARROS, R.; CARVALHO, M.; FRANCO, S. O papel das transferências públicas na queda recente da desigualdade de renda brasileira. *In*: PAES DE BARROS, R.; FOGUEL, M. N.; ULYSSEA, G. (org.). *Desigualdade de renda no Brasil*: uma análise da queda recente. Brasília: Instituto de Pesquisa Econômica Aplicada, 2007. v. 2.

PAES DE BARROS, R.; CARVALHO, M.; FRANCO, S. Pobreza multidimensional no Brasil. Texto para Discussão 1227. Brasília: Instituto de Pesquisa Econômica Aplicada, 2006.

SCHADY, N.; ARAÚJO, M. C.; PEÑA, X.; LÓPEZ-CALVA, L. F. Cash transfers, conditions, and school enrollment in Ecuador. *Economía*, v. 8, n. 2, p. 43-77, 2008.

SOARES, S.; BARTHOLO, L.; OSÓRIO, R. Uma proposta para a unificação dos benefícios sociais de crianças, jovens e adultos pobres e vulneráveis. Texto para Discussão 2505. Brasília: Instituto de Pesquisa Econômica Aplicada, 2019.

SOARES, S.; SÁTYRO, N. O programa Bolsa Família: desenho institucional, impactos e possibilidades futuras. Texto para Discussão 1424. Brasília: Instituto de Pesquisa Econômica Aplicada, 2009.

Parte IV

DESAFIOS NOVOS

Cap. 17 O Futuro dos Meios de Pagamento

Cap. 18 O Fenômeno do *Big Data*

Cap. 19 Inteligência de Dados para a Formulação e a Gestão de Políticas Sociais no Século 21

Cap. 20 O Futuro do Trabalho no Modelo de Plataforma

O Futuro dos Meios de Pagamento

17

Ricardo Teixeira Leite Mourão e Angelo Mont'alverne Duarte

INTRODUÇÃO

Todos os dias, é realizada uma enorme quantidade de transações pelos diversos agentes econômicos – governos, grandes corporações, bancos, estabelecimentos comerciais, o vendedor da esquina etc. Do cheque às moedas digitais, o mundo vem evoluindo rapidamente nos instrumentos usados para fazer pagamentos, ao mesmo tempo que amplia a frequência de uso desses instrumentos. Múltiplos vetores impactam essa evolução ao redor do mundo, condicionados muitas vezes pelo grau de desenvolvimento do setor financeiro, pelo nível de renda, por fatores políticos ou por idiossincrasias regionais.

Assim como a inflação impulsionou o Brasil a desenvolver, ao longo dos anos 1980 e 1990, um sistema de compensação e transferências bancárias de dar inveja a muitos países, China e países africanos partiram na frente na implementação de sistemas de pagamentos digitais, em grande parte, graças à baixa cobertura de outras formas de pagamentos eletrônicos e do próprio alcance limitado de seus sistemas bancários.

O comércio digital, com as compras pela internet, trouxe novos hábitos de compra, fazendo com que os modelos de negócio de pagamentos também tivessem que evoluir, inclusive considerando a necessidade de facilitar os pagamentos transfronteiriços. Ainda em relação aos pagamentos transfronteiriços, as dificuldades para realização de remessas internacionais, caras e demoradas, deram força a meios de pagamento alternativos, a exemplo das "moedas virtuais".

De fato, a indústria de pagamentos, por sua ligação umbilical, vem puxando a inovação nos serviços financeiros e, com isso, chamando a atenção não só dos atores dessa indústria, como também das empresas de tecnologia da informação e do setor de varejo. Essas transformações, em última instância, tendem a impactar nosso dia a dia e tornar os pagamentos mais seguros, mais rápidos e mais baratos.

Este capítulo compreende seis seções, incluindo esta introdução. A seção seguinte busca fornecer uma visão geral sobre a indústria de pagamentos, enquanto a terceira seção trata da evolução no uso dos instrumentos de pagamento no Brasil. A quarta discute as inovações disruptivas, entendidas como a criação de novos modelos de negócios da indústria e que não se confundem com simples melhorias nos arranjos de pagamento existentes. A penúltima seção discute a atuação do Banco Central (BC) na conformação da indústria de pagamentos no Brasil; por fim, a última seção traz a conclusão deste capítulo.

PAGAMENTOS

Nesta seção, explicaremos como se processam as transações de pagamentos, quais os atores envolvidos e qual é o arcabouço jurídico que regula essas transações no Brasil.

Transações de pagamento

As transações de pagamento têm, tipicamente, dois componentes: (1) a entrega de um bem ou serviço; e (2) a transferência de fundos. Existem, ainda, transações unilaterais, não relacionadas à entrega de um bem ou serviço, a exemplo do caso em que um trabalhador envia dinheiro para sua família (que vive em outra cidade, Estado ou mesmo país). Assim, neste capítulo, o termo *pagamento* deve ser entendido amplamente, como toda e qualquer forma de transferência de fundos, que pode ou não estar ligada à liquidação de uma obrigação entre pagador e recebedor.

Essa transferência de recursos pode ser efetivada diretamente entre pagador e recebedor, por meio da entrega de dinheiro (notas e moedas, que representam um direito contra o banco central do país), sem a necessidade de intermediários; e pode, ainda, ser realizada por meio de transferência de recursos mantidos junto a terceiros, tipicamente bancos.[1]

Nas transferências em que esses recursos não estão na posse do pagador, faz-se necessário que um comando seja dado pelo usuário (que pode ser tanto o pagador quanto o recebedor) para que a transferência seja iniciada por intermédio dos respectivos prestadores de serviços de pagamento. Uma transação de pagamento é iniciada por meio de um "instrumento de pagamento", que pode ser um dispositivo físico ou um conjunto de procedimentos previamente acordado pelo usuário final com seu prestador de serviço de pagamento com essa finalidade.

Ainda em relação aos pagamentos, existem várias formas de classificá-los. A mais comum dessas formas está relacionada com os agentes envolvidos, perpassando ainda pelo valor e pela criticidade desses pagamentos. Nesse sentido, os pagamentos podem ser divididos em "por atacado" ou "de varejo".

Pagamentos de alto valor ou por atacado: são transações realizadas no âmbito do sistema financeiro, sendo pagamentos tipicamente de alto valor e nos quais o tempo da transferência dos fundos entre pagador e recebedor é crítico. Esses pagamentos, normalmente, são liquidados em sistemas de liquidação bruta em tempo real (RTGS, do inglês *Real Time Gross Settlement*) operados pelos bancos centrais.

Pagamentos de varejo: transações em que pelo menos um dos envolvidos – pagador ou recebedor – não é uma instituição financeira (por exemplo, pessoas naturais, pessoas jurídicas não financeiras e agências governamentais). São caracterizados por grande número de transações de valores geralmente baixos, iniciados por meio de instrumentos de pagamento, como dinheiro, cartões de pagamento (crédito, débito e pré-pago), transferências a crédito (a exemplo da transferência eletrônica disponível – TED –, do documento de ordem de crédito – DOC – e dos boletos de pagamento), débitos diretos e cheques, além de outros instrumentos de pagamento criados mais recentemente.

Atores envolvidos na prestação de serviços de pagamento

Historicamente, os bancos, por serem depositários dos recursos dos diversos agentes econômicos, tornaram-se os principais fornecedores de serviços de pagamento. De fato, além dos serviços de intermediação financeira, eles ofertam contas de depósito (que se subdividem em "à vista" ou "de poupança"), a partir das quais se podem iniciar transações de pagamento mediante um ou mais instrumentos de pagamento.[2]

Todavia, ao longo do tempo, outros agentes não bancários foram sendo incluídos na cadeia de serviços de pagamento, seja como provedores de serviços de pagamento – como são as instituições de pagamento, que entre outras funções ofertam contas de pagamento[3] –, seja em atividades meio,

---

[1] Esse terceiro pode ser o próprio Banco Central, como no caso dos recursos utilizados para a realização de pagamentos entre bancos; pode ser uma instituição financeira, usualmente um banco; ou, ainda, uma instituição de pagamento, a exemplo de um emissor de moeda eletrônica.

[2] Se pensarmos nas nossas "contas-correntes", podemos movimentar nosso dinheiro por meio de saques ou depósitos, cheques, boletos de pagamento, cartões de débito, TEDs, DOCs, transferências para outros correntistas do próprio banco etc.

[3] A Circular nº 3.680, de 4 de novembro de 2013, define conta de pagamento como aquela "utilizada pelas instituições de pagamento para registro de transações de pagamento de usuários finais", classificando-as em contas de pagamento

a exemplo dos "sistemas de pagamento", que são "infraestruturas do mercado financeiro" utilizadas para transferência de fundos entre bancos.

Recentemente, aproveitando o desenvolvimento tecnológico, novos entrantes, sejam eles *fintechs* ou *bigtechs*, têm avançado em todas as fases do processamento de uma transação de pagamento, incluindo o provimento direto desses serviços aos usuários finais, em disputa direta com os bancos.

Arcabouço jurídico

O arcabouço jurídico brasileiro busca lidar com esse cenário complexo do mundo de pagamentos regulando tal atividade de forma ampla, mas sem esquecer as diferenças entre esses agentes. Assim, busca-se classificar os diversos atores envolvidos para, entre outras questões, avaliar se há necessidade de autorização e regulação pelo BC, assim como o nível de exigências regulatórias sobre esses agentes, com o objetivo de garantir a prestação desses serviços à população de forma segura e eficiente, com um nível de concorrência adequado entre os agentes do mercado.

Ainda em relação ao arcabouço legal brasileiro, vemos que ele enfoca a questão de pagamentos sobre dois paradigmas. O primeiro deles, trazido na Lei nº 10.214, de 2001, tem por foco as "infraestruturas do mercado financeiro" que fazem a compensação e a liquidação das transações interbancárias; em nosso caso, como estamos interessados nas transações de pagamento, essa lei regula os "sistemas de pagamento".[4] Exemplos de sistemas de pagamento são o Sistema de Transferência de Reservas (STR), operado pelo BC; o Sistema de Liquidação das Transferências de Ordens de Crédito (Siloc) e o Sistema de Transferência de Fundos (Sifraf), operados pela Câmara Interbancária de Pagamentos (CIP). Tanto o STR quanto o Sitraf liquidam as TEDs, ao passo que o Siloc liquida DOCs, boletos de pagamento e cartões de pagamento.

O segundo paradigma é trazido pela Lei nº 12.865, de 2013, cujo foco é a prestação de serviços de pagamento de varejo, em especial os feitos pelos agentes não financeiros,[5] que até então não eram regulados pelo BCB. Assim, essa lei traz duas classes novas de agentes para o arcabouço jurídico brasileiro: os instituidores de arranjos de pagamento e as instituições de pagamento.

Os "instituidores dos arranjos de pagamento" são as pessoas jurídicas que criam as regras e procedimentos para a prestação de determinado serviço de pagamento,[6] a ser prestado por instituições financeiras ou de pagamento. Como exemplos de instituidores, temos as empresas por trás das grandes bandeiras de cartão de crédito; outro exemplo é próprio Banco Central, no caso da TED e do DOC, entre outros instrumentos.

Já as "instituições de pagamento" correspondem aos agentes não financeiros que, ao lado dos financeiros, operacionalizam a oferta dos serviços de pagamento aos usuários finais, pagadores e recebedores. Entre esses serviços de pagamento, podemos destacar a emissão de instrumentos de pagamento, o credenciamento para aceitação de instrumentos de pagamento e a emissão de moeda eletrônica.[7]

"pré-pagas" ou "pós-pagas". Vale atentar para o fato de que, quando a Lei nº 12.865, de 2013, define "conta de pagamento", ela o faz em sentido amplo, abarcando não somente as contas de pagamento propriamente ditas (aquelas definidas na Circular nº 3.680), mas também as contas de depósito ofertadas pelos bancos.

[4] Ressalte-se que, seguindo a nomenclatura vigente à época, esses sistemas são genericamente denominados "câmaras" ou "prestadores de serviços de compensação e de liquidação".

[5] Embora essa lei regule a prestação de serviços de pagamento tanto por agentes financeiros quanto por não financeiros, é somente a partir dela que os prestadores de serviços de pagamento não financeiros passam a ser regulados pelo Banco Central do Brasil.

[6] Essa é uma definição simplificada de "arranjo de pagamento". A definição legal é trazida pelo inciso I do art. 6º da Lei nº 12.865, de 2013: "*conjunto de regras e procedimentos que disciplina a prestação de determinado serviço de pagamento ao público aceito por mais de um recebedor, mediante acesso direto pelos usuários finais, pagadores e recebedores*".

[7] O inciso III do art. 6º da Lei nº 12.865, de 2013, elenca um rol exemplificativo das atividades que são típicas da prestação de serviços de pagamento. Por sua vez, a Circular nº 3.885, de 27 de março de 2018, elenca as modalidades de instituições de pagamento sujeitas à autorização do Banco Central do Brasil.

A indústria de pagamentos conta ainda com diversos outros agentes, a exemplo de provedores de serviços de rede, subcredenciadores, modalidades diversas de terceiros, que realizam distintas etapas do processo de pagamento para outros agentes com menor escala etc.

EVOLUÇÃO DOS PAGAMENTOS DE VAREJO NO BRASIL

Veremos nesta seção que os pagamentos de varejo, no Brasil, vêm passando por uma rápida transformação com a substituição dos meios físicos pelos eletrônicos. Mais recentemente, a popularização dos cartões de pagamento vem permitindo a expansão do comércio eletrônico.

Em 1999, os cheques representavam, em quantidade de transações, mais de 60% de todos os pagamentos interbancários não em espécie no Brasil. Em 2005, esse percentual era pouco maior que 27%, reduzindo-se para apenas 2% das transações em 2018. Por sua vez, em 1999, os cartões de crédito representavam menos de 13% das transações e os de débito não atingiam sequer 3%. Em 2018, o débito respondia por mais de 44% das transações interbancárias,[8] e o crédito, por mais de 36%.

Percebe-se, então, que nas últimas duas décadas houve uma grande "eletronização" dos pagamentos não em espécie. Isso se deve a um grande esforço da indústria, em especial a de cartões de pagamento, em ampliar a aceitação dos cartões. Essa mudança no padrão de pagamentos do brasileiro trouxe outras inovações em nosso mercado, como a truncagem dos cheques a partir de 2011.[9]

A Tabela 17.1 mostra a evolução dos pagamentos por instrumento, excluindo-se o dinheiro.[10] Vale notar que as transferências de crédito incluem não somente DOCs e TEDs, mas também os boletos de pagamento, instrumento muito utilizado pelos brasileiros para o pagamento de contas.

Tabela 17.1 Pagamentos interbancários no Brasil (milhões de transações).

Ano	Cheque	Cartão de Débito	Cartão de Crédito	Cartão Pré-pago	Transferência de Crédito
2009	1.227	2.445	2.808	-	1.841
2010	1.109	2.948	3.314	-	2.052
2011	999	3.508	3.836	-	2.213
2012	903	4.132	4.228	-	2.454
2013	826	4.909	4.724	-	2.680
2014	743	5.630	5.230	-	2.852
2015	656	6.210	5.518	-	2.936
2016	563	6.837	5.858	4	3.054
2017	479	7.934	6.388	26	3.215
2018	416	9.023	7.424	81	3.454

Fonte: Banco Central do Brasil.

---

[8] Não são contabilizadas as transações em que pagador e recebedor possuem conta no mesmo prestador de serviços de pagamento.

[9] Até 2011, os cheques eram coletados diariamente nos diversos Municípios e enviados para as diversas câmaras do Compe (sistema responsável pela liquidação interbancária de cheques), muitas vezes por avião, com a entrega desses cheques aos bancos de origem (bancos sacados), para que eles pudessem, entre outras tarefas, conferir as assinaturas nesses instrumentos. Vale dizer que o período de hiperinflação e o massivo uso de cheques fizeram do Compe um dos sistemas mais rápidos do mundo. Com a truncagem, os cheques passaram a ser digitalizados no banco que acolheu o cheque em pagamento e enviados digitalmente para os bancos sacados, diminuindo drasticamente os custos com a logística de cheques.

[10] Os pagamentos interbancários não incluem transferências de crédito, débitos diretos e cheques em que pagador e recebedor são clientes da mesma instituição.

A despeito da evolução na utilização dos instrumentos "eletrônicos", os brasileiros continuam sendo grandes usuários de dinheiro. A última pesquisa publicada pelo BC sobre o uso de dinheiro revela que, em 2018, quase 30% dos entrevistados ainda recebiam seu salário em dinheiro.[11] Essas pessoas, sem acesso a contas transacionais, não apenas são "forçadas" a realizar seus pagamentos em dinheiro, mas também obrigam quem com elas transaciona a pagar-lhes em dinheiro.

O dinheiro tem algumas vantagens em relação a outros instrumentos: familiaridade e poder liberatório, já que sua entrega implica cumprimento imediato da obrigação de pagar. Além disso, o anonimato da transação o torna vantajoso para transações na economia informal. Por outro lado, em transações de alto valor, o dinheiro mostra-se incômodo e inseguro; além disso, ele não se presta a pagamentos não presenciais, o que é um forte limitador em tempos de crescimento do comércio eletrônico (*e-commerce*) e do comércio móvel (*m-commerce*).

A pesquisa também revela que cerca de 60% das pessoas naturais utilizam o dinheiro com mais frequência do que qualquer outro meio de pagamento. Já os cartões de débito e de crédito são os instrumentos preferenciais para menos de 1/3 das pessoas.[12] Há, portanto, um grande potencial para se avançar no uso dos instrumentos de pagamento eletrônicos, consideradas apenas as possibilidades de substituição do dinheiro nas transações de varejo.

Nesse sentido, a indústria de cartões vem ampliando sua participação, à medida que novos atores, com novos modelos de negócio, entram no mercado. Destaque-se a atuação conjunta do BC e das autoridades concorrenciais, eliminando, em 2010, o duopólio no credenciamento (Visa/Cielo e MasterCard/Rede) e tornando o mercado de credenciamento bastante concorrido, com cerca de duas dezenas de credenciadores e centenas de subcredenciadores. Vale a pena verificar os dados sobre cartões ativos e terminais, para avaliarmos o crescimento da indústria, conforme o Gráfico 17.1.

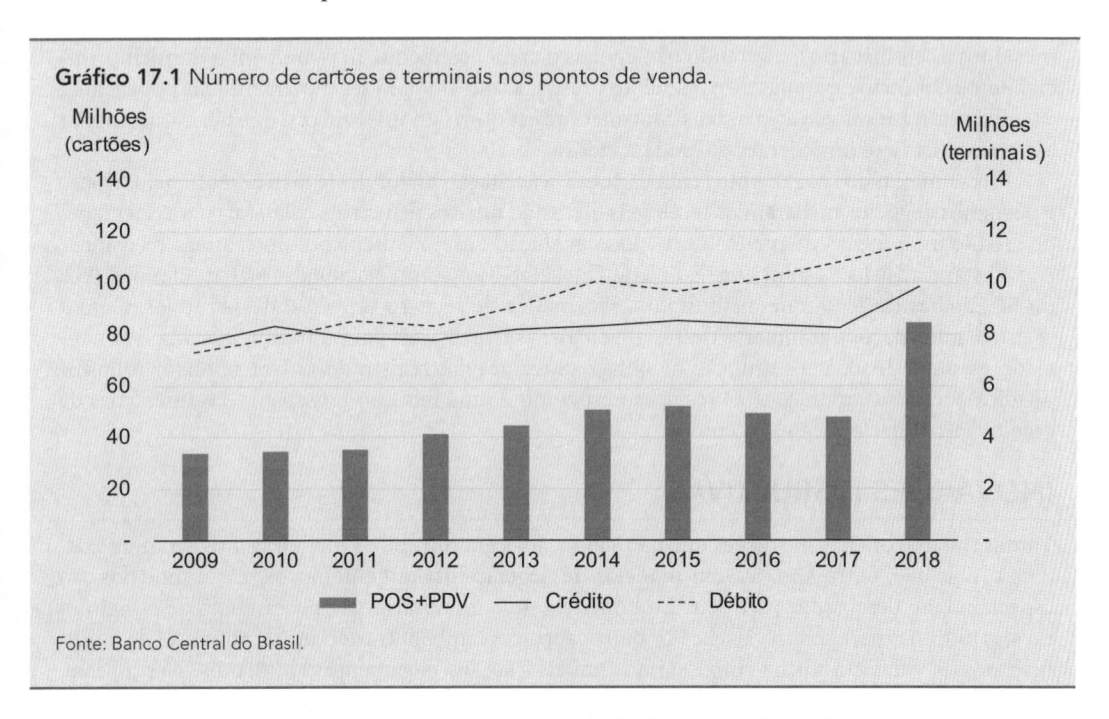

Gráfico 17.1 Número de cartões e terminais nos pontos de venda.

Fonte: Banco Central do Brasil.

Em relação ao pico exibido em 2018 na quantidade de cartões de crédito, vale destacar que houve mudança metodológica na pesquisa realizada pelo BC, com a ampliação dos respondentes

---

[11] Banco Central do Brasil (2018).

[12] Cabe fazer a ressalva de que esses dados são de 2018, sendo que muitas das inovações se intensificaram, justamente, nos últimos dois anos. É provável que atualmente já estejamos na presença de uma realidade diferente.

não bancários no questionário de 2018. Esses novos respondentes atuam com cartões de crédito, mas não com cartões de débito, que são ofertados exclusivamente pelos bancos. Outro ponto que merece destaque é o aparente declínio nos números da indústria, entre 2016 e 2017. Como os entrantes já vinham conquistando mercado, o que fica patente no pico de 2018, não se pode afirmar com certeza se houve realmente queda no número de cartões e de terminais naqueles anos, ou se isso reflete a perda de fatia no mercado dos incumbentes para os entrantes (que, como já dito, não eram contemplados nos questionários do BC à época). Possivelmente, há uma combinação dos dois efeitos – alguma queda no número de cartões e terminais ofertados pelos incumbentes contrabalançada pelo aumento dos entrantes – cujo efeito combinado é incerto, mas os dados de 2018 parecem sinalizar que não houve queda real na quantidade de cartões nem de terminais.

É interessante notar que alguns dos principais entrantes trouxeram novos modelos de negócio para a indústria de cartões, a exemplo do Nubank, cujo modelo é baseado na oferta de uma interface mais amigável, por meio de aplicativos de celulares e sem cobrança de tarifas. Esse modelo aproveita ineficiências da indústria, como as altas tarifas de intercâmbio e os longos prazos para pagamento aos estabelecimentos comerciais, para tornar-se rentável. Além disso, o Nubank foi criando outras linhas de serviços, agregando outros serviços de pagamento por meio da oferta de contas de pagamento pré-pagas, além de serviços financeiros, ampliando a oferta de serviços e, por conseguinte, as fontes de receita.

Do outro lado do mercado, a PagSeguro se destacou com um novo modelo de oferta de *points of sale* (POS), com foco nos microempresários, trazendo modelos simplificados e baratos. Dessa forma, esses terminais, que antes eram alugados com altas mensalidades, passaram a ser vendidos em pequenas parcelas. Além disso, a PagSeguro também buscou ampliar o leque de serviços prestados a seus usuários, ofertando não apenas o credenciamento, mas também o domicílio, inicialmente por meio de contas de pagamento pré-pagas que podiam ser movimentadas por cartões. Prosseguindo em sua estratégia, seus controladores adquiriram um banco, o que permitiu ampliar a oferta de serviços aos clientes da credenciadora.

O crescimento dos pagamentos com cartões e a aceitação maior desse instrumento pelos micro e pequenos negócios tornaram os recebíveis de cartão um dos principais colaterais para operações de crédito para firmas de menor porte. Essa evolução ensejou alterações normativas relevantes, consubstanciadas na Resolução nº 4.734, do Conselho Monetário Nacional, e na Circular nº 3.952, do BC, ambas de 2019, que instituíram a sistemática de registro universal desses ativos. Com o registro, informações granulares desses ativos tornam-se visíveis para uma ampla gama de financiadores; além disso, a constituição de ônus e gravames nas registradoras trouxe maior robustez jurídica para essas operações. O resultado esperado é uma redução nos custos das operações de crédito garantidas por esses recebíveis.

INOVAÇÕES DISRUPTIVAS

Vamos tratar agora das inovações que não são focadas em introduzir melhorias nos arranjos existentes, mas que, outrossim, trazem modelos de negócio inteiramente novos. Esses modelos são especialmente desafiantes para seus proponentes, se considerarmos a necessidade de atingirem escalas mínimas para serem viáveis. Por outro lado, eles também trazem maior potencial de modificar nossas vidas e a forma como agimos em relação aos pagamentos cotidianos. Nessa seara, focaremos nas chamadas "moedas virtuais" e nos pagamentos instantâneos.

"Moedas virtuais" e outras inovações correlatas

Muito se tem falado sobre as "moedas virtuais", desde o aparecimento do *Bitcoin*. Sem entrar nos tecnicismos, o *Bitcoin* se propôs a substituir, a um só tempo, as moedas soberanas e os diversos atores que intermedeiam seu uso, por meio da criação de um "livro contábil distribuído", sendo que a confiança em seus registros é garantida por meio de sofisticados algoritmos criptográficos, possibilitando a troca de *Bitcoins* sem recorrer a intermediários e sem a necessidade de confiança nas contrapartes.

Todavia, essa primeira onda de "moedas virtuais", da qual o *Bitcoin* é o principal expoente, falhou enquanto alternativa para transações de varejo. A baixa capacidade de processamento[13] *vis-à-vis* com a grande quantidade de transações levou a uma relativa demora na liquidação das operações, sem contar as interfaces não amigáveis para o usuário, em especial para a realização de compras nos pontos de venda físicos. Assim, essas "moedas virtuais" passaram a ser utilizadas majoritariamente como formas de investimento especulativo; esse uso, inclusive, fez com que a denominação "moedas virtuais" fosse caindo em desuso em prol do uso do termo *cripto ativos*, numa alusão tanto ao uso da criptografia quanto à sua utilização como investimento.

Assim, a alta volatilidade no valor desses ativos quando denominados em moeda soberana e a falta de escalabilidades que caracterizam os cripto ativos de primeira geração tornaram-nos inadequados como meio de pagamento. Esse cenário deu origem ao aparecimento das *"stablecoins"*, que, além de apresentarem muitas das características dos criptoativos de primeira geração, incluíram mecanismos com o objetivo de estabilizar seu valor. Essa característica torna as *stablecoins* mais capazes de servir como meio de pagamento e reserva de valor, potencialmente contribuindo para o desenvolvimento de um arcabouço de meios de pagamento global que seja mais rápido, barato e inclusivo.

As *stablecoins* atuais usam dois tipos de mecanismos de estabilização: (1) lastro em ativos, tipicamente uma moeda ou uma cesta de moedas soberanas e ouro financeiro; e/ou (2) estabilização por algoritmo. No caso das *stablecoins* lastreadas em ativos, há diversas formas empregadas para manter seu preço em relação aos ativos referenciados, incluindo mecanismos de emissão e resgate, de arbitragem, assim como o direito de trocar a moeda pelos ativos que lhe servem de lastro. Dependendo do desenho, os detentores da *stablecoin* podem ser proprietários dos ativos que lhes servem de lastro ou podem ter direito de demandar contra um terceiro esse ativo.[14] Além disso, o gestor da *stablecoin* pode ou não manter os ativos de lastro em depósito, para serem utilizados no caso de uma solicitação de resgate.

Já no caso das *stablecoins* baseadas em algoritmos, elas buscam estabilizar seu valor por meio de protocolos de *softwares* que buscam aumentar ou diminuir a oferta de *stablecoins* de forma a corresponder às mudanças na demanda. Embora o cálculo da quantia a ser aumentada ou diminuída possa se basear em um algoritmo, a emissão (ou destruição) de *stablecoins* pode não ser automática, exigindo intervenção humana.

O tema das *stablecoins* ganhou especial atenção da comunidade internacional depois que o Facebook informou a sua intenção de passar a emitir a *Libra*, *stablecoin* baseada numa cesta de moedas soberanas. A possibilidade de ampla utilização da *Libra* pela enorme base de usuários do Facebook e de outras plataformas ligadas a ele, como é o caso do WhatsApp, inclusive para a realização de pagamentos transfronteiriços, trouxe várias preocupações para as autoridades reguladoras.

Com relação à estabilidade financeira, dentro de cada "ecossistema" de *stablecoins*, existem fragilidades como risco de crédito, descasamento de maturidade e liquidez e riscos operacionais. Tais riscos, se não gerenciados adequadamente, podem minar a confiança e gerar uma corrida similar a corridas por depósitos bancários, no caso em que usuários tentarão resgatar seus ativos pelo valor de referência. Ademais, *stablecoins* podem afetar a estabilidade financeira, ao impulsionar fragilidades das moedas domésticas e facilitar a transmissão de choques entre países.

---

[13] Baixa capacidade se comparada, por exemplo, à capacidade de processamento das grandes redes de cartões, ou mesmo aos pagamentos instantâneos que hoje dominam o pagamento de varejo na China.

[14] Para entendermos essa questão, podemos traçar um paralelo entre um cofre e uma conta no banco. Se a pessoa coloca o dinheiro num cofre do banco, ela é dona desse dinheiro (ainda que precise cumprir certos procedimentos para ter acesso a ele); por outro lado, se deposita o dinheiro em uma conta de depósitos à vista, transfere a propriedade do dinheiro ao banco, mantendo para si um direito contra o banco, qual seja, o de resgatar esse dinheiro a qualquer momento.

Há riscos também à política monetária, principalmente quanto à capacidade de economias menores manterem política monetária independente, considerando o potencial de essas moedas virem a ser substituídas pela *Libra*, ou outra *stablecoin* com características similares. Assim, a política monetária se tornaria menos potente, à medida que indivíduos e firmas adotassem *stablecoins* como reserva de valor. Nesses casos, a economia do país ficaria vulnerável à política monetária dos países cujas moedas compõem o lastro da *stablecoin*.

Existem, ainda, diversas preocupações relacionadas à natureza jurídica desses ativos (ativo financeiro ou valor mobiliário) com consequências nas órbitas regulatória e tributária; à capacidade de impor regras de boa governança, incluindo regras de investimento e mecanismos de estabilidade; ao controle da lavagem de dinheiro e do financiamento ao terrorismo; aos riscos cibernéticos e resiliência operacional; à proteção da privacidade de dados pessoais e aos direitos do consumidor; e, até, às consequências para a competição no sistema financeiro.

Por outro lado, o modelo de negócios trazido pela *Libra* evidenciou as ineficiências existentes nos canais tradicionais para a realização de pagamentos transfronteiriços de baixo valor, levando a discussões, em diversos *fóruns* internacionais, sobre como melhor integrar os sistemas de pagamentos das diversas jurisdições.

Falando um pouco de transferências internacionais, há relativo consenso de que as mesmas são tipicamente lentas, custosas e pouco transparentes. Modelos inovadores, no entanto, encontram barreiras à entrada em países em desenvolvimento, por conta do acesso limitado a contas bancárias e instrumentos eletrônicos de pagamento e de uma preferência por moeda em espécie. Ademais, prestadores de serviços de pagamento lidam com desafios para se adequarem a múltiplos regimes regulatórios, à falta de padronização na mensageria e têm dificuldades para interoperar com outros provedores de serviços finais (*front-end*) ou intermediários (*back-end*).

Outra discussão que ganhou força na comunidade de bancos centrais foi a questão da emissão das "Moedas Digitais de Bancos Centrais" (do inglês, *Central Bank Digital Currencies* – CBDCs). O termo *CBDC* ainda não está bem definido, mas, tipicamente, uma CBDC é entendida como uma nova forma de moeda de banco central, isto é, um passivo do banco central, denominado em uma unidade de conta existente, que serve tanto como meio de troca como de reserva de valor.[15] Por outro lado, as CBDCs não se confundem com as reservas que os bancos mantêm em contas nos bancos centrais, nem com a moeda-papel (notas e moedas) que são emitidas pelos bancos centrais para uso pela população em geral.

As CBDCs podem ter uso amplo ou restrito, como, por exemplo, para liquidação de obrigações em sistemas de pagamento de alto valor, especialmente entre agentes financeiros. Para o nosso caso, interessam as CBDCs de uso amplo, que podem ser utilizadas para realização de pagamentos de varejo.

Bancos centrais em várias jurisdições têm estudado o lançamento de CBDCs, sendo que alguns já o fizeram. No cerne da decisão de emissão está a vontade de ofertar moeda de banco central como alternativa: (1) à moeda-papel (notas e moedas emitidas pelos bancos centrais); (2) à moeda dos bancos comerciais, que é, tipicamente, transferida pelo uso dos diversos instrumentos de pagamento disponibilizados pela indústria; e (3) ao uso de criptoativos de emissão privada para a realização de pagamentos (a exemplo das *stablecoins*).

De fato, em algumas jurisdições dos países nórdicos, especialmente a Suécia, a população tem, rapidamente, deixado de utilizar a moeda-papel nas transações cotidianas. Isso levou o banco central daquele país a estudar o lançamento de uma CBDC, como forma de garantir que o público em geral ainda tivesse acesso a moeda de banco central, agora na forma de um "*token* digital". Razão similar fez com que o Banco Central da República Popular da China também emitisse uma CBDC baseada em tecnologia de registro distribuído (*distributed ledger technology* – DLT), a ser intermediada pelas instituições financeiras daquele país.

---

[15] BIS (2018).

Na América Latina, vários países também têm avaliado (inclusive por meio de projetos piloto) ou efetivamente lançado CBDCs, como forma de substituição da moeda-papel e digitalização dos pagamentos do país. Em alguns casos, os bancos centrais relatam a dificuldade de emitir e circular moeda-papel e o limitado porte das instituições bancárias do país entre as principais motivações para a emissão de CBDCs.

O tempo dirá em que proporção as "moedas virtuais", sejam elas *stablecoins* ou CBDCs, serão utilizadas em nossas sociedades; mas, ao que tudo indica, esse parece ser um caminho sem volta.

Pagamentos instantâneos

Os sistemas de pagamento instantâneos vêm sendo desenvolvidos em muitas jurisdições, tendo como sua principal característica o fato de que a transmissão da mensagem de pagamento e a disponibilidade dos fundos para o beneficiário final ocorrem em tempo real ou quase real. Outra característica essencial desses sistemas é que essas transações são realizadas no regime de 24x7 (ou muito próximo disso).

Diferentemente dos arranjos fechados, em que todos os usuários têm conta em um mesmo provedor de serviços de pagamento (PSP), esses "novos" sistemas de pagamentos instantâneos permitem transações entre usuários que possuem contas em PSPs distintos. Isso requer maior esforço de coordenação entre os diversos PSPs. Por outro lado, tal esforço é recompensado pelo alcance significativamente maior desses sistemas,[16] quando pensamos no número de usuários passíveis de interagirem entre si.

Cabe destacar que a adesão a esses arranjos de pagamento, não raro, requerem razoáveis esforços por parte dos incumbentes, bancos que precisam integrar seus sistemas legados e dotá-los de capacidade 24x7. Por outro lado, a oferta de pagamentos instantâneos se torna uma ferramenta estratégica para que esses atores permaneçam relevantes no cenário de forte inovação do setor financeiro,[17] ao permitir uma real evolução no nível de serviços prestados.

ATUAÇÃO DO BC SOBRE A INDÚSTRIA DE PAGAMENTOS DE VAREJO

Nesta seção, descreveremos como o Banco Central, no papel de regulador do sistema de pagamentos, vem atuando nesse mercado para fomentar inovação e competição. Exploraremos também as principais características do sistema de pagamentos instantâneos em implementação pelo BC.

Primeiros passos: aumentar a competição na indústria de cartões

Desde que a Lei nº 12.865, de 2013, ampliou o mandato do Banco Central do Brasil em relação aos pagamentos de varejo, tomou-se uma série de medidas cujo foco era o aumento da competição no mercado.

Merece destaque a criação das instituições de pagamento (IPs), com uma regulação mais leve – proporcional ao risco menor de suas atividades. Essa modalidade serviu de porta de entrada para várias agentes. As IPs oferecem contas de pagamento, emitem cartões, credenciam lojistas e executam transferência de recursos.

Começando com um modelo mais simples, focado em pagamentos, vários agentes conseguiram entrar no mercado e, à medida que foram ganhando a confiança dos clientes, puderam,

---

[16] Em alguns países, arranjos fechados foram capazes de monopolizar ou, no mínimo, formar um forte oligopólio nesse mercado. Se, por um lado, isso conferiu grande alcance a tais arranjos, por outro introduziu forte barreira à entrada de novos atores, com possíveis impactos à competição.

[17] Vale lembrar que os incumbentes estão concorrendo com modelos que propõem a desintermediação, como é o caso das *stablecoins*, que também operam 24x7 e têm liquidação para o usuário final em questão de minutos.

aos poucos, agregar novos serviços. Em outras palavras, reduziu-se o investimento necessário para entrar no mercado, por meio de licenças específicas para as atividades de pagamento. Uma vez provado seu modelo de negócios e tendo ganhado escala, essas empresas conseguem agregar novas atividades, tipicamente incluindo serviços financeiros, agregando assim os ganhos de escopo proporcionados pelo aumento de relacionamento com seus clientes.

A evolução do Nubank e da PagSeguro mostra bem essa trajetória. Tendo começado como instituições de pagamento, respectivamente como emissor de instrumento pós-pago e credenciador, eles evoluíram para oferecer outros serviços financeiros, adquirindo instituições financeiras e formando conglomerados financeiros.

Além da regulação das instituições de pagamento, o legislador brasileiro teve o cuidado de também colocar os arranjos de pagamento sob o manto da atuação do regulador. Assim, coube ao BC, de um lado, zelar pela segurança desses arranjos, avaliando o tratamento adequado dos riscos entre seus participantes (que são as instituições financeiras e de pagamento) e garantindo maior segurança aos usuários finais. De outro lado, era preciso que o regulador zelasse também pela eficiência, garantindo que não existissem discriminações injustificadas à participação nesses arranjos. Dessa forma, se evitaria a constituição de uma barreira à entrada de novos agentes, o que poderia minar os planos de aumento da competição no mercado de pagamentos e, em um segundo momento, no próprio mercado financeiro.

Sob esse arcabouço legal, o BC focou sua atuação inicial na indústria de cartões de pagamento, que já detinha maior participação no mercado e continuava crescendo fortemente, mas apresentava problemas em sua estrutura, conforme revelava o Relatório sobre a Indústria de Cartões de Pagamento,[18] publicado em 2010.

O primeiro ponto a ser atacado era aumentar a competição no credenciamento, uma vez que o referido relatório revelava um quadro indesejável de duplo monopólio: havia apenas um credenciador para cada uma das bandeiras de cartão que dominavam o mercado brasileiro, resultando em ganhos extraordinários para esses agentes. Contudo, relações de exclusividade e a forma de atuação do mercado acabavam por impedir a entrada de outros agentes nesse segmento.

Para resolver essa questão, foram necessárias uma série de medidas, das quais podemos destacar a abertura dos arranjos fechados. A grande concentração de alguns conglomerados financeiros no Brasil possibilitou que alguns arranjos fechados contornassem a natural limitação desse modelo e alcançassem uma participação de mercado significativa. Ocorre que esses arranjos, por serem oferecidos apenas pelos credenciadores incumbentes, tornavam-se uma barreira à entrada de novos credenciadores no mercado.

Portanto, a atuação conjunta do BC e do Conselho Administrativo de Defesa Econômica (Cade), um por meio de sua regulação e o outro por meio de acordos com os agentes da indústria, possibilitou uma abertura desses arranjos, cujo longo processo só foi efetivamente concluído em 2017, com a bandeira Elo incluindo vários credenciadores entrantes em seus arranjos de pagamento.

Outra medida relevante, nesse contexto, foi a instituição da liquidação centralizada. O processo de liquidação era extremamente ineficiente, com alguns arranjos abertos possuindo até três prestadores de serviços de compensação e de liquidação para liquidar as transações entre emissores, credenciadores e instituições domicílio. Além do ganho de eficiência, a medida deu fim a uma série de discriminações que existiam nos relacionamentos entre instituições domicílio e credenciadores, discriminações essas que impactavam entrantes nesses dois mercados – de credenciamento e de instituição domicílio.

Criando o Pix

Ainda no sentido de aumentar a competição no mercado de pagamentos de varejo e ampliar o leque de instrumentos de pagamento ofertados no Brasil, o BC encampou a tarefa de instituir um

---

[18] Banco Central, SDE e Seae (2010).

arranjo de pagamentos aberto que possibilite a realização de pagamentos de forma instantânea (poucos segundos) e que funcione de forma ininterrupta (24 horas por dia e todos os dias, úteis e não úteis, do ano), a exemplo do que estava acontecendo em vários outros países.

De fato, desde a publicação do Relatório de Vigilância do Sistema de Pagamentos Brasileiro – 2013, o BC vem incentivando o desenvolvimento de um arranjo de pagamentos instantâneos. Nesse sentido, o BC havia detectado a necessidade de melhoria na cesta de instrumentos de pagamento ofertados no Brasil, já que cada um dos principais instrumentos em uso no país (dinheiro, cheque, cartões de crédito e de débito, TED, DOC e boleto) tinham suas limitações.

Em relação aos instrumentos baseados em papel, o destaque cabe ao dinheiro e ao cheque, instrumentos socialmente caros, com vários estudos demonstrando que sua substituição por pagamentos eletrônicos pode reduzir significativamente os custos que a sociedade tem com a realização de pagamentos.

Já os cartões de pagamento, que tiveram grande sucesso no avanço da eletronização dos pagamentos no Brasil, têm problemas no seu modelo de apreçamento (que é um percentual do valor da transação), tornando esses instrumentos demasiado caros em transações de alto valor. Mesmo em transações menores, tarifas de intercâmbio relativamente altas – decorrentes da disputa entre os arranjos pelos emissores e também utilizadas para direcionamento dos pagadores em favor desses instrumentos – tornam a aceitação desses instrumentos relativamente cara, onerando, num primeiro momento, os estabelecimentos comerciais e, num segundo, os próprios consumidores, pelo repasse desses custos aos produtos e serviços ofertados.

Diga-se, ainda sobre esse tema, que a edição da Lei nº 13.455, de 26 de junho de 2017, que possibilitou a diferenciação no preço dos produtos em virtude do instrumento de pagamento escolhido, foi muito importante para limitar comportamentos extremos dos agentes de mercado. A experiência internacional e o próprio caso brasileiro demonstram, no entanto, que esse tipo de medida tem impacto limitado[19] nos custos de aceitação do instrumento, já que a diferenciação é pouco utilizada pelos estabelecimentos comerciais.

Portanto, sem uma diferenciação efetiva, que seja baseada no custo de aceitação de determinado instrumento, o custo do instrumento de pagamento não é percebido diretamente pelos pagadores, dificultando que eles escolham o instrumento de pagamento que seria o socialmente ótimo em cada ocasião.[20]

Já os instrumentos de transferência clássicos (TED, DOC e boleto), além de demasiado caros para as transações de baixo valor, mostram-se inadequados para transações realizadas nos pontos de venda.

Assim, os pagamentos instantâneos deveriam ser introduzidos no país como uma nova alternativa na cesta de instrumentos de pagamento, buscando serem instrumentos eficientes e de baixo custo para seus usuários, tanto em pagamentos de alto quanto de baixo valor. Seu principal alvo é a diminuição dos pagamentos em dinheiro, mas eles devem disputar com outros instrumentos de pagamento, tais como TED, DOC e cartões de débito. A evolução desse arranjo deve possibilitar que, num futuro próximo, pagamentos com boleto também sejam parcialmente substituídos por pagamentos instantâneos.

O que seriam esses pagamentos instantâneos? Sem dúvida, como o próprio nome indica, a "instantaneidade" com que os fundos são recebidos pelo usuário recebedor é uma das principais características dessa nova forma de pagamentos, mas essa não é a única melhoria a ser introduzida por esses arranjos. Assim, os pagamentos instantâneos são internacionalmente definidos como

---

[19] Servindo mais para evitar grandes abusos, já que, nesses casos, os custos de se manter uma diferenciação de preços seriam compensadores.

[20] Por exemplo, pensando-se no ótimo social, o cartão de crédito, que é um dos instrumentos de pagamento eletrônicos mais caros, deveria ser utilizado apenas quando o pagador necessitasse desse crédito para realizar a transação, dando-se preferência a outros instrumentos mais baratos, como o cartão de débito, nas demais ocasiões.

tais se as transferências de fundos entre usuários finais ocorrem em tempo real e, além disso, podem ser realizados durante 24 horas por dia, sete dias por semana e em todos os dias do ano.

Essas características, quando tomadas em conjunto, também podem ser entendidas como uma resposta do setor financeiro à proposta de desintermediação trazida pelas diversas formas de criptoativos e, também, como resposta à entrada das *fintechs* e seus novos modelos de negócio. Em outras palavras, os pagamentos instantâneos estão aqui não apenas para disputar com os instrumentos de pagamento tradicionais, mas também para encarar a competição das novas formas de pagamento que estão aparecendo a todo momento, com seus modelos inovadores e disruptivos.

Em 2018, considerando a dificuldade de o mercado se organizar autonomamente para oferecer essa nova modalidade de pagamentos, o BC decidiu iniciar o desenvolvimento de um arranjo de pagamentos instantâneos brasileiro, que, posteriormente, recebeu o nome de Pix.[21] O passo inicial foi a criação de grupo de trabalho específico, que contou com ampla participação do mercado e cuja principal entrega resultou na divulgação do Comunicado do Banco Central nº 32.927, publicado em dezembro de 2018. Esse comunicado trouxe a versão inicial dos requisitos fundamentais para o desenvolvimento do ecossistema de pagamentos instantâneos brasileiro.

Dando continuidade ao processo de desenvolvimento do ecossistema e com vistas a garantir que os agentes de mercado e a sociedade em geral pudessem contribuir para esse desenvolvimento, o BC instituiu o "Fórum para assuntos relacionados a pagamentos instantâneos no âmbito do SPB – Fórum PI". Este tem por objetivo subsidiar o BC em seu papel de definidor das regras de funcionamento do ecossistema de pagamentos instantâneos.

Assim, o BC tem realizado reuniões periódicas com o mercado, nas quais são discutidas as sugestões encaminhadas pelos agentes aos documentos colocados em consulta perante os participantes do Fórum PI. Esses documentos são utilizados pelo BC no estabelecimento das regras e procedimentos que caracterizarão os pagamentos instantâneos no Brasil.

Além de atuar como instituidor do Pix, marca do arranjo de pagamentos instantâneos brasileiro, o BC, com vistas a garantir a neutralidade e ainda a maximizar os benefícios sociais trazidos pelo novo arranjo, decidiu que ele seria o operador do sistema de pagamentos a ser utilizado pelo arranjo na liquidação das transações de pagamentos instantâneos: o Sistema Pagamentos Instantâneos (SPI). O SPI será uma infraestrutura centralizada e única, que fará a liquidação das transações realizadas entre diferentes instituições participantes do arranjo de forma bruta e em tempo real, sem gerar exposição financeira entre os participantes, e funcionará 24 horas por dia, sete dias por semana e em todos os dias do ano. O SPI, à semelhança de sistemas similares de outras jurisdições, adotará mensageria no padrão internacional ISO 20022.

Além do SPI, o BC ainda vai operar o Diretório de Identificadores de Contas Transacionais (DICT), que é o componente do Pix que armazenará informações das chaves ou apelidos que serão utilizados para identificar as contas transacionais dos usuários recebedores.

De fato, o envio de uma TED ou de um DOC requer que o usuário pagador entre com diversas informações, como instituição, agência e conta, além de nome completo e CPF ou CNPJ do recebedor. Tal processo, além de consumir tempo, requer uma quantidade grande de informações, de difícil memorização pelo pagador. Esse processo de iniciação de pagamentos instantâneos precisava ser melhorado e, olhando a experiência internacional, era evidente a necessidade de um serviço do tipo do DICT.

Assim, o DICT permite que o usuário pagador utilize informações que ele já possui sobre o usuário recebedor para iniciar o pagamento de maneira mais intuitiva e simplificada. Essa informação, denominada "chave para endereçamento", fica armazenada no DICT e pode ser utilizada

---

[21] Para designar tanto o ecossistema de pagamentos instantâneos quanto as transações realizadas nesse sistema, a exemplo do TED e do DOC, que são outros arranjos/instrumentos de pagamento.

para identificar, além da conta em si, a agência (se houver) e a instituição em que o usuário recebedor possui sua conta. Atualmente, as chaves que podem ser utilizadas incluem o número do celular, um *e-mail* ou o CPF/CNPJ.

Além de o DICT contribuir para a conveniência, uma vez que possibilita melhor experiência do usuário em diversos casos de uso, ele também é um elemento importante para a segurança dos pagamentos instantâneos.

O Banco Central mantém uma página no seu *site* com todas as informações técnicas e regulatórias do projeto de implantação do Pix, no seguinte endereço: https://www.bcb.gov.br/estabilidadefinanceira/pix.

CONCLUSÕES

No âmbito do setor financeiro, a indústria de pagamentos tem se destacado pela sua capacidade de inovação, especialmente aquelas baseadas em uso intensivo de tecnologia da informação.

Nessa arena, a inovação vem ocorrendo não só pela entrada de novos atores, como *fintechs* e *bigtechs*, mas também em função da atuação dos bancos centrais, enquanto catalisadores de esforços dos atores envolvidos e dos próprios incumbentes, que buscam preservar seu mercado.

As inovações têm focado não somente em melhorar a experiência dos usuários, melhorando a usabilidade de arranjos de pagamentos tradicionais, mas também em melhorar as infraestruturas que suportam esses pagamentos.

Tal melhoria nas infraestruturas passa pela evolução dos sistemas de pagamento na direção dos pagamentos instantâneos, 24x7; passa, ainda, pela substituição desses sistemas por modelos disruptivos, com forte desintermediação, a exemplo das *stablecoins* e de algumas CBDCs.

No Brasil, apesar de o setor de pagamento também demonstrar forte dinâmica de inovação, ainda há um considerável desafio em ampliar o acesso às contas transacionais por parte dos brasileiros adultos. Vencer esse desafio passa pelo desenvolvimento de novas plataformas e novos modelos de negócio, compatíveis com a oferta de serviços a baixos custos para a parcela mais desprivilegiada da população brasileira.

No âmbito dos pagamentos de varejo transfronteiriços, a percepção é de que esses pagamentos ainda são caros e pouco transparentes para os usuários, em especial quando comparados à realidade transformada dos pagamentos domésticos. As compras transfronteiriças realizadas pela internet são fortemente baseadas nos arranjos de cartões de pagamento internacionais, mas é perceptível um avanço dos arranjos fechados, especialmente pelas *bigtechs* chinesas, nessa seara.

Já em relação às transferências, a exemplo das remessas internacionais, de um lado, os modelos tradicionais dos cartões de pagamento não dão suporte a essas transações. De outro, os altos custos relacionados com o modelo de bancos correspondentes e a demora para a liquidação dessas transações (inclusive a grande incerteza sobre o prazo para a liquidação) tornam essa uma opção ruim para tais pagamentos. Essa realidade tem trazido novos atores e modelos de negócio à baila, a exemplo de arranjos fechados das "remessadoras" de dinheiro. Mais recentemente, moedas virtuais, em especial, as *stablecoins*, buscam se juntar ao leque de opções para a realização dos pagamentos transfronteiriços. Em atenção a essa realidade, os países membros do G20 solicitaram recentemente que o Financial Stability Board (FSB)[22] e o CPMI estudem melhorias relacionadas à interconexão dos sistemas de pagamento das diversas jurisdições, a fim de tornar mais eficientes e baratos esses pagamentos transfronteiriços.

---

[22] O FSB é um organismo internacional criado pelo G20, após a crise financeira de 2008, com o intuito de monitorar e fazer recomendações relacionadas ao sistema financeiro internacional.

REFERÊNCIAS

BANCO CENTRAL DO BRASIL. O brasileiro e sua relação com o dinheiro. 2018. Disponível em: https://www.bcb.gov.br/conteudo/home-ptbr/TextosApresentacoes/Apresentacao_Pesquisa_Mecir_Brasileiro_Relacao_com_Dinheiro_19072018.pdf.

BANCO CENTRAL DO BRASIL-BCB; SDE; SEAE. Relatório sobre a indústria de cartões de pagamento. 2010. Disponível em: https://www.bcb.gov.br/content/estabilidadefinanceira/Documents/sistema_pagamentos_brasileiro/Publicacoes_SPB/Relatorio_Cartoes.pdf.

BANCO DE COMPENSAÇÕES INTERNACIONAIS – BIS. Committee on Payments and Market Infraestructures / Markets Committee. *Central bank digital currencies*. Basel: Bank for International Settlements, 2018. Disponível em: https://www.bis.org/cpmi/publ/d174.pdf.

O Fenômeno do Big Data

Éber Gonçalves e Leandro Ortiz do Nascimento

INTRODUÇÃO

A produção de dados no mundo cresce de forma exponencial e alcança patamares inimagináveis, consequência do amplo processo de digitalização da economia e da sociedade. As atividades da vida cotidiana são, quase sempre, realizadas por intermédio de algum recurso tecnológico digital. A capacidade para armazenar e processar esses dados evoluiu muito nos últimos tempos. A conjugação dessas transformações resultou na ampliação da capacidade de produção de conhecimento e geração de valor a partir de dados, o que pode ser caracterizado como o fenômeno do *Big Data*.

Os dados são considerados o recurso mais valioso da nova economia. Eles estão contribuindo para o aprimoramento de processos produtivos, o aumento da eficiência e da competitividade das empresas. Também são fonte de oportunidades para o desenvolvimento de novos produtos, serviços e modelos de negócios. Precisam que seu ciclo de valor seja completado para gerar riqueza e bem-estar.

Neste capítulo, discorre-se sobre esse fenômeno cheio de possibilidades e desafios. O capítulo está estruturado em sete seções. Depois da presente introdução, faz-se uma discussão sobre a origem e caracterização do *Big Data* e de importantes movimentos tecnológicos derivados. A terceira seção trata dos seus impactos na economia e na sociedade. A quarta expõe as tentativas de estimar seu valor econômico e geração de riqueza. A quinta discute a condição atual de inserção do Brasil na economia digital e a sexta, os grandes desafios relacionados ao fenômeno em discussão. Por fim, apresentam-se as considerações finais.

ORIGENS E CARACTERIZAÇÃO DO *BIG DATA*

Como a maioria dos grandes avanços tecnológicos, o chamado *Big Data* começou como um problema. No início dos anos 2000, com a constatação do nascente setor de comércio eletrônico de que a análise de dados poderia gerar vantagem competitiva, as empresas começaram a se dedicar com mais afinco a coleta e armazenamento de dados. Assim, além do volume muito maior de dados do que o usual, chegando a uma velocidade igualmente ampliada, as empresas se viram diante de uma variedade de formatos aos quais não estavam adaptadas (imagens, textos livres e até mesmo dados de sensores, como os de aparelhos de telefonia móvel) e que não se encaixavam nas soluções tradicionais de armazenamento (bancos de dados).

Essas três características (volume, velocidade e variedade) combinadas formaram a primeira (e mais popular) definição de *Big Data*.[1] Desde então, empresas, governos e academia vêm se debruçando sobre o problema e criando novas soluções tecnológicas e abordagens que viabilizam o uso desse "dilúvio" de dados para otimizar e agilizar o processo de tomada de decisão.

Além do surgimento de novas soluções, esse "dilúvio" revitalizou um campo de pesquisa que surgiu nos anos 1950 e havia ficado adormecido até os anos 1990: o aprendizado de máquina

---

[1] Laney (2001).

(*machine learning* – ML), que visa desenvolver programas que consigam melhorar progressivamente sua própria *performance* no enfrentamento de determinada situação problema (de forma análoga ao aprendizado humano). Um exemplo de tais métodos são as chamadas redes neurais, com seu *design* livremente inspirado num modelo simplificado do funcionamento dos neurônios humanos e suas interconexões.

Dois principais motivos contribuíram para esse período de "hibernação" do ML:

- Para modelar adequadamente uma rede neural, é necessário grande número de neurônios, distribuídos em camadas sequenciais, sendo que cada uma delas consome uma quantidade não trivial de recursos computacionais durante seu período de "aprendizado".
- Para aprender padrões utilizando essas técnicas, é necessário estimar uma quantidade grande de parâmetros, o que se traduz na necessidade de uma gigantesca quantidade de dados sobre o fenômeno em estudo.

Durante a década de 1990, ambas as limitações começaram a ser solucionadas em ritmo muito acelerado. Esse processo segue até hoje, como se evidencia nos Gráficos 18.1 e 18.2.[2]

No Gráfico 18.1, observa-se clara tendência exponencial de aumento na produção de dados, a uma taxa média de aproximadamente 48% ao ano entre 2005 e 2015. É importante destacar também que, embora haja concentração dessa geração de dados em algumas empresas,[3] ainda resta um enorme volume distribuído entre corporações menores. Por fim, devemos lembrar que essas estimativas não levam em consideração as implicações das tecnologias de conectividade, chamadas genericamente de Internet das Coisas, (*Internet of Things* – IoT). Atualizando a estimativa com esses impactos potenciais, chega-se a mais de 400 ZB[4] (dez vezes o relatado no Gráfico 18.1).

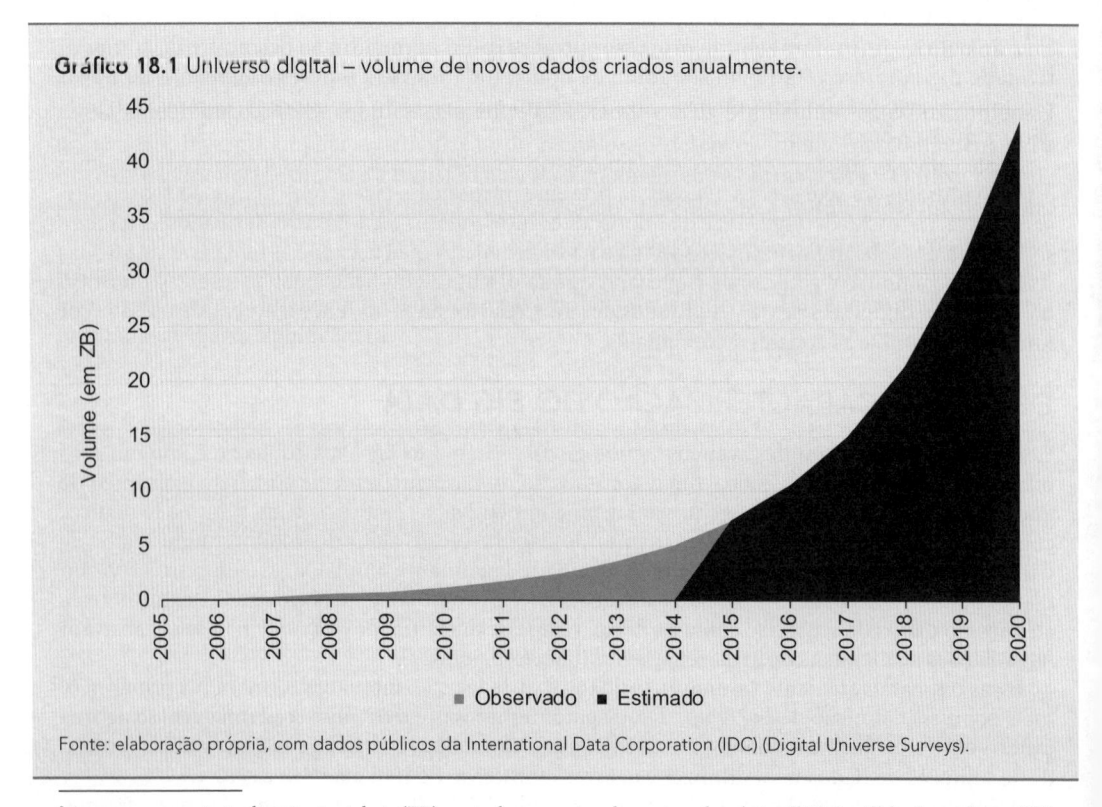

Gráfico 18.1 Universo digital – volume de novos dados criados anualmente.

Fonte: elaboração própria, com dados públicos da International Data Corporation (IDC) (Digital Universe Surveys).

---

[2] Apenas para contextualização, 1 zetabyte (ZB) equivale a aproximadamente mil exabytes (EB), 1 milhão de petabytes (PB) e 1 bilhão de gigabytes (GB) – sendo essa a unidade de armazenamento comumente utilizada nos *desktops* atuais.

[3] Estima-se que o Google, por exemplo, processe cerca de 1,2 EB de dados por dia, enquanto o Facebook reporta gerar 4 PB por dia.

[4] Ryan (2016).

No Gráfico 18.2, chama atenção a melhoria na *performance* relativa (medida pela PassMark Rating[5]) dos computadores "domésticos" (*desktops*) com relação aos servidores, que são amplamente utilizados em ambiente corporativo para processamento de grandes volumes. Isso indica aumento do poder computacional disponível diretamente para os usuários, sem depender do acesso a máquinas de grande porte.

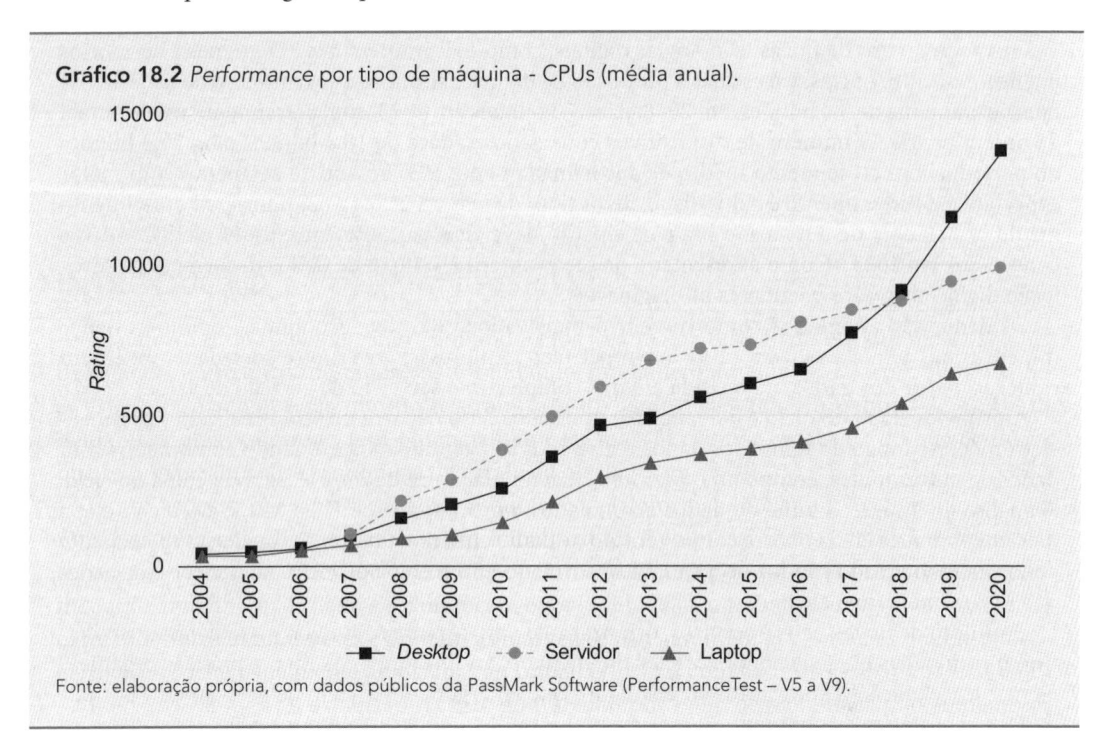

Gráfico 18.2 *Performance* por tipo de máquina - CPUs (média anual).

Fonte: elaboração própria, com dados públicos da PassMark Software (PerformanceTest – V5 a V9).

Em resumo, empresas de todos os portes têm acesso a grandes volumes de dados e, teoricamente, possuem a seu alcance tecnologia (de armazenamento e processamento de dados) suficiente para extrair deles valor para seus negócios. Porém, não obstante o avanço nas técnicas de ML, restam questões metodológicas a serem solucionadas: como garantir que os *insights* derivados dessa enorme quantidade de dados não são, apenas, coincidências estatísticas?

Essas questões vêm sendo abordadas na área de pesquisa denominada *Data Science* (DS) ou ciência de dados, um aparente pleonasmo, pois, afinal, toda pesquisa científica é (ou deveria ser) apoiada em dados. Porém, essa nova disciplina, oriunda de uma mudança de visão dos departamentos de estatística tradicionais das universidades,[6] trata de inverter o foco dos estudos tradicionais: utilizar os dados coletados para informar a geração de hipóteses (em vez de simplesmente validá-las), além de focar em novos métodos de inferência que minimizem as preocupações com a aplicação dessas novas tecnologias na prática.

IMPACTOS DO *BIG DATA* NA ECONOMIA E NA SOCIEDADE

O impacto do *Big Data* na sociedade e na economia ainda não é bem compreendido nem dimensionado. Não obstante, há percepção clara de que é um fenômeno com efeitos muito significativos.

---

[5] O *software* Performance Test, propriedade intelectual da PassMark Software, leva em conta métricas de *performance* de diversos componentes da máquina (CPU, discos rígidos e outros periféricos), chegando ao *rating* final com uso de uma média ponderada dessas métricas parciais.

[6] Tukey (1962 e 1977).

Essa percepção vem da observação das transformações geradas pela digitalização no dia a dia das pessoas, empresas e governos. A transformação digital mudou a forma como as pessoas se comunicam, fazem negócio, produzem, aprendem, trabalham e se divertem. Todas essas atividades de vida cotidiana são realizadas com a interveniência de algum recurso digital. Elas ficam registradas nessas ferramentas e geram grande massa de dados. O potencial impacto advém da possibilidade de geração de valor a partir da utilização dos dados para tomada de decisão.

O avanço do uso de novas tecnologias digitais, como IoT, impressoras 3D, roupas e acessórios inteligentes, entre outras, vai escalar a produção de dados. Estima-se que o número de usuários da internet aumente de 3,9 bilhões, em 2018, para 5,3 bilhões em 2023, com crescimento médio anual da ordem de 6%. O número de dispositivos conectados saltará de 18,4 bilhões para 29,3 bilhões no período, com crescimento médio de aproximadamente 10% ao ano. O segmento com maior expectativa de crescimento é o dos dispositivos tipo "de máquinas para máquinas".[7] O crescimento médio projetado é de 33% a.a. e sua participação deve alcançar 50% entre todos os dispositivos conectados em 2023.[8] Como apresentado na seção anterior, o fluxo de dados decorrente da revolução digital alcançará patamares inimagináveis.

Os dados são apontados como o recurso mais valioso da nova economia. Alguns os denominam como a "nova moeda" ou o "novo petróleo". Empresas, governos e sociedade produzem riqueza a partir dos dados, na medida em que completam o seu ciclo de geração de valor.[9]

A primeira etapa do ciclo é a de registro dos dados. Isso decorre de ações realizadas por meio eletrônico. Ao longo do tempo, os dados registrados são acumulados e, quando combinados com dados de outras fontes, compõem o *Big Data*. A acumulação de dados é a segunda etapa do ciclo. A análise do grande volume de dados acumulados, por métodos de DS e ML, é a terceira etapa do ciclo. A quarta etapa ocorre com a geração de conhecimento a partir das análises realizadas. O conhecimento gerado produz decisões, última e mais valiosa etapa do ciclo. As decisões são ações que retroalimentam o ciclo.

Produção de novos bens e serviços, otimização de processos produtivos, estratégias de marketing direcionadas e envolvendo *feedback* do cliente sobre produtos, melhores práticas organizacionais e aceleração da inovação são resultados que emergem desse ciclo de geração de valor dos dados e que afetam a economia. Alguns exemplos podem ajudar na compreensão desse processo de geração de valor a partir dos dados.

Milhares de registros são gerados com uso da internet (navegadores, redes sociais), de *smartphones* (aplicativos) e de cartões de crédito e débito para compras em lojas virtuais ou físicas (rastros digitais). Grande parte desses dados fica disponível para uso das empresas provedoras dos serviços. Em muitos casos, esses registros são disponibilizados e acessados por outras empresas interessadas.

Usuários são frequentemente surpreendidos com a propaganda de um produto que estavam pesquisando em outro *site*. Quando pesquisamos um produto em um *site* de buscas, a informação fica registrada. A busca por aquele produto fica associada ao *internet protocol* (IP), identificação numérica do computador, ou ao usuário. Essa informação é disponibilizada às empresas que compram espaço de propaganda em *sites* e passam a oferecer o produto quando o usuário volta à internet.

A informação de que o usuário está interessado no produto é preciosa para a empresa que o vende. Propaganda direcionada a quem já demonstrou interesse pelo produto tem mais chance de se converter em venda. Assim, as ações de marketing e propaganda com uso de dados são muito efetivas.

Talvez o caso mais conhecido do uso de dados para aumentar as vendas seja o do varejista americano Walmart. Ao explorar os dados de suas vendas, percebeu que as vendas de fraldas descartáveis e cervejas estavam associadas. Observou-se, ainda, que as compras eram realizadas

---

[7] *Machine-to-machine* (M2M). São sensores que transmitem informação de um equipamento para outro. As máquinas de pagamento eletrônico e os sensores de componentes automotivos são exemplos de dispositivos M2M.

[8] Cisco (2020).

[9] OCDE (2015).

por homens no período da noite. Com essa constatação, o varejista tomou a decisão de expor os produtos lado a lado e, como consequência, a venda de fraldas e de cerveja disparou.

Outro exemplo de aplicação de grandes volumes de dados, agora envolvendo o setor público e questões éticas relevantes, aconteceu durante as eleições norte-americanas de 2016. A equipe da campanha do então candidato Donald Trump contratou a empresa Cambridge Analytica para orientar ações de publicidade a partir de conhecimento gerado com dados dos leitores. A empresa comprou dados de diversas fontes, inclusive de redes sociais, e os integrou com dados do Partido Republicano, para analisar e traçar o perfil dos eleitores utilizando técnicas de psicometria. O resultado foi que a abordagem dos eleitores passou a ser realizada de acordo com seus interesses específicos. Há quem atribua a eleição de Trump ao êxito da estratégia orientada pela Cambridge Analytica, gerando diversos questionamentos sobre a forma de obtenção dos dados dos usuários nas redes sociais.[10]

Milhares de empresas especializadas em análises de dados, como a Cambridge Analytica, estão surgindo e gerando negócios a partir de dados. O número de *startups* do subsetor Inteligência Artificial, *Big Data* e *Analytics* é o que mais cresce entre os subsetores do segmento. Elas representavam 5% das novas *startups* em estágio de crescimento criadas no período 2010-2011 e 10% das criadas em 2017-2018. Por sua vez, representam 7% do número global de *startups* nesse estágio.[11]

DIMENSIONANDO A ECONOMIA DE DADOS

Existe um grande esforço para dimensionar a economia gerada pelo fenômeno *Big Data* e, mais amplamente, pela economia digital.[12] Não há um conceito único sobre o que compõe essa economia, por isso as estimativas não são precisas, mas podem dar uma dimensão do impacto da revolução dos dados na economia.

Há muito tempo as empresas vêm investindo em tecnologia para melhorar seus processos e obter ganhos de produtividade. Ao informatizar uma atividade, as empresas economizam tempo e mão de obra. Porém, foi mais recentemente que o retorno dos investimentos em tecnologia ganhou outra dimensão, como visto anteriormente. Essa escalada é consequência de maior aproximação entre tecnologia e negócios e da digitalização da sociedade.

Existem estimativas do valor adicionado à economia com ganho de produtividade e competitividade das empresas pelo uso de dados. No setor de saúde dos Estados Unidos da América (EUA), estima-se que o valor gerado pelo aumento de eficiência decorrente do uso de dados alcance U$ 300 bilhões por ano. O aumento potencial na margem operacional de um varejista que usa *Big Data* ultrapassa 60%. Na área pública de países desenvolvidos da Europa, a economia gerada pelo uso de dados passaria de € 100 bilhões.[13]

O mercado global de tecnologia e serviços relacionados a *Big Data* foi estimado em US$ 17 bilhões, em 2015, com crescimento médio anual de 40% desde 2010. Estima-se que o ganho de produtividade das empresas que fazem inovação a partir de dados varie entre 5% e 10%.[14]

Calcula-se a participação da economia digital entre 4% e 5% do produto interno bruto (PIB), quando se considera somente o setor de tecnologia da informação e comunicação (TIC), e de até 16% incluindo partes de outros setores tradicionais que adotam tecnologias digitais. Os EUA e a China são os líderes mundiais, com 40% do valor agregado mundial do

---

[10] O acontecimento e as polêmicas envolvidas foram retratados no documentário *Privacidade hackeada* (2019).

[11] Startup Genome (2019).

[12] Organizações como Conferência das Nações Unidas sobre Comércio e Desenvolvimento (*United Nations Conference on Trade and Development* – UNCTAD), Organização Internacional do Trabalho (OIT), Organização para a Cooperação e Desenvolvimento Econômico (OCDE) e outras estão trabalhando em projetos para mensurar a economia digital.

[13] Manyka *et al.* (2011).

[14] OCDE (2015).

setor de TIC. O valor adicionado em TIC desses dois países alcançou US$ 1 trilhão e US$ 600 bilhões em 2017, respectivamente.[15]

A participação da economia de dados[16] no PIB vem crescendo ano a ano. Em 2018, situava-se nos patamares expostos no Gráfico 18.3.[17] Embora a participação da economia de dados seja pequena no Brasil em comparação com os países citados, nosso país teve o maior crescimento no período: 28%. A economia de dados alcançou € 170 bilhões em 2018 nos EUA. Na União Europeia (UE), atingiu € 76 bilhões nesse ano, podendo chegar a € 377 bilhões na UE com a incorporação de efeitos indiretos nas estimativas.[18]

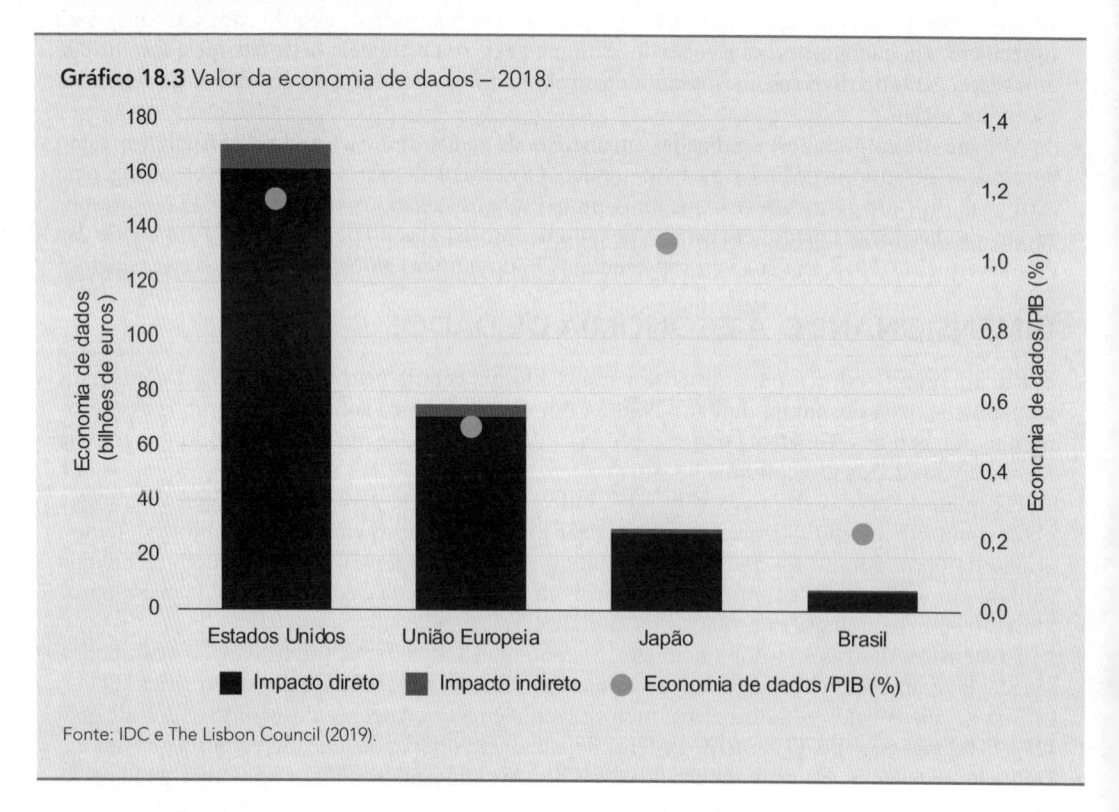

Gráfico 18.3 Valor da economia de dados – 2018.

Fonte: IDC e The Lisbon Council (2019).

Apesar da participação ainda pequena, o mercado sob influência da economia de dados é muito grande. As 25 maiores empresas de tecnologia tiveram valor de mercado de US$ 6 trilhões em 2016, 20% do mercado de capitais nos Estados Unidos. Só as cinco maiores (Apple, Amazon, Facebook, Google e Microsoft) tiveram valor de mercado de US$ 4 trilhões em 2018.[19]

As perspectivas de crescimento do mercado relacionado a dados são grandes. Projeta-se crescimento anual médio de 9% para a receita mundial relacionada a *Big Data* até 2027. A receita total do mercado deve alcançar US$ 103 bilhões nesse ano (Gráfico 18.4). Estima-se crescimento de

---

[15] UNCTAD (2019a).

[16] A economia de dados mede os impactos gerais do mercado de dados na economia como um todo. Envolve geração, coleta, armazenamento, processamento, distribuição, elaboração de análises, entrega e exploração de dados gerados pelas tecnologias digitais.

[17] São considerados os impactos diretos e indiretos do mercado de dados na economia. Para mais informações veja IDC e The Lisbon Council (2019).

[18] IDC e The Lisbon Council (2019).

[19] ONU (2019).

13% ao ano do segmento de *softwares*, o que aumentará sua participação nas receitas de 34% para 44% entre 2019 e 2027.[20]

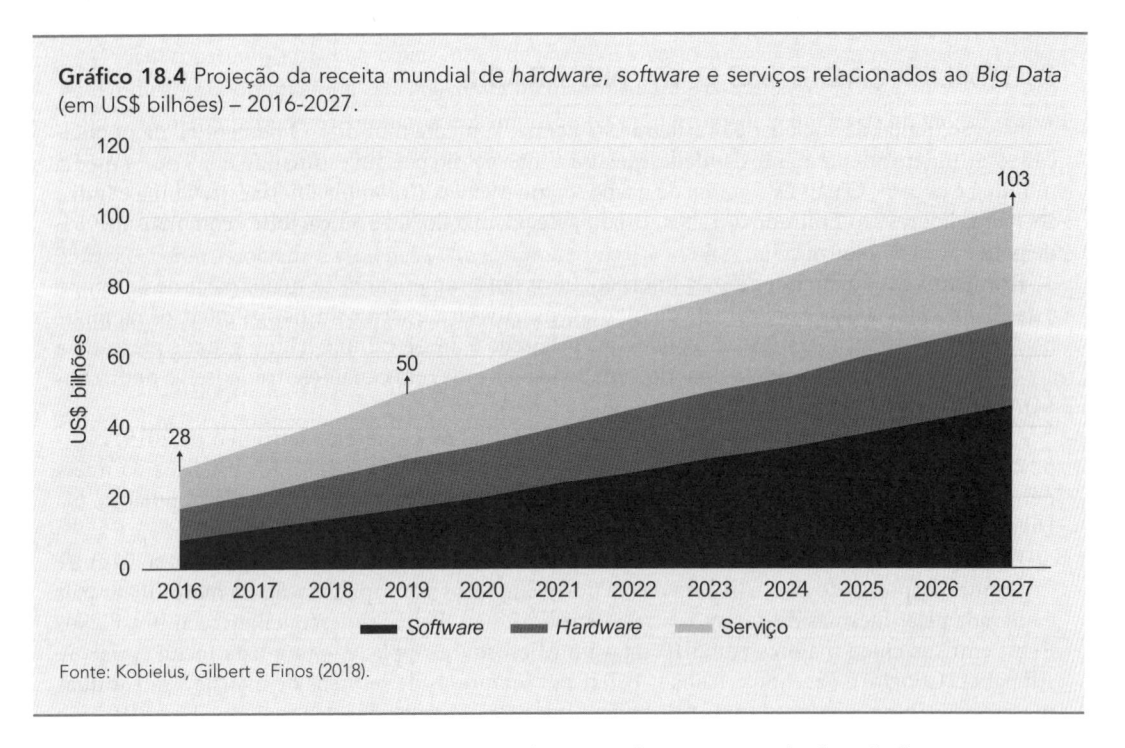

Gráfico 18.4 Projeção da receita mundial de *hardware*, *software* e serviços relacionados ao *Big Data* (em US$ bilhões) – 2016-2027.

Fonte: Kobielus, Gilbert e Finos (2018).

O crescimento da economia de dados também se reflete no mercado de trabalho. O emprego global no setor de TIC cresceu um total de 13% entre 2010 e 2015, de US$ 34 milhões para US$ 39 milhões.[21] A participação de profissionais de dados no emprego total subiu de 8,4% para 9,3% nos EUA entre 2016 e 2018. Na União Europeia, subiu de 3,1% para 3,4% no período e deve chegar a 3,7% em 2020. Os profissionais de dados representaram apenas 1,8% do emprego total no Brasil em 2018.[22]

Nesse ponto, pesquisa recente promovida pela Kaggle[23] (subsidiária da Google que promove estudos, atividades e concursos internacionais na área de dados) oferece um panorama do mercado de trabalho no tema e a possibilidade de comparação do Brasil com os demais países. De acordo com a última edição da pesquisa, o Brasil é o terceiro país em número de respondentes (atrás de Índia e EUA), sendo o 10º país que mais cresceu em quantidade de respondentes desde 2017 (atrás, porém, de outros emergentes como Chile, Índia e Turquia). Não obstante, o nível educacional dos respondentes é mais baixo que o da média dos outros países; temos, proporcionalmente, quase o mesmo número de doutores na área, porém muito menos mestres e mais bacharéis e pessoas sem ensino superior completo.

Isso se reflete, possivelmente, em menor produtividade marginal do trabalho e, por consequência, menores salários: 36% dos respondentes de outros países têm salário anual acima de US$ 60 mil, contra apenas 10% dos brasileiros. Obviamente, esse número deveria ser analisado em conjunto com outros indicadores, como renda *per capita* e grau de instrução da população dos países

---

[20] Kobielus, Gilbert e Finos (2018).

[21] UNCTAD (2019a).

[22] IDC e The Lisbon Council (2019).

[23] Kaggle ML & DS Survey, realizada em 2017, 2018 e 2019.

respondentes, mas são indícios de que o Brasil deveria investir em programas de pós-graduação *stricto sensu* no tema para se posicionar melhor no mercado internacional. A situação desse investimento e de outros viabilizadores do *Big Data* será exposta na seção seguinte.

DIGITALIZAÇÃO E *BIG DATA* NO BRASIL

A inserção digital da sociedade brasileira está acima da média mundial. O percentual da população total, independentemente da idade, que usa a internet no país foi estimando em 71%. A média mundial é de 59%. O país está acima de nações como México, Colômbia, Indonésia, China e Índia. Os países líderes são Emirados Árabes, Dinamarca, Coreia do Sul e Suíça, todos com mais de 95% de penetração da internet.[24]

Brasileiros gastam mais tempo na internet que os norte-americanos. A maior parte desse tempo é gasta em redes sociais e aplicativos de mensagens. Apesar de sermos usuários intensos da internet, realizamos poucas transações comerciais pela rede e, nesse campo, há um grande mercado a ser explorado. Apenas 6% das vendas do varejo são realizadas em canais eletrônicos. É o dobro nos EUA e, na China, chega a 20%.[25]

O Brasil ocupava a posição nº 74 no *ranking* mundial de comércio eletrônico de 2019, composto por 152 países. O país perdeu 14 posições nesse ano. Apenas 34% dos usuários da internet no Brasil compram bens ou serviços pela rede, o que corresponde a 24% da população. Na Holanda, país líder do *ranking*, 84% dos usuários compram pela internet.[26]

Diferentemente de países como EUA e China, nenhuma empresa de tecnologia se destaca entre as grandes empresas do Brasil. A lista das maiores empresas por capitalização de mercado no país é liderada pelas mesmas de dez anos atrás: Petrobras, Itaú, Vale, Bradesco e Banco do Brasil. Nos EUA, entre as cinco maiores em 2010 estavam Microsoft e Apple. Agora a lista inclui Amazon, Alphabet (Google) e Facebook. Alibaba e Tencent (empresas de serviços de internet) são as duas maiores da China. As duas juntas respondem por 38% do valor das dez maiores. Em 2010, não havia nenhuma empresa de tecnologia entre as dez maiores do país.[27]

Os investimentos em tecnologia da informação também crescem de forma lenta no Brasil. O crescimento médio anual foi de 3% entre 2016 e 2018, alcançando R$ 150 bilhões no último ano. No entanto, os novos negócios baseados em dados florescem no país. O número de *startups* brasileiras está próximo de 13 mil. Elas estão espalhadas em 77 comunidades e em 610 cidades. Levantamento da Abstartups mostra que tecnologias de *Big Data* e *analytics* são a base do modelo de negócio de 37% das *startups* brasileiras. Outro percentual significativo utiliza tecnologias que estão associadas com consumo de dados, como computação em nuvem (23%) e inteligência artificial (14%), dentre outras.[28]

Outro investimento crítico para o setor é feito em recursos humanos e capacitação, visto que tanto o *Big Data* quanto ML e DS são intensivos em conhecimento. Nesse sentido, o investimento em pesquisa, capacitação e treinamento no Brasil não está em linha com o mercado internacional.

Das 501 instituições de ensino brasileiras que possuem cursos de especialização *stricto sensu*[29] (mestrado ou doutorado) autorizados a operar, nenhuma possui algum programa específico sobre o tema (embora haja 58, cerca de 11% do total, com programas correlatos, como modelagem matemática, estatística e ciência da computação). Esse número é aproximado, pois as instituições não divulgam as linhas de pesquisa de forma estruturada. Enquanto isso, países como Portugal e

---

[24] *We are Social e Hootsuite* (2020).

[25] McKinsey (2019).

[26] UNCTAD (2019b).

[27] McKinsey (2019).

[28] Abstartups e Accenture (2018).

[29] Informação da Plataforma Sucupira (CAPES). Disponível em: https://sucupira.capes.gov.br/sucupira. Acesso em: 9 mar. 2020.

Grécia, também sem grande tradição em tecnologia, possuem ao menos um curso de mestrado aberto no tema, para não mencionar países como China (com 21), França (32), Alemanha (35), Reino Unido e EUA (empatados com 212).[30]

Já nas especializações *lato sensu*, mais sensíveis às pressões do mercado, 95 instituições abriram 175 cursos sobre o tema (conforme dados do Ministério da Educação).[31] Porém, assim como acontece no caso norte-americano, grande quantidade nem sempre está aliada à qualidade (há muitas universidades de segunda linha nos EUA aproveitando para lucrar com a alta demanda) e os graduados desses programas ainda terão que provar seu valor no mercado.

DESAFIOS RELACIONADOS AO FENÔMENO DO *BIG DATA*

Destacam-se três grandes desafios relacionados ao fenômeno do *Big Data*. O primeiro diz respeito a questões éticas, como os riscos de violação da segurança e privacidade dos usuários. O segundo, às consequências da revolução digital no mercado de trabalho. E, por fim, discute-se o potencial impacto da economia digital sobre a desigualdade e a pobreza no mundo:

1. Segurança e privacidade

O fenômeno do *Big Data* traz risco para a segurança e privacidade de informações pessoais e empresariais. Todos os dados de navegação e informações pessoais, entre outros, ficam armazenados nas plataformas digitais e sem o controle dos usuários. Há sempre o risco de que essas informações sejam usadas de forma indevida ou compartilhadas sem consentimento, violando o direito à privacidade. Os limites da exploração dos dados dos usuários são motivo de preocupação e vêm sendo tratados pelas autoridades públicas de diversos países. A União Europeia é pioneira na regulamentação do uso de dados, com o Regulamento Geral de Proteção de Dados (RGPD),[32] que se tornou referência para grandes empresas e países, como o Brasil.[33]

Os primeiros estudos sobre o impacto do RGPD mostram resultados preliminares controversos. Por um lado, há evidências do fortalecimento do arcabouço legal de proteção dos dados nos países membros da União Europeia, as empresas estão aprimorando seus sistemas de conformidade e investindo em segurança e as pessoas estão mais conscientes dos seus direitos.[34]

Por outro lado, alguns estudos apontam efeitos negativos sobre os negócios, redução da competição no mercado de publicidade, prejuízos para *startups* de tecnologia e diversos outros efeitos negativos. Três quartos das empresas pesquisadas por uma associação comercial alemã veem os requisitos de proteção de dados como o principal obstáculo para adoção de novas tecnologias.[35] Apesar do impacto direto sobre os custos das empresas de tecnologia e suas consequências para os negócios baseados em dados, entende-se que esse é um momento de adaptação necessário para a garantia da segurança e de direitos fundamentais dos usuários dos meios digitais.

Outra importante questão ética é a potencial perpetuação de preconceitos por meio de modelo de ML, que deveria ser imparcial. O uso de dados históricos oriundos de processos com alta

---

[30] Informação disponível em: https://www.mastersportal.com/. Acesso em: 10 mar. 2020.

[31] Informação do sistema e-MEC, disponível em: https://emec.mec.gov.br/. Acesso em: 9 mar. 2020.

[32] *General Data Protection Regulation* (GDPR). A regulamentação foi criada em 2012, aprovada em 2016 e entrou em vigor em maio de 2018. Ela estabelece as normas de uso de dados pessoais coletados por empresas de usuários da internet. As empresas, via de regra, não podem armazenar nenhuma informação que possibilite a identificação do usuário sem seu consentimento. Além disso, devem adotar rigorosos processos de gestão desses dados.

[33] A lei brasileira foi inspirada na europeia. A Lei Geral de Proteção de Dados Pessoais (LGPD), Lei nº 13.709, foi sancionada pelo Presidente Michel Temer em agosto de 2018. Ela será o marco legal para proteção de informações pessoais no país.

[34] European Commission (2019).

[35] Chivot e Castro (2019).

interferência humana sem o adequado cuidado pode introduzir viés nos modelos treinados, uma vez que não se pode separá-los de seu processo gerador. Um exemplo é o sistema de apoio à decisão judicial vigente em cinco Estados americanos, em que é atribuída uma probabilidade de reincidência criminal baseada em dados sociodemográficos de uma pessoa que solicita liberdade condicional. Não surpreendentemente, as probabilidades estimadas apresentam, conforme estudos realizados, forte correlação com a raça do solicitante e mostram acurácia bastante questionável.[36]

2. Efeitos da revolução digital no mercado de trabalho

No mercado de trabalho, por um lado, abre-se uma miríade de oportunidades para profissionais de áreas relacionadas à economia digital, principalmente TIC. Por outro, muitas ocupações entram em obsolescência.

As estimativas de risco de automação de ocupações são muito variadas. Vão desde 9%, no mundo, até 47%, nos EUA.[37] Na União Europeia, variam de 46% na Suíça até 62% na Romênia.[38] Ao mesmo tempo, há lacuna de profissionais habilitados para o trabalho com dados. Na União Europeia, 571 mil posições não puderam ser preenchidas em 2018, ou seja, 7% da demanda total. Estima-se que a lacuna alcance 641 mil posições em 2020.[39]

Esses fatos desafiam as políticas públicas de educação e de trabalho. Os sistemas educacionais precisam se ajustar rapidamente para atender as demandas por novas ocupações e oferecer atualização continuada aos trabalhadores. Ao mesmo tempo, as pessoas são desafiadas a aprender novas habilidades ao longo de toda a vida produtiva.

3. Impactos sobre a desigualdade

Por fim, as diferenças preexistentes na capacidade de acessar e de gerar valor a partir de dados e as suas consequências para o desenvolvimento econômico e social são o terceiro desafio a ser destacado. Identifica-se o risco de ampliação da desigualdade de renda e de poder no mundo, como consequência de um hiato digital.[40] Por razões de acesso e capacidade analítica, grandes empresas e governos em poucos países estão em posição de vantagem para gerar valor a partir dos dados. Nesse sentido, o fenômeno *Big Data* teria efeitos que ampliariam a desigualdade (paradoxo do poder).[41]

Para evitar a ampliação da desigualdade, os países em desenvolvimento precisam construir capacidade para criar e capturar valor na economia digital. Novas políticas nos níveis nacional e internacional devem estabelecer as bases para uma economia digital inclusiva e, assim, reverter a tendência de aumento da desigualdade e desequilíbrios de poder. Essas políticas devem ser estruturadas a partir de diálogo próximo entre governo, academia, setor privado, sociedade civil e setor de tecnologia. Entre as áreas que precisam de atenção das políticas públicas, destacam-se a participação de países em desenvolvimento no comércio eletrônico e na economia digital, qualificação para o mercado de trabalho e proteção social; empreendedorismo digital e inovação; digitalização de pequenas e médias empresas; e propriedade intelectual e política de dados para captura de valor.[42]

---

[36] O'Neil (2016) e Kirkpatrick (2017).

[37] UNCTAD (2019a).

[38] Degryse (2016).

[39] IDC e The Lisbon Council (2019).

[40] Letouzé (2015).

[41] Richards e King (2013).

[42] UNCTAD (2019a).

CONCLUSÕES

O impacto econômico do *Big Data*, cuja mensuração é um desafio de pesquisa em aberto, depende estreitamente do desenvolvimento de disciplinas como DS e ML, as principais formas pelas quais as empresas vêm extraindo valor do *Big Data*. Essas disciplinas viabilizadoras (DS e ML) são intensivas em tecnologia.

Em relação à infraestrutura tecnológica requerida, o Brasil é, como evidenciamos, adotante tardio e com investimento aquém do que seria esperado, dado o ecossistema de dados que vêm se desenvolvendo no país. A Estratégia Brasileira de Inteligência Artificial,[43] em desenvolvimento pelo governo federal (com parceria da Organização das Nações Unidas para a Educação, a Ciência e a Cultura – UNESCO), pode ser um passo na direção de atrair e viabilizar mais investimentos no tema.[44] Outro caminho seria fortalecer o ecossistema de *startups*, criando uma rede de empresas que pudessem ajudar umas às outras em diversas etapas de seus desafios em comum, além de gerar ganhos de escala na aquisição e uso de dados.

Porém, há uma série de incertezas relacionadas ao grau em que determinada empresa pode obter valor a partir dos dados, variando conforme seu setor de atuação, o investimento em pré-requisitos tecnológicos e o nível de adaptação de seus processos de negócio à realidade da economia digital, além das questões éticas que permeiam a coleta e o uso de dados.

Tudo isso impacta a disposição para novos investimentos em tecnologia, a velocidade da transformação digital e a absorção de ganhos por parte das empresas e das nações. Uma forma de solucionar essa assimetria de informação e reduzir o risco no investimento em *Big Data* consiste em compartilhamento e geração de conhecimento sobre o tema, principalmente via pesquisa, seja acadêmica ou conduzida nos departamentos de pesquisa e desenvolvimento (P&D) das empresas interessadas.

Dado o papel ainda fundamental da academia na formulação de novas soluções e melhoria das já existentes, o Brasil tem, como exposto anteriormente, uma grande lição de casa a fazer nesse sentido, de modo a se preparar para um futuro orientado por dados. Algumas possibilidades menos tradicionais se delineiam:

- Realização de acordos de cooperação com grandes empresas de relevância no tema para instalação de laboratórios e unidades de negócio no país, que possam ajudar na capacitação profissional mais alinhada às necessidades do mercado.
- Estímulo à conexão dos aspirantes a cientistas de dados com a comunidade aberta mundial de compartilhamento de conhecimento, suportada por ferramentas *online* de compartilhamento de códigos e dados, contribuição e competição.
- Utilização das próprias tecnologias viabilizadoras do *Big Data* e das experiências pedagógicas mais recentes, como aulas *online*, conteúdos multimídia e interconectividade e acessibilidade das fontes de informação e conhecimento científico, para melhorar a experiência da educação superior e alavancar a pesquisa científica no tema.

Além disso, apesar de a sociedade estar despertando aos poucos para o impacto do *Big Data* em sua vida, como sinalizado pela aprovação das leis de proteção aos dados, resta conscientizar o cidadão médio da importância de desenvolver competências mínimas em análise de dados, sob pena de impactar negativamente sua empregabilidade e renda futura. Organizações não governamentais (ONGs) e governos ao redor do mundo têm assumido essa responsabilidade, enquanto, no Brasil, esse tipo de capacitação não parece ser uma preocupação atual (o que não surpreende, dado nosso *déficit* na educação básica).

Isso posto, considera-se o investimento dirigido nesse nível da educação (básica e profissional), bem como em políticas voltadas para mitigar os potenciais impactos sociais negativos do *Big Data*, vital para a competitividade brasileira no cenário internacional nas próximas décadas.

---

[43] Outro nome para *Machine Learning*, que vem ganhando adeptos no mercado.

[44] Detalhes disponíveis em: http://www.mctic.gov.br/mctic/opencms/inovacao/paginas/politicasDigitais/Inteligencia/Artificial.html.

Finalmente, entende-se que o setor público tem um papel muito relevante para o desenvolvimento do mercado nacional, seja pelo poder indutor de políticas públicas clássicas, seja pela demanda dos próprios órgãos públicos por produtos e serviços de dados. Além disso, há um enorme potencial de geração de valor para a sociedade pelo uso de dados no setor público.[45]

REFERÊNCIAS

ASSOCIAÇÃO BRASILEIRA DE STARTUPS (Abstartups); Accenture. O momento da startup brasileira e o futuro do ecossistema de inovação: baseado nos resultados da Radiografia do Ecossistema Brasileiro de Startups 2017. São Paulo: Abstartups: Accenture, 2018.

CHIVOT, E.; CASTRO, D. What the evidence shows about the impact of the GDPR after one year. Washington: Center of Data Innovation. 17 June 2019.

CISCO. Cisco annual internet report (2018-2023) white paper. Hoboken: Cisco Press, 2020.

CONFERÊNCIA DAS NAÇÕES UNIDAS SOBRE COMÉRCIO E DESENVOLVIMENTO – UNCTAD. *Digital Economy Report 2019*: Value creation and capture: implications for developing countries. Geneva: UNCTAD, 2019a.

CONFERÊNCIA DAS NAÇÕES UNIDAS SOBRE COMÉRCIO E DESENVOLVIMENTO – UNCTAD. *UNCTAD B2C E-commerce Index 2019*. Geneva: UNCTAD, 2019b. (UNCTAD Technical Notes on ICT for Development, n. 14.)

DEGRYSE, C. Digitalization of the economy and its impact on labour markets. Working Paper 2016.02. Brussels: European Trade Union Institute, 2016.

EUROPEAN COMMISSION. General Data Protection Regulation shows results, but work needs to continue. Brussels: European Commission, Commission Spokesperson's Service, 24 July 2019.

INTERNATIONAL DATA CORPORATION – IDC; The Lisbon Council. The European Data Market monitoring tool: key facts & figures, first policy conclusions, data landscape and quantified stories. D2.6 Second Interim Report. Update of the European Data Market Study. Milan; Brussels: IDC: The Lisbon Council, 28 June 2019.

KIRKPATRICK, K. It's not the algorithm, it's the data. *Communications of The ACM*, v. 60, n. 2, 2017.

KOBIELUS, J.; GILBERT, G.; FINOS, R. Wikibon's 2018 big data analytics trends and forecast. Wikibon, Feb. 2018. Disponível em: https://wikibon.com/wikibons-2018-big-data-analytics-trends-forecast/.

LANEY, D. 3D Data anagement: controlling data volume, velocity and variety. Meta Group, 6 Feb. 2001. Disponível em: https://blogs.gartner.com/doug-laney/files/2012/01/ad949-3D-Data-Management-Controlling-Data-Volume-Velocity-and-Variety.pdf.

LETOUZÉ, E. *Big data & development*: an overview. Data-Pop Alliance Primers Series. Mar. 2015.

MANYKA, J.; CHUI, M.; BROWN, B.; BUGHIN, J.; DOBBS, R.; ROXBURGH, C.; BYERS, A. Big data: the next frontier for innovation, competition and productivity. New York: McKinsey Global Institute, 2011.

MCKINSEY & COMPANY. Brazil Digital Report: 1ª edição. New York, Apr. 2019.

O'NEIL, C. *Weapons of math destruction*: how big data increases inequality and threatens democracy. New York: Crown, 2016.

ORGANIZAÇÃO DAS NAÇÕES UNIDAS – ONU. Data economy: radical transformation or dystopia? *Frontier Technology Quarterly*, Economic Analysis and Policy Division, Department of Economic and Social Affairs, Jan. 2019.

ORGANIZAÇÃO PARA A COOPERAÇÃO E DESENVOLVIMENTO ECONÔMICO – OCDE. *Data-driven innovation*: big data for growth and well-being. Paris: OECD Publishing, 2015.

PRIVACIDADE hackeada. Direção: Karim Amer; Jehane Noujuaim. Distribuição: Netflix. 2019. Filme (1h54min). Disponível em: https://www.netflix.com/br/title/80117542.

RICHARDS, N. M.; KING, J. H. *Three paradoxes of big data*. Stanford Law Review Online, v. 66, n. 41, 3 Sept. 2013.

RYAN, L. *The visual imperative*: creating a visual culture of data discovery. Burlington, MA: Morgan Kauffman, 2016.

STARTUP GENOME. Global startup ecosystem report 2019. Disponível em: https://startupgenome.com/reports/global-startup-ecosystem-report-2019.

TUKEY, J. W. *Exploratory data analysis*. Reading, Mass.: Addison-Wesley, 1977.

TUKEY, J. W. The future of data analysis. *The Annals of Mathematical Statistics*, v. 33. n. 1, p. 1-67, 1962.

WE ARE SOCIAL; HOOTSUITE. *Digital 2020*: global digital overview. 2020. Disponível em: https://wearesocial.com/digital-2020.

---

[45] Esse tema é abordado em profundidade no próximo capítulo deste livro.

Inteligência de Dados para a Formulação e a Gestão de Políticas Sociais no Século 21

19

Gustavo Morelli e Adriana Fontes

INTRODUÇÃO

Políticas sociais efetivas são instrumentos centrais na construção de sociedades mais justas. Capazes de gerar maior igualdade de oportunidades, quando bem concebidas, as políticas sociais articulam a atuação de natureza universal com focalizações para atender aqueles que mais demandam serviços de proteção social.

A Constituição Federal de 1988 estabeleceu para os entes da federação uma série de direitos sociais divididos em áreas como saúde, educação, assistência social, habitação e saneamento. O gasto com essas áreas apresentou crescimento expressivo ao longo do tempo. No governo central, passou, entre 2002 e 2015, de R$ 422 bilhões para R$ 928 bilhões (valores de dezembro de 2015, pelo IGP-DI), uma variação que ficou próxima de três pontos percentuais do PIB.[1] As atribuições para a execução de políticas em torno desses direitos sociais se distribuem por meio de um sistema que combina competências privativas, comuns e concorrentes entre os três níveis de governo.[2]

Apesar da ampliação tanto dos gastos quanto da rede de proteção social, os desafios no Brasil ainda são muitos e diversos. O país é o sétimo mais desigual do mundo, ficando atrás apenas de nações do continente africano.[3] O percentual de pobres no Brasil, em 2018, ainda correspondia a 25% da população[4] e o esgotamento sanitário por rede coletora não alcançava 36% dos habitantes do país.[5] Na educação, houve aumento expressivo no acesso, mas a qualidade ainda é muito baixa, conforme os dados do Programa Internacional de Avaliação de Alunos (Pisa) de 2018. Entre os 79 países e territórios avaliados, o Brasil ficou em 57º lugar em Leitura, 70º em Matemática, e 65º em Ciências.

São muitas as pressões por aprimoramentos das políticas sociais. Mudanças na estrutura etária da população, fruto da transição demográfica, ampliam, por exemplo, a pressão sobre os gastos previdenciários e os serviços de saúde. Outras pressões decorrem das restrições causadas pelos desequilíbrios fiscais e da consequente redução da capacidade de investimentos e de financiamento de políticas. Sem contar os anseios de uma sociedade cada vez mais conectada e impactada pelas mudanças econômicas e sociais.

Ampliar a efetividade das políticas sociais demanda mudanças em todo o ciclo das políticas, a começar pelo seu desenho. Em seguida, é preciso rever sua implementação, fase em que problemas de coordenação e fragmentação geram superposição de competências e competição entre os

---

[1] Ver Brasil (2016).

[2] Ver Garson (2018).

[3] Ver Pnud (2019).

[4] Percentual da população com rendimentos inferiores a US$ 5,50 em paridade do poder de compra (PPC) por dia, o equivalente a R$ 420 mensais (IBGE, 2019).

[5] Ver IBGE (2019).

vários níveis de governo. E projetar mudanças também na etapa do monitoramento, ainda burocrático e baseado nos processos e prazos, assim como na avaliação, restrita e incipiente.

Fazer com que as políticas sociais produzam os benefícios desejados não é uma tarefa simples. Elas são parte de sistemas complexos, não hierárquicos, operados muitas vezes por agentes em diferentes níveis federativos de governo e pela própria sociedade civil.[6] Lembrando que, quase sempre, tal processo se dá em contextos desiguais em termos de capacidade de gestão e de perfil socioeconômico dos públicos-alvo.

São muitos os fatores que influenciam a efetividade das políticas públicas. Um deles, porém, percorre praticamente todas as suas fases: a inteligência de dados.[7] Esse tema tem passado por acelerada evolução desde o advento da digitalização e da introdução de novas tecnologias na gestão, aprimorando a organização das bases de dados, especialmente os registros administrativos, e oferecendo aos gestores públicos acesso a um número maior de informações, de avaliações e de evidências.

Este capítulo busca mostrar como a inteligência de dados tem potencial de transformar, para melhor, a maneira como os formuladores e os gestores de políticas tomam as suas decisões. Nas seções que se seguem, apontamos os três principais momentos de desafio no ciclo das políticas públicas: a escolha adequada do que fazer; a coordenação e a integração tendo em vista o maior impacto da ação; a gestão e o monitoramento intensivo, que permitem ajustes ao longo da execução, orientados para o alcance dos resultados desejados. Por fim, tem-se a seção de conclusão.

Este capítulo foi escrito nas primeiras semanas de 2020, antes, portanto, da disseminação do novo coronavírus pelo mundo e de sua chegada ao Brasil. Por se tratar de um fenômeno com dimensões inéditas e por ter ocorrido perto do *deadline* da entrega do capítulo para a edição do livro, este não aborda a pandemia. Porém, as informações iniciais acerca da vasta utilização do *Big Data* na China, país em que foram detectados os primeiros casos da covid-19, e do modo cirúrgico como países como Coreia do Sul, Taiwan e Singapura lidaram com a questão apenas reforçam a mensagem deste capítulo: o uso da inteligência de dados é fundamental. E será, cada vez mais, uma ferramenta essencial das políticas públicas.

INTELIGÊNCIA APLICADA ÀS ESCOLHAS: DEFINIÇÃO DO PROBLEMA, CLAREZA E FOCO

O aumento do Índice de Desenvolvimento Humano (IDH) é um exemplo de meta desejável para Estados e Municípios brasileiros, especialmente para aqueles que contam com menores níveis de renda e maiores carências básicas. Apesar de abarcar apenas três dimensões – renda, longevidade e educação –, o IDH, por ser um indicador conhecido, leva vantagem sobre outros em termos comparativos e de comunicação com a sociedade.

Uma das funções da inteligência de dados é orientar a estratégia e as ações capazes de produzir os resultados desejados. Ampliar o IDH requer que o Estado atue sobre os elementos que possuem maior capacidade de impactar o índice e sobre aqueles a respeito dos quais possui maior gestão.

O IDH Longevidade, por exemplo, considera como indicador a expectativa de vida, que sintetiza a estrutura de mortalidade de uma população em determinado período. Para ilustrar essa dimensão do IDH, utilizamos, a seguir, dados do Estado do Piauí de 2017. Os índices de mortalidade apontam para causas diferenciadas, dependendo das fases de vida.

A mortalidade infantil até um ano,[8] por exemplo, ficou concentrada, segundo os dados do Datasus do Ministério da Saúde daquele ano, na fase neonatal precoce (52% dos óbitos), tendo

---

[6] Ver Jannuzzi (2018).

[7] Ver Howlett, Ramesh e Perl (2013).

[8] Os óbitos infantis (até um ano) são classificados em três fases: neonatal precoce, que vai de 0 a 6 dias; neonatal tardia, de 7 a 27 dias; e pós-neonatal, ocorridos entre 28 e 364 dias.

como causa evitável mais frequente a atenção à mulher na gestação (54% dos óbitos evitáveis nessa fase). Ações relacionadas à atenção pré-natal são, portanto, essenciais para a redução da mortalidade infantil e a consequente elevação da expectativa de vida.

O Piauí conseguiu aumentar o percentual de nascidos vivos com mais de sete consultas pré-natais. Esse indicador, porém, ainda está abaixo da média brasileira e da região Nordeste.

O Estado também apresentou avanços importantes em termos de redução da gravidez precoce e da mortalidade materna, indicadores que se inter-relacionam. Entretanto, ambos seguem mais críticos no Piauí do que na média brasileira e regional.

No caso da mortalidade juvenil, mais da metade dos óbitos de jovens de 15 a 29 anos no Estado (52%) ocorreu associada à violência, isto é, homicídios e acidentes de trânsito. A taxa de óbitos de jovens por acidentes de trânsito em 2017 foi 72% superior à média brasileira, enquanto a taxa de homicídios nessa faixa etária apresentou um resultado 44% inferior.

Ainda conforme os dados do Datasus, os óbitos no trânsito tiveram crescimento de 42% entre 2007 e 2017 no Piauí. No mesmo período, o número de motocicletas praticamente triplicou no Estado. Em 2017, os acidentes de trânsito foram a causa de 25% dos óbitos dos jovens, sendo que 79% desses ocorreram com motocicletas, o que significa que responderam por uma a cada cinco mortes de jovens de 15 a 29 anos. Reduzir a mortalidade no trânsito, com atenção especial aos acidentes envolvendo motocicletas, deve ser, portanto, um dos objetivos estratégicos para o alcance de menores índices de mortalidade juvenil e de maiores níveis de expectativa de vida, conforme demonstrado na Figura 19.1.

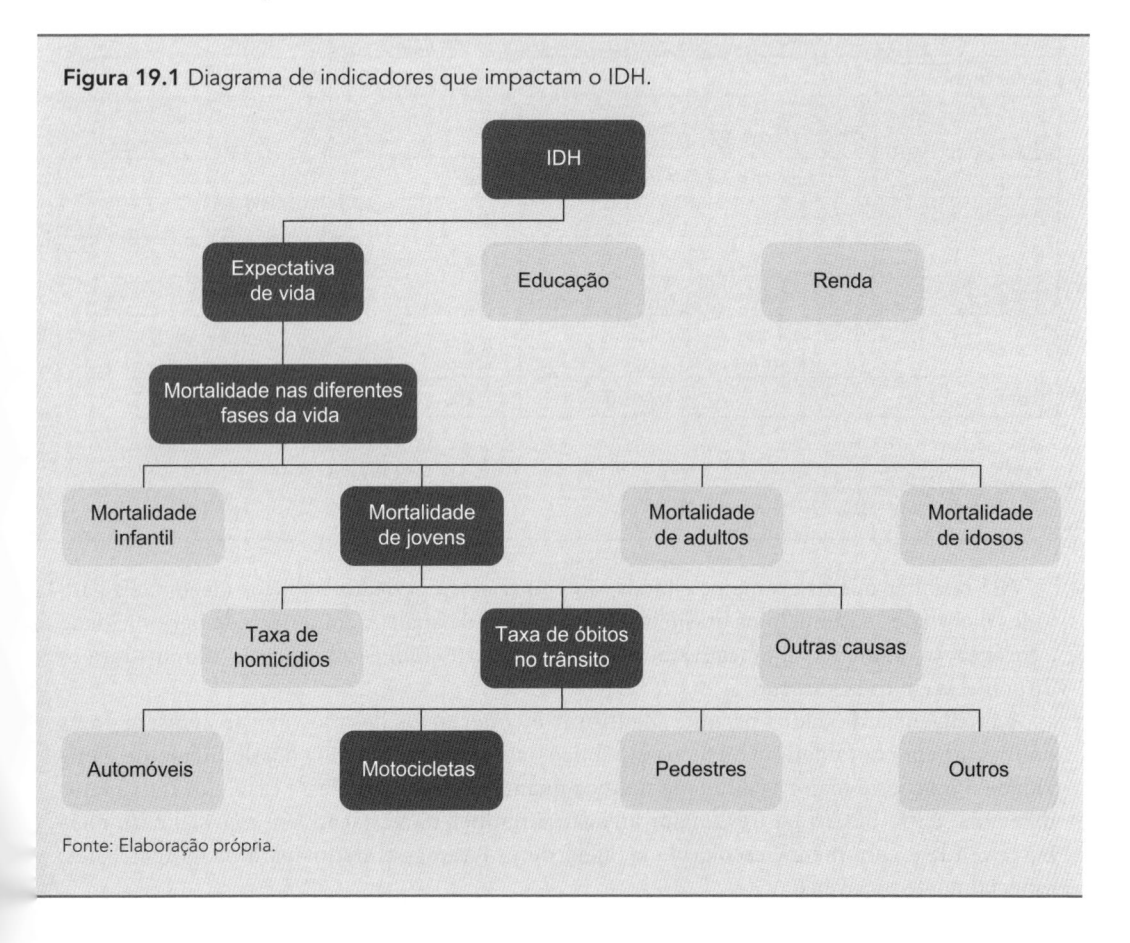

Figura 19.1 Diagrama de indicadores que impactam o IDH.

Fonte: Elaboração própria.

Além da definição das causas e dos grupos mais afetados, a partir do uso da inteligência de dados é possível identificar, para alguns desafios, os territórios mais atingidos. A título de exemplo, ainda com dados de 2017 do Piauí, mais da metade dos homicídios no Estado (51,3%) concentrou-se na capital, Teresina, que reúne um terço da população, conforme indica a Tabela 19.1. Para reduzir a taxa de homicídios no Estado com efeitos de longo prazo na longevidade, é preciso estabelecer políticas públicas que atuem sobre o número de homicídios na capital.

Tabela 19.1 Taxa de homicídios por Município no Piauí (2017).

Município	Território	Homicídios (2017)	Participação no no total do Piauí	Taxa de homicídios por 100 mil habitantes (2017)
Teresina	Entre Rios	319	51,3%	37,5
Parnaíba	Planície Litorânea	38	6,1%	25,2
Picos	Vale do Rio Guaribas	18	2,9%	23,4
Floriano	Vale dos Rios Piauí e Itaueira	13	2,1%	22,0
Piripiri	Cocais	12	1,9%	19,1
Altos	Entre Rios	12	1,9%	30,1
São Miguel do Tapuio	Carnaubais	8	1,3%	46,0
José de Freitas	Entre Rios	7	1,1%	18,2
Água Branca	Entre Rios	7	1,1%	40,9
São Raimundo Nonato	Serra da Capivara	6	1,0%	17,6
Campo Maior	Carnaubais	6	1,0%	13,0
Demerval Lobão	Entre Rios	6	1,0%	44,1
Joaquim Pires	Cocais	6	1,0%	42,5
União	Entre Rios	5	0,8%	11,4
Corrente	Chapada das Mangabeiras	5	0,8%	19,1
Total	-	468	75,2%	-

Fonte: Macroplan, a partir dos dados do Datasus e de Estimativas Populacionais do IBGE. Obs.: óbitos por residência, considerando a 10ª versão da Classificação Internacional de Doenças (CID-10): X85-Y09 (agressões) e Y35-Y36 (intervenções legais e operações de guerra).

Vale ressaltar que os exemplos citados são embasados em dados públicos disponíveis para todos os Estados e Municípios brasileiros. O potencial de análise, em termos de periodicidade e focalização, aumenta significativamente quando consideramos os registros administrativos disponíveis em cada governo.

A inteligência de dados permite identificar e conectar os desafios que se apresentam às políticas, bem como definir os focos e públicos-alvo, gerando maior possibilidade de efetividade nas ações e maior viabilidade política quanto às escolhas. Nesse caso, um IDH maior demanda, entre outros fatores, maior atenção à mulher na gestação, em especial a de mais baixa renda e com menor escolaridade, além de programas voltados para os motociclistas, especialmente os jovens.

INTELIGÊNCIA DE DADOS PARA APOIAR A IMPLEMENTAÇÃO: MENOR FRAGMENTAÇÃO, MAIOR COORDENAÇÃO

Escolhidas as prioridades, é necessário, na maior parte das vezes, viabilizar sua articulação com as políticas que lhes são complementares. Um desafio-chave no âmbito da concepção e da execução das políticas é o de integração e coordenação das ações dentro de um mesmo governo e entre os níveis de governo.

A superação da pobreza exige um portfólio de políticas integradas. Uma boa assistência à saúde será insuficiente, se não forem fornecidas as condições adequadas de saneamento. Redução nas taxas de homicídios demanda, além de inteligência policial, políticas de prevenção, particularmente as voltadas para os jovens.

O padrão na gestão pública, no entanto, é o da baixa coordenação. As secretarias trabalham de forma separada, orientadas para o seu objeto de atuação, ao passo que as soluções, em geral, estão conectadas. A inteligência de dados deve atuar para facilitar a conexão das políticas sociais, buscando superar o paradigma da visão setorial, tradicional, em que políticas públicas são implantadas isoladamente umas das outras.

A questão dos jovens é um bom exemplo, pois sua temática ultrapassa os limites setoriais típicos a respeito de como um governo se organiza.

Em 2018, segundo a Pesquisa Nacional por Amostra de Domicílios (Pnad) Contínua do Instituto Brasileiro de Geografia e Estatística (IBGE), os jovens brasileiros com idade entre 15 e 29 anos somavam 47 milhões de pessoas, o que correspondia a 23% da população total do país. De acordo com a pesquisa, quase 11 milhões de integrantes desse grupo, ou 23%, não estudavam e não estavam ocupados, o que significou um resultado dez pontos superior à média apresentada pelos países que integram a Organização para a Cooperação e Desenvolvimento Econômico (OCDE). Em 2017, a taxa de homicídios era de 70 para cada 100 mil jovens de 15 a 29 anos, 2,2 vezes a média nacional.[9]

A juventude é uma fase da vida na qual se dão as primeiras experiências de decisão autônoma e a afirmação da liberdade em um contexto de experimentação. Essas experiências envolvem certo risco, levando desafios específicos para a esfera das políticas públicas. Tradicionalmente, políticas voltadas para esse público perpassam áreas como educação, esportes, cultura, trabalho, saúde e segurança pública.

No entanto, tais políticas, quando existentes, são ofertadas de modo fragmentado, quase sempre limitadas ao escopo de cada secretaria e com reduzida escala. O desafio de levar a cada jovem um conjunto de políticas que corresponda, o mais possível, às suas necessidades e à sua situação social pressupõe integração, o que só é viável a partir do uso de uma inteligência de dados apoiada em ampla base informacional.

Ressalte-se que, além de menor fragmentação e melhor coordenação, a inteligência de dados permite alcançar níveis mais altos de eficiência nas políticas por conta da facilidade de sua integração com as novas tecnologias, campo bastante promissor na gestão pública. A partir dessa integração, mães com gravidez precoce podem, por exemplo, ser acompanhadas e orientadas em tempo integral via sistemas remotos. O sistema de saneamento pode ser aprimorado com uso de inteligência para identificação de vazamentos e perdas; a mobilidade urbana pode ser melhorada com base em informações de sensoriamento produzidas em tempo real; a assistência social pode ser aprimorada pela gestão inteligente do cadastro social; e assim por diante.

Além disso, inteligência de dados associada ao uso de tecnologias pode facilitar a coordenação das ações intersetoriais, com objetivo não só de ampliar sua efetividade, como também de reduzir custos. Um exemplo de sucesso é o Cadastro Único, que integrou programas de ministérios diversos para garantir maior foco, fazendo uso da tecnologia para chegar aos beneficiários com menor custo.

---

[9] Ver Ipea e Fórum Brasileiro de Segurança Pública (2019).

A necessária integração intersetorial não é, porém, suficiente, já que é comum a baixa coordenação entre níveis de governo e deles com a sociedade civil. Desde 1988, importantes políticas sociais são atribuições dos Municípios, atores fundamentais para avanços relevantes nos indicadores sociais.[10]

Na saúde, é responsabilidade dos Municípios garantir os serviços de atenção básica. De acordo com o Datasus, eles gerenciam mais de 50 mil equipes de saúde da família, respondendo pela cobertura de 73% da população brasileira. Tanto a cobertura reduzida quanto a baixa qualidade das políticas que cabem aos Municípios resultarão em manutenção de elevadas taxas de mortalidade infantil e maior demanda sobre a rede hospitalar de média e alta complexidades, usualmente gerida pelos Estados e pelas grandes cidades.

Também cabe aos Municípios cuidar da educação infantil e do Ensino Fundamental. Eles são responsáveis por, aproximadamente, 75% da oferta de pré-escola e 84% da oferta pública de educação nos anos iniciais do Fundamental. São quase 4 milhões de crianças entre quatro e cinco anos e mais de 10 milhões de alunos no Fundamental I das redes municipais, conforme dados do Censo 2017 do Instituto Nacional de Estudos e Pesquisas Educacionais Anísio Teixeira (Inep/MEC). Alunos malformados nessa fase acumulam déficits de aprendizagem que se revelarão em maior magnitude na adolescência e na juventude, por meio do atraso escolar, da evasão e da maior dificuldade de inserção produtiva.

A inteligência de dados tem potencial de prover evidências que apoiem os atores públicos na definição de melhor coordenação e cooperação a fim de aprimorar a *performance* das políticas públicas, essenciais ao cidadão. Esforços para ampliar essa coordenação e essa cooperação se dão a partir da estruturação de programas integrados que são formalizadas por acordos, convênios ou pactos de cooperação.[11]

Na ainda pouco efetiva coordenação entre os Estados e seus Municípios, esses instrumentos usualmente buscam ampliar a articulação de recursos, o desenvolvimento de competências, a troca de experiências exitosas e a transferência de tecnologia, entre outras ações.[12] O Boxe 1 exemplifica uma experiência bem articulada de cooperação entre Estado e Municípios. Infelizmente, contudo, em muitos casos a motivação para os programas e acordos de cooperação é predominantemente política. Assim, a transferência de recursos segue uma lógica partidária, com concepção pouco embasada na inteligência de dados e nas evidências disponíveis. Tal cenário acaba por gerar resultados de baixa significância.

Boxe 1 Experiência de cooperação entre Estados e Municípios

Parcerias municipais

Em 2019, a Secretaria de Desenvolvimento Regional do Estado de São Paulo lançou o Programa Parcerias Municipais (Governo do Estado de São Paulo, 2019), que busca, por meio de atuação conjunta com os Municípios, superar desafios ao desenvolvimento do Estado. Os Municípios que aderiram ao programa receberam apoio, ao se comprometerem com a integração de esforços nesse sentido. Foram selecionados sete desafios (ver a Figura 19.2), de acordo com a situação atual do indicador, sua evolução recente, a possibilidade de cooperação entre Estado e Municípios e a possibilidade de impacto nos indicadores no curto ou médio prazo, além da disponibilidade de dados para todos os Municípios.

---

[10] Ver Morelli (2020).

[11] Nesse campo destaca-se a saúde. A Constituição Federal de 1988 já previa, em seu art. 198, que as ações e os serviços públicos de saúde integrariam uma rede regionalizada e hierarquizada que constituiria um sistema único.

[12] No campo da educação, bom exemplo é o regime de colaboração no Ceará. Ver Abrucio, Seggatto e Pereira (2017).

Figura 19.2 Estado de São Paulo, Programa Parcerias Municipais: desafios e seu potencial de impacto.

Desafios	Magnitude
1 Reduzir as mortalidades materna e infantil	6.680 óbitos infantis e 348 óbitos maternos em 2017
2 Reduzir a mortalidade prematura por DCNT	73.575 óbitos em 2017
3 Ampliar acesso à creche	1,1 milhão fora da creche[1] em 2018
4 Universalizar acesso à pré-escola	60.294 crianças fora da pré-escola em 2018
5 Alavancar a qualidade do Fundamental I	1,8 milhão de crianças atendidas na Rede Pública
6 Reduzir roubos	263.115 em 2018, exceto roubo a veículos
7 Reduzir a violência sexual	11.949 ocorrências de estupros em 2018

Fontes: Datasus/Ministério da Saúde, Inep/Ministério da Educação, Snesp/Ministério da Justiça, Secretaria de Segurança Pública do Estado de São Paulo.

Para ganhar maior foco, foram selecionados, em cada desafio, os Municípios prioritários: 424 com cobertura de creche abaixo de 50%; 298 entre aqueles que não universalizaram a pré-escola; 137 Municípios que não atingiram a meta do Inep em 2017 no Fundamental I; 93 que responderam por 80% dos óbitos infantis e maternos; 104 que concentraram 80% dos óbitos prematuros (30 a 69 anos) por Doenças Crônicas Não Transmissíveis (DCNT), como as cardiovasculares, as respiratórias crônicas, a diabete e as neoplasias; 45 que registraram 90% dos roubos; e 140 Municípios que representaram 80% das ocorrências de estupro. Para coordenar a atuação, foram estabelecidos pactos de cooperação baseados em metas e planos de ação colaborativos.

DESAFIO DA GESTÃO: QUALIDADE DOS DADOS E MONITORAMENTO INTENSIVO

A implementação e o monitoramento são dois grandes desafios das políticas públicas. Os ambientes de atuação são complexos e dinâmicos. Muitas vezes, políticas bem desenhadas não alcançam resultado por falhas na execução e demora na correção de rumos.

Um desafio nesse campo é evitar o desperdício de recursos humanos e financeiros, fonte de políticas que não produzirão os efeitos almejados. A avaliação de impacto certamente é importante para esse fim, mas demanda mais tempo, devido a seu próprio objetivo. A inteligência de dados cumpre, aqui, papel de permitir ajustes na fase de monitoramento.

Para tanto, o monitoramento precisa se voltar para resultados. Todavia, a orientação para resultados encontra entraves na burocracia e na cultura dos governos, orientados para produtos e processos. O monitoramento tradicional acompanha a entrega de produtos, muitas vezes obras, e a execução física e financeira dos programas e projetos.

Entretanto, não basta que um projeto implemente todas as ações previstas, investindo todos os recursos disponíveis para produzir resultados. A realidade das políticas públicas é mais complexa e precisa ser mais bem captada para que ajustes possam ser feitos ainda durante o processo de implementação.

Como, então, ampliar o foco do monitoramento dos programas e projetos dos meios, a fim de realizar análises que permitam, em tempo hábil, a adoção de medidas corretivas para que se alcancem os resultados desejados? É preciso utilizar a inteligência de dados para realizar avaliações intermediárias que gerem maior capacidade de antever os resultados decorrentes dos esforços empreendidos por meio de políticas, programas e projetos para subsidiar a tomada de decisão.[13]

No caso da redução da mortalidade infantil, além de acompanhar a execução do orçamento do programa e/ou do projeto orientado para o tema e o cronograma de construções e aquisições, a exemplo das unidades de atendimento neonatal, e de leitos de maternidades, é preciso monitorar a evolução do número mensal de óbitos infantis (indicador direto), analisar suas causas, se evitáveis ou não, e a evolução de indicadores correlacionados para os quais existam evidências de causalidade, tais como:[14]

- captação precoce da gestante até a 12ª semana de gestação;
- garantia de sete consultas durante o pré-natal;
- visita para avaliação na primeira semana, após alta hospitalar pelas equipes das Unidades Básicas de Saúde (UBS) e/ou Equipes da Saúde da Família (ESF);
- garantia de agendamento de consulta médica para a mãe no período do resguardo e para o bebê até o 15º dia de vida;
- promoção da amamentação e da alimentação complementar saudável;
- imunização até o primeiro ano de vida.

Com base na evolução semestral, por exemplo, dos dados relacionados e do comportamento de evidências comprovadamente influenciadoras do resultado pretendido, é possível refletir sobre a coerência entre os esforços, os recursos e os respectivos resultados. Assim, incorpora-se na análise do gestor público o monitoramento de variáveis que podem influenciar o impacto do seu projeto. Nesse sentido, é possível haver um cenário em que as mortes infantis eventualmente se ampliem, ainda que o projeto tenha sido executado, já que pode ter ocorrido alguma insuficiência no desenho ou na implementação do projeto, ou ter surgido algum fator não objeto de sua ação.

O objetivo final é proporcionar, paulatinamente, maior precisão à ação governamental, combinando eficiência na alocação dos recursos públicos e efetividade nas intervenções. Com isso, não será necessário esperar que se chegue ao final de um projeto ou de um mandato para avaliar se a meta está sendo ou foi alcançada. Com o uso da inteligência de dados, esse acompanhamento institui análises intermediárias ao longo de toda a execução do projeto e do próprio mandato.

Para realizar esse monitoramento com periodicidade mais curta, a capacidade de análise de dados, a exemplo dos registros administrativos, tem apresentado papel cada vez mais relevante. Contudo, apesar do seu enorme potencial, ainda há uma série de desafios para trabalhar com registros administrativos relacionados à confidencialidade das informações individuais, à qualidade e à padronização dos dados.[15]

As bases, muitas vezes em uma mesma secretaria, não são preparadas para esse tipo de uso, encontrando-se dispersas em diferentes sistemas com variáveis e identificadores distintos. Assim, é necessário esforço de limpeza e de integração dos dados que, via de regra, não podem ser arcados pelos governos, os quais carecem de recursos para suporte e armazenamento de dados.

Com a melhoria da qualidade dos dados e o avanço da tecnologia, registros administrativos poderão ser obtidos quase em tempo real. Essa possibilidade facilita, em grande medida, a análise contínua dos resultados e seu uso para adoção de um monitoramento intensivo e de ajustes na gestão das políticas públicas.

CONCLUSÕES

No Brasil, os desafios sociais ainda são muitos e diversos e os recursos, escassos. O uso intensivo da inteligência de dados nas decisões de políticas públicas é essencial para ampliar a capacidade dos governos de produzir mais e melhores resultados com rapidez.

---

[13] Ver Fontes e Gonçalves (2020).

[14] Ver Governo do Estado de São Paulo (2019).

[15] Ver Hastings *et al.* (2019).

Dados íntegros e integrados, evidências robustas sobre resultados de políticas anteriores e modelagem preditiva de resultados futuros podem orientar os formuladores no desenho e na implementação de políticas mais inteligentes, com maiores benefícios, menores riscos de captura e custo mais baixo.

Quando bem desenhadas, as políticas sociais criam as bases para integração maior ao longo de sua implementação, facilitando o processo de definição de responsabilidades e de monitoramento de sua execução. Quando mal desenhadas, apresentam efeitos reduzidos e contribuem para atrasar a superação dos desafios que lhes deram origem. Por não serem embasadas em dados robustos, criam brechas para serem capturadas por grupos de interesse, muitas vezes não atingindo quem mais precisa.

Políticas sociais efetivas constroem uma sociedade mais justa e formam as bases para ganhos crescentes de competitividade econômica e de prosperidade mais bem distribuída. Para isso, o uso intensivo da inteligência de dados precisa ir além dos meios acadêmicos para atender aos requisitos de análise do próprio governo, dos técnicos e dos gestores que atuam cotidianamente com decisões de impacto para a vida de pessoas e empresas.

REFERÊNCIAS

ABRUCIO, F. L.; SEGGATTO, C. I.; PEREIRA, M. C. G. *Regime de colaboração no Ceará*: funcionamento, causas do sucesso e alternativas de disseminação do modelo. São Paulo: Instituto Natura, 2017. Disponível em: http://www.institutonatura.org.br/wp-content/uploads/2016/12/Relatorio-Ceara-AF-Web.pdf. Acesso em: 20 mar. 2020.

BRASIL. Secretaria do Tesouro Nacional. Gasto social do governo central 2002 a 2015. Brasília, 2016. Disponível em: http://www.tesouro.fazenda.gov.br/documents/10180/318974/Gasto+Social+Governo+Central/c4c3d5b6-8791-46fb-b5e9-57a016db24ec. Acesso em: 1 abr. 2020.

FONTES, A.; GONÇALVES, E. Análise executiva de resultados: decisões antecipadas com base em evidências para elevar a efetividade das políticas públicas. *In*: FONTES, A.; MORELLI, G. (org.). *Gestão estratégica de governos*: das crenças às evidências. Rio de Janeiro: Macroplan, 2020. Disponível em: https://www.macroplan.com.br/p/analise-executiva-de-resultados-decisoes-antecipadas-com-base-em-evidencias-paraelevar-a-efetividade-das-politicas-publicas/. Acesso em: 1 abr. 2020.

GARSON, S. *Planejamento, orçamento e gastos com políticas públicas*: uma metodologia de apuração para estados e municípios. Porto Alegre: Fi, 2018.

GOVERNO DO ESTADO DE SÃO PAULO. Programa Parcerias Municipais. 2019. Disponível em: https://www.parceriasmunicipais.sp.gov.br/. Acesso em: 1 abr. 2020.

HASTINGS, J. S.; HOWISON, M.; LAWLESS, T.; UCLES, J.; WHITE, P. Unlocking data to improve public policy. *Communications of the ACM*, v. 62, 2019. Disponível em: https://cacm.acm.org/magazines/2019/10/239676-unlocking-data-to-improve-public-policy/fulltext. Acesso em: 1 abr. 2020.

HOWLETT, M.; RAMESH, M.; PERL, A. *Política pública*: seus ciclos e subsistemas. Rio de Janeiro: Campus, 2013.

INSTITUTO BRASILEIRO DE GEOGRAFIA E ESTATÍSTICA – IBGE. *Síntese dos indicadores sociais*: uma análise das condições de vida da população brasileira. Rio de Janeiro: IBGE, 2019.

INSTITUTO DE PESQUISA ECONÔMICA APLICADA – Ipea; Fórum Brasileiro de Segurança Pública (org.). *Atlas da violência 2019*. Brasília: Ipea; São Paulo: Fórum Brasileiro de Segurança Pública, 2019.

JANNUZZI, P. M. A importância da informação estatística para as políticas sociais no Brasil: breve reflexão sobre a experiência do passado para considerar no presente. *Rev. Bras. Estud. Popul*, v. 35, n. 1, 2018.

MORELLI, G. Novas formas de concertação estado-municípios para acelerar a produção de resultados. *In*: FONTES, A.; MORELLI, G. (org.). *Gestão estratégica de governos*: das crenças às evidências. Rio de Janeiro: Macroplan, 2020. Disponível em: https://www.macroplan.com.br/wp-content/uploads/2019/03/Novas-formas-de-concerta%C3%A7%C3%A3o-estado-munic%C3%ADpio-1.pdf. Acesso em: 1 abr. 2020.

PROGRAMA DAS NAÇÕES UNIDAS PARA O DESENVOLVIMENTO – Pnud. *Além do rendimento, além das médias, além do presente*: desigualdades no desenvolvimento humano no século XXI. Relatório de Desenvolvimento Humano 2019. Disponível em: http://hdr.undp.org/sites/default/files/hdr_2019_pt.pdf. Acesso em: 29 mar. 2020.

O Futuro do Trabalho no Modelo de Plataforma

Ana Maria Barufi

INTRODUÇÃO

As plataformas de trabalho estão ganhando cada vez maior relevância em diferentes setores, desafiando a estrutura de empresas e mudando fundamentalmente as relações de trabalho. A estrutura das empresas que orquestram tais atividades, baseada em ganhos de escala de demanda e efeitos de rede, tem potencial para ser mais eficiente e escalável[1] do que empresas que se organizam sobre economias de escala de oferta.

Outro aspecto relevante a se notar é que essas plataformas iniciaram suas operações com uma estrutura nova de interações entre trabalhadores e empresa, muitas vezes à margem das legislações trabalhistas nos locais em que operam. Assim, se por um lado proporcionam condições de trabalho mais flexíveis e oferecem oportunidade de o trabalhador receber uma renda extra, por outro, muitas vezes estreitam as margens e não garantem as condições de contratação e proteção social usualmente associadas ao trabalho formal com carteira assinada.

É possível associar a expansão recente do trabalho por meio de plataformas ao aumento da participação do trabalho informal no total dos ocupados (empregados sem carteira assinada e trabalhadores por conta própria sem CNPJ). No caso do Brasil, a crise econômica que o país passou em meados da década de 2010 é um dos fatores que explicam o deslocamento de trabalhadores de empregos formais para o trabalho sob demanda que não requer muita qualificação. Tais atividades lhes permitem obter renda para lidar com gastos emergenciais, até encontrarem atividades mais adaptadas às suas experiências prévias e formação.

Dessa forma, é importante discutir os impactos deste novo tipo de trabalho sobre ofertantes e demandantes de serviços, tendo em vista as limitações impostas pelo descasamento entre a legislação trabalhista existente e as relações de trabalho advindas das plataformas. A discussão sobre atualização legal está em andamento e é urgente para definir a estrutura de proteção social para uma camada cada vez mais relevante da população.

Tal urgência é reforçada em momentos de desaceleração econômica ou de fortes crises, nos quais o trabalho informal é mais duramente afetado, tanto em razão do baixo acesso a instrumentos de proteção social como pelo fato de as atividades do setor de serviços, mais frequentes nessa modalidade, estarem mais sujeitas a flutuações econômicas.

O capítulo se estrutura da seguinte forma: a segunda seção aborda gênese e evolução do modelo de plataforma, enquanto a seção seguinte traz o conceito e funcionamento do modelo

---

[1] Um modelo de negócio escalável apresenta retornos crescentes de escala, ou ainda queda do custo unitário de produção conforme o negócio se expande. A estruturação de um negócio em modelo de plataforma é uma das estratégias para se obter escalabilidade (NIELSEN; LUND, 2017).

de plataforma. A quarta seção discute a relevância das plataformas no mercado de trabalho brasileiro e a quinta seção apresenta uma visão dos impactos para o funcionamento do mercado. Em seguida, são explorados os impactos das plataformas de trabalho para ofertantes de serviços e discute-se o tema da incerteza jurídica. Por fim, a oitava seção traz reflexões sobre como as plataformas de trabalho se comportam em momentos de instabilidade econômica (proporcionadas por uma epidemia, por exemplo) e a última seção apresenta as principais conclusões.

GÊNESE E EVOLUÇÃO DO MODELO DE PLATAFORMA

O avanço da tecnologia e as mudanças de comportamento dos indivíduos têm feito com que aplicativos móveis e ferramentas digitais substituam cada vez mais os canais tradicionais de oferta de produtos e serviços. Se antes a vantagem competitiva das empresas se relacionava à presença no lugar físico, agora os setores estão migrando para o mundo digital, com ofertas mais intangíveis e baseadas em serviços *online*.

Aplicativos começam a se tornar o canal primário de envolvimento do cliente na maioria dos setores. De certa forma, a digitalização possibilita que os clientes interajam com as empresas como e onde quiserem, além de ganharem maior conhecimento acerca de suas opções, trocarem opiniões e experiências.[2]

Nesse contexto, a vantagem competitiva das empresas vem de três principais fontes: conteúdo, experiência do cliente e plataformas. As plataformas estão relacionadas à estruturação da oferta ao cliente por uma combinação de infraestrutura, dados e processos digitalizados, combinados a serviços ofertados externamente. Com isso, a empresa ganha economias de escala e obtém melhores margens.

Entre estratégias para ganhar maior competitividade, as empresas da nova geração podem ter como meta obter nova receita digital, o que envolve o fortalecimento de seu conteúdo digital. Podem também desejar ampliar sua receita por cliente, o que requer aprimorar a experiência digital de seu cliente. Caso o objetivo seja atingir maior eficiência e flexibilidade, a empresa pode optar por construir e explorar plataformas digitais compartilhadas.[3]

Dentre os diversos tipos de plataformas, destacam-se:[4]

- Plataformas para plataformas: internet, Google como catálogo, iOS da Apple e Android da Google (são a base para a construção de ecossistemas); AWS, Microsoft Azure, Google Cloud (facilitam a construção de serviços em nuvem).
- Plataformas que disponibilizam ferramentas digitais *online* e apoiam a criação de outras plataformas e *marketplaces*: GitHub (repositório de código aberto de *softwares* – reduz o custo de ferramentas de *software* e blocos de construção), Zenefits, Job Rooster e Wonolo (apoio a vendas, RH e contabilidade).
- Plataformas de mediação de trabalho: transformação do trabalho de profissionais anteriormente independentes (LinkedIn, Amazon Mechanical Turk, GetNinjas).
- Plataformas de varejo: Amazon, eBay, Etsy etc.

---

[2] É interessante notar que em momentos como o vivido no início de 2020, com uma pandemia cujo combate exigiu distanciamento social, as plataformas digitais se tornaram o principal meio de contato entre empresas e clientes, garantindo que, ao menos para a parcela da população com acesso a tais tecnologias, fosse possível continuar consumindo determinados produtos e serviços.

[3] Weill e Woerner (2019).

[4] Kenney e Zysman (2016).

- Plataformas de provisão de serviços: Airbnb; Uber; 99; Rappi; Kickstarter e Indiegogo (financiamento de projetos); Angelslist (Venture Capital), Bulla e Ulend para empréstimos P2P; Transfergo e Trasferwise para transferência de recursos entre fronteiras.

O foco concentra-se nas plataformas de provisão de serviços que realizam a conexão de trabalhadores (produtores) com consumidores.

CONCEITO E FUNCIONAMENTO DE PLATAFORMAS DE TRABALHO

As plataformas viabilizam o fortalecimento da economia compartilhada, proporcionando crescimento da força de trabalho sob demanda. As transformações no mercado de trabalho estão associadas ao fim da "Era Industrial", a partir do qual inúmeras empresas buscam passar por um processo de transformação digital para se modernizarem, cortando funcionários e reinventando modelos de negócio.

Na Era Digital nascente, muitas habilidades existentes se tornarão menos demandadas, o que leva a necessidade de reciclagem e reinício de carreiras. O trabalho em plataformas surge como alternativa para muitas pessoas, mas gera uma situação de precariedade, não coberta pela legislação atual, com longas jornadas e baixa remuneração, como no caso típico dos motoristas de Uber, para citar um exemplo.[5]

Em linhas gerais, a plataforma é um modelo de negócio que utiliza a tecnologia para conectar pessoas, organizações e recursos em um ecossistema interativo com criação de valor significativa. A plataforma provê a estrutura que conecta produtores externos e consumidores. Seu organizador disponibiliza uma infraestrutura aberta e participativa e define regras de governança que direcionam o funcionamento do mercado e a maneira como se dão as interações entre os indivíduos. A plataforma ainda viabiliza a troca de bens, serviços ou moeda social, gerando valor para todos os participantes.[6]

Quando comparadas a modelos de negócio tradicionais, as plataformas removem barreiras para o funcionamento do mercado, ornando-se mais escaláveis. As linhas tradicionais de separação das empresas ficam menos claras, possibilitando o surgimento de *marketplaces* que combinam soluções. Além disso, as empresas de plataforma geram valor ao criar efeito de rede que conecta consumidores, produtores e provedores, modelo bastante distinto do tradicional processo de produção que transforma insumos em produtos.[7]

Além disso, oferecem novas fontes de geração de valor e viabilizam a oferta de novos tipos de serviço. Outras características de destaque são que os participantes podem estar em diversos locais, o *feedback* dos usuários muitas vezes é utilizado para melhorar a plataforma e o provedor da mesma incorre em custos fixos, geralmente baixos. Por fim, o usuário é uma das principais fontes para gerar o valor da plataforma.

O conceito de plataforma de serviços ou de trabalho se diferencia da *gig economy*, pois esta última inclui outras formas de trabalho contingente, como trabalho *freelance* e consultorias contratadas fora de plataformas. Ela também se diferencia de plataformas de capital, que permitem o compartilhamento de ativos (como o Airbnb) ou a venda de bens (como o eBay) e, portanto, é menos ampla do que a economia compartilhada (ver Quadro 20.1).[8]

---

[5] Ver https://link.estadao.com.br/noticias/geral,o-emprego-e-o-uber,70003187992. Acesso em: 12 fev. 2020.

[6] Parker, Van Alstyne e Choudary (2016).

[7] Banco Mundial (2019).

[8] Fórum Econômico Mundial (2020a).

Quadro 20.1 Conceitos relacionados ao modelo de plataforma.

	Plataformas de trabalho	Plataformas de capital	*Gig economy*
Atividades principais	Trabalho em plataformas (*online*) – participantes realizam tarefas discretas	Otimização do uso de ativos ou venda de bens – participantes vendem bens ou alugam ativos	Trabalho *freelance*, consultoria, provisão de serviço com interação *offline*, trabalho em plataformas (*online*), venda de bens ou aluguel de ativos
Tecnologia	Usada para conectar ofertantes e demandantes	Usada para conectar ofertantes e demandantes	Uso heterogêneo de tecnologia, não sistemático

Fonte: elaboração própria.

A plataforma de trabalho permite que produtores ou ofertantes e consumidores se encontrem, realizem trocas de bens e serviços por dinheiro e, em alguns casos, construam relações comerciais duradouras. A interação é central para que ocorra criação de valor, já que, em geral, o trabalho é realizado para atender a um pedido específico do consumidor, que então paga o trabalhador. De maneira geral, percebe-se a existência de três fases: (1) descoberta de outros participantes; (2) troca de dinheiro por bens e serviços; e (3) relação, alimentada por diversas interações e trocas repetidas. A Figura 20.1 resume os elementos relevantes de tais plataformas.

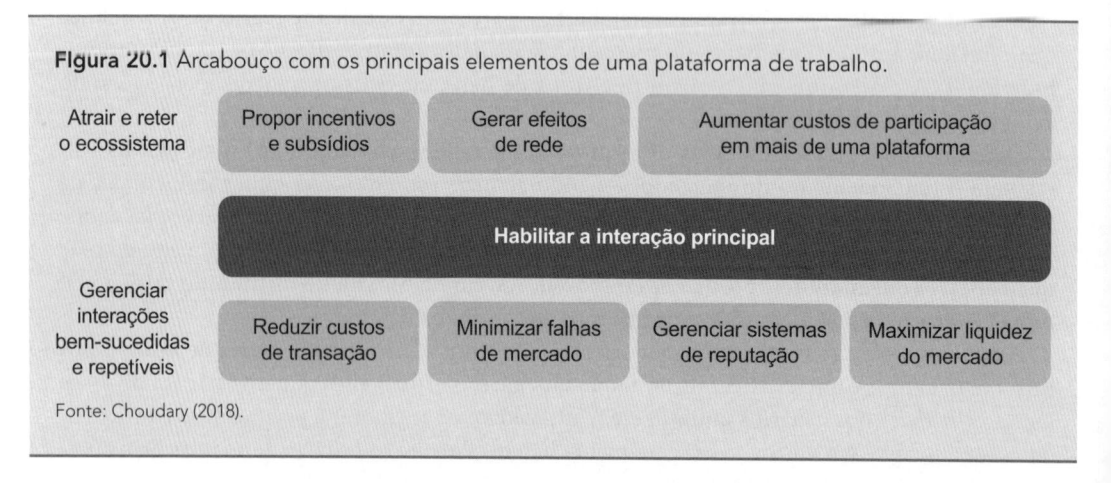

Figura 20.1 Arcabouço com os principais elementos de uma plataforma de trabalho.

Atrair e reter o ecossistema	Propor incentivos e subsídios	Gerar efeitos de rede	Aumentar custos de participação em mais de uma plataforma
	Habilitar a interação principal		
Gerenciar interações bem-sucedidas e repetíveis	Reduzir custos de transação	Minimizar falhas de mercado	Gerenciar sistemas de reputação	Maximizar liquidez do mercado

Fonte: Choudary (2018).

Ao se atraírem os usuários de ambos os lados da plataforma, podem ser necessários incentivos e subsídios para que ao menos um dos lados se interesse por integrá-la. Isso porque é preciso um motivo inicial para que um dos lados ganhe tamanho suficiente de forma a atrair usuários do outro lado. Como as plataformas de trabalho são redes com dois lados, tais incentivos objetivam gerar efeitos de rede. Em geral, tais efeitos são positivos cruzados, ou seja, a entrada de maior número de participantes em um dos lados atrai mais participantes do outro lado.

As principais plataformas utilizam mecanismos para criar custos para os usuários participarem simultaneamente de mais de uma plataforma. Um exemplo disso é a construção de medidas reputação, cujo efeito sobre o *turnover* será mais elevado quanto mais tal reputação estiver associada a melhores oportunidades de trabalho na plataforma.

A geração de interações bem-sucedidas e repetíveis envolve necessidade de reduzir custos de transação, em especial custos de busca e de informação de opções, diminuir a necessidade de barganhar (fazer leilão virtual do menor preço ou já definir o preço de antemão) e amenizar os custos de fazer valer os termos do acordo (arbitragem). Além disso, as plataformas ambicionam minimizar falhas de mercado, reduzindo a assimetria de informação, externalidades e riscos muito elevados, por meio da padronização da experiência do cliente, com a mesma informação disponibilizada para clientes e trabalhadores.

A garantia da qualidade do serviço e a confiança das relações vêm de sistemas de reputação, de forma a encorajar interações repetidas. O sistema de reputação busca identificar participantes bons e ruins, por meio do rastreamento de ações na plataforma, incluindo a entrega do trabalho, e pelo *feedback* dos usuários.[9]

Por fim, a liquidez do mercado é uma medida da probabilidade de que interações ocorram com sucesso no mercado. Algumas plataformas utilizam algoritmos de agendamento e gerenciamento do trabalho que aumentam a chance de as demandas dos clientes serem atendidas (inclusive oferecendo maior remuneração em horários com menor oferta).[10]

RELEVÂNCIA DAS PLATAFORMAS NO MERCADO DE TRABALHO BRASILEIRO

Segundo estimativas da agência de estudos Staffing Industry Analysts (SIA) publicadas pelo Fórum Econômico Mundial (WEF), plataformas digitais de trabalho e de serviços propiciaram gastos de US$ 126 bilhões ao redor do globo em 2018, com crescimento anual de 43% em relação a 2017. Este valor ainda representa menos de 3% da *gig economy* como um todo (estimada em US$ 4,5 trilhões), mas apresenta trajetória ascendente.[11]

Os números relativos à quantidade de trabalhadores envolvidos com atividades estruturadas, dessa maneira, não são claros, pois não existem estatísticas confiáveis e únicas a respeito do tema. Ainda assim, é possível ter ideia de sua relevância para o mercado de trabalho brasileiro ao notar que a Uber tinha cerca de 1 milhão de motoristas e entregadores parceiros e a empresa 99 possuía cerca de 600 mil motoristas e taxistas a ela associados em 2019, segundo informado pelos respectivos *websites* (tais números podem ter grande sobreposição).

De acordo com o Instituto Locomotiva, plataformas de mobilidade e de entrega de produtos como Uber, Cabify, 99, Rappi e iFood somavam 5,5 milhões de pessoas cadastradas para trabalhar e 3,8 milhões de pessoas trabalhavam com as plataformas, no início de 2019, no Brasil.[12] Tais números são significativos quando comparados com o total de trabalhadores por conta própria em período semelhante no país (23,8 milhões segundo a Pnad Contínua do IBGE no trimestre encerrado em fevereiro de 2019 –, para manter a data de comparação com o levantamento do Instituto Locomotiva).

O Gráfico 20.1 permite verificar que a queda da taxa de desemprego entre 2016 e 2019, de 12% para 11%, foi acompanhada pelo crescimento dos ocupados por conta própria e dos informais sem carteira assinada. Ao analisar-se o período específico entre 2017 e 2019, o aumento

---

[9] O *feedback* dos usuários pode servir para punir ou premiar – e, neste segundo caso, gerar um ciclo positivo que se reforça com o tempo: quanto mais bem avaliado o trabalhador, mais oportunidades de trabalho lhe são oferecidas.

[10] Choudary (2018).

[11] Fórum Econômico Mundial (2020a).

[12] Informação disponível em: https://economia.estadao.com.br/noticias/geral,aplicativos-como-uber-e-ifood-sao-fonte-de-renda-de-quase-4-milhoes-de-autonomos,70002807079 e em: https://economia.estadao.com.br/noticias/geral,5-5-milhoes-usam-apps-de-transporte-para-trabalhar,70002807114. Acesso em: 10 mar. 2020.

do número de ocupados nas três categorias foi mais intenso em termos absolutos nas categorias destacadas na Tabela 20.1.[13]

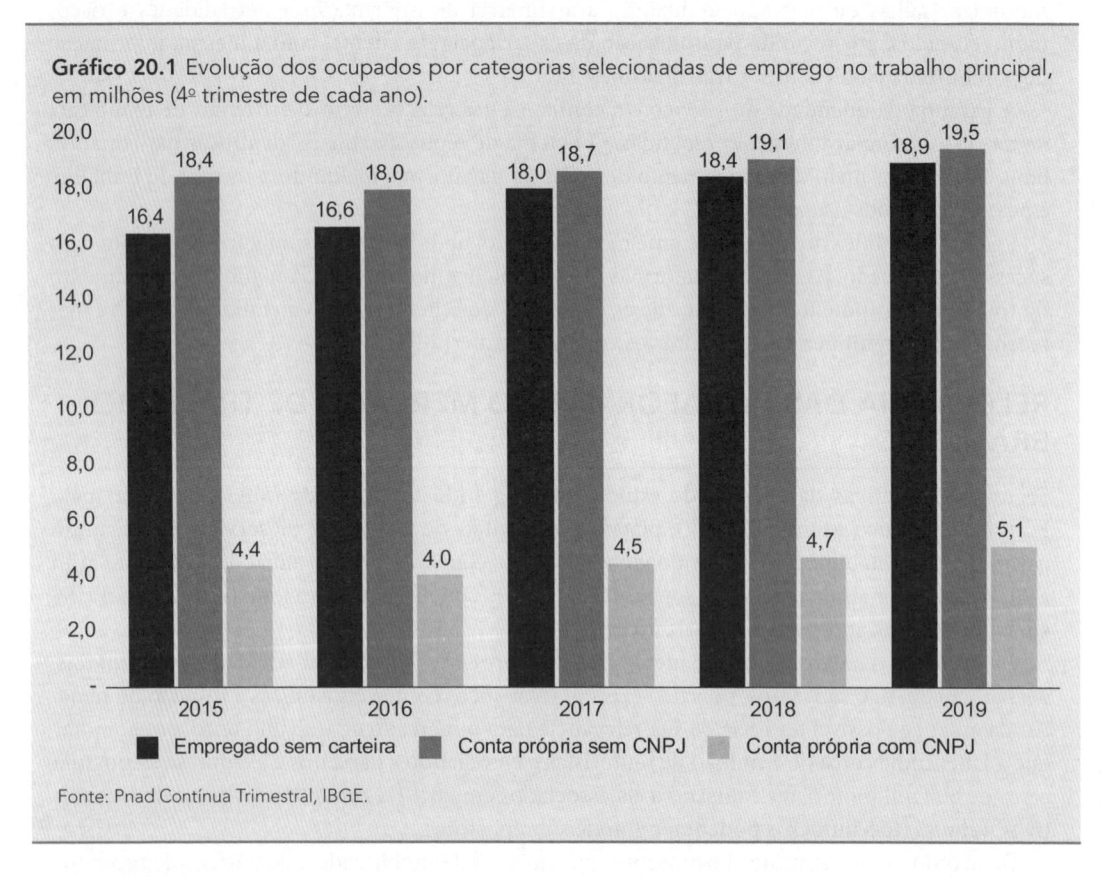

Gráfico 20.1 Evolução dos ocupados por categorias selecionadas de emprego no trabalho principal, em milhões (4º trimestre de cada ano).

Ano	Empregado sem carteira	Conta própria sem CNPJ	Conta própria com CNPJ
2015	16,4	18,4	4,4
2016	16,6	18,0	4,0
2017	18,0	18,7	4,5
2018	18,4	19,1	4,7
2019	18,9	19,5	5,1

Fonte: Pnad Contínua Trimestral, IBGE.

Os trabalhadores por conta própria sem CNPJ estão diretamente associados a atividades mais precárias. Percebe-se que os setores de transporte e alimentação têm peso relevante na geração de emprego desta categoria entre 2017 e 2019. Ao menos parte dessas atividades é desenvolvida por meio de plataformas de trabalho como, por exemplo, os aplicativos de mobilidade e de entrega de produtos alimentícios e refeições.

Já os trabalhadores por conta própria com CNPJ estão, ao menos em um primeiro momento, relacionados ao trabalho *freelance*, que pode ser oferecido por meio de plataformas – digitais ou não – e que se destaca por ser muito heterogêneo (incluindo desde o microempreendedor individual – MEI – até médicos, programadores etc.). Nesse caso, percebe-se que construção civil, comércio, reparação de veículos automotores e motocicletas e atividades relacionadas à informática, entre outras, tiveram maior peso na geração de emprego líquida do período.

Portanto, mesmo que não se tenha uma medida exata da relevância do trabalho por plataforma no mercado de trabalho brasileiro, existem indícios de que este formato vem ganhando relevância nos últimos anos.

---

[13] O destaque dado para este período se relaciona ao fato de que ele concentrou maior universalização da utilização de serviços de plataformas de trabalho no país.

Tabela 20.1 Setores com maiores variações absolutas de ocupados entre 2017 e 2019 para categorias de emprego selecionadas, em milhares (4º trimestre de cada ano).

Empregado sem carteira		Conta própria sem CNPJ		Conta própria com CNPJ	
Atividade	Vagas líquidas	Atividade	Vagas líquidas	Atividade	Vagas líquidas
Educação, saúde humana e serviços sociais	171,2	Transporte, armazenagem e correio	400,9	Construção	106,4
Alojamento e alimentação	149.942	Outros Serviços	296,2	Comércio, reparação de veículos automotores e motocicletas	101,1
Informação, comunicação e atividades financeiras, imobiliárias, profissionais e administrativas	131,8	Alojamento e alimentação	123,6	Informação, comunicação e atividades financeiras, imobiliárias, profissionais e administrativas	87,6
Geração líquida de emprego de outras atividades	479,2	Geração líquida de emprego de outras atividades	-14,5	Geração líquida de emprego de outras atividades	346,2
Total	932,1		806,2		641,4

Fonte: Microdados da Pnad Contínua Trimestral, IBGE.

IMPACTOS PARA O FUNCIONAMENTO DO MERCADO[14]

O avanço da tecnologia tem viabilizado que uma série de serviços sejam oferecidos a distância, até mesmo a partir de outros países (serviços impessoais, em contraposição aos serviços pessoais que ainda requerem a atuação presencial e local). A oferta *offshore* de serviços é heterogênea em relação ao nível de qualificação, ou seja, trabalhos muito qualificados também estão sujeitos a esse fenômeno (consultoria especializada e programação, entre outros).

O progresso da tecnologia, com o crescimento da automação e da digitalização de processos, tende a deixar algumas pessoas para trás, especialmente aquelas com qualificação insuficiente para se adaptarem e terem sucesso na era digital. Ainda assim, pessoas de diferentes qualificações poderão aproveitar as oportunidades advindas do avanço da tecnologia, já que são criadas novas oportunidades em amplo espectro ocupacional.

Merece destaque o fato de que o surgimento dos *marketplaces* de serviços facilita o acesso a ofertantes confiáveis, além de ampliar o alinhamento entre o que é demandado e o que é ofertado. As plataformas acabam por reduzir parte da assimetria de informação do mercado, garantindo que os consumidores possam encontrar ofertantes com histórico relevante de atuação, com boa avaliação dos usuários e dos especialistas que realizaram a triagem para sua entrada na plataforma.

---

[14] Sundararajan (2016), cap. 7.

Quando os ofertantes de serviços têm possibilidade de determinar o preço na plataforma, o mercado fica mais transparente, já que os mais qualificados poderão cobrar mais e, ainda assim, terão demanda e boas avaliações. A diferenciação de preço torna-se possível (ao menos em teoria) devido ao funcionamento do mercado. Entretanto, muitas vezes este não é o caso, sobretudo em plataformas de tarefas que não exigem especialização.

As plataformas também permitem que se tenha acesso a determinadas especialidades e serviços de forma imediata e aumentam a eficiência do trabalho, diminuindo o tempo para a realização do *matching* no mercado. A possibilidade de contratar trabalhadores por tarefa aumenta a eficiência do mercado, mas substitui o trabalho por tempo integral por atividades em tempo parcial.

Em sociedades nas quais o sistema de segurança social está associado ao trabalho formal, tal substituição pode acarretar maior eficiência no curto prazo, mas também pode ter consequências negativas significativas sobre uma crescente camada da população desprotegida perante eventuais turbulências da atividade econômica.[15]

IMPACTOS DAS PLATAFORMAS DE TRABALHO PARA OFERTANTES DE SERVIÇOS

As plataformas inauguram novos tipos de relações no mercado de trabalho que desafiam a legislação trabalhista da maioria dos países. Este tema vem sendo discutido amplamente por organismos multilaterais (Organização Internacional do Trabalho – OIT –, Organização para a Cooperação e Desenvolvimento Econômico – OCDE –, Fórum Econômico Mundial e Banco Mundial, entre outros). Além disso, reguladores e tribunais de justiça do trabalho locais estão debatendo o tema constantemente, para entender a necessidade de atualizar a legislação (discussão a ser explorada na próxima seção). A seguir, esta questão é discutida sob a ótica de oportunidades e desafios das plataformas de trabalho para os trabalhadores.

1. Oportunidades

Quando se consideram os impactos das plataformas de trabalho para os ofertantes de serviços, percebe-se que este modelo pode empoderar os trabalhadores ao lhes prover novas oportunidades de geração de renda e remover barreiras de acesso ao mercado. Ele cria novos empregos, permite que os trabalhadores definam seu horário de trabalho, expande mercados para criadores de propriedade intelectual e possibilita que trabalhadores encontrem clientes e construam novas relações. Além disso, se as plataformas permitem que os trabalhadores definam o preço e gerenciem a relação com seus clientes, então elas potencialmente promovem o empreendedorismo.

As plataformas, ademais, podem propiciar uso mais eficiente de ativos em excesso, aumentando o impacto do capital. Pessoas sem experiência são empoderadas ao terem acesso a tecnologias e ferramentas que aumentam sua capacidade de ofertar serviço. Além disso, quem já está empregado pode obter uma renda extra, aumentando sua independência em relação ao empregador.

Essa estrutura organizacional também oferece oportunidades aos trabalhadores que precisam de uma rotina mais flexível de trabalho e abre as portas do mercado a pessoas usualmente marginalizadas, com baixa qualificação ou falta de recursos. Por fim, o trabalho temporário também pode apoiar trabalhadores na transição entre dois empregos.

---

[15] Informação disponível em: https://valor.globo.com/eu-e/noticia/2019/11/22/um-futuro-de-empregos-em-colapso.ghtml. Acesso em: 5 fev. 2020.

2. Desafios

O objetivo primordial de grande parte das plataformas é ganhar maior participação no mercado e obter lucro, o que em geral está associado à sua capacidade de monetizar e capturar valor. Isso pode ter consequências sobre a maneira como a empresa lidará com seus parceiros.

A distribuição desigual de poder entre ofertantes de serviço e a plataforma pode contribuir para deixar o trabalhador em desvantagem. Muitas vezes, o poder pode pender para a plataforma, que detém mais informação do que os trabalhadores, limitando a liberdade de atuação destes (caso eles tivessem acesso a todos os dados, poderiam escolher interações mais lucrativas). Muitas vezes, o trabalhador tem que aceitar a tarefa sem saber qual será a remuneração nem o destino, como no caso do Uber, por exemplo.

Além disso, os riscos acabam sendo alocados para os ofertantes de serviço da plataforma. Por exemplo, o custo do seguro, em geral, compete aos trabalhadores. Tais condições desfavoráveis podem persistir, especialmente no caso em que o serviço oferecido não exija alguma especialização e os trabalhadores tenham menor qualificação, podendo ser substituídos mais facilmente e tendo menor poder de barganha.

Se a plataforma decide como se dá a troca e define o preço, acaba com a possibilidade de o ofertante do serviço barganhar e até mesmo definir como se dará a relação com o cliente, além de obrigá-lo a aceitar relações pouco lucrativas para ampliar a liquidez do mercado. É comum a prática em que as plataformas atraem trabalhadores com condições iniciais mais favoráveis para, ao longo do tempo, piorarem os termos do relacionamento.

Outra importante característica das plataformas envolve a obtenção de medidas da *performance* do parceiro, o que acaba sendo uma forma de controlar seu nível de atividade e reduzir sua liberdade de escolha. Se condições mais favoráveis são oferecidas aos trabalhadores que trabalham mais horas, recusam menos pedidos de trabalho e atuam cordialmente, a plataforma acaba por controlar indiretamente a rotina e o modo de trabalho de seus parceiros.

Adicionalmente, as plataformas limitam a ação coletiva, pois evitam que os trabalhadores se organizem e criam mecanismos que desestimulam movimentos coletivos. Com isso, mecanismos tradicionais de barganha no mercado de trabalho, associados a sindicatos e movimentos organizados, tornam-se mais raros.[16]

Em resumo, existem desafios significativos no que tange à organização da sociedade ao redor deste novo modelo de negócio. Ainda assim, não faz sentido levantar a discussão sobre "se" as plataformas digitais deveriam existir, mas sobre "como" a sociedade deve se adaptar a esta nova realidade.

INCERTEZA JURÍDICA SOBRE PLATAFORMAS DE TRABALHO

É bastante comum que as plataformas de trabalho incluam termos e cláusulas para seus parceiros, classificando-os como empregados por conta própria ou prestadores de serviço independentes. Esta questão é bastante relevante, pois muitos direitos trabalhistas relacionam-se ao *status* do emprego.

A despeito dessa definição, muitos termos de serviço de plataformas impõem restrições na autonomia dos trabalhadores que não são compatíveis com o trabalho por conta própria. Tais regras se referem à maneira como o trabalho deve ser executado, incluindo penalizações caso o trabalhador não aceite determinada tarefa. O trabalhador também abre mão dos direitos de propriedade intelectual sobre seu trabalho, inclusive quando o cliente não aceita o resultado e não o remunera.[17]

Esta dicotomia está no cerne da discussão da justiça do trabalho, pois as plataformas não reconhecem os trabalhadores como subordinados, mas acabam por impor regras e restrições ao seu trabalho.

O Estado da Califórnia aprovou, em setembro de 2019, uma lei que considera motoristas e entregadores de *apps* empregados de companhias como a Uber e a Lyft. Os aplicativos buscaram

---

[16] Choudary (2018).

[17] OIT (2018).

uma contraproposta, propondo que poderiam ampliar sua responsabilidade por arcar com benefícios e aumentar a remuneração de parceiros, mas sem alterar seu *status*. Seu argumento era que tais empresas já tinham dificuldade de serem lucrativas, antes mesmo de tal imposição, a qual tornaria seu negócio inviável.[18]

O entendimento sobre a questão difere entre várias instâncias e varas da Justiça do Trabalho no Brasil. O Superior Tribunal de Justiça do Brasil decidiu, em agosto de 2019, que a relação do Uber com os motoristas não definia vínculo, decisão semelhante à do Tribunal Superior do Trabalho, em fevereiro de 2020. O argumento dessa última decisão foi que o motorista poderia ficar *offline*, com flexibilidade na prestação de serviço e nos horários de trabalho. Já em âmbito mais local, em março de 2020, a 28ª Vara de Porto Alegre condenou a Uber a assinar a carteira de um motorista e pagar verbas rescisórias e demais direitos trabalhistas.[19]

É importante notar que, se o vínculo trabalhista for reconhecido, as consequências serão bastante negativas sobre o modelo de negócio atual das empresas de plataformas de trabalho. O reconhecimento do vínculo se associa, entretanto, ao desejo de moldar novas relações de trabalho à CLT. Uma alternativa a isso seria atualizar a legislação, de forma a acomodar novas formas de trabalho, evitando que tais trabalhadores continuem desprotegidos, sem condições satisfatórias para exercer suas atividades.[20]

PLATAFORMAS DE TRABALHO EM MOMENTOS DE INSTABILIDADE ECONÔMICA

No início de 2020, o mundo vivia uma crise econômica e social sem precedentes na história recente, provocada pela pandemia da covid-19. Os efeitos sobre a atividade econômica ainda eram incertos, mas de maneira geral observava-se uma queda de intensidade incomum da atividade econômica global, em virtude da limitação da circulação de pessoas para conter a disseminação do vírus, com a quebra de cadeias de valor e a interrupção do comércio, entre outras questões.

A bolsa brasileira teve queda de quase 50% em dois meses. Empresas dos mais variados portes não conseguiam lidar com suas despesas de curto prazo e enfrentavam dificuldades para manterem suas atividades (especialmente se dependiam de interação física para venderem seus produtos e serviços).

O distanciamento social requerido para evitar a expansão do vírus prejudicava diversas atividades econômicas. Dentre estas, destacavam-se, por exemplo, os serviços de deslocamento, restaurantes, atividades culturais e outros serviços. As empresas de grande porte, com maior capacidade de lidar com interrupções de fluxo de caixa temporárias, podiam enfrentar uma situação dessa natureza de maneira menos traumática, mantendo a remuneração de seus funcionários ao menos por um tempo. A depender da atividade, conseguiam mesmo adotar o trabalho à distância.

O trabalho sob demanda pessoal (realizado *in loco*), usualmente relacionado ao setor de serviços, encontrava-se em uma situação bastante incerta. Grande parte das atividades exige que a realização da atividade dependa não apenas da plataforma, mas também do encontro entre ofertante e demandante do serviço. Com medidas de distanciamento social, diversas dessas atividades viram forte redução, com destaque para os serviços de deslocamento e as plataformas de serviços domésticos, entre outros.

Os trabalhadores de tais atividades estavam desprotegidos, sem salário mensal garantido e sem instrumentos de proteção social tais como o seguro-desemprego. De fato, o trabalho não

---

[18] Informação disponível em: https://link.estadao.com.br/noticias/empresas,na-california-nova-lei-faz-motorista-de-uber-ser-considerado-funcionario,70003006484.

[19] Notícia disponível em: https://politica.estadao.com.br/blogs/fausto-macedo/enquanto-a-clt-nao-mudar-justica-vai-dar-decisoes-diferentes-sobremotoristas-de-uber-dizem-advogados/.

[20] Esta temática é objeto, justamente, do Capítulo 7 do presente livro.

tradicional da *gig economy* e das plataformas de trabalho impõe riscos aos trabalhadores relativos a flutuações na renda. A incerteza em relação à possibilidade de que futuros trabalhos não se materializem transfere o risco das empresas para os trabalhadores.[21]

A atuação dos governos ganhou relevância neste momento, não apenas devido às determinações de restrições de deslocamentos e aglomerações, mas também pela percepção de que o gasto público seria essencial para amenizar o caos social.[22] Além de medidas que visavam garantir a manutenção de empregos formais e permitir que empresas dos mais variados portes sobrevivessem (com destaque para pequenas e médias empresas), o governo brasileiro também procurou garantir uma renda mínima para trabalhadores informais, com projeto de lei aprovado em abril de 2020.[23]

É interessante notar que ao menos parte do sistema de proteção social brasileiro está calcado nas relações de emprego com carteira assinada, com destaque para o seguro-desemprego.[24] Ao longo dos últimos anos, foi feito um esforço para incluir empresas no sistema tributário Simples Nacional e exigir registro dos trabalhadores domésticos de forma a ampliar a formalização da economia.

Entretanto, é necessário acompanhar como se dará a extensão do sistema de proteção social aos trabalhadores das plataformas digitais e demais fornecedores de serviços da *gig economy*. Enquanto esta estrutura não é revista, tais trabalhadores acabam dependendo de transferências diretas governamentais em momentos extremos, tais como o da pandemia da covid-19.

CONCLUSÕES

O modelo de negócio das plataformas digitais de trabalho está se expandindo, muito em função de sua escalabilidade e dos efeitos de rede advindos de sua estrutura. As empresas que seguem esta estratégia organizacional tornam determinados serviços mais acessíveis, além de oferecer oportunidades flexíveis de obtenção de renda adicional aos trabalhadores.

As plataformas de trabalho podem levar ao surgimento de uma nova geração de microempreendedores – trabalhadores por conta própria que podem trabalhar no lugar que quiserem, com a intensidade que desejarem e de acordo com o padrão de vida que ambicionam obter. Por outro lado, esse movimento pode acelerar o processo de deterioração das condições de trabalho, com redução do padrão de vida dos trabalhadores (jornadas mais longas e salários mais baixos, com benefícios e seguridade social mínimos).[25]

De fato, a combinação da rápida adoção de tecnologia com o surgimento desses novos modelos de negócio lança desafios à legislação trabalhista atual e à estrutura de proteção social centrada, no caso brasileiro, no trabalho formal com carteira.[26]

Pensando para o futuro, Mark Graham destaca as principais estratégias que são necessárias para lidar com o tema das plataformas de trabalho e da *gig economy*:[27]

- É preciso maior transparência, para compreender a natureza dos trabalhos que estão sendo criados e em que medida eles respeitam os padrões mínimos requeridos.
- Faz-se necessária maior responsabilização no setor, já que muitas plataformas operam em lacunas regulatórias e alegam que, por serem empresas de tecnologia, não podem ser abrangidas pela regulação.

---

[21] Oyer (2020).
[22] Ver https://www.imf.org/en/Topics/imf-and-covid19/Policy-Responses-to-COVID-19. Acesso em: 6 abr. 2020.
[23] Ver https://www25.senado.leg.br/web/atividade/materias/-/materia/141174. Acesso em: 6 abr. 2020.
[24] Delgado, Jaccoud e Nogueira (2009).
[25] Sundararajan (2016).
[26] Fórum Econômico Mundial (2020b).
[27] Graham (2019).

- Mudanças significativas só serão vistas quando os trabalhadores forem capazes de negociar de maneira coletiva com seus patrões (sendo que, usualmente, os trabalhadores competem entre si).
- O futuro poderia envolver posse comunitária, com cooperativismo nas plataformas ou com estas sendo geridas como utilidades públicas.

Pontos adicionais envolvem uma possível reavaliação do contrato social sob o qual se definem as obrigações do Estado perante seus cidadãos. A mudança da natureza do trabalho diante do progresso tecnológico, heterogênea em relação a determinadas habilidades e tipos de trabalho, pode ter custos relevantes para uma parcela da sociedade. Assim, políticas governamentais que busquem inclusão social, precisam levar em conta as transformações na natureza do trabalho e os impactos que a tecnologia tem sobre cada grupo da sociedade.[28]

Essa discussão é essencial, pois as plataformas de trabalho dão sinais de serem modelos de negócio que devem continuar existindo em relação às suas características fundamentais, mesmo que algumas delas possam ser amenizadas por outras políticas ativas.

REFERÊNCIAS

BANCO MUNDIAL. *The changing nature of work*. Washington: World Bank, 2019. (World Development Report 2019.)

CHOUDARY, S. P. The architecture of digital labour platforms: policy recommendations on platform design for worker well-being. ILO Future of Work Research Paper Series, n. 3, 2018.

DELGADO, G.; JACCOUD, L.; NOGUEIRA, R. P. Seguridade social: redefinindo o alcance da cidadania. cap.1. *In*: INSTITUTO DE PESQUISAS ECONÔMICAS E APLICADAS – IPEA. *Políticas sociais*: acompanhamento e análise. 2. ed. Brasília: Ipea, 2009. (Vinte anos da Constituição Federal, n. 17, v. 1.)

FÓRUM ECONÔMICO MUNDIAL. Charter of principles for good platform work. Report. Geneva: World Economic Forum, Jan.2020b.

FÓRUM ECONÔMICO MUNDIAL. The promise of platform work: understanding the ecosystem. White paper. Geneva: World Economic Forum, Jan. 2020a.

GRAHAM, M. How to build a fairer gig economy in 4 steps. Geneva: World Economic Forum, Nov. 2019.

KENNEY, M.; ZYSMAN, J. The rise of the platform economy. *Issues in Science and Technology*, Spring 2016.

NIELSEN, C.; LUND, M. Building scalable business models. *MIT Sloan Management Review*, Winter 2017.

ORGANIZAÇÃO INTERNACIONAL DO TRABALHO – OIT. *Digital labour platforms and the future of work*: towards decent work in the online world. Geneva: International Labour Office, 2018.

OYER, P. The gig economy. *IZA World of Labor*, v. 471, Jan. 2020.

PARKER, G. G.; VAN ALSTYNE, M. W.; CHOUDARY, S. P. *Platform revolution*. New York: Norton, 2016.

SUNDARARAJAN, A. The sharing economy. Cambridge, MA: MIT Press, 2016.

WEILL, P.; WOERNER, S. Modelo digital de negócio. São Paulo: M. Books, 2019.

---

[28] Banco Mundial (2019), cap. 7.

Índice Alfabético

A

Abertura econômica e racionalização de instrumentos de política comercial, 93
Acervos técnicos, 148
Acumulação de
    capital fixo, 4, 5
    capital humano, 4
    dados, 250
Agência Nacional de Águas (ANA), 201
Agenda
    da infraestrutura, 135
    do futuro, 51
Alfabetização na idade correta, 165
Alocação do risco de demanda ao concessionário, 150
Alta rotatividade dos empregados, 114
Ambiente de contratação regulado, 151
Análise
    custo-benefício, 142
    do grande volume de dados acumulados, 250
Aposentadoria rural, 30
Aprendizado de máquina, 247
Aprimoramentos das políticas sociais, 259
Arbitragem privada em conflitos trabalhistas, 88
Arcabouço(s)
    de gestão fiscal de médio prazo, 19
    de política monetária, 71
    fiscal
        de médio prazo, 20
            legal, 16
    jurídico, 235
    orçamentário de médio prazo, 20
Armadilha da renda média, 6
Avaliação(ões)
    de impacto, 226
    periódica dos alunos, 165
Avanço(s)
    da escolaridade, 9
    tecnológicos, 57

B

Balanço da reforma previdenciária, 29
Bancos de desenvolvimento, 130
Base Nacional Comum Curricular (BNCC), 165
Benefício(s)
    de prestação continuada, 34
    para a gestão fiscal, 25
Big Data, 247, 254
    desafios relacionados ao fenômeno do, 255
    impactos na economia e na sociedade, 249
    origens e caracterização, 247
Bitcoin, 238, 239
Bolsa Família, 219, 220
    melhorias no desenho, 223
Bônus demográfico, 3, 9

C

Cadastro único, 263
Calibração, 19
Calibragem, 23
Cambridge Analytica, 251
Capital
    de infraestrutura, 124
    humano, 114
Cartões de pagamento, 243
Ceará, 163, 225
Cenário(s)
    básico de crescimento, 8
    de alto crescimento, 8
    de baixo crescimento, 8
    para o período 2021-2030, 7
Ciclos políticos, 15
Clareza, 260
Combate à pobreza, 218
Comércio
    digital, 233
    eletrônico, 237

móvel, 237
Common pool problem, 15
Competição, 125
   na indústria de cartões, 241
Concessão, 148, 149
   comum, 143
   patrocinada, 143
Concorrência, 110
Conexão móvel de quinta geração (5G), 151
Contribuição sindical, 86
Coordenação, 263
Covid-19, 172, 182
Crescimento populacional, 9
Criminalidade, 191
   linhas de ação para controlar a, 192
   modelos de governança e sistemas de gestão por resultados, 192
Cripto ativos, 239
Critérios de seleção, 18
Crowding-out das empreiteiras, 148

D

Data Science (DS), 249
Definição do problema, 260
Democracia, 121
Desafios, 277
Desenho
   do leilão, 139
   dos contratos, 138
   institucional, 74
Desenvolvimento
   e bancos de desenvolvimento, 130
   e competição, 125
   e democracia, 121
   e inovação, 128
   e investimento em infraestrutura, 122
Desigualdade(s), 256
   sociais, 58, 59
Diferença de gênero, 33
Digitalização, 254
   das redes de infraestrutura, 151
Distanciamento social, 278
Dívida Bruta do Governo Geral (DBGG), 23

E

Economia
   de dados, 251
      no mercado de trabalho, 253
      digital, 59, 251
         tributação da, 60
Educação, 155
   infantil, 156
Efeito de *crowding-out*, 135

Eficácia da justiça, 195
Eleições norte-americanas de 2016, 251
Empresa em rede, 84
Enforcement do contrato, 136, 138, 139
Ensino
   fundamental, 157
   médio, 158
Era
   Digital, 271
   Industrial, 271
Estados, 41
   gasto com pessoal, 44
   heterogeneidade, 47
   medidas adotadas a partir de 2015, 48
   panorama geral, 41
   receita do ICMS, 46
Estagnação, 158
Estrada, 71
Experiência internacional, 210

F

Fenômeno do *Big Data*, 247
Fisiologismo, 122
Flexibilidade no conteúdo dos contratos, 88
Foco, 260
Fontes do crescimento potencial, 7
Forças Armadas, 187
Foro privilegiado, 122
Fragmentação, 263
Fundamentos, 70
Fundo
   de garantia do tempo de serviço, 89
   de Incentivos para a Qualidade dos Serviços Públicos, 225
   Nacional de Desenvolvimento da Educação (FNDE), 167
Futuro do trabalho, 81

G

Garantia do acesso à educação, 156
Gasto com pessoal, 44
Geração de conhecimento, 250
Gestão
   de instituições, 101
   de políticas sociais, 259
   por resultados, 165
Gig economy, 271, 272
Governança, 141
Grau de abertura econômica do Brasil em 2020, 94
Grupo econômico, 85

H

Horizontalização do tomador de serviços, 83

I

Idade mínima de aposentadoria, 35
Ilusão fiscal, 15
Imposto
    sobre Circulação de Mercadorias e Serviços (ICMS), 46
    sobre Valor Agregado (IVA), 47, 65
Imunidade para políticos, 122
Incentivos errados no nível da firma, 112
Incerteza jurídica sobre plataformas de trabalho, 277
Indicadores de corrupção, 122
Índice
    de Desenvolvimento Humano (IDH), 218, 260
    de Gestão Descentralizada (IGD), 220
    Doing Business, 111
    Global de Inovação (IGI), 129
Indústria de pagamentos de varejo, 241
Infraestrutura(s)
    desenvolvimento e investimento em, 122
    do mercado financeiro, 235
    histórico, necessidades e *gap* de, 136
Inovação(ões), 108, 128
    disruptivas, 238
Instabilidade, 83
Instituições de pagamento, 235
Instituidores dos arranjos de pagamento, 235
Instrumentos de transferência clássicos, 243
Integração dos mercados, 110
Inteligência
    aplicada às escolhas, 260
    de dados, 259, 260, 262, 264
        para apoiar a implementação, 263
Internet das Coisas, 248
Investimento(s), 5
    em infraestrutura, 4, 122
    em tecnologia da informação, 254
    na primeira infância, 165
    privado em infraestrutura, 124

J

Judiciário, 90
Justiça do Trabalho, 87

K

Knowledge spillovers, 128

L

Legislação trabalhista, 81
Lei(s)
    Complementar
        nº 87/1996, 44
        nº 156/2016, 48
    de Drogas de 2006, 196
    de responsabilidade fiscal, 42
    Kandir, 44, 50
    Nacional do Saneamento Básico, 202, 206
    nº 11.445/2007, 202, 203
    nº 12.865/2013, 235, 241
    nº 13.455/2017, 243
    nº 14.026/2020, 201
Literatura sobre regras fiscais, 16

M

Manipulação estratégica, 15
Marco legal e regulatório, 138
Marketplaces de serviços, 275
Mecanismos de *enforcement*, 17
Meios de pagamento, 233
Melhora da qualidade dos serviços públicos, 224
Melhorias regulatórias, 146
Mercado de financiamento privado (*crowding-in*), 149
Meta
    ano-calendário vs. outro horizonte, 73
    inflação cheia vs. núcleo, 72
Metodologia 5CM, 144
Microempreendedor Individual (MEI), 38, 113
Microgeração distribuída, 151
Ministérios públicos, 187
Misallocation, 114
Modelo
    beveridgeano, 173
    bismarckiano, 174
    de plataforma, 270
    norte-americano, 174
Moedas
    digitais de bancos centrais (CBDCs), 240
    virtuais, 238, 239
Monitoramento
    das ações, 165
    intensivo, 265
Mortalidade infantil, 260, 261
Mortes violentas intencionais, 188

N

Nível da meta de inflação, 71
Nova economia, 56
Novo mundo do trabalho, 81
Nubank, 238, 242
Número de partidos políticos, 122

O

Óbitos no trânsito, 261
Obra pública, 143
Ociosidade da economia, 3

Operation Ceasefire, 197
Oportunidades, 276
Organização
 do Banco Central, 76
 Mundial da Saúde (OMS), 201
 para a Cooperação e Desenvolvimento Econômico (OCDE), 20

P

Pagamentos, 233
 de alto valor ou por atacado, 234
 de varejo, 234, 236
 instantâneos, 241, 243
PagSeguro, 238, 242
Parcerias municipais, 264
Pernambuco, 164
Piauí, 261
PIB *per capita*, 9
Pipeline de projetos, 138
Piso previdenciário, 32
Pix, 242
Planejamento
 da infraestrutura econômica, 141
 de longo prazo, 138
Plano Nacional de Saneamento (Planasa), 202
Plataformas
 colaborativas e virtuais, 84
 de capital, 272
 de mediação de trabalho, 270
 de provisão de serviços, 271
 de trabalho, 269, 272
  conceito e funcionamento de, 271
  em momentos de instabilidade econômica, 278
  incerteza jurídica sobre, 277
  para ofertantes de serviços, 276
 de varejo, 270
 no mercado de trabalho brasileiro, 273
 para plataformas, 270
 que disponibilizam ferramentas digitais *online* e apoiam a criação de outras plataformas e *marketplaces*, 270
Pobreza, 217
Política(s)
 comercial, 99
 de desenvolvimento, 119
 monetária, 69
 não tarifária, 100
 social, 217, 259
 tarifária, 99
Pontos de atenção, 209
População
 em idade ativa, 4
 ocupada, 4
Prática internacional sobre regras fiscais, 16
Preservação do meio ambiente global, 60
Prestação
 de serviços de pagamento, 234
 regionalizada, 208

Prevenção e repressão qualificada em territórios com elevados índices de criminalidade, 196
Previdência social, 30
Previsões de potencial de crescimento condicionais aos cenários, 9
Primeira geração de regras fiscais, 18
Priorização pelo aprimoramento das regras, 181
Privacidade, 255
Procedimentos de manifestação de interesse, 145
Processos no comércio exterior, 101
Produção de dados, 247
Produtividade, 9
 agregada, 106
 das firmas, 105, 107
 do trabalho, 105
 total dos fatores, 4, 105
Programa(s)
 de transferência de renda, 217, 219
 Fica Vivo, 197, 198
 sociais, 221
Project finance, 146
Propaganda direcionada, 250
Public sector comparator, 144

Q

Qualidade
 do gasto, 160
 dos dados, 265
 na prestação dos serviços, 208

R

Racionalização do rol de bens e serviços de saúde, 181
Receita do ICMS, 46
Reforma
 trabalhista, 85, 86
 tributária, 55, 62
Regime(s)
 de metas de inflação, 71
 trabalhistas diferenciados ou alternativos ao regime celetista, 88
Registro dos dados, 250
Regra(s)
 do teto dos gastos, 22
 de resultado fiscal, 17
 fiscais, 15
  diagnóstico das, 21
  e arcabouços fiscais de médio prazo, 22
  literatura e a prática internacional, 16
  primeira geração de, 18
  segunda geração de, 18
Regulação
 discricionária, 213
 por contrato, 213
Renegociação da dívida, 48

Rentabilidade garantida, 135
Revenue collars, 151
Revisão automática da idade mínima de aposentadoria, 35
Revolução digital no mercado de trabalho, 256

S

Saneamento, 201
    novo marco legal do, 207, 210, 212
Saúde, 171
Segurança, 255
    jurídica, 135
    pública, 185
        objetivos e órgãos responsáveis pela, 186
Serviços de infraestrutura, 123
Servidores
    estaduais, municipais e militares, 37
    pré 2003 e 2012, 37
Setor de rodovias, 150
Sinal locacional, 151
Sistema(s)
    de arrecadação brasileiro, 113
    de gestão por resultados, 193
    de incentivos, 225
    de justiça criminal, 187
    de liquidação bruta em tempo real, 234
    de proteção social, 59
    de saúde, 172, 173
        linha de base, tendências e tensões à frente, 177
    Financeiro de Saneamento (SFS), 202
    sindical, 89
Sobral, 161
Stablecoin, 239, 240
SUS, 172, 180

T

Tarifa
    binômia, 151
    horo-sazonal, 151

Taxa
    de desemprego, 8
    de investimento, 9
    social de desconto, 142
Tecnologia de registro distribuído, 240
Telecomunicações, 146
Tendências recentes, 4
Terreno, 70
Trabalhadores
    independentes, 38
    por conta própria
        com CNPJ, 274
        sem CNPJ, 274
Trabalho
    no modelo de plataforma, 269
    sob demanda pessoal, 278
Transações de pagamento, 234
Transformação digital das redes de infraestrutura tradicionais, 152
Transição tecnológica, 37
Transparência, 74
Treinamento e avaliação do trabalho policial, 193
Tribunais de justiça, 187
Tributação, 55
    da economia digital, 60
    no século 21, 56

U

Unidades de Polícia Pacificadora, 197, 198
Universalização do saneamento, 208, 211

V

Valoração do atributo ambiental, 151
Veículo, 74

W

Walmart, 250
World Management Survey (WMS), 107

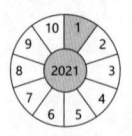